灵秀商南
秦岭封面

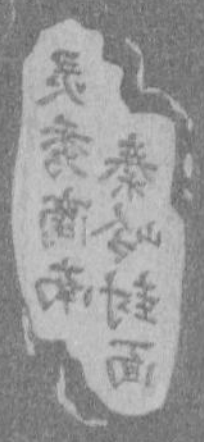

谨以此书献给为商南“脱贫致富奔小康”

建功立业的人们！

雅都花园
文明城市
商南欢迎

灵秀商南

彩虹桥

中共商南县委宣传部 编

世界图书出版公司
西安 北京 上海 广州

《彩虹桥》编委会

前言

历史是一面镜子，以史为鉴知兴衰，人类总是在不断反思中求生存、求发展、求进步、求繁荣。在2021年春节团拜会上，习近平总书记指出，我们要认真回顾走过的路，不能忘记来时的路，继续走好前行的路。为了商南今后更好地在追赶超越的道路上稳步前进，县委宣传部组织编写了这本以脱贫攻坚为主线，以守正创新为素材的纪实文学《彩虹桥》一书，为的是更好地认识昨天，珍惜今天，迈步明天。

商南地域是一方有历史、有文化、有故事、有精神的热土，深厚的历史文化，南北交融的移民文化，养育了商南人开放包容、厚德守信、创新实干的品质特征。新中国成立后，在历任县委班子的带领下，经济、文化、社会等方方面面都取得了长足发展。特别是21世纪伊始，为了贫困山区人民过上好日子，商南县委班子开发金丝峡，发展旅游业，成就了今天陕南地区唯一的5A级生态旅游景区，为商南城市建设和全域旅游拉开了序幕。此外，商南还创造出了诸多“好经验”，成为全市的“老先进”，备受省市肯定和好评。近年来，少数领导干部因严重违纪违法被组织查处，给商南政治生态造成了一定影响，损害了商南形象，影响了商南发展，挫伤了干部信心；加之生态环境承载能力不够强、区位优势发挥不充分、资源转化水平不够高、三产融合不够深，成为工作的明显弱项；经济总量偏小、创新活力不足、城乡发展不够协调、丹南丹北发展不够平衡，成为高质量发展的短板。

本届县委班子履任之时，面临的问题是商南怎样才能重新崛起，进入全省争先进位第一方阵？商南怎样才能实现赶超目标，重塑辉煌？形势逼人，时间不等人，商南等不起、拖不起，也折腾不起，必须重新审视、科学谋划、真抓实干，必须只争朝夕、快马加鞭、迎头赶上。县委一班人始终保持“定力、耐力、动力”，以攻坚克难的斗志和爬坡过坎的毅力，在难中求进、难中求成、难中争先、难中创优，不断破解各项工作难题，推进商南各项事业稳步发展。

思路决定出路。在深入调查研究后，县委班子深刻认识了商南的政治、经济、文化、社会和生态资源，确定了“一心三带五协同”规划布局发展思路，全力推进县域经济持续健康发展。“一心”就是以县城为中心，推进“城（县城）富（富水）一体化”发展，构建“三产”融合发展总部，实现商南撤县设市；“三带”即建设312国道经济带、丹江经济带、滔河经济带，根据全县自然特征和发展基础，进行产业合理布局，打造产业集聚功能区；“五协同”即做到丹南丹北协同发展、城镇乡村协同发展、一二三产协同发展、物质文明、精神文明和生态文明协同发展、经济社会协同发展。

用信念凝固坐标，用毅力砥砺奋进，坚持打赢脱贫攻坚战。各位县级领导以上率下、克服困难，驻村蹲点、解决难题，争做领飞头雁；全体镇村干部怀揣任务清单，走村入户、访贫问苦，因户施策、攻克难点，当好战斗先锋；全县119支驻村工作队、166个参扶单位、千余名帮扶干部，舍小家顾大家，倾情驻村帮扶，以决战决胜的气魄、不胜不归的决心，全面完成了脱贫摘帽任务。寒来暑往、秋收冬藏，经过每年的春季强基、夏季攻势、秋季攻坚以及百日行动、达标提质，全县69个贫困村、17218户56501名贫困人口告别绝对贫困，脱贫攻坚取得全面胜利，全面小康成为美好现实。

坚持高质量发展，积极践行新发展理念，大力调结构、优环境、促转型，重大产业项目不断集聚、高质量增长点不断涌现。虎之翼、万达智造、高科食品等产业园建成投产，智慧农业食用菌产业园、富水茶海公园有序推进，莲花台水电站蓄水成景并网发电，西街商业综合体投入运营，茶菌果畜游等产业体系齐头并进、竞相发展。县域平均每年实施80个以上重大项目，成为经济增长的压舱石，主要经济指标在合理区间稳步运行，凸显出高质量发展的良好势头。“一心三带五协同”规划布局纵深推进，迎宾大道改造完成投用，商郧路改建竣工通车，商南人民回家过年的心情，像宽阔的道路一样舒畅，凭借“四横二纵，两大迂回”的发达交通体系，“四好农村路”全国示范县荣誉称号花落商南。碧桂园、大润发陆续入驻，西街古城焕发新颜。从后湾到太子坪，从闯王寨到莲花台，为灵秀商南、魅力鹿城点赞的人越来越多，“大秦岭的封面”愈加靓丽。

坚持以人民为中心，紧紧围绕人民群众新期盼，着力解决群众的操心事、烦心事、揪心事，不断增加民生厚度和温度。积极迎战新冠肺炎疫情，全县各级干部牺牲春节假期，第一时间返岗上班，组织广大群众携手联防联控，坚持常态防控，加快疫苗接种，始终保持“零感染”。全面打响蓝天、碧水、净土保卫战，保护环境、守护乡愁，聚力完成秦岭违建别墅整治销号清零，认真履行“一泓清水永续北上”的政治使命。协和医院、恒大小学建成投用，第八小学幼儿园、妇计中心即将竣工，县高中北拓有序推进，社会事业全面发展。持续创建全国文明城市、国家园林城市、国家全域旅游示范县，车让人、人守规蔚然成风。全面深化改革有序推进，行政审批由“线下”到“线上”，时间降低、成本降低，办事更方便了。“扫黑除恶”实现长效长治，平安商南、法治商南迈上更高水平，商南被评为全国“信访三无县”，被授予陕西省“平安铜鼎”，群众的获得感、幸福感和安全感不断攀升。

坚持全面从严治党，认真学习贯彻习近平新时代中国特色社会主义思想和来陕考察重要讲话精神，精心组织“不忘初心、牢记使命”主题教育，高点建设“新时代先锋e站”，创新建成“商南党史馆”，扎实开展党史学习教育，隆重庆祝中国共产党成立100周年。全县党员干部回望建党艰辛，叩问出发初心，远眺复兴使命；缅怀革命先烈，焕发凌云之志，汇聚强大能量。同时，持之以恒正风肃纪，坚决整治官僚主义、形式主义，深入开展“以案促改”，持续加强干部作风建设，严肃查处消极腐败问题，切实为实干者撑腰，为有为者搭台，不断巩固和发展全县风清气正的政治生态。

坚持生态保护，做强做大生态产业，振兴美丽乡村。商南县是个好地方，千年之前的唐代就有诗人赞誉：“中庭井栏上，一架猕猴桃。”五百年前的《县志》留下了“千年碧水窗含月，万里青天水倒云”的美丽诗句。为了更好地保护生态，让人民赓续“绿水青山，诗画家园”的好日子，大力加强秦岭生态保护，做强做大绿色产业。商南茶业经过 “三变”（ 资源变股权、资金变股金、农民变股民） 改革，集约经营，快速健康发展。生态旅游由点到面，全域旅游，乡村振兴。商南持续走在“全国最美县域”行列，享受“中国天然氧吧”的康宁。

历史的画卷,总是在砥砺前行中铺展,精彩华章只能在接续奋斗中书写。“十四五”时期必须高举习近平新时代中国特色社会主义思想伟大旗帜，深入学习“七一”讲话，全面贯彻习近平总书记来陕考察重要讲话精神，坚持“生态立县、产业富县、城乡统筹、赶超发展”战略，统筹推进“一心三带五协同”规划布局，实施大项目、发展大产业、做强大旅游，实现商南高质量发展，努力建设“旅游之都、创业新城、灵秀商南”，奋力打造富裕美丽幸福新商南。

忆往昔，风雨彩虹各有余韵，

看今朝，宏图初展更待英贤。

中共商南县委

商南县人民政府

2021 年 7 月

目 录

下篇　励精图治

绪　言

信　言

桥，从木，乔声。清人段玉裁著《说文解字注》释义为：“水梁”。“水中之梁也。”“独木者曰杠，骈木者曰桥，大而为陂陀者曰桥。”我国最早的桥，除原始的独木桥外，以周、春秋时期为代表，主要有梁桥、浮桥两种。秦汉时期有了拱券结构的砖石桥。隋唐以后，桥梁建设进入鼎盛时期，隋人李春建造的赵州桥，时史千载，光彩依旧。在当代，桥梁工程之伟，建筑之精，种类之多，数不胜数。不仅跨溪、跨涧、跨河，而且跨江、跨海，连接五洲，通达万方。

桥，古往今来，是过往，是通达，是跨越的物质基础，同时，随着人类的经济、社会、文化的演进，它既是物质的，也是精神的、文化的。在民间，跨“天河”的“鹊桥”，讲述了一个情动天地的故事……流传了多少年、多少代没有人知道，但却流传成了具有中国文化特色的“情人节”。出于对传统的“桥”文化的追求与传承，有多少“通胜桥”“慈善桥”“幸福桥”“同心桥”，还有无数追梦、圆梦人心中风雨之后的“彩虹桥”。

桥之韵

曾几何时？沧海桑田，新生代造山运动，造就了秦岭东段南麓，毗豫连楚的商南县：奇峰、巉岩、深涧、江水、河流、峡谷……

山环水绕，天堑阻隔，行路艰难……

光阴荏苒，星移斗转，彩虹飞渡，天堑之间，架起了一座座通衢之桥、开拓之桥、发展之桥、脱贫之桥；尤其是那一座座令人梦绕情牵的守望之桥，同心之桥，希望之桥……

回望岁月，桥的这头是我，桥的那头是你，历尽艰辛，我寻你而去，你邀我而来，再陡的崖，也有开凿的路；再深的涧，也有飞渡的虹，再大的河，也有跨越的桥。希望桥那头的你，桥这头的我，依旧守望相助，永远，永远……

桥之思

人生，实在是一本巨著，内容复杂，分量沉重，值得翻到看到品到最后一页，而且必须慢慢地翻，细细地看，深深地品。人生的意义在哪里？先贤有言：人生的意义就在于自我完善。而“完善”同样又是一本大书，怎样去读、去写、去领悟、去求索，5000年来，我们的祖先在原始洪荒之中就开始了艰苦而卓有成效的实践、探索、总结。3000多年前的《周易》，就是一部古典哲学的实用著作，内容博大精深、神妙玄奥，是我国辩证法思想的起源，是一部具有世界影响力的经典。尤其是简易、变易、不易“三易”是《周易》中的精神内核，特别是“三易”中的不易：“天行健，君子以自强不息。”就是强调宇宙精神的生生不息，而与此相应的是人的“恒”。《周易》认为，无论做什么事，只有持之以恒，才能取得成功。又经过了一千多年后，又一部醒世经典问世，他就是老子李聃的《道德经》。

《道德经》谆谆五千言，洋洋81章，分为上下两篇，其中上篇37章，中心是论道，称为“道经”。下篇44章，中心是论述德，称为“德经”。2000多年来，历史学者多认为：《老子》哲学博大精深，是“人类思想的基石，永不过时的哲理，时代需要的精神。”周恩来曾经引用老子语：“生而不有，为而不恃，长而不宰”大概是道家最精彩的话。

《曲则全》则畅论人生之道，可谓人生之路上的平安之桥，修身之典，成功之道。原文录之，以求共勉：“曲则全，枉则正，洼则盈，弊则新，少则得，多则惑。是以圣人抱一为天下式。不自见，故明；不自伐，故有功；不自矜，故能长。夫唯不争，故天下莫能与之争。古之所谓‘曲则全’者，岂虚言哉？诚全而归之。”说的是：人生只有认识曲折，经历曲折，才是全面；只有否定邪恶，才会显露正直；只有深大的池子，才能充盈更多的水；事物发展进步的过程，就是破旧立新；当利益少的时候，会明白“得”的意义；当利益多的时候，会迷惑人心。因此，圣人以“道”的统一规律作为放之四海而皆准的真理。不自我表现，反而受到尊重；不自以为是，反而受到赞扬；不自夸，反而有功名；不自负，反而会受到推崇。所以只有不妄争，那么天下就没有人与其相争……

“曲则全”是古代经典中的经典，也是今人值得借鉴和遵循的辩证统一规律。它宽广明亮，活力无限；它洞察人生，适者生存。它让社会更美好；它使人生更长远；可谓人生之桥……

桥之梦

明代名臣于谦，曾以煤炭自喻写过一首七言律诗：“凿开混沌得乌金，藏蓄阳合意最深。爝火燃回春浩浩，洪炉照破夜沉沉。鼎彝元赖生成力，铁石犹存死后心。但愿苍生俱饱暖，不辞辛苦出山林。”他托物言志，抒发自己敢为国家“鞠躬尽瘁，死而后已”的抱负和情怀。

当人类进入二十一世纪，我国还有许多地区跟不上全国发展步伐，处在贫困状态。根据统计2012年底，全国贫困人口9899万人，其中就包括秦岭、伏牛、郧西大梁三山交汇，鄂豫陕三省毗邻的商南县。商南是革命老区，红色土地，从土地革命到解放战争时期，徐向前、贺龙、李先念、程子华、徐海东，陈先瑞、郑位三、王树声、王震、汪峰等老一辈无产阶级革命先驱，率领中国工农红军红四方面军、红三军、红二十五军，多次转战这里，建立了商洛第一个红色政权——白鲁础区苏维埃政府、刘家花屋苏维埃政府。创建了红七十四师、中共鄂豫陕特委。在解放战争时期，这里是商洛地区党政军指挥机关所在地，指挥解放商洛全境的解放战争。

2012年11月25日，习近平总书记诚恳而又深情地说：**“人民对美好生活的向往就是我们的奋斗目标。”**同年12月29日，他再次明确指出：**“深入推进扶贫开发，帮助困难群众，特别是革命老区、贫困山区困难群众早日脱贫致富，到2020年稳定实现扶贫对象不愁吃、不愁穿、保障其义务教育、基本医疗、住房，是中央确定的目标。我们要加大投入力度，把集中连片特殊困难地区作为主战场，把稳定解决扶贫对象温饱、尽快实现脱贫致富作为首要任务，坚持政府主导，坚持统筹发展，注重增强扶贫对象和贫困地区自我发展能力，注重解决制约发展的突出问题，努力推动贫困地区经济社会加快发展。”**这是旷古旷世的中国共产党人的“民本思想”，人本主义，是民族复兴中国梦的伟大实践。

中国梦，是中华民族伟大复兴梦；是每个中国人脱贫致富奔小康的幸福梦，发展梦，富强梦。商南是国务院划定的土石山区贫困县。就在商南人脱贫攻坚即将进入决战时刻，新一届县委班子组成，他们动员全县人民，凝心聚力，知不足，勇奋起，克难攻坚，砥砺奋进；不忘初心，把百姓的穷苦放在心头，夜以继日，脱贫攻坚，做大做优老产业，合力开发新产业，以产业支撑，拓宽脱贫致富的路，架起通往小康的桥。大笔谱写了天堑通衢赋。

劳动光荣，技术宝贵，创造伟大。习近平总书记指出：劳动是财富的源泉，也是幸福的源泉，人世间最好的梦想，只有通过诚实的劳动才能实现，发展中各种的难题，只有通过劳动才能破解；生命里的一切辉煌，只有通过诚实的劳动才能铸就。英雄造时势，时势造英雄，在商南艰苦卓绝的脱贫攻坚的战役中，在不同的战线上，涌出一批又一批厚德诚信、勤勉奋进、吃苦耐劳、善行善举、事业有成的优秀党员，劳动模范。宋代大诗人、词人、学者苏轼有言："古之立大事者，不惟有超世之才，亦必有坚韧不拔之志 。"是的，这些模范和我们一样都是平凡的人。不同的是他们锲而不舍的坚持，坚守做人的底线，坚持干事的责任和担当，没有浮躁情绪，没有功利之心，只有百折不回的坚守和坚持，从而练就了他们的品德，成就了他们的事业。他们在各行各业，各自不同的岗位上，用自己的心血和汗水，汇集成气势磅礴的正能量，镌刻着"山高人为峰"的壮丽篇章。

商南，美丽而神秘，古老而年轻。

商南，北魏景明元年，公元500年建县，至今已有1600年历史。商南人筚路蓝缕，砥砺前行，特别是新中国成立之后，改革开放以来，将一个又一个不可能变成可能：南茶北移，将茶叶适生地由南向北推了270多公里，使从不产茶的商南成为中国西部最北端的优质茶区，成为中国茶叶之乡，成为千千万万农民脱贫致富的"摇钱树""聚宝盘"。生态旅游，一枝独秀，金丝大峡谷由一个人迹罕至的洪荒之谷，成为陕南唯一的国家5A级旅游景区。新型城镇化阔步迈进，城区面积，由新中国成立之初的0.24平方公里，扩张到12平方公里……

历史的长河，时而惊涛骇浪，时而微波荡漾，时而电闪雷鸣，时而彩虹缤纷……2000 多年前先秦思想家李聃在道德经中写道：“道生之，德畜之，物形之，势成之，是以万物莫不尊道而贵德。道之尊，德之贵，夫莫知命而自然。”其中“道”指自然运行与人世共通的真理，而“德”是指人世的德性、品行、王道。春秋思想家荀子有言：“蓬生麻中，不扶而直；白沙在涅，与之俱黑。”说的是一个地方的政治生态不仅事关干部健康成长，更事关地域经济发展。有鉴于此，近几年来县委组织开展“严纪律、明规矩、提士气、聚合力”主题教育活动。全面落实从严治党的要求，努力营造出实出力、干实事、善作为、勇担当的风清气正的政治生态。

山积而高，择积而长。水滴石穿，绳锯木断。求实创新，负重奋进，以忠诚和勤谨开通脱贫致富之桥；以开源节流“纾困解难保民生”需求之桥；以至诚至信构建“招商引资”之桥；以拳拳初心，筑牢党心民心、心心相印的同心之桥……桥的这边是我，桥的那边是你，你来我往，守望相助，这就是人人向往美好生活的彩虹之桥。

上篇

产业兴县

诗　词

朝发轫于苍梧兮，夕余至乎县圃。

欲少留此灵琐兮，日忽忽其将暮。

吾令羲和弭节兮，望崦嵫而勿迫。

路漫漫其修远兮，吾将上下而求索。

——【战国】屈原《楚辞·离骚》

天堑通衢赋

信 言

商南是一个有文化、有历史、有故事、有精神、有美景的地方。它地处秦岭东段南麓，毗豫连楚。境内山环水绕，树木葱蔚，岗峦起伏，江河纵横。它北依巍巍秦岭，南障郧西大梁，东接伏牛群山，西屏武关天堑，丹江东西纵贯县境中部，山虽多，无危崖耸天；水亦丰，少浑流浊浪……南北气候过渡，南北生物繁衍，人称南方的北方，北方的南方。居住在这里的居民，有的来自太湖之滨，有的来自北国旱塬，风土人情兼北国豪犷，融南国灵秀。五千年来，文人谋道，将帅屯兵，雅士垂青，游人揽胜，不朽于史。

“天下之理，有张必有翕，有强必有弱，有兴必有废，有与必有取。”对立统一是事物发展的客观规律。社会发展千变万化，自然环境千差万别。商南虽然历史悠久，资源，特别是生态资源比较丰富，但在漫长的历史进程中，这里远离都市，经济中心辐射薄弱；土地广袤，耕地不足；矿产、生物、水力资源丰富，开发利用程度不高；毗豫连楚，便与兼收并蓄，但交通不便，信息不灵；南北移民汇聚，但受小农经济束缚时间太长，开拓竞争创新意识滞后；发展社会主义特色市场经济，有利于资源配置，但市场载体不完善，时常面临财

天下之理，有张必有翕，有强必有弱，有兴必有废，有与必有取。

政困难，资金约束；人才不足，技术约束；流通不畅，市场约束；可谓机遇挑战同在，希望困难并存。千百年来，居住在这片美丽而神秘，古老而又年轻土地上的人们，祖祖辈辈，世世代代过着面朝黄土背朝天，东山日头送西山的贫困而又闭塞的小农经济生活。中华人民共和国成立，特别是改革开放以后，城乡面貌发生了巨大变化，人民生活得到了有效改善，但按国家标准，这里依然是国家扶贫开发重点县，革命老区县，也是陕西省 11 个深度贫困县之一。建档立卡贫困人口 17337 户 57037 人。

地理环境，历来是历史悲喜剧的舞台和背景。西方哲学有一个著名观点：环境越来越困难，刺激文明生长的积极力量越强。东方哲学认为：物极必变，穷则思变。正当商南人投身脱贫攻坚之际，县委、县政府一班人义无反顾地担起了历史的重任、人民的重托，深入基层，走进农户，以“绣花”般的工匠精神，精准扶贫。2019 年全县完成生产总值 89.5 亿元，城乡居民人均可支配收入分别为 25714 元、8650 元。先后荣获“国家卫生县城”“全国绿化模范县”“名茶百强县”“中国茶叶扶贫示范县”“全国电子商务进农村综合示范县”“四好农村路全国示范县”“县级全国基层中医药工作先进单位”“中国天然氧吧”“中国最美县城”“全省县城建设先进县”“平安建设先进县”“省级生态园林县城”“文明县城”“教育强县”“全省生态环境建设强县”等省、市荣誉 130 余项，商南的美誉度，影响力大幅度提升，人民群众的获得感、幸福感和安全感不断增强。2020 年 2 月 27 日 ，陕西省人民政府发布公告，商南县退出了贫困县序列，踏上建设全面小康的新征程。

回眸征程处，关山度若飞。自脱贫攻坚战打响以来，特别是近 3 年来的决战决胜阶段，全县上下以习近平新时代中国特色社会主义思想为指导，全面贯彻落实习近平总书记关于扶贫工作重要论述和中省市决策部署，精准施策，精锐出战，稳步推进。

乐民之乐者，民亦乐其乐；忧民之忧者，民亦忧其忧。

春秋时期孟子有言：“乐民之乐者，民亦乐其乐；忧民之忧者，民亦忧其忧。”北宋范仲淹《岳阳楼记》中的名句：“先天下之忧而忧，后天下之乐而乐”，正是对孟子仁政思想的继承与发扬，世界上没有一个政党像中国共产党这样，从诞生之日起就把人民镌刻在自己的旗帜上，并且百年如一日，栉风沐雨，岁月峥嵘，一以贯之，持之以恒，这是因为党的根基在于人民，血脉在人民，力量在人民。2012 年习近平总书记向全国人民发出了：脱贫攻坚，全面建成小康社会的伟大号召。2017 年他明确指出：**“让人民过上好日子，是我们一切工作的出发点和落脚点。我们将坚持在发展中保障和改善民生，不断满足人民日益增长的美好生活需要，不断促进社会公平正义，使人民获得感、幸福感、安全感更加完善、更有保障、更可持续。我们将持续推进精准扶贫、精准脱贫，实现到 2020 年我国现行标准下农村贫困人口的脱贫目标。全面建成小康社会，十三亿多中国人，一个都不能少。”**

廉不言贫，勤不道苦。自 2012 年全国脱贫攻坚奔小康大幕开启以来，特别是在决战决胜的三年间，商南县委、县政府主要领导深入乡村，深入贫困户调查研究，精准施策，精锐出战，殚精竭虑，夜以继日，以不达目标誓不休的精神，修通一条条脱贫致富的路，架起一座座通往小康的桥，使贫困与小康之间的“天堑”成为通衢的大道。

千年鹿城开新埠

张　雅

月亮在白莲花般的云朵里穿行，晚风吹来一阵阵欢乐的歌声，我们坐在文化广场的长廊里，听奶奶讲述古老鹿城的故事……

奶奶是退休的老教师，给我和弟妹们讲的是2000多年前商山四皓之一的甪里先生周术的故事和县城得名“鹿城”的来历，我边听边品位“四博士”“浮云富贵，非义不动”的品质，特别是甪里周术先生“岩居穴处，紫芝疗饥”的生活和《紫芝操》所揭示的“浮华褪尽忠诚在，千古功过看民生”的至理名言，千古不朽，万世生辉。

奶奶今年80岁了，她说她小时候商南的城墙还没有拆，她就住在城墙根下，破烂的泥房，泥泞的马路，跟随着鹿城的变迁，奶奶现在住在西街新盖的小区里，上下楼都有电梯，楼下就是花园，出门就是广场、超市、商场，生活的便利自不待言。这一切的一切，奶奶就一句话，我们赶上了好时代。

力鼎城镇崛起　筑牢发展根基

商南于北魏景明元年公元500年建县，明成化十三年，公元1477年现址拓城。千百年来，由于居住分散，交通不便，发展缓慢。新中国成立之初，县城面积仅有 0.24 平方公里，改革开放之初 2 平方公里，2005 年 5.6 平方公里，人口不足 3.4 万人。2019 年县城规模由新中国成立之初的 0.24 平方公里扩展到 12 平方公里，人口由 3000 增长到 80000 人，增长 27 倍，城镇化率达到 57.35%。拓城 10 年，特别是近 3 年来，商南在省委、省政府，市委、市政府暨相关部门的关怀和支持下，围绕“区域最美、人居最佳、产业最强”的目标，城市品位、对外形象和竞争力、美誉度，特别是市民生活幸福指数大幅度提升，先后被省委、省政府命名为省级卫生县城、省级园林县城、全省县城建设“十佳县”和保障性综合管理工作“十佳县”。目前，商南县已经通过了国家园林县城创建省级初验、第六届全国文明城市提名，享有国家卫生县城、全国绿化模范县、省级文明县城、省级园林县城、省级旅游示范县等多项殊荣，并连续入选 2018、2019 年中国最美县域榜单。县城所经历了千年的大开放、千年大根治、千年大发展，有效加快了脱贫攻坚的步伐。

罗马不是一天建成的，光阴并非一去不复返，它在古老的商南大地上积淀了太多美好。在四季的变换中，在时光的流转中，商南华美转身的传奇一个个诞生了。

商南，远离都市，经济中心辐射薄弱；土地广袤，耕地不足；矿产、生物、水力资源丰富，但开发利用程度不高。毗豫连楚，便于兼容并蓄，但交通不便、信息不灵；南北移民荟萃，南北文化交融，但居住星散，缺集少市，城镇经济带动力弱，小农经济观念形态阻碍着人们的竞争意识、开发能量；发展社会主义市场经济，有利于资源合理配置，加快开发利用，是脱贫致富的历史机遇，但国民经济发展程度较低，市场载体不完善，时刻面临财政困难，资金约束；人才不足，技术约束；流通不畅，市场约束的县情实际。改革开放以来，历届县委、县政府进行了艰苦的、卓有成效的实践与探索。主导产业（茶、油、果、畜）的培育与成长，旅游产业的从无到有，通村通组的电网、路网、自来水网等基础设施的改善，都为农民增收、农村稳定、县域经济的发展奠定了良好的基础。但是，农业抗御自然灾害的能力，依然十分脆弱，县域经济发展缓慢，远远落后于毗邻县区。

商南走出贫困的路在哪里？强县富民的希望在何方？千百年来的商南，山

区域最美、人居最佳、产业最强

大人稀，缺集少镇，尤其是县城，规模小、人气差、产业弱、按社会主义市场经济的主要因素看，这里没有工业化的龙头，没有城镇化的龙头，没有社会事业发展的龙头，也没有拥有各类人才的载体，县城仅仅是个政治中心。由于城镇规模小，人气差，经济不发达，产业支撑力弱，造成工业经济萎缩，流通畸形，就业率、税费率、财富积累力和产业关联度都很低，形成经济增长的恶性循环。年复一年，日复一日依靠国家投资，而投资到了，又无力配套支撑……

人的思维往往在最纠结、最困难的时候，需要抛开经济看经济，抛开发展想发展。文学家们有一段话说，山下看山，茫然一片；山顶看山，气象万千。说的一是看问题的角度，二是思维的转型，只有思维转了型，产业才能转型。

地理环境，历来是历史悲喜剧的舞台和背景。西方史学界有一个著名的观点：环境越困难，刺激文明生长的积极力量就越强。东方哲学认为："求木之长者，必固其根本，欲流之远者，必浚其泉源。"商南人虽然贫困，但商南人来自祖国的四面八方，深厚的移民文化，造就了商南人开放包容、厚德守信、勤劳创新的品质。天下没有比脚更长的路，没有比人更高的山。路，是人走出来的，脱贫致富的路毫无例外，也是一步一个脚印地走出来的。

经济学家认为：从一定意义上讲，市场经济就是城市化经济、都市化经济，也就是城市这个龙头带动的经济。而城市对区域经济的发展的带动作用，关键取决于城市人口的规模及其产业支撑力、经济辐射力、文化影响力、政治领导力、社会管理力、人心凝聚力、要素集聚力。致富农民，不仅仅是要让农民有钱，还应让农民花钱，"挣钱"——"花钱"的周转率越强，经济才越有活力，而推进城市化最能刺激农民花钱的欲望。一个人腰缠万贯，生活在农村，自产、自食、自足，就没有什么消费的欲望，而到了城市就不一样了，可见消费的欲望是引导来的，而消费需求又强有力地激发创造欲望，这是良性循环。

10 余年间，特别是脱贫攻坚决胜的 3 年间，商南县委、县政府以新型城镇化为龙头，下决心以城市功能促进城市产业，以城市产业提升城市功能，加快城市化进程，大量吸引和聚集城市经济所需要的各种要素，大量聚集人气，全力培养消费市场，培育购买力，增加城市居民收入，提高文化品位和幸福指数，走上了一条以生态旅游为先导，以城市建设为龙头，以撬动民间资本为抓手，以工业经济为突破口的和谐稳定发展之路。

栽下梧桐树，自有凤来栖。随着生态旅游从无到有，从弱到强；城市建设突飞猛进；城市功能日益健全，全民创业浪潮悄然兴起：百姓创家业，能人创企业，干部创事业，全民创大业的浪潮日益转变为一种创业意识。县委、县政府千方百计制定政策、营造环境、扶持下岗职工、农村贫困户，特别是让大量由农民变的市民的数以千计的家庭，适应城市环境，投身创业浪朝；鼓励外出创业有成的农民工回乡创业；吸引财力雄厚的大企业、大公司走进商南兴业扶贫；放手让一切创造财富的源泉涌流，让创业活力竞相迸发，让每一个商南人都成为创业主体；把每个乡镇、每个企业、每个家庭都变成创业的战场；让全民创业的理念变成人民群众的追求，让全民创业的实践，变成新时期的社会风尚。实践证明：创业，是发展之基，前进之力，富民之本；创业，是民生之福，平安之根，昌盛之源。时代突破发展，全民创业，在工业化、城镇化、国际化深入发展的新时代、新常态下，改善创业环境，推进全民创业是实施科学发展、突破发展、和谐发展、全民发展的必然选择。同时，突破发展、全民创业还是解决人民群众最关心、最直接、最现实的利益问题，促进和谐发展、可持续发展的必经必由之路。更是脱贫致富奔小康的必由之路。

世纪之初的 2002 年，全县国民生产总值 5.83 亿元，财政收入 2956 万元，固定资产投资 2.41 亿元，农民人均纯收入 1283 元，居民可支配收入 5278 元，宏观经济的三大指标和人民生活的两项指标，在商洛地区位列倒数第一或第二，贫困成为摘不掉的帽子。2011 年，国民生产总值 38.82 亿元，财政收入 1.97 亿元，固定资产投资 30.99 亿元，农民人均纯收入 4678 元，城镇居民可支配收入 17327 元，分别是 2002 年的 6.66 倍，6.79 倍，12.86 倍，3.65 倍和 3.28 倍。2018 年，国民生产总值 87.9 亿元，全年完成财政总收入 3.98 亿元，固定资产投资 132.53 亿元，农民人均可支配收入 7870 元，城镇居民人均可支配收入 22720 元。分别是 2011 年的 2.5 倍，2 倍，4.2 倍，1.3 倍和 1.7 倍。2019 年全年生产总值 91.42 亿元；财政总收入 3.82 亿元、地方财政收入 1.75 亿元，城乡居民人均可支配收入分别达到 24650 元、8680 元。

同时，创新思路，健全机制，努力破解融资难、征地难、搬迁难、安置难和违法建设、环境保障等方面的难题，推进城市建设顺利进行。一是着力破解资金难题。大力实施全民招商，在环渤海、长三角、珠三角、西安等地广泛开

求木之长者，必固其根本，欲流之远者，必浚其泉源。

展城建项目招商活动，吸引县外资金参与城镇建设；同时创新城市经营理念，采取挂牌形式出让重点地段以地聚财，采取 BT 等形式盘活土地资产，聚集城市建设所需资金，极大地缓解了发展资金难题。二是积极破解征迁安置难题。积极借鉴外地经验，出台了《县城建设搬迁安置暂行规定》和《城镇违法房地产处理暂行办法》，推行货币补偿和产权置换安置方式，促进了市政项目建设快速发展。

城市扩张，人口增加，强力拉动三产服务业蓬勃兴起，实现了消费增长、就业增加、群众增收的目的。经济结构优化，一、二、三产之比，2007 年为 26 ∶ 29 ∶ 45，2011 年为 25 ∶ 40 ∶ 35，2018 年为 13.6 ∶ 52.5 ∶ 33.9，2019 年为 14.2 ∶ 45.5 ∶ 40.2。

在这些数字及文字背后， 是前所未有的突破，前所未有的发展，前所未有的节点，前所未有的速度。在这个节点的背后，蕴藏的历史，不仅连接着过去与未来，也将标注成意味深长的空间。

近几年来，农村人口城镇化从“富”者开始，引导先富起来的农民逐步向城镇集中。小富者向小镇集中，大富者向中心城市集中，不断向城市注入新的活力，创造新的财富，形成新的需求，这是实现城乡经济大循环，加快城市化的最佳途径。经济学家认为：经济发展的全过程，主要包括财富的创造、财富的积累和财富的交换三个方面，是通过三种不同形式表现出来的。工业化创造财富，是投资的乘数效应；城市化积累财富，是消费的乘数效应；市场化交换财富，是工业化、城市化的综合乘数。

完善城市功能　营造投资洼地

“安得广厦千万间，大庇天下寒士俱欢颜。”是唐代诗圣杜甫在长诗《茅屋为秋风所破歌》中的千古名句。诗人的善良愿望和博大胸襟表现得淋漓尽致。习近平总书记多次引用，他反复强调：改善民生没有终点站，只有连续不断的新起点。正所谓“民生连着民心，民心连着国运”。杜甫诗中“大庇天下寒士”的文学现象，正代表着习近平总书记的浩荡胸怀和执政关怀的“大民生观”。

时光在四季里流转，季节在流光中轮回，古老的商南大地焕发出新的生机与活力。

商南县委、县政府在强力推进城市面积、人口、经济同步扩张的同时，完善城市功能，筑牢民生根基，提高新、老居民的幸福指数。

为了科学引导我县城乡建设协调发展，商南县委、县政府科学定位，高起点规划城市，按照“一流理念、一流团队、一流规划”的目标，先后聘请上海同济大学、陕西建设规划设计院等单位，按照“突出特色、彰显山水、注重休闲、服务旅游”和打造绿色、水韵、不夜、文化、健康“五个商南”的发展构想，编制了商南县城建设的总体规划。

率先建成了全市首家城市规划展览馆。以“水韵商南、秦风楚韵”为特色，按照“白天看绿化、晚上看亮化”的思路，在规划过程中突出商南地方文化，显山露水，借景规划，勾勒优美的城市天际线，着力打造具有商南地域特点的城市特色。提出了未来 20 年的发展目标和发展思路，确保城市建设高点起步、超前实施。

实行改造旧城与开发新区并举，重点实施了四大工程：一是道路畅通工程。新修改造道路 18 条 29.1 公里。迎宾大道、世纪大道、北环大道、长新路改造等 " 四条大道 " 全线贯通，拉动县城面积成倍扩大。二是功能配套工程。鹿城中学、污水处理厂、垃圾填埋场建成运行，县医院迁建等的竣工投用，秀水家居建材市场、天鹿山庄生态酒店建成投用。三是住房保障工程。强力推进 " 四大片区 " 开发建设，建成商住居民小区 20 余个、安居工程住宅小区 13 个，完成保障房投资 16.5 亿元，建设保障房 10777 套。城区 100 余栋高层拔地而起，县城面貌焕然一新。

2016 年，商南积极抢抓国家实施棚户区改造这一千载难逢的历史机遇，积极申报项目、争取资金，全面加快旧城改造步伐。突出“一个着力、五个结合”，即着力改善棚户区居民住房条件，结合城市发展、土地整合、环境优化、功能布局、民生改善五大重点，多方筹措、整合资金 9.88 亿元，采取县级领导分片包干、征迁方案反复论证、换届干部一线比武等有力举措，强力推进西街、锦园山水等 8 个棚户区改造项目。其中，“投资最多、规模最大、实施最难”的西街棚户区改造项目，历时 211 天，全面完成了 1330 户群众、21 个企事时光在四季里流转，季节在流光中轮回，古老的商南大地焕发出新的生机与活力。

业单位的房屋征收工作，没有一户群众上访，创造了商南的“棚改模式”和“棚改速度”，回迁房等工程建设进展十分顺利。棚户区改造和保障房项目的实施，有效改善了群众的居住条件，优化了城区功能布局，实现了“旧貌换新颜”的重大转变。

曾经蜗居的土墙瓦屋，已消逝在时间的年轮下。老西街的历史已封存，新西街在茁壮成长。如今的西街是老树发新芽，从内向外散发着历史新与旧交替的美。景龙国际现代商城、明清仿古街、古城佳府住宅等业态。蓝天白云相伴，绿水青山环绕，处处充满着蓬勃发展的朝气与令人心往神驰的魅力。放眼望去，这里店铺林立；这里住宅成片，矗立高耸。商南西街的每个细胞都在展示它的与众不同，一座山清水秀、功能完善、宜居宜业宜游品质新城已端倪初现，展现在了商南人眼前。夜幕降临，商南西街南大街与文化路街道上的路灯犹如蜿蜒前行的“火龙”，与两侧商家灯火交相辉映，把西街的夜空装扮得格外美丽。今天的西街，一座座拔地而起的标志性建筑折射出了这座城市发展的历程和文化特写的特性，同时也是这座城市发展的推动力。

2017 年以来，商南以做强县城为中心，下决心以城市功能促进城市产业，以城市产业提升城市功能，加快城市化进程，大量吸引和聚集城市经济所需要的各种要素，大量聚集人气，全力培养消费市场，培育购买力，增加城市居民收入，提高文化品位和幸福指数，走上了一条以生态旅游为先导，以城市建设为龙头，以撬动民间资本为抓手，以工业经济为突破口的突破发展，和谐稳定的发展之路。城区面积扩张 10 平方公里，人口超过 8 万，城镇化率达到 56.15%。

2019 年以来，围绕“一心三带五协同”规划布局，结合“十三五”规划中期主要任务，高起点开局、高效率推进，强势推进城建重点工程建设，以“提升老城、突破新城”为主线，推进城乡一体发展，继续做美县城、做优集镇、做靓乡村，城市功能进一步完善，城市形象进一步提升，现代城市魅力初步彰显。截至 6 月底，完成县城建设总投资 4.4 亿元，完成县城基础设施及配套设施建设 2.375 亿元，完成集镇基础设施及配套设施建设 0.4125 亿元，实现建筑业产值 1.026 亿元。城镇化率达到 57.35%。

完成县城基础设施建设投资 2.375 亿元，完成了西街古城开发项目的亮化、绿化等景观工程建设，推进了运通大厦、东域世纪城二期、碧桂园·麓城首府等重点项目建设，启动了农贸市场商业综合体项目、北环路提升及寺沟防洪渠建设项目和老城区更新改造项目。

完成集镇建设投资0.4125亿元，大力改善乡镇基础设施及配套设施建设，加快新型城镇化步伐，加快推进重点集镇建设，快速双创基地建设任务和农村环境综合整治活动，加大资金投入将垃圾收集车、果皮箱、垃圾收集箱等环卫设施延伸至镇村组。

按照“人口集中、产业集聚、功能集成、要素集约”的要求，以加快基础设施和公共设施建设为重点，全面提升小城镇功能。加快推进试马、富水2个市级重点镇，金丝峡、赵川2个国家级重点镇建设，富水镇富园路、试马镇科技路、赵川镇滨河大道等63条街路改建完成，总里程24.7公里，农业园区、移民搬迁、棚户区改造等配套工程积极跟进，小城镇功能日趋完善，承载力明显增强；金丝峡镇依托5A级旅游景区和千年官渡文化，已建成太吉湖、太吉

新西街鸟瞰图

古街，完成了金丝峡游客中心和 7 个特色农庄改造提升，太吉官渡和丹水驿仓也正在紧张建设，官渡旅游特色小镇已初具雏形。

按照“科学规划布局美、创业增收生活美、村容整洁环境美、乡风文明素质美”的要求，2019 年启动了 12 个美丽乡村示范村建设。坚持移民点打造、特色村提升、自然村迁并和空心村整治的思路，不断优化村庄布局、建筑形态和人居环境，突出抓好太子坪村、后湾村、白玉沟村和核桃坪村等示范村建设，努力创建省级乃至国家级示范点。尤其是金丝峡镇太子坪美丽乡村的精心打造，实现了与金丝峡 5A 级景区、金丝峡特色古镇的完美融合。

回收屈指可数的数年间，近乎梦幻般的开发速度；近乎天文数字的投资金额；近乎魔术般的旧貌换新颜……怎能不使每一个商南人，特别是熟知或略知县城开埠千年蹒跚而行的人们，无不为之惊讶，为之震撼，为之振奋，更为之倾心！

深耕城市文化　收获市民笑靥

文化，城市的乳汁，它养育着城市的繁荣与昌盛。

文化，城市的灵魂，它驱动着城市的发展与进步。

自人类有城市以来，无论怎样的变化、更新，都离不开自己一脉相承的历史和文化。它穿越时空，不断丰富、积淀，是一个城市区别于另一个城市的独特印记。它是城市的灵魂，城市的根基。纵观古今中外，那些有着丰厚文化底蕴的城市，总是显现出与众不同的气质和风采。从钟灵毓秀的苏州、杭州到人文之城的西安，独特的文化乳汁，令城市历经千年风霜刀剑，依然锦绣灿烂。然而，有什么样的文化精神，就会有什么样的规章制度，形成什么样的产业结构，结出什么样的经济果实，形成什么样的城市社会。

文化，作为人类创造的物质财富和精神财富的总和，犹如取之不尽、用之不竭的智慧宝库。被列为世界文化遗产的都江堰水利工程，之所以历经 2000 多年，特别是经历 2008 年汶川大地震的摧残，依然经久不衰、巍然屹立，持续发展，不仅在于科学选址、合理构建，还在于它深刻的文化动因。在这一传奇工程的背后，是人与自然相和谐的治水之道，是“道法自然”“天人合一”

的科学精神，以及“以人为本”的人文理念的充分体现。正是对传统文化的尊重、传承和创新运用，使得一个水利工程不仅滋润了一方土地，更滋润了社会精神。

商南在长期的政治、经济、文化、社会发展滞后的艰苦探索中，终于走上了以城市强势发展带动县域经济快速发展的快车道。在商南新型城镇开发建设的过程中，将文化当作增强城市实力，提升城市功能，服务市民需求的核心内涵策划、定位、打造。十余年间，先后建成了人民广场、火车站广场、和瑞广场、水晶广场、鹿城公园、滨河公园。特别是7200平方米的文化广场，秉承文化商南、绿色商南、水韵商南为基点，以地域文化为主线，以生态旅游文化为载体，精美设计，精准施工，成为历史文化的钩沉，红色文化的剪影，绿色茶文化的品牌，演艺文化的场所，全域旅游的名片。广场设计，独具匠心，文化元素的地域性就是以商南地域历史变迁的史迹为史料，体现秦风楚韵过渡性地域文化的独特性。如把秦楚古道上的富水古阳城层峰驿、青云驿、生龙寨和丹江沿岸的梳洗楼、过风楼古人类遗址等远古时期的历史典故，与近代的清油河两岔河刘家花屋苏维埃政权、十里坪阳坡刘家大屋场鄂豫陕特委、新开岭上碾子坪红七十四师、白鲁础关帝庙中共中央中原局会议、赵川前坡岭战役、赵川镇陈家大院中共商洛地委、军分区等的红色革命旧址，作为演艺舞台背景主

文化广场

题雕塑陈列于世。

文化元素的唯一性。“商南茶韵”以商南仙茗、商南翠芽的茶叶外形特征，用高耸入云的擎天不锈钢巨型雕塑，巍然屹立于广场中央，凸现了中国最北茶乡北国茶乡的独特魅力。同时把历史传说的自然景点老君仙山、清油胜景、二仙传道、黑龙洞天、金线飞瀑、间歇神泉和近年打造的金丝奇峡、靓丽鹿城、丹江漂流、上苍神韵、玉皇山、三省石等十三个旅游景点，以文化石柱形式，表现其独特的外形景观。这些都体现了雕塑景观的唯一性，仅商南独有。

广场平面布局体现寓意的独特性。在广场的中轴线上，平面铺装着一轮初升的太阳，迎面即可看到以画轴出现的匾额，题写着“商南文化广场”，昂首远望即见嫩绿色的茶韵雕塑，其后为大型音乐喷泉，再前即为演艺舞台，其中央以“旋风园”等的地面铺装、地上景观造型，形神奕奕，寓意深远。这一组地面景观小品，可寓意为从贵宾和游人步入广场第一步起，仿佛就踏上了初升的太阳，迎接绿色曙光，进入升腾的海洋，迎宾画轴，让来人阅览商南美好的过去、今天和明天。

大型露天舞台，可资大型庆典、文化演艺；巨幅电子屏幕，可直播庆典、演艺实况，可播放电视节目。广场之内、县河之中大型音乐喷泉、空中大炮灯、数码激光灯，灯形迥异，流光溢彩。演艺开启，星月辉映，曲韵悠扬，水景造型别致，水幕电影播放，灯景、水景、诗境、画境，美轮美奂，春夏秋冬日，日月星辰时，尽情放歌商南、放飞梦想、激情飞扬。地下防空设施，可容纳数万人应急避难。步入滨河商铺，可购物、娱乐、品茶。休闲步道、亭廊楼阁、健身美体、空间广阔。县河碧波荡漾，微风涟漪，鸟在水里飞、鱼在天上游。绿树红花，芳草茵茵；天然氧吧，温馨宜人。

文化广场多姿多彩，西街重生，传承历史，昭示未来。

党的十八大以来，县委、县政府按照“老城改造出精品、新城开发树形象、集镇建设惠民生”的新思路、大格局，进行顶层设计、高端规划、精准施工、做美花园城市、做美“秦岭封面”，把西街棚改项目打造成全省棚改示范点。

棚改是城镇化绕不过去的一道坎，是破解城市内部二元结构的关键举措。一边是高楼大厦，一边是低矮的棚户区，这种二元结构不消除，城镇化的质量就无从谈起。城镇化的核心是人，对棚户区百姓来讲，棚改是天大的事，政府就要顺民意，办实办好这件事，使群众从“忧居”到“宜居”。

西街是始建于明成化十三年（公元1477年）的古老街区，关于西街的变化、记忆、梦想早已在商南人心中深深扎根。2015年3月5日十二届全国人大三次会议上，李克强总理在政府工作报告中提出加大城镇棚户区和城乡危房改造力度，把城市危房纳入棚改政策范围。新一届县委县政府顺势而为，将政策付诸行动，敢于担当，自我加压，主动作为，引领新常态，高位求进步，迅速掀起了一场轰轰烈烈顺民惠民的棚改热潮。

自动员征迁到建设开工，商南县城西街棚户区改造工程经历了铭刻历史的211天。在这211天里，号称“天下第一难”的旧城复兴居民征迁工程结束，复兴重建工程正式开始。

旧城复兴与旧城重建，同字不同源。重建只是建一座新城，而复兴不仅担负重建的责任，还担负发展与繁荣的重任。它承载着西街人的世代梦想；承载着商南人的热切期望；寄托千千万万海内外游客的畅想……

城市文化容纳，相对易得的是物质进步，形态塑造及时尚外壳，但最难完成的是精神培育、品德锤炼和境界提升。

近十年来，商南建成城区世纪大道、北环大道、迎宾大道和长新路“四条大道”和幸福路、南坪路、秀水路、移民路、南新街等新改建工程建成投用，188条背街小巷拓宽改造完成，建成了育才桥、虹桥、县河大桥、凤仪桥、琥

老西街旧景

珀桥五座大桥；完成城区污水管网改造 10.5 公里，文化广场、鹿城公园、城市规划展览馆、污水处理厂、垃圾填埋场等工程建成投用，城市功能大幅提升；投资 9000 余万元的“七沟一河”综合治理完成，环文化广场绿道完成建设；安装单人石凳 400 个、双人石凳 100 个、石桌 20 个，建设垃圾中转站 3 处、垃圾收集点 150 个，修补破损路面 2.5 万平方米、人行道地面砖 1.8 万平方米，更新果皮箱 1200 余个，更换雨水井篦 766 个、井盖 665 个，新建改造二类公厕 18 座，城区实现了垃圾收集、污水处理托管化运营；建成了鹿城公园、滨河公园、环岛公园、金泉公园等 18 处公园绿地和火车站广场、水晶广场、人民广场、文化广场，完成了城区路灯节能改造，道路亮灯率 100%，绿化普及率达 100%，绿地率 38.5%，绿化覆盖率 41.8%，城市基础设施明显改观，城市功能日趋完善。

城市建设的快速发展，大幅提高了市民幸福生活指数。以前，大家吃过饭就没有什么事情可做，只能窝在家里看电视，现在茶余饭后，每当夜幕降临时，都可以看见很多市民在一起跳舞、散步。同时电影院、购物商场、文化艺术中心、体育馆、图书馆等的设施设备也更加完善，市民休闲娱乐的选择更多了。

道路宽了，楼房多了，环境美了。于城市而言，硬件升级带来的是外表的变化；于市民而言，享受着便捷的出行、有序的生活，看着这些年来商南翻天覆地的变化，自豪感油然而生。

近三年来，商南县委、县政府随着城市经济、文化、社会发展进步，以创建全国文明城市、国家园林县城、国家全域旅游示范县的“三城”联创为抓手，着力打造城市文明，进一步提高城市居民的幸福感、获得感，提升城市这个地域政治、经济、文化、社会、生态五位一体的龙头带动作用。在“三城联创”中以城市文明创建为龙头，全面带动和推进国家园林县城、全域旅游示范县等创建工作，基础设施更加完善，城市形象明显改观，文明程度不断提升，也建成了西街古城等一批新的旅游项目，打造了太子坪等一批 3A 级景区和美丽乡村，金丝峡跻身省级旅游度假区，商南荣登“中国最美县域”榜单，特别是在近几年创建过程中，商南的干部队伍得到了锻炼，创建机制得到了检验，可以说积累了一些成熟的创建经验。同时，各级各部门坚持人民为中心的发展思想，尽心竭力做实事、办好事、解难事，推动一大批民生问题得到有效解决，让群

文化，城市的乳汁，它养育着城市的繁荣与昌盛。

文化，城市的灵魂，它驱动着城市的发展与进步。

众看到了变化、得到了实惠，极大地激发了全民共创、积极参与的高涨热情，为“三城联创”积攒了足够底气，凝聚了磅礴力量，奠定了坚实基础。这些成绩的取得，离不开全县上下的万众一心、团结奋斗，离不开社会各界的广泛参与、大力支持，离不开大家的默默奉献、辛勤付出。

鹿城，这座古老而又年轻的城市，意气风发地走在追梦的大路上，以日新月异的速度，向世人展示着令人耳目一新的进步和文明。

未来已来，将至已至，谋定后动，行且坚毅。古老而又年轻的鹿城，在睡梦中觉醒，在崛起中腾飞，在腾飞中靓丽！鹿城，一道道用心血、热汗、忠诚、信仰铭刻的记忆，伴随着鹿城前进、发展的步伐，走向更加靓丽、富裕、繁荣、昌盛的明天。

西街新貌

万顷茶绿锦山乡

信　言　熙　敏

青青茶山一幅画，茶随画笔走天涯。

南茶北移四十年，心血酿就商南茶。

青青茶山一幅画，绿得人心也发芽。

茶圣九天应回首，《茶经》 补写商南茶。

在秦岭、伏牛、郧西大梁三山交汇，鄂豫陕三省毗邻的浅山丘陵地带，沧海桑田，移天地精华于一隅，收万仞灵气聚咫尺，造就了一方天地合德、四时合序，日月合明、天人合一的宝地：陕西省商南县2300平方公里地域，也造就了中国西部最北端的新兴茶区。

早春的茶山，清白朦胧的晨曦，清白耀眼的旭日，清白变幻的流云，清白闪亮的天宇，葱绿连绵的群山，茶树和露滴，沃野和山村，清风和鸟鸣……汇入悠扬的《茶歌》旋律，讲述着一个南茶北移的传奇，诉说着一个万众一心、依茶脱贫的故事。

商南人爱茶树，因为商南人爱喝茶。但商南自古不生茶不产茶。然而在20世纪60年代之初，老红军县委副书记梅光华、老红军延安抗日军政大学毕业的县委书记宋建勋、西北农学院毕业生张淑珍，他们都有一颗同样的初心、不变的信念，就是要让农民走出贫困、走向富裕，于是他们联手拉开了史无前例的南茶北移的大幕。在此后漫长而又短暂的近 60 年间，张淑珍紧紧依靠历届县委、县政府的正确领导和强力推动，依靠科技团队和数万茶农的不懈努力，持之以恒地还山以绿，致富于民，历尽艰险，将茶叶适生区由南向北推进了 200 公里，使从不产茶的商南县，成为中国茶叶之乡。

昔日铸鼎，雄关漫漫真如铁；一朝化蝶，而今迈步从头越。近几年来，县委、县政府以脱贫攻坚战为抓手，以“三变”改革为动力，以集约经营为举措，高品质、高效益地整合开发资源，深层次地解决了商南茶产量低、名茶少、效益差、市场小的问题，三年间茶叶产量由 3000 吨增长到 6000 吨，翻了一番。产值由 4 亿元增长到 9.6 亿元，增长 1.4 倍。茶叶成为商南脱贫致富奔小康的支柱产业；农民增收稳定可持续发展的源头活水；乡村振兴的绿色保障。

南茶北移铭初心

1961 年除夕之夜，时任县委副书记老红军干部梅光华，到农林中心站（林业站）看望农技干部，他对张淑珍说：“我在安康打游击时，看到山坡上有很多茶树，群众年年采茶卖，商南能种茶吗？你要种茶树，我会全力支持你。”梅副书记的话，萌动了张淑珍试种茶树的念头。

1962 年，春寒料峭，梅光华到安康开会，用樟木箱子带回 200 株茶苗，茶苗栽在林业站院内，新栽的茶苗在淑珍等人的精心呵护下，还是死去了。这一年，县政府正式成立了林业站。同年她将 10 公斤茶籽种在二道河苗圃里，长出了茶苗，翌年移栽到县城西岗，全部死亡，无一成活。一年的心血和希望，付诸东流。

1964 年，淑珍又将 700 株茶苗再次移栽到捉马沟，年底，又全部死亡。后来，又连续移栽多次，均无一成活。

1967 年，她悄无声息地，在二道河苗圃里整理二分地，点种了茶籽，翌年茶苗出土，看着绿茵茵的茶苗，她似乎看到了希望，看到了商南水土流失的荒山秃岭换上了绿装，看到了农民种茶、卖茶满面幸福的红光。而这一年，她的家经受了“文革”动乱的浩劫，家被抄了，仅有的装衣服箱子也被砸了，书籍、手稿被烧了。同事们看过之后，无不叹息地说：“真让人寒心”。而淑珍却口无怨言，心无怨恨，每天早起晚归，到苗圃与工人一起为树苗除草、松土、施肥，特别是在新出土的茶树苗圃里记录茶苗生长的温度、湿度、光照实验记录。她把这些资料看作自己生命的一部分，走到哪里背到哪里。这年春节，因在家里很不安全，她便带着资料与丈夫永才一起到河南开封过春节。

1970 年夏，淑珍随队到浙江绍兴参观、考察，那里有个名叫上旺村（时称“大队”），在荒山上种茶，茶叶收入占农民收入的 80%。集体有了钱，给群众盖楼房、办食堂，农民生活有了保障。

1970 年，淑珍在就地封育的二分地 133 平方米的苗圃里产茶 1.9 公斤。她将这破天荒的 1.9 公斤手工炒青茶分成 38 包，分别送给县级领导及有关部门、茶叶经营者和嗜茶达人，请他们品尝、评价。

1970 年早春的一个上午，淑珍从富水街沿 312 国道北边的山间小路，翻山越沟，走到十里铺的小分水岭上。一辆沿 312 国道疾驶的吉普车停在了公路边上，从车上走下来一位精神矍铄、沧桑中藏有刚毅的中年男子，他向淑珍走来。淑珍与此人见过一面，那是不久前的一个上午，淑珍因林业站内有一块空闲地，她拔掉杂草，深翻平整后准备栽上菜苗，正好相遇，闲聊之中得知这位中年男子是县委书记宋建勋，一位毕业于延安抗日军政大学的读书人。因见过一面，宋书记直接问淑珍干啥？淑珍指着身后的一片荒山（即现在茶坊茶场所在地）说：“这片荒山可以开茶园、建茶场。”宋书记坚定地说：“种茶是好事，我支持。”在以后的工作中他特别重视茶叶生产，身为县委书记，每天都很忙，只要淑珍去找他，他都会对其他人说：“你们先等一下，让种茶的人先说。”他听完淑珍的汇报，诚恳、亲切地提出三条要求：一是实事求是，种一亩是一亩，不要浮夸；二是要认真学习外地经验、技术，要办学习班，让群众学会种茶、制茶技术；三是在发展茶叶生产中，年年都要有新举措，要求实、创新、敢想敢干。这次的路边谈话，更加坚定了淑珍“南茶北移”的信心，为了商南农民能走出贫困，她坚定不移，义无反顾地走上了一条“南茶北移”，生死与共的人生之路、拼搏之路、长征之路。

茶坊，一个以茶命名的地方。距县城大约 5 公里，然而千百年来，茶坊不产茶，徒有其名。1970 年，对茶坊人来说，是一个重大的历史节点，这里开出了一片面积约 1 亩的茶园。这年春寒料峭，新开的茶园里还结着霜花，张淑珍与当地农民一道，将 50 公斤茶籽点种在这片寄托希望的泥土里。几度春风轻拂，几场春雨滋润，茶苗出土了，人们欢欣鼓舞，张淑珍在这里建起了商南的第一座茶场，后来成为“知青点”，改名“知青茶场”。500 多亩荒山草坡，全部开垦成了茶园。

1972 年，全国在湖南桃江县召开茶叶种植现场会，落实毛泽东主席视察安徽省舒城县舒茶人民公社时所做的“以后在山坡上多多开辟茶园”的指示。县上组团到湖南桃江县考察学习，看到依茶致富的先进典型后，考察团的人们夜不能寐，梦想着依茶致富的未来。张淑珍随团考察学习，考察结束后，张淑珍仔细思考和整理自 1962 年林业普查以来，10 年间对商南立地条件、生态环境的初步认识，借鉴湖南桃江参观学习的心得体会，特别是在直播成功，产茶 1.9 公斤的基础上，形成了近 5 万字的《南茶北移可行性报告》。

《报告》送到中共商南县委。宋建勋书记同张淑珍一样，认为共产党人闹革命目的，就是为了让人民富起来、国家强起来，就是让人民群众过上好日子。而在当时，“文革”动乱，两派斗争，揪斗“当权派”“走资派”，特别是领导干部，稍有不慎，就有被造反派揪斗、游街、关“牛棚”的危险，怎么办？夜深人静，他看着流金溢彩的《南茶北移可行性报告》苦苦思谋与“文革”动乱的应对之策，经过多方协调与沟通，巧用当时毛泽东主席一条关于“抓革命，促生产”的指示，主持召开了商南县第一次茶叶生产会议。张淑珍用 10 年艰辛绘制出来的以茶致富的蓝图，终于展示在商南人民面前了。

这年深冬，全县动员上万农民，腰系草绳，背着干粮，走向荒山秃岭，开挖茶田。以张淑珍为首的科技人员，走在农民队伍的前面，拔开荆棘、杂草，采取土质标本，测试土壤成分，pH 酸碱度，确定宜茶地块，设计规划茶园，农民把茶田挖好后，她又亲自指导农民种茶籽，一冬忙罢，她满手都是冻裂的血口子。

1979 年实行农业生产责任制，农田责任到户，自主经营，许多农民偷偷地毁茶种粮。农民毁茶种粮的一个原因是茶山都是新开垦的山坡，不是责任农田，没有税费上交，种粮收效快；还有一个原因是当时茶叶价格低，销路窄，种茶不如种粮。当时水沟乡的茶园几乎全部毁掉，群众把晒干的茶树当柴烧。

为了商南农民能走出贫困，她坚定不移，义无反顾地走上了一条“南茶北移”，生死与共的人生之路、拼搏之路、长征之路。

淑珍看在眼里，急在心里，她找到县委、县政府的主要领导，申述商南茶叶发展的前景，讲述自己的忧虑和希望。县委、县政府立即做出决定："凡种茶的地块都归集体所有。"她保住了商南茶，保住了商南人依茶致富的希望与梦想，更是保住了今天的"中国茶叶之乡"，"中国西部最北端的新兴优质茶区"的根基。

引种成功了，茶苗长成了茶树，然而，有树并不等于有茶，不等于有收益。商南茶叶上市了，市场成了决定茶业生与死的"审判长"，消费者成了"上帝"。然而初生的商南茶，制作工艺粗糙，技术单一，青草味很浓，一个还不满 10 岁的"孩子"，如何进市场，行天下，变财富，成了商南茶生死存亡的又一个关口。于是，以张淑珍为首的科技人员组成绿茶试制小组，深入全县 50 多个茶场，手把手地教农民手工采、揉、炒茶技术，为了把农民培养成茶农，每到一地，她都亲自示范操作，现场传授技艺。从 1980 年开始，试制名茶。

1986 年，在位于杨凌的中国农科城的陕西省农业科技研究中心，高朋满座，来自全国各地的数十名专家、教授、研究员聚集一堂，联合评审，鉴定"商南泉茗"。

"商南泉茗"以其白毫显露，滋味鲜爽，回味甘甜，栗子香形，香高持久，汤色黄绿明亮，叶底嫩绿成朵的优秀品质，获得与会专家、学者的一致好评，通过技术鉴定，列为省优产品。中国茶叶研究所党委书记兼所长陈启坤教授当场泼墨题词："茶香溢商洛，泉茗先为佳"，同年获得陕西省科技进步二等奖。

1992 年，研制出的"商南泉茗"荣获全国茶叶最高奖项"陆羽杯"奖，评为中国西部名茶。

2002 年，商南"双山"牌茶叶商标，被陕西省工商行政管理部门认定为"著名商标"，为商南茶叶走向全国，走向世界拿到了通行证。

首创公司联农户

商南茶业的起步与发展初期，都是在国家计划经济条件下进行的。正如哲学家看待世间任何事物都有两面性一样，商南在计划经济条件下种茶，也有其两面性：一方面，是大集体，大动员，形成了万人上山开茶田的气势，在荒山野岭上开垦茶园数万亩，不能不说是为“南茶北移”奠定了一定物质基础。然而，由于计划经济“吃大锅饭”，农民上山出工不出力，生产效率很低，一个劳动日只值几毛钱。茶场将茶叶卖给县供销社，县供销社再批发给各基层供销商店。那时候，有一种很怪的现象，说商南茶不好吧，它是馈赠亲友的上品，不论职位高低，贫富多寡都以能喝到一杯商南茶，收到一包商南茶视为荣幸。说商南茶好吧，它又卖不出钱，茶农、茶商无不为茶叹息。

产量、质量提高了，而市场在哪里呢？当时商南茶还完全处于“自产自销还自足”的小农经济的圈子里。按计划经济规定，茶叶营销渠道只有供销社一条路，别人经营被视为违规，造成全国性的茶叶积压，滞销。1984 年春商洛地区供销社收购的一万多公斤商南茶，到 11 月一斤也没有卖出去，供销社主任对张淑珍说：“你不要发展茶叶了，发展多了卖给谁呢？全国茶叶减价 50% 到 60%，你的效益在哪里呢？”

茶叶价格低，茶农种茶见不到钱，加上农村推行土地联产承包责任制，土地纷纷到户，茶山茶园也部分到户，虽然集体茶场通过联产承包，留住了一部分茶山茶园，但是承包到户的茶山茶园，农民开始毁茶种粮，因为粮食市场放开了，当年开荒，毁茶种粮，当年就得到收益，全县茶园面积由 1976 年的 27000 多亩骤减到 6000 多亩，21000 亩茶山被毁掉了。农民毁掉的不仅是茶，还毁掉了山区的生态，茶树不仅可以产茶，还是土石山区保持水土的优良树种。茶树根系发达，四季常青，保土保水保肥，毁掉茶树的茶山，一经暴雨，泥石流顺坡而下，摧房、毁地，势不可挡……灾难，人为的生态灾难，让人不寒而栗。

夜深人静，张淑珍真想爬上高山之巅，问天问地问人间，农民的日子为什么这么难？土石山区的脱贫致富的路在何方？自从茶树引种以来，各级党委、政府全力支持，广大农民三伏酷暑，数九寒天，流血流汗，开山种茶，茶区近 10 万农民企盼着依茶致富……茶树在自己手里引种成功，难道又在自己眼前渐渐消失吗？这是何等的残酷，何等的责任……

星光之下，张淑珍真不知不觉地走到县河边边。

县河原名沭河，源自秦岭东段余脉的莽岭主脊双峰，亦称甪峰，史载 2200 多年前的秦朝末年“四博士”因避乱隐居商山，其中的甪里先生就隐居在双峰，并留下了千古不朽的《采芝操》：

莫莫高山，深谷逶迤。 晔晔紫芝，可以疗饥。

唐虞世远，吾将何归？ 驷马高盖，其忧甚大。

富贵之畏人兮，贫贱之肆志。

《采芝操》以其深刻的哲理启迪后人：浮华褪尽忠诚在，千古功过看名生。后人将其隐居处的“双峰”更名为“甪峰”，商南县城因而别称“鹿城”。张淑珍出神地坐在河边的鹅卵石上，静静地听着在烂石丛中穿流的水声，这声音时而欢乐跳跃，时而沉默潜行，有时呢喃自语，有时如泣如诉……这时丈夫永才披着薄棉袄坐在了她身旁的另一块鹅卵石上，心有灵犀地说：“有了种茶人，还得有卖茶人，没有卖茶人，茶树不是和漫山遍野的灌木、荆棘丛一样吗？春生秋衰，落叶为泥。”沉默了许久，永才又接着说：“卖茶不比种茶容易，甚至更难，你干吧！商南茶没公司做龙头会死掉的，数以万计的茶农依茶致富的梦会破灭的。市场是残酷无情的炼狱，你不进谁进，市场是无边的海洋，你不跳谁跳……”

说到这里永才停了下来，又平心静气地说：“你要下海了，工资没有了，我还有一份工资，咱们能过，咱俩就是从苦日子里走出来的，要图小家庭、小日子富裕好过，咱就不来商洛山了。”多么知心，多么温馨，淑珍流泪了。在她如此艰难的时刻，丈夫像一座山一样靠在她身后。

天空中的长庚星隐去，启明星灿然升起，这时河水又流淌出另一番清韵：“万山不许一溪奔，拦得溪声日夜喧。到得前头山脚尽，堂堂溪水出前村。”宋代诗人杨万里的千古名诗，蕴含着山河韵律，在历史的长河中流淌，昭示着千万条涌流不息的溪水，越过高山，越过峡谷，越过平原，奔向远方……

1984 年国务院下发第 75 号文件，茶叶经营由单渠道转变为多渠道，县茶叶站到市供销社买回积压在库房里的 1 万多斤商南茶叶，经过简单包装，站领导带领全站职工走街串巷卖茶，不到两个星期全卖完了，除了上交的 600 元税金之外净赚 5000 多元钱，这 5000 多元是商南茶的第一桶金，同时也是风向标、催化剂。商南要依茶富民强县，产供销一体化是必由之路。

1985 年的春天来得特别早，惊蛰刚过，一场春雨便催得万物复苏，茶树发芽。经过数月的沟通、申报，商南县茶叶联营公司宣告成立了。公司联合了全县 36 家乡、村茶场，走产供销一体化，一条龙的路子，自主经营，自负盈亏。

公司本着“服务于茶、让利于民、微利经营、综合开发”的原则，以茶业站技术人员为主体，成立了茶叶生产技术承包集团，实行科学规划，高标准建园，开展技术培训。通过提高复制加工中的技术含量，提高产品附加值。提高茶农种植水平，推行低产园改造，实现茶园科学化种植、科学化管理。抓好茶叶初制加工过程中的技术指导，引进推广新技术、新品种，不断开发新产品，实行生产、技术、供应、加工、销售系列全程服务。

1995 年，国家根据 1980 年全国联产承包责任制后农业、农村发展现状和问题，强力推行农业产业化，人民日报发表了题为《必由之路》的社论，陕西省人民政府制定了《关于在全省大力推行（农业产业化经营）》的通知时，商南茶叶联营公司已经健康有效运营了 10 年之久。

时间的脚步行进到 2005 年，是联营公司创建 20 年的生日。这一年，与商南县茶叶公司联营的茶场有 120 多个，全县有茶园面积 14.97 万亩，年产茶叶 130 万公斤，年产值达 1.3 亿元，仅茶叶一项，茶区年人均收入 900 多元，许多贫困户靠种茶脱贫致富。

茶绿乡村写振兴

经济致用，文化致远。经济学家和社会学家共同认为，社会进步无非两个方面，即生产进步和生活进步。围绕着两大目标，服务脱贫攻坚，商南茶业正经历着自南茶北移成功以来，最重大的科技进步和产业升级。

近几年来，商南县委、政府高度重视茶叶产业发展，始终坚持把茶叶作为头号优势主导产业来抓，按照“规范化建园、标准化种植、规模化发展、科学化管理、公司化经营、市场化运作”的发展思路，认真研究制定茶叶发展规划，大力推进茶叶产业化建设，作出了《关于进一步加快茶叶产业发展的决定》，制定了《茶园基地建设补助办法》，全力推进茶叶产业发展步伐。加快茶旅深度融合，促进茶产业转型升级，实现茶产业高质量发展。自 2016 年起，每年新建无性系茶园 5000 亩，到 2020 年，全县茶园面积由 2015 年的 22.5 万亩增加到 25.5 万亩，茶叶产量由 2015 年的 3000 吨增加到 6000 吨，产值由 2015 年的 4 亿元增加到 9.6 亿元。其中丰产茶园 15 万亩，可采摘茶园 20 万亩，

莫莫高山，深谷逶迤。晔晔紫芝，可以疗饥。
唐虞世远，吾将何归？驷马高盖，其忧甚大。
富贵之畏人兮，贫贱之肆志。

无性系茶园 5.2 万亩，无公害认证茶园面积 12 万亩；实现了“人均一亩茶”，户均增收 5000 元。现有规模以上的茶叶加工企业 6 家，茶叶专业合作社 32 个，茶叶初制加工厂 200 余家，年加工能力达 8000 吨，发展茶叶大户 5000 多户，遍布全县 10 个镇 126 个行政村（社区）。带动茶农人均茶叶增收 3500 元，形成了“公司 + 基地 + 农户”的产业化发展格局。

先贤有言，天下难事，必作于易；天下大事，必作于细。一组组数字，凝聚的是心血和汗水；一幢幢坐落绿树竹林掩映中的新楼庭院，是茶农依茶脱贫致富的印信。商南茶业近几年来的品质升级、产量提升，茶旅融合、乡村振兴，得益于县委、县政府的正确决策和强力推进的四大有效举措：首先是科技创新突破瓶颈。商南是中国西部最北端的新兴茶区，处在适生与不适生的临界线上，南茶北移初期，曾经经历了七次失败的挫折，后在苗圃直播封育获得成功，因此直播成为商南茶叶的主要生产方式。实践证明，直播在商南茶南茶北移初期是成功的经验，它有利于迅速扩大面积；有利于绿化荒山；有利于千家万户种茶。但直播容易出现品质退化，茶园老化，不利于优质茶树引种、提纯、扶壮；特别是没有优质茶种引进，就没有优质茶园，更没有高端的名茶应市，在激烈的市场竞争中处于劣势地位。为了突破这个瓶颈，茶业科技人员经过 10 多年的无性系栽培拼搏，虽有收获，但没有形成规模。2016 年以来，县委、县政府多措并举强力推进，无性系茶树栽培获得了巨大成功，高品质茶园造就了高端名茶问世，在激烈的市场竞争中夺得一席之地。

其次是基地化建设，专业化管理。按照“科学规划、集中连片、生态优先、示范引领”的思路，坚持一手抓茶叶良种引进和新园建设，一手抓老园科管和改良提高，稳步扩大茶园面积，持续提升茶园品质。在茶叶基地建设过程中，着力将茶产业基地建设与脱贫攻坚、现代农业园区、特色小镇、观光农业等有机结合，全面提升综合效益。以“312”国道沿线、休闲观光示范茶园和现代农业园区为重点，新建与改造提升并举，大力推广无性系良种，集中连片建设一批高产、高效、优质茶叶基地。例如，结合试马北茶小镇建设和 4A 级景区创建，建成了试马镇万亩白茶基地；结合全域旅游建设，成功培育了清油河镇后湾村茶叶品种园、富水镇茶坊村知青茶园等茶叶示范基地；2019 年组织县茶叶联营公司、沁园春茶业公司、满园香茶业公司等八家茶企集中连片新建万亩茶海公园，掀起了全县高标准无性茶园建设的高潮。

其三是注重机制创新，优化资源配置，走集约化发展的路子，提高产业扶贫效益。积极推进“三变”改革，即：资源变股权（农民以土地荒山、入股），资金变股金，农民变股民。推广“龙头企业＋合作社＋贫困户＋基地”“龙头企业＋贫困户＋基地”“龙头企业＋村集体＋贫困户＋基地”等产业发展模式，鼓励引导贫困户通过流转土地、基地务工、配股分红、参加技能培训和出售鲜叶等方式参与茶叶生产加工经营，发挥新型生产经营主体作用，扩大产业精准扶贫覆盖面，引导更多茶叶企业参与，把贫困群众从分散生产链接到茶产业集约发展的链条上来。大力发展茶叶专业合作社，培育产业大户和职业茶农，注重茶企、茶农同利益协调，形成风险共担、利益共享的合作机制，提高茶产业组织化程度。实现企业盈利、贫困户增收、社会发展“多赢”局面。培育壮大了县茶叶联营公司、沁园春茶业公司、龙泉茶叶有限公司 3 家省级茶叶龙头企业，秦岭红茶业公司、金丝茶业发展公司、恩普农业公司和鸿德农林发展有限公司 8 家市级茶叶龙头企业，茶叶专业合作社 32 个，茶叶初制加工厂 200 余家。通过土地流转、基地务工、入股分红和收购鲜叶等形式带动 8900 贫困户 24000 人人均增收 3500 元，全县 50000 余人从事茶叶生产、加工和营销。茶产业已成为商南农民脱贫致富支柱产业，助力脱贫摘帽的重要保障。

其四是实施品牌战略，“出陕西，走丝路”、靓名片。近三年来，特别是 2019 年按照县委、县政府“出陕西，走丝路”的营销定位大力拓展市场。在北京、上海、广州等大城市和“一带一路”的节点城市，加快商南茶全国实体店、连锁店建设，推动商南茶产品进入大型专业市场，扩大商南茶销售规模。县茶叶联营公司、沁园春、御泉茗、鸿德、金丝等茶企在西安、石家庄、苏州、广东、广西等大中城市新增商南茶专营店 20 家，商山茶业公司已成为“阿里巴巴”国际站中国商家会员，“阿里巴巴中西部大区”中“实力商家”。在哈萨克斯坦打造了商南茶实体店，商南茶市场占有率逐年攀升。在第 十二届“中茶杯” 全国名优茶评比活动中，全省 22 个茶产品获得了一等奖，商南获得了 11 个，占总数的一半；在第四届“国饮杯”全国茶叶评比中，全省 4 个茶产品获得特等奖，商南获得 3 个；在第五届“国饮杯”全国茶叶评比中，全国 41 个特等奖项目中商南有 3 个，获得一等奖 6 个。在第十三届中国西安国际茶业博览会上，商南茶企在招商推介会上，签约项目金额达 1500 万元。2018 年度陕西省茶行业“十项十佳”评选结果中，商南县鸿德农林业发展有限公司被评为 2018 年度陕西“十佳茶企”；试马镇被评为 2018 年度陕西“十佳茶产业示范镇”；马泉山休闲观光茶园被评为 2018 年度陕西“十佳休闲观光示范茶园”；商南县邵山茶叶专业合作社被评为 2018 年度陕西“十佳茶业农民专业合作社”；2019 年商洛市茶叶研究所名誉所长张淑珍荣获“陕西省最美劳动者”称号和陕西茶文化终身贡献奖；县茶叶营公司经理刘保柱荣获 2019 感动商洛十大人物；县沁园春茶业公司经理王超荣获 2019 商洛市优秀民营企业家称号和 2018 年度茶叶年度人物称号。

如果说，品牌的后面是文化，那么，文化就是明天的经济。如果说，南茶北移是经济，那么，茶道传播则是文化的洗礼。当南方嘉木（茶）在商南生根发芽茁壮成长，茶道也如春风细雨潜入商南大地。它无声地改变着封闭意识、不良的陋俗和随地吐痰的不卫生习惯。

中国茶道，深深根治于华夏文化，可以说茶道就是文化之道。在人类的社会活动中，经济和文化是两个基本形态，不仅几乎同时产生、同等重要，而且一直相互依存，紧密联系，共同构成了人类社会区别于动物世界的显著标识。动物只有对物质的需求，而没有对精神的需求；动物的活动和需求都是本能的，而人类活动和需求，则是充满创造性的。正是人类这种在物质需求之外对精神、道德、审美、理想、情操、智慧等方面的需求、向往和实践探索，催生和孕育了不同于物质文明的另一种文明形态，这种文明形态就是文化。文化一旦产生，便使人类具有了更为强大的创造力，愈益有效地推动经济发展和社会进步。

茶文化，深刻而又鲜活地展示着高雅之美、清淡之美、宁静之美、自然之美和创造之美。2003 年，县茶叶联营公司建成了装修古朴高雅的茶艺馆，组成了商洛第一支茶艺表演队，开商南乃至商洛茶道茶艺表演之先河。一时间茶艺馆熙来攘往、川流不息，尤其是外地代表来商南调研的公务人员、文艺界名流、文化名人、新闻记者、央视节目制作人、过往客商，外国友人、普通百姓，无不以看一次茶艺表演、品一次精制香茗为生活的乐事，许多茶农一边品茶，一边谋划交流茶事。一花引来百花开，一时间茶艺馆遍及城乡，有规模的茶园先后建起了茶楼。商南人以茶会友、以茶休闲、以茶怡情，成为物质文化和精神文化的享受。

随着产业的发展，茶农们纷纷脱贫，有了经济基础，纷纷拆掉旧屋盖新居，新居依山傍水，随山顺势，绿树掩映，宽敞明亮，一天劳作之余冲个热水澡，穿上休闲服，坐在茶海旁，冲一壶上好的自产泉茗，呷上几口神清气爽。更有逸者，将茶海搬到小院里、花池边，静静地品茶赏月……这样的环境，这样的生活，这样的情趣，难道还有人忍心随地吐痰吗？还容忍苍蝇扎堆吗？……

万顷茶绿催生了生态文明的成长，催生了曾经是穷乡僻壤的商南县成为“中国茶叶百强县”“中国名茶之乡”“中国茶叶扶贫示范县”和“全国重点茶县”。

漫山遍野，万顷茶绿，像春风一样扬起脱贫致富的风帆，行稳致远；像画笔一样浓墨重彩地描写乡村振兴的蓝图；像一首无字的歌，万众登山唱，流韵壮东风。

高山茶园

朝阳产业迎朝阳

张　瑜

旅游，人称朝阳产业，希望产业。

物换星移，岁月蹒跚，18年前，旅游在商南还是一个陌生的名词，自从2001年9月，以周树红为首的一拨共产党人，冒着生命危险，踏破洪荒，走进金丝峡，开发生态旅游业，在之后的日子里，商南县委、县政府一任接着一任干，终于在2015年将这片人迹罕至的洪荒之地开发成陕南唯一的生态旅游景区。

2017年，又一届县委、县政府的掌舵人，肩负脱贫攻坚决战决胜重担，走进商南的山山水水，他们发现曾经阻断交通，阻塞流通的绿水青山就是金山银山，他们以金丝峡开发的实践为启迪，为借鉴，为激励，创新思路，拉开文旅融合、茶旅互促、农旅并进的全域旅游大幕，使生态旅游成为商南脱贫致富奔小康的支柱产业。

踏破洪荒的起步

时光的车轮滚滚前行，十八年前的商南还是陕西东南边陲的土石山区贫困县，知名度不高，大部分商南人对“旅游”的感受还是新奇。

2001 年 7 月，是一个见证商南历史的月份，一个崭新的朝阳产业孕育、降生、成长壮大。这年 4 月，周树红就任商南县委书记。商南是土石山区贫困县，脱贫致富的路在哪里？他安排县委常委村村到、搞调研。他走进了全县最贫困的新开岭山区庙台子村、落花沟村，夜晚与村民聊天，得知小河河源段的原始生态很好，翌日便带领相关人员冒险走进渺无人迹、天谷地缝的无人区，从此走上了商南县生态旅游开发之路。

9 月 7 日，周树红第四次进峡勘察，特别是走进了黑龙峡，那清澈的潭水、飞溅的瀑布、奔流的溪水、茂密的森林，完完全全将他震撼……当他得知有一家河南企业，已与峡谷森林权属村签订了砍伐秦岭檀木（俗称“铁匠木”）烧制精炭，他怒火中烧，立即责成林业执法队，坚决阻止这种掠夺经营，毁坏生态的行为。

秦岭檀木是金丝峡的主要树种，四季常青，有人测算，当时黑龙峡山上的秦岭檀木，全部砍伐可烧近百万斤精炭，但这种树木因其生长缓慢，木质坚硬，砍伐之后，一百年也难恢复，没有树也就没有水，更没有景，因此要像保护孩子一样，保护一草一木、一苔一藓。在阻止黑龙峡秦岭檀木砍伐的同时，他又发现青龙峡炸石修路开采重晶石，因乱炸乱挖，已经破坏了峡谷的水脉，导致原本清冽的溪流、瀑布水断瀑干，他当即责成水保、矿管联合执法队立即制止。尽管如此，后来两次山洪裹挟泥石涌进白龙湖，都造成了一定的灾难，更为痛心的是峡谷水脉重生，亦将耗时百年，甚至更长。

2002 年 1 月 16 日至 20 日，商南县党代会、人代会、政协会召开，时任县委书记周树红在工作报告中明确提出要把旅游作为县域经济的支柱产业来抓，金丝峡景区开发正式列入县委、县政府的重要议事日程。

金丝峡初期开发如同我国改革开放初期，走的是一条摸着石头过河的开发建设之路。从 2001 年 10 月开始动工修建峡区施工便道，经过不到一年时间紧锣密鼓的开发建设和宣传申报，2002 年 7 月 11 日，省林业厅时任主管副厅长朱巨龙及森林公园管理办公室负责同志应邀来金丝峡考察，看到金丝峡如此感人的开发建设场面后感叹不已，回厅向时任厅长何发理同志汇报得到同意，省林业厅采取特事特办、简化手续，于2002年7月立即批准金丝峡为省级森林公园。

2002 年 8 月 1 日，金丝峡申报国家森林公园，邀请国家林业局森林公园管理办公室安排的陈鑫峰博士、北京大学地理地质系夏正楷教授、南京林业大学风景园林学院徐大陆教授等专家，于 2002 年 9 月 11 日来到金丝峡进行实地考察和资源评估。那天下午突遭暴雨袭击，峡谷河水猛涨，所有人都淋成了“落汤鸡”，头顶是悬崖绝壁，随时会有泥石流滚下，脚下是咆哮的山洪，而栈道和桥尚未修好，在返回白龙峡过最后两道河时，河水已齐腰深不敢通过，随行的林业局长郑双武身高力大，冒险扑过河，把村民送来的保险绳绑在河两岸的树上，扶着考察组人员一个一个抓住保险绳拽过河，几位人瘦体轻者蹚河时身体都浮了起来，险些被洪水冲走，真是经历了一场生死考验。周树红等随行人员先是担心专家人身安全，后是担心专家受此“遭遇”会不会对金丝峡产生不好的印象？回城后，立即安排每人先喝了一碗姜汤暖身防感冒，晚饭后不顾疲劳又安排和动员专家们观看金丝峡资源风光片，以增强对金丝峡资源的整体了解，专家们看过一遍之后，让工作人员又重播一遍，越看越高兴，专家们对金丝峡的自然风光大加赞赏。并将“走进金丝峡”电视片、风光资源片，随同申报材料一起带回了北京，专家们回京后，很快提请国家林业局于 2002 年 12 月批准金丝峡为国家森林公园，创造了中国森林公园审批史上当年开发建设、当年连获省级和国家级森林公园两项桂冠的奇迹，被评为 2002 年度商洛市十大新闻。

10 月 1 日，金丝峡在基础设施尚未完工，依然存在某种程度的行路难、食宿难的情况下迎来了金丝峡试运营的第一个黄金周。黄金周第一天，金丝峡简易停车场排出了 500 多米的汽车长龙，能容纳千余人的县城大小宾馆及峡口临时接待处和农家乐旅馆家家爆满，在一周之内接待省内外游客万余人，门票及其他收入 50 余万元。金丝峡曾经野鸡不下蛋、小鬼不上门的洪荒之地，瞬间成了个金娃娃。

2003 年 2 月 18 日，中国共产党商南县第十五次代表大会工作报告中提出：实施旅游大手笔，构思旅游大规划，营造旅游大环境，实现旅游大收入，举全县之力，集全民之智，聚八方之财，以金丝峡开发为重点，加快丹江漂流、闯王寨景区开发进程，迅速把潜在的资源优势变为现实的产业优势和经济优势，把旅游业培育成全县最大的新兴产业，建成我县对外开放的热点、文化建设的亮点、经济发展新的增长点，把商南建成生态旅游名县。

商南县旅游产业迅猛崛起的奥妙，单从“大手笔、大规划、大环境”这些字面来理解，不难发现当时决策者们列出的时间表、画出的路线图、明确的任务单，成为引领商南经济社会发展的总体性、规划性蓝图，也承载着商南人民的希望。可以说，饱含了我县领导及参与实施人的心血和汗水，具有前瞻性，也必定能实现大收入。

“绿水青山就是金山银山”。商南县始终把“生态立县、旅游强县”作为第一要务来坚守，境内森林覆盖率达到 66.9%，山水旖旎，钟灵毓秀。因而，商南县一直坚持绿色发展理念，以绿色品牌在旅游市场上树立独特而又靓丽的形象，打造生态旅游休闲胜地。各个景点都是在保护中开发，在开发中保护，在设计景观、景点方面，考虑地方地理和生态环境因素，讲究整体生态系统的价值，就地取材充分挖掘生态旅游资源，在原有的生态旅游资源的基础上进行改变和设计，使得景点既能满足游客的游览需求，又能保护原始的自然环境和生物的多样性，保持了景观的生命力。

2004 年 4 月 27 日至 29 日，商南县首届旅游茶叶节隆重举行。以旅游、茶叶为载体创办的“旅游茶叶节”，首次赋予了文化产业经济的内涵与功能。第二届旅游茶叶节，参与人口超 6 万，几乎是商南城区常住人口的两倍，除大小宾馆、饭店、旅社、农家乐家家客满之外，许多机关、学校、居民家庭打地铺待客，还辐射到邻县丹凤和河南的西峡、淅川等地。极大地提升了金丝峡、商南茶、商南县的知名度和美誉度。10 月 6 日，县委书记周树红已经是第 100 次进入金丝峡检查指导景区的开发建设。那山山水水都融入了他的情感，随之而形成的“金丝峡精神”“金丝峡速度”“金丝峡价值”影响着一代又一代的“金丝峡”人。

创建 5A 尚品景区

在日益激烈的旅游市场竞争中，旅游产业若要保持对游客独特的、长期有效的吸引力，就必须顺应旅游市场的需求，高度重视游客在游览过程中所获得的旅游享受，形成较高的旅游价值。

时光在前行中流失，景区在不断改观。历届县委、县政府领导一任接着一任干，一年一步大台阶，一年一番新气象。而今，金丝峡由一个峡深水险、与世隔绝的蛮荒之地，一跃而成为国家森林公园、国家5A级景区、国家地质公园、生态中国先进集体，这一顶顶桂冠，都是金丝峡的开发者、建设者们以坚定的信仰和不懈的追求铸造而成的。

人常说：昨天是今天的积淀，今天是明天的起点。回首往事，虽然有不尽的艰辛、无奈，但更多的是实践的收获、创新的追求、梦想的希冀，一次又一次地圆梦，开发了从无到有、从小到大、从弱到强的生态旅游产业；建设生态文明，推广生态价值，创造了"金丝峡速度"，成就了"金丝峡价值"，改写了金丝峡历史。

在金丝峡的开发建设与发展过程中，创造了旅游业界、理论界认同的一种宝贵的、值得推广的精神价值，如果没有这种精神，就不会有金丝峡的今天，这种精神被人们称之为——金丝峡精神。这种精神就是人们感慨赞叹的那种知难而上、顽强拼搏的奋斗精神；那种尊重自然、高点规划、规范管理的科学精神；那种不循常理、敢为人先的创新精神；那种石树共生、刚柔相济的和谐精神。

2007年2月7日，金丝峡被批准为"陕西省地质公园"；6月8日，金丝峡旅游景区获得首批"陕西省平安景区"称号；7月24日，金丝峡被授予"陕西省文明森林公园"称号。

2008年1月9日，商南县被命名为"陕西省首批旅游强县"；10月26日，沪陕高速公路全线通车，金丝峡成为西安2小时最佳出游目的地。西安、南阳、十堰等地游客直接通过高速公路高效快捷地进入金丝峡游玩，通车后周接待游客人数比2007年同期增长30倍；当年10月，金丝峡一次性通过国家旅游局组织的4A级景区评定验收，2009年1月25日，国家旅游局正式批复金丝峡景区为国家4A级旅游景区；4月3日，金丝峡荣获"生态中国贡献奖"，这是全省唯一一家获奖的旅游景区。

这一年，全面开发建设阳城驿景区和闯王寨景区两个国家4A级精品旅游景区，并同步推进古墓沟汉墓群遗址博物馆和王家楼闯王街美丽乡村两个国家3A级旅游景区。这一年金丝峡共接待游客106.6万人次，门票收入2587.5万元，旅游综合收入2.34亿元。6年来，金丝峡已累计接待国内外游客330多万人次，门票收入 1.1 亿元，带动商贸三产收入 7 亿元。

2010 年 4 月 28 日，金丝峡国家地质公园揭碑仪式在金丝峡景区举行。7 月 24 日，金丝峡景区遭受了一场特大暴雨山洪袭击，致使妩媚醉人的金丝峡满目疮痍，水、路、电、讯、视全部中断，旅游基础设施、安全设施、环保设施和标识系统 70% 以上被损毁，直接经济损失达 1.15 亿元，景区被迫宣布闭园重建。面对惨重损失，建设者们通过一个月的艰苦奋斗，8 月 24 日重新开园营业，用金丝峡精神创造了“金丝峡速度”。

一路前行，一路放歌，一路收获。正如《中国旅游报》曾经有一篇文章这样写道：金丝大峡谷是一张名片，她传播着峡谷之都的秀美，梦幻天堂的信息；金丝大峡谷是一个符号，她蕴含着南北文化的交融，南北风情的体验；金丝大峡谷是一个品牌，她承载着生态旅游的辉煌，生态文明的愿景，天人合一的特色。

水是生命的源泉，亦是景区的灵魂。依山傍水、山水相依也正是金丝峡最有魅力的自然生态环境。2011 年，金丝峡建设水工程，保护水生态，弘扬水文化，完善规划，做大水文章。马刨泉、白龙湖、双溪瀑布、魔女瀑布……一处处鬼斧神工、惊艳绝伦的飞瀑碧潭征服了一批又一批的游人，金丝峡名声大噪。12 月 15 日，金丝峡正式成为国家水利风景区。

目标是方向，追求是动力。从 2012 年初，景区吹响了创建国家 5A 级景区的冲锋号。9 月 19 日，中国森林公园发展 30 周年纪念大会在湖南张家界国家森林公园召开。会上，金丝峡国家森林公园荣获陕西唯一一家“全国最具影响力森林公园”称号。同年，阳城驿文化旅游产业园开始对外开放试运营，被命名为首批“商洛市文化产业示范单位”， 被文化部中华文化旅游促进会命名为“最具特色文化旅游景区”。

商南旅游发展了，商南旅游火了。旅游带动的人流、物流、信息流成倍叠加，翻番增长，极大地增强了县域经济的造血功能。2012 年全县旅游综合收入占国民生产总值的 28.8%，国民生产总值、固定资产投资、财政收入与 2003 年相比分别增长了 8.6 倍、14.2 倍和 12 倍。仅仅 10 年时间，衡量经济态势的三大杠杆性数字增长率都在 8 倍以上。

2013 年，阳城驿旅游产业园被文化部旅游发展协会、中国旅游品牌协会

“绿水青山就是金山银山”。商南县始终把“生态立县、旅游强县”作为第一要务来坚守。

联合评为“中国最具潜力文化生态旅游品牌景区”，年底被批准为国家 3A 级旅游景区。

2015 年，商南把“金丝峡 5A 创建”定为“六件大事”之一。10 月 8 日，国家旅游局公布了金丝峡景区顺利晋升 5A 级旅游景区，标志着陕西省第 8 家陕南第一家 5A 级景区的诞生，也意味着陕西在发展秦岭生态旅游方面迈进了一大步，对于商南旅游业来说也有着里程碑意义。

生态明珠全域游

近年来，商南县紧紧围绕全域旅游发展思路，以“生态保护、生产发展、生活富裕”为引领，为推动全域旅游示范县顺利实现，形成了坚定的创建理念，凝聚旅游发展合力，深挖优势资源，强化服务保障，提高旅游监管水平，做强商南旅游品牌。按照“全领域统筹、全要素配套、全产业联动”思路，形成了“一心两翼带动、三条长廊贯通、美丽乡村点缀”的全域旅游大格局，国家全域旅游示范县创建工作稳步推进。按照“全域规划、全景建设、全业融合、全民共享”的理念，突出精品景区、特色小镇、美丽乡村、智慧旅游及管理服务等重点，积极构建“精品带动、多点支撑、产业融合、行业跟进”的全域旅游发展格局，全县旅游业发展呈现出喜人态势。

商南依托生态优势，以“金丝峡国家生态旅游示范区”为核心引擎，布局“绿色生态、红色旅游、蓝色丹江、金色乡村、白色冬游、夜色美景”七彩特色旅游产品，培育发展春赏花、夏避暑、秋采摘、冬躲霾四季旅游产品。策划推出了采茶品茗之旅、美丽乡村之旅、清凉激情之旅、陕南徽派特色民居之旅、红色革命之旅、边贸风情之旅、金丝峡踏雪寻梅之旅等 8 条精品旅游线路。生态引领、七彩融合特色旅游吸引力不断增强，成为独具商南特色的“山水牌”“生态牌”新兴旅游产品。

在全域旅游建设中，商南县按照打造景区 + 特色小镇 + 美丽乡村“三位一体”旅游综合体的发展思路，大力实施精品景区、特色小镇、美丽乡村等旅游品牌创建工程。重点打造金丝峡镇太子坪村、富水镇王家楼村、清油河镇后湾村、试马镇红庙村等集中连片区域的美丽乡村，围绕农村环境综合整治和民风建设“十个一”的要求，建成了一批以生态农业观光、农事科普体验、休闲养生度假和乡村文化寻根等为主题的乡村旅游景点，推出茶养生、山水养生、森林养生、文化养生、运动养生、田园养生、医药养生、祈福养生及“上山下乡”休闲的旅居式度假养生等九大健康养生产品，形成了精品景区与美丽乡村遥相呼应、互为补充的“二日游、三日游”精品旅游线路，满足游客多层次、多元化需求的同时，给予游客更多的文化分享和慢节奏的亲身体验。

2016 年，清油河镇后湾美丽乡村晋升为国家级 3A 景区。这一年，商南按照“一心、两翼、三带”总体布局，以创建国家全域旅游示范县为抓手，精心打造“精美县城、精品景区、美丽乡村”三大会客厅。加快推进闯王寨 4A 级旅游景区、鹿城公园文化广场 3A 级旅游景区创建工作；推进金丝峡丹江漂流、文碧峰、上苍坊、丹江画廊等生态景区建设；抢抓商於古道文化景区建设机遇，加快以阳城驿文化旅游产业园、西街古城、青云驿等为代表的文化旅游景区建设步伐，实施金丝峡 5A 景区 + 美丽乡村 + 文化名镇“三位一体”建设，大力实施“旅游城镇、旅游景区、旅游产业、旅游服务”四大工程。发展“全域旅游”，打造“全景商南”，助推旅游转型升级，形成了以工促农、以城带乡、工农互惠、城乡共融的发展格局。

2017 年，位于富水镇境内的阳城驿文化旅游产业园是陕西省商洛市规划的“商於古道文化旅游产业”重点建设项目之一。园区按照茶文化体验观光的

后湾美丽乡村

需要，景区以驿站文化和茶文化为内涵，综合泉茗生态观光茶园、景区周边的花卉基地、蔬菜基地、良种特种果园等生态农业为衬托，打造建设成为集旅游观光、文化体验、休闲度假、娱乐购物为一体的休闲旅游度假区。闯王寨旅游景区以闯王李自成在富水金钟山一带安营扎寨、养兵蓄锐、娶妻生子、敬天爱民的一系列历史故事和活动遗迹为载体，以大型历史文化马战实景剧《风云闯王寨》予以展现。

2018 年，商南县以全域旅游创建为抓手，启动了县游客服务中心等一批旅游服务设施建设，七大农庄、官渡码头、丹水驿等项目建成试运营，西街古城基本竣工，成熟业态相继进驻。商南入选“中国最美县域榜单”，金丝峡跻身省级旅游度假区，中国北茶小镇晋升 3A 级景区，太子坪入选中国美丽休闲乡村，太吉河、二郎庙荣膺省级乡村旅游示范村。成立了鄂豫陕 5A 级景区旅游联盟，成功举办了旅游十大营销活动，游客接待量和旅游综合收入分别增长 29.33% 和 32.89%。全县接待游客 879.22 万人次，实现综合收入 49.24 亿元，分别增长 22.1% 和 25.5%；其中金丝峡景区接待游客 114.93 万人次，门票收入 9166.4 万元，分别增长 45.5% 和 60.8%。

2019 年，全县文化和旅游工作再创佳绩，游客数量和综合收入分别同比增长 13.54% 和 17.58%。商南通过“中国天然氧吧”复审，入选中国避暑旅游标准城市，荣登“2019 中国最美县域”榜单，获评陕西省文明旅游城市；太子坪村入选全国乡村旅游重点村，试马镇被评为陕西省旅游特色名镇，金丝峡景区再次获评秦岭红叶最佳观赏地，商南旅游品牌美誉度和知名度不断提升。

2020 年，文旅系统的头等大事就是要把 5A 做强、把 4A 创成、把 3A 管好，整体上实现转型升级，实现“旅游 +”“+ 旅游”融合发展。按照“瞄准集镇、做美乡村、全域发展”的思路，以“+ 旅游”融合发展为主要模式，以特色化、体验化、品牌化为主攻方向，突出抓好县游客集散中心、西街古城 3A 级景区、阳城驿景区基础设施、后湾国际慢村、中国北茶小镇提升等重点项目建设，打造集文旅融合、工旅融合、农旅融合为一体的特色旅游观光体验线；以丹江百里生态画廊建设为统领，以“旅游 +”产业升级为主线，发挥金丝峡 5A 辐射作用，统筹推进金丝峡景区旅游基础设施及品牌提升、太吉湖水文化体验、过风楼龙山现代农业休闲园、丹水田园综合体、文碧峰 3A 级景区、莲花湖风景区、莲花台河灯文化民俗村等重点项目建设，精心做好“一峡两湖”（金丝峡、太吉湖、莲花湖）“山水文章”，打造“上游金丝峡、中游文碧峰、下游莲花湖、漂流赏画廊”的旅游大环线；以红色旅游开发为核心，挖掘鄂豫陕革命老区红色文化资源，丰富红色旅游业态，加快推进十里坪红七十四师师部遗址修复、赵川前坡岭景区项目建设步伐，在提升工程质量、丰富红色展品、挖掘文化内涵上下功夫，打造国内一流的革命传统教育基地和红色旅游景点。

惠民惠县惠千秋

发展旅游的目的是让农民致富。商南县基础弱、底子薄，为了克服金丝峡开发建设初期遇到的内部认识不统一，外部支持不到位，资金奇缺等困难，县委主要领导一马当先，亲自动员，真抓实干，在实践中确立了“理念围绕旅游变，产业围绕旅游办，城镇围绕旅游建，各业围绕旅游干”的旅游开发总体思路。将各行各业的力量，都集中到了旅游开发上，形成了“聚全县之力，汇万民之智”全民办旅游的氛围。

商南吃“旅游饭”脱贫致富的农民已超过 13 万人，直接从业人员达到两万人，间接就业达 4.2 万人，占全县总人口的 25%，涉及旅游产业的农民人均纯收入高于全县农民人均纯收入的 22%，景区周边 20 多个村从过去的贫困村一跃成为全县最富裕的、最美的山村。旅游扶贫成为全县脱贫攻坚的中坚力量，旅游成为乡村振兴和群众致富的一道靓丽风景。

生态旅游资源大都处在山大沟深的贫困山区，而贫困地区的旅游发展，必须承担帮助贫困人群脱贫致富的社会责任，这是生态旅游景区建设无法回避的难题。如何将景区开发引申到扶贫开发？如何处理好景区发展与关联人口的就业富裕问题？如何保障生态旅游景区获得可持续发展？对此，商南县建设旅游新村，就地安置群众。金丝峡吸纳当地村民为旅游服务者，他们从环保工人、资源管护员、服务员到导游员，在不同岗位上发挥积极作用，展示原生态农民的风采。引导教育当地村民在景区内开办商铺门店，出售农副产品，从事商业经营和服务。在栗园寨、庙台子、陆督堂、狮子沟、前坪、太子坪等地集中连片建设融吃、住、购、娱一体化的旅游新村，为游客提供配套服务，当地群众留在家里挣钱。如今，驱车行驶在金丝峡镇至景区 18 公里柏油路上，沿线错落别致、灰瓦白墙、四合小院、绿树掩映的陕南民居，使游客眼前一亮，止步观赏，走进农家，品尝乡村美食。目前，景区周围众多农户或参与景区内服务，或开办农家乐集群促创业，取得了良好的经济效益。

发展特色产业促增收。商南县利用旅游所带来的大量人流，鼓励农民发展茶、畜、果、油、药等绿色生态产业，开发生态产品，延长产业链条，促进农民增收，很多家庭都形成了自己的经济实体。“以前我种的是玉米、小麦这些农作物，一年下来也挣不了多少钱。这不，现在门跟前有了中药材种植基地，每天在这里上班还能照顾到家里人，每年都能挣到两三万，我感到很满足。”金丝峡镇兴隆村村民范李存高兴地说。范李存所说的中药材种植基地是在金丝峡管委会牵头带领下，联合陕西华阳盛泰农业科技有限公司发展起来的，公司打算利用不同时期作物的生长状态开发旅游观赏项目，同时建立品牌，提升药材加工和销售体系，与国内外药材市场建立直接供应合作，让金丝峡的中药材走出陕西走向国门。

改造民居，跟进景区发展。依托金丝峡国家森林公园，金丝峡镇还精心打造太子坪、王家坡、卧龙谷、御蜂园等“七大特色农庄”，先后发展农家乐经营户 132 户，打造了高端民宿保就业、冷水鱼等特色养殖产业带动模式、千亩茶园观光等绿色生态乡村美景，促进群众增收致富。商南县组织农家乐从业人员进行接待、服务知识培训。聘请新潮烹饪学校开展技术培训，面对面学，一个菜一顿饭地操作，让受训者掌握地方饮食文化，提升“吃”文化。商南特色叶子凉粉、让人垂涎欲滴的腊肉等都是“金丝十三花”必不可少的特色美食，让“吃”深入到游客心中。通过规范、教育和培训，农家乐从业人员的服务意识、接待水平和综合素质显著提高，使游客的多元化消费需求得到满足，农民的收入水平和消费水平也大幅度提高。

建立机制，联防共建，全民参与。商南县实行“产权不变、林权共有、专业管护、合理补偿、收入分成”的办法，使 20 多万亩森林得到有效保护，快速生长。护林防火联建共防，共护共管，植树造林，全民参与。为了使景区外的环境与景区环境和谐共存，县上采取重奖办法，鼓励农民自留地退耕，“四旁”造林，恢复植被，在河谷、路边村庄栽植竹、红叶李、黄杨等，通过立体式、彩色的、景观化造林，建成了生态廊道，不仅恢复了植被，提高了森林覆盖率，也使农民的生态文明素质普遍提高。

“喝一口商南茶，神清气又爽，逛一逛咱们的金丝峡，欣赏那好风光……”这是商南民歌中“茶＋旅游”的一个产业链条缩影。茶旅融合以茶为主题，以旅游业为内容，将茶区建成旅游景区，将茶园建成休憩公园，将采茶劳动变成休闲运动，将茶产品开发成旅游产品，形成“以茶促旅、以旅带茶、茶旅互动”的融合发展格局，让茶区变景区、茶园变公园、产品变商品、茶山变金山，鼓起老百姓的“钱袋子”。

旅游产业的发展壮大，推动了城镇建设日新月异，工业经济增势强劲，第三产业蓬勃发展，带动了茶叶、水晶、休闲食品、花生油旅游产品开发和农副产品销售，繁荣了市场，活跃了经济。景区辐射的城关、富水、试马、金丝峡、十里坪等镇围绕旅游开办农家乐，户均年收入在万元以上，带动了人流、物流、信息流等翻倍增长，增强了县域经济的造血功能。

金丝峡创造的“景民共富，和谐发展”的模式，破解了许多生态旅游景区普遍面临的大规模游客流与有限度的生态承载力之间的矛盾、移民搬迁安置的矛盾、景区周边群众与景区资源利益之间的矛盾，有效地将景区与群众结成责任共担、利益共享、息息相关、共荣共存、无法分割的链条，实现了景民共富、和谐发展的良性循环。

商南县依托金丝峡5A级景区的引领带动，将全县作为一个大景区来规划，把旅游理念延伸至全领域，加大阳城驿4A级景区建设力度。统筹推进金丝峡综合服务区及太吉古街、太吉官渡、太吉湖建设；加快商圣小镇、文碧峰、玉皇山、上苍坊等景点开发，推进红色旅游项目建设。按照“全领域统筹、全要素配套、全产业联动”的要求，将红色旅游景点建设和红色旅游产业发展同步推进，推动“旅游＋文化、旅游＋农业、旅游＋餐饮、旅游＋体育、旅游＋养生、旅游＋工业、旅游＋商贸”等多产业融合发展。坚持绿水青山就是金山银山的理念，以创建国家全域旅游示范县为抓手，加强文化、农业及水利等各方面与旅游的融合，助推乡村振兴和群众增收致富。

商南旅游业像一轮喷薄而出的朝阳，冉冉升起；更像一幅崭新的画卷，徐徐展开……

创业创新工业园

李春娟

在漫长而又艰辛的经济社会发展实践中，有一则经典箴言说："无农不稳，无工不富，无商不活。"工业化高效创造财富，是国民经济的支柱产业。

商南是国家级土石山区贫困县，根本原因是工业起步晚、底子薄、规模小、效益差，新中国成立之后，特别是改革开放以来，虽经多方努力，依然收效甚微，如何破解工业经济长期落后于毗邻地区，落后于平均发展水平的难题，县委、县政府借鉴外地经验，于 2009 年建立商南县工业集中区，2010 年被列为省级重点建设园区。园区规划为"一园两区"，总规划面积 6.56 平方公里，建设面积 5.29 平方公里。

创业创新驱动　加速转型升级

2017 年，脱贫攻坚进入决战决胜阶段，新一届县委、县政府审时度势，以创新驱动为引擎，以项目建设为抓手，以工业园区为载体，坚持高端化、智能化、绿色化、服务化、品牌化的方向，加快构建符合商南实际的先进制造业产业体系，加快新旧动能接续转换，不断提升发展质量和效益。

打造工业经济升级版。园区以招商引资为抓手，以项目建设为支撑，不断夯实发展基础，构筑创业平台，优化服务环境，呈现出项目增多、建设加快、结构趋优、效益提升的良好态势。2019 年完成工业产值 57.3 亿元，实现税收 8548.7 万元，完成固定资产投资 16.2 亿元，新增入园企业 8 户，入园企业累计达 95 户，规上企业 30 户，吸纳就业 6299 人。先后荣获省级“园区建设争先进位奖”、市级“工业集中区建设先进单位”等称号，成功纳入《中国开发区公告目录》，并创建为全省首批“创新转型”示范园区。

园区 2012 年启动建设以来，共入驻企业 7 家，启动项目 10 个，已累计完成投资 5.3 亿元，建成的物联网集成控制器模块、“三网合一”集成器、移动电源、蓝牙产品等 5 条生产线已形成较完备的电子科技产品生产产业链；以丰联工贸为核心的食品加工企业将形成饲料加工、畜禽深加工、特色熟食加工为一体的现代农业产业链，神州实业等 4 户企业已纳入规上企业。

项目全部建成后，年生产电子产品 3500 万套、饲料 60 万吨、特色熟食 1.1 万吨、加工肉鸡 3000 万只，可实现销售收入 26.5 亿元，利税 3.3 亿元，出口创汇 3000 万美元。成为集返乡创业、出口创汇、电子商务、电子产品和熟食加工“四大基地”为一体的特色产业园。

商南县返乡创业科技产业园位于县工业园核心区，为返乡人士回乡创业规划建设的又一个“园中创业园”，占地 300 亩，规划发展电子和食品加工两大产业。园区是继县中小企业孵化园之后，按照“政府搭台、项目运作、统一建设、企业入驻”的模式，已吸引汪晗、裴元昌、朱先鹏、王勇等创业成功人士将企业生产制造基地回迁至园区，而产品销售网络仍设在深圳、西安等发达地区，成为发展“总部经济”的典范。园区按照打造外贸经济的导向，已为神州实业、易联科技、环球科技等 5 家企业办理自营进出口权，生产的集成器、控制器模块等电子产品科技含量高，应用广泛，成功出口美、日、韩等多个国家和台湾地区，年内可实现出口创汇 500 万元。以商洛市智宇网络公司为依托，按照“企业主导、政府助推、市场运作、单品突破”的发展思路和“发展跨境电商、带动农村电商、做大园区电商、做精行业电商”的定位，建成了“众品网”“e 动鹿城”电商服务平台和策划包装、物流仓储、物流分拣、创客孵化、创业培训等电商配套服务设施。目前网上注册店铺 100 多家，日销售额 50 万创新驱动，转型升级。商南，向着建设现代化“创业新城”目标大步迈进。

左右，成为商南培育电子商务新业态的重要载体。

近年来，商南紧扣国家产业政策和投资导向，围绕“商南制造”谋划项目，助推新型工业追赶超越；围绕“脱贫攻坚”谋划项目，助推现代农业追赶超越；围绕“文旅融合”谋划项目，助推旅游三产追赶超越；围绕“创业新城”谋划项目，助推创新创业追赶超越，为新一轮工业经济稳步发展注入新动力。

依照“大项目支撑、大集团引领、园区化承载、集群化发展”的思路，围绕发展光伏材料基地、电子产品生产基地、石油开采用品生产基地、彩印包装基地等，积极打造“园中园”，使工业园区功能日臻完善、定位更趋合理、园区经济不断发展壮大。

按照“大企业做强、小企业做大、微企业做多”的思路，积极调整产业结构、优化产业布局、改善发展环境，全县中小企业呈现出发展方式加快转变、运行质量不断提高、整体实力明显增强的良好态势。商南县先后出台了《工业经济发展三年赶超规划》《关于加快推进镇域工业经济发展的意见》和《关于进一步加快工业经济发展的决定》等文件，坚持把工业经济作为支撑县域经济发展的重要支柱，大力实施“工业强县”战略，探索新思路，采取新举措，为全县工业经济的不断壮大发展奠定了坚实的基础。

电商分拣车间一隅

商南把工业园区建设作为推动工业经济提质增效的主要途径，不断完善园区规划，加强基础设施建设，调整产业结构。同时，商南通过招商引资，并在招商理念、方向、路径、方式上进行突破，有效助推县域经济发展。

创新驱动，转型升级。商南，向着建设现代化“创业新城”目标大步迈进。

重点企业入驻　推动经济发展

商南县工业园区，依托资源优势，一批又一批重点企业深植这片沃土，为园区发展注入了新的动力，进一步推动了县域经济发展。

陕西泰科泵阀科技有限公司成立于 2013 年 6 月，位于商南县工业园区张家岗片区，占地 50 亩，2014 年 8 月开始建设，已累计完成固定资产投资 5000 多万元，完成总建筑面积 10767 ㎡。其中：宿办综合楼一幢 2865 ㎡，标准化生产车间、库房四幢 7902 ㎡，硬化地板 12000 ㎡，供电、供水、伙房、门房、绿化、监控等辅助设施齐全；购置安装机床等机械设备 56 台，一条年产 10 万套高压阀门精加工生产线于 2015 年 12 月建成投产，年销售收入 8000 万元，利润 830 万元，税金 650 万元。同时增加就业 120 人，增加当地居民收入 300 万元，并带动相关产业发展，具有良好的经济、社会效益。

2015 年 12 月，年产 60 万件汽车配件制造项目落户商南。位于商南县工业园区张家岗片区，占地 20 亩。经过 5 个月的市场调研、技术、设备考察、论证等前期工作，具备开工条件。主要生产制造汽车刹车盘等零配件产品，已与“一汽”“二汽”等汽车配件厂家初步建立了配套协作关系，销售市场需求量巨大，并且稳定可靠，有保障。本项目主要建设内容为新建汽车配件生产车间、库房及辅助设施 19730 ㎡，购置安装自动化数控机床等设备 112 台（套）；项目总投资 1.2 亿元，建成投产后，年产汽车刹车盘产品 60 万件，年销售收入 14717 万元，利润 1802 万元，税金 1411 万元。可增加就业 68 人，增加当地居民收入 400 万元，具有良好的经济、社会效益。

商洛市虎之翼科技有限公司成立于 2013 年 6 月 6 日，是一家拥有自主经营权的出口企业，注册资金 1000 万元，法人代表为刘珺，公司位于陕西省商南县工业集中区县城片区内。主要从事各类大功率发光二极管半导体照明系列产品的研发、生产和销售。公司目前占地 40 亩，拥有一栋 14000 平方米的生产办公综合楼和 1 栋 6000 平方米的宿舍楼。

虎之翼公司目前主要产品为大功率强光手持式照明设备，如手电筒、头灯、工业用工作灯、特种设备如潜水手电、警用强光手电、特警及军用枪灯等，广泛应用于军用、警用、户外民用、工业用、特殊用途等领域。目前 XENO 具有自行产品工业设计、自行 CNC 数控加工中心加工产品外壳、自行制造输出控制集成电路、自行装配成品及全套的质量控制体系以及产品测试设备的能力。作为虎之翼中国制造基地的商洛虎之翼工厂，已于 2016 年 01 月 19 日获得 ISO9001:2008 国际质量管理体系认证(证书编号:00116Q20812R0S/6100)。XENO 全系列产品已于 2017 年 01 月 06 日获得欧盟的 CE 安全认证及 RoHS 认证。产品 60% 出口到全世界主要发达国家，如北美的美国、加拿大、西欧的德国、法国、荷兰、比利时等几乎所有欧盟国家，以及东欧的独联体如俄罗斯、乌克兰；还有西亚的土耳其以及东南亚的日本、韩国、菲律宾、马来西亚等国家。另外有 40% 的产能在国内销售。XENO 产品定位于中高端级别，产品档次在国内同行业里位于前 5 名。公司专注于大功率 LED 强光手电研发、制造、销售。主要走自有品牌发展道路，拥有 XENO 国内商标及国际商标。自 2015 年后，以商洛虎之翼作为主体，公司已申请发明专利 20 余项，实用新型专利 70 余项，外观设计 110 多项，还有 30 余项正在申请中。

虎之翼公司已于 2016 年 12 月 01 日正式通过国家级高新技术企业资质认定，成为商南县历史上第一家国家级高新技术企业(全商洛市第 5 家)。2016 年 10 月虎之翼的产品全方位抗冲击手电筒获得 2016 年商洛市科学技术二等奖。商洛虎之翼已于 2015 年 06 月 10 日被商洛市科学技术局认定为“市级规模以上工业企业工程技术研究中心”，于 2015 年 12 月 29 日被商洛市科学技术局认定为“2015 年度商洛市科技型企业”。公司由 2013 年 12 月招商引资正式搬迁至陕西省商南县工业园区。2013 年深圳虎之翼总产值约人民币 3000 万，每年都以 10% ~ 20% 的速度增加，预计 2016 到 2020 年总销售额可达 1 亿元。

商洛市神州实业有限责任公司主要产品为各类 HDMI 高清影音数据线、USB 系列数据线、网络线、VGA 及 AV 视频线等各类数据连接线，这些产品被广泛应用于投影仪、高清电视、机顶盒、电脑、手机、数码影音、家庭影院、智能安防和家装市场等各种电子领域。为深入了解市场需求，公司董事长汪晗、总经理朱先鹏多次远赴美国、日本、韩国、澳大利亚进行市场考察引进先进技术和管理办法，并在实践中不断提高、创新。

2013 年 2 月，神州实业投资 1.68 亿元建设神州科技产业园，项目总占地面积 96 亩。按园区型建设，已建成二层标准化厂房 8 栋 26752 ㎡、员工公寓楼 6000 ㎡、6000 ㎡办公楼 1 栋。另外，园区还配套建设了质量检测中心，配备了标准化化验检验室及各种专业检测设备。目前，园区功能配套设施建设和基础设施建设全部到位，大学生电子商务创客孵化室、草根创客孵化室、培训中心、创客服务中心、电子商务服务中心、电子产品体验馆和创业展览馆一应俱全。

产业园在县委县政府优惠政策扶持下，按照省、市创业基地建设标准进行。2015 年被陕西省人力资源和社会保障厅认定为“陕西省创业孵化示范基地”，2015 年被陕西省中小企业促进局认定为“陕西省小型微型企业创业示范基地”，2016 年被陕西省委网信办评为“陕西省网络经济领军示范园区”，2016 年被商洛市政府认定为“商洛市电子产品出口示范基地”。目前园区聚集了高清数据传输线缆、智能化排插、“三网合一”集成模块、3C 数码产品、各类网络电商平台等高新技术项目为主的神州实业、易联科技、环球科技、智宇网络 4 家公司，已创立昶通一线、威尼士、优品等品牌；已入驻电商企业 18 家，京东特色馆已全面完成建设任务，阿里巴巴分区也已成功入驻园区。园区按照“创业孵化示范园”“电子科技产业园”“出口创汇示范园”以及“电子商务示范园”四园一体发展模式进行打造，属于陕西地区首创。2019 年，入园孵化企业达到 10 家以上、电商企业超过 20 家，园内创业企业年可生产各类电子产品 3000 万套，实现销售收入 2.6 亿元，出口创汇 1000 万美元，电商销售业绩达 5000 万元，解决就业 500 余人。

园区内现已建成商洛地区首个综合性电子商务平台及产品包装、营销、策划专业性综合服务平台，是商洛市乃至陕南地区的首个且规模最大的专业化电子产品生产聚集区，区域内形成各类电子产品生产、研发、销售以及电子商务平台建设于一体的发展模式，实现各企业资源整合。同时，这里也将成为陕西最大的县级出口创汇园区。

在谈及个人成长和企业发展时，汪晗动情地感慨道：“我是一名共产党员，也曾经是一个普通的打工仔。我有这样的成就都得益于党的改革开放政策好，得益于各级党委、政府的正确领导和创造的良好发展环境，得益于企业党组织的积极作为。”他在自己创办的神州实业有限责任公司率先提出了“优先安置进城务工人员、优先安置移民搬迁户、优先安置困难家庭人员”的用工原则，并通过返乡创业科技产业园党支部积极组织园区企业接收进城务工人员，先后解决了500多名进城务工人员、移民搬迁户和返乡大学生就业。2014年，商南发生了严重旱情，企业当时资金也很困难，但他力排众议，捐款10万元支援政府抗旱，并将企业产品外发，以工代赈，解决了小栗园村、任家沟村等地300余人生活困难。

商南现代绿色食品产业园，位于县工业园区富水片区，总占地100亩，总投资4.76亿元，重点发展食用菌和油用牡丹两大产业，目前已完成投资1.9亿元。这个项目是商南县按照“抓二兴一连三”产业发展思路，围绕创建“全省食用菌和木本油料产业发展示范县”目标，结合“双包双促”精准扶贫和大学生创业孵化，依托西北农林科技大学技术优势，精心培育打造的一家集现代化、循环化、产业化于一体的绿色农业产业示范园区，也是商洛市最大的食用菌工厂化生产和首家油用牡丹加工项目。

食用菌生产加工项目已完成投资1.2亿元，在城关社区石堰子村租赁110亩土地，建成4000平方米出菇大棚及附属生产设施；在富水加工区建成7000平方米钢结构厂房及3条自动化食用菌袋生产线，2016年投资2.6亿元，通过引进现代生物和加工技术，建设食用菌精深加工和3000吨生物菌肥生产线，形成“农林下脚料－菌种－菌袋－菇品－菌肥”一体化循环经济产业链。

为破解中小企业项目用地难、融资难等瓶颈制约，促进“百人百万创百业”活动持续深入开展，进而扶持中小企业发展、培育发展高新技术产业，商南县工业园区于2011年5月启动了中小企业孵化园建设项目，项目按照“企业集中、要素集聚、产业集群、土地集约”的思路进行规划建设。项目一期建设标准化厂房5栋及配套设施，总建筑面积12000平方米，于2011年10月底竣工并投入使用。重点扶持电子产品加工、服装加工、食品加工等中小企业发展。先后有商洛市神州实业、易联科技、商洛市虎之翼、大雅玻璃、运动制衣 9 个项目在园区孵化壮大。

2015 年，为切实解决企业员工生产生活问题，又启动建设了中小企业孵化园二期建设项目，建设 1 栋 5 层职工宿舍楼及附属用房。项目总投资 1196.3 万元，总建筑面积 4216 平方米，于 2016 年 9 月竣工投入使用。有商洛市和发实业、商水秀农产品开发、鹿城水晶、商宁玩具、秦岭红生态茶叶、商洛市迦南服饰等 6 户企业入驻园区，全部建成投产运营。

预计在“十四五”期间，孵化园可培育中小企业 40 家，在园企业年创产值 20 亿元，为社会提供 5000 个就业岗位，逐步形成“创业中心、孵化平台、工业园区”三位一体的创新发展体系，使中小企业孵化园成为商南县功能最完善、最具吸引力和发展潜力的创新型创业示范基地。

“八大工程”激活“创业新城”

“终于出政策了！关于商南创业者的扶持，有创业意愿的商南人务必要看！”这是县人社局、县劳动就业局、县人才服务中心、智字网络四家单位联合在“酷饭网”上发布的《商南县电子商务创业孵化基地招商公告》。2016 年，商南以创建省级创业型城市为目标，把创业孵化基地建设作为推进大众创业的重要载体和推动省级创业型城市创建的重要抓手，构建政策扶持、创业培训、创业服务“三位一体”和“八大工程”的工作机制，着力打造“创业新城”。

打造创业阵地工程。将县工业园区核心区张家岗片区神州实业办公研发大楼作为县创建工作主阵地之一，县创建办、创业指导（服务）中心、创业孵化基地管理中心、创业指导专家服务团集中办公，强化跟踪服务管理，打造业务过硬的创业服务队伍，推行“一站式”服务 。

加大宣传力度工程。在县电视台开设“创业之窗”栏目，定期播发创业新闻、创业政策和创业典型宣传片，滚动播出创业宣传标语；在网站、鹿城通微信平台宣传优惠政策；及时在《商洛日报》《金丝峡周报》 刊发创建工作新闻稿件；在县城主要地段的大屏幕、街道灯箱广告、路灯杆广告、公交车体、出租车 LED 显示屏等设置或播放创建创业型城市内容的标语或广告、编印。

实施规划提升工程。围绕全县“四大园区五大产业”总体布局，聘请省内知名专家，坚持顶层设计、因地制宜、稳妥推进区域布局和孵化基地类型建设，以“四镇一处”（城区、富水镇、试马镇、金丝峡镇、过风楼镇）为依托，建设园区型（生产加工）、门面型、市场型（商贸服务和农特产品交易）和楼宇型（大学生创业）4 类创业孵化基地，打造生产加工型、农业园区型、市场型、农家乐集群型 4 类创业基地。东边依托富水边贸镇人流物流优势，在富水镇建设以农副产品收购、生产加工、销售、外贸出口等省际边贸市场创业孵化基地；西边依托试马省级现代农业产业园区建设，按照“合作社 + 基地 + 农户”模式，打造现代农业产业化创业基地；城区依托县工业园区，以“园中园”建设为重点，建设园区型创业孵化基地；依托陕南移民搬迁，在过风楼龙山等移民小区建设创业示范基地，同步解决移民就业难、企业招工难问题；依托金丝峡旅游景区，以农家乐为重点发展旅游产业集群，建设就近就地转移就业示范基地；依托秀水建材市场，培养一批创业示 范户，辐射带动城乡个体自主创业。

实施机制创新工程。通过调研和汲取外地成功经验，创新建设模式，建立了“政策资金引导、市场化运作、社会资本自主参与”的运行机制，鼓励各类市场主体开发建设创业孵化基地。制定了创业孵化基地认定办法、补贴办法，以就业资金集中投放的方式，集聚市场要素，帮助企业打造专业市场，发动经营户入驻创业，推动规模化经营，培育形成创业孵化基地。

实施服务配套工程。建成创业成功企业展厅、大学生创业孵化基地、商业活动休闲场所，提升创业服务环境。整合人社、市场监管、税务、金融等部门资源，为孵化基地入驻创业实体提供政策咨询、项目推介、开业指导、人力资源引进、融资服务、补贴发放等“一站式”创业服务。

实施企业孵化工程。对入驻创业孵化基地的创业企业，通过放宽市场准入条件，优先审批土地，设立创业专项资金，积极落实孵化基地租金补贴、税费减免、贴息贷款、社保补贴等扶持政策，减小创业风险，增强创业动力，提高入驻创业企业孵化成功率。

实施创业集群培育工程。通过政策扶持、项目资金扶持、招商引资奖励、创业担保贷款等政策引导，以现代农业、家具建材、购物商场、小吃城等为重点，分类引导，培育打造多种类型的创业基地，形成多个创业集群，充分发挥聚集示范效应，极大优化了全县创业载体布局。

实施品牌管理工程。制定出台了创业孵化基地管理办法，对各孵化基地创业示范户统一形象标识，统一制作管理制度牌，在金福湾、神州实业、秀水市场、融汇美食城、柏伦（国际）包装产业园、试马现代农业示范园和富水如意小区等所有基地安装悬挂；指导扶持规模以上企业通过建设企业文化、制作企业宣传专题片、“三化”（绿化、硬化、亮化）办公场所、美化办公环境等措施提升企业形象；按照工作人员监管岗、电子台账、规章制度、配套政策、创业培训、创业补贴、见习补贴、创业贷款扶持“八统一”要求，对创业孵化基地和创业基地实施统一管理，直接参与受理企业（个体）入驻、退出等事项。通过规范基地管理，吸引创业者入驻孵化，提高孵化成功率。

发展是永恒的主题，合作是成功的基石，双赢是共同的愿望。围绕工业经济、招商引资、创新创业，全县工业经济奏响了追赶超越、突破发展的新凯歌。

霓虹下的商南夜景

刻在现代农业园区的记忆

刘小翠

商南地域，是一片“八山一水半分田，半分道路和庄园”的土石山区贫困县。山形陡峭，河谷深切，高低悬殊的地形地貌，造就了居住分散、缺集少市、自产自足格局。新中国成立以来，特别是改革开放以来，历届党委政府，不断地进行着艰辛的探索，依然走不出小农经济、深度贫困的圈子，农业、农村、农民走出贫困的路在何方？我们冒着炎炎夏日，走进初具规模的试马、富水现代农业园区，感受贫困土石山区农业的昨天、今天、明天……

道路决定命运　思路引领出路

党的十八大《报告》明确提出：坚持走中国特色新型的工业化、信息化、城镇化、农业现代化的道路，推动信息化和工业化深度融合、工业化和城镇化良性互动、城镇化和农业现代化相互协调，促进工业化、信息化、城镇化、农业现代化同步发展。2017 年以来，新一届县委、县政府在脱贫攻坚决战决胜的关键时期，深入农村调查研究，深深感到在商南 81% 以上的人口是农民，没有农民的脱贫，就没有全县的脱贫；没有农民的小康，更不可能有全县的小康。而农耕人均不足 1 亩，基本农田不足半亩，在资源匮乏的条件下，只有强力推进农业现代化与新兴城镇化的互动，才能使农民变市民；只有强力推进生态旅游与美丽乡村建设的高度融合，才能实现农村振兴，农民脱贫。

在这种理念的引领下，县委、县政府做出了“大力推进现代农业园区建设”的重大工作部署。要求按照“规模化种植、园区化发展、一体化经营、品牌化营销”的发展思路，大力发展特色产业、绿色产业。由此，在广袤的商南大地上，一道道水泥沟渠阡陌纵横，一片片绿色茶园坐落山间，一座座香菇大棚熠熠生辉，一个个猕猴桃挂满枝头，一处处农业园区拔地而起……商南农业正式迈进“园区时代”。

为进一步加快推进现代农业产业园区建设，引领现代农业快速发展，促进农民持续增收，实现农村繁荣发展。县委、县政府先后印发了《加快推进农业产业化发展的实施意见》《加快推进现代农业产业园区建设的意见》等一系列文件。按照“一条流域一个产业带、一大片区一个示范点”的思路，聘请省农勘院、西安科技大学等专业规划单位，编制了全县农业园区建设总体规划和各镇办农业园区建设具体规划。按照“一次规划、批次推进、重点攻坚”的思路进行建设，确保建成一个园区、打造一个样板、形成一个龙头、带动一个产业、辐射一片区域。

为保证农业产业园区建设顺利实施，县上成立了由书记任组长、县长任第一副组长的现代农业园区建设领导小组，每个县级以上农业园区，确定一套班子推动、一名县级领导主抓、一个县直部门负责。同时，在科学规划的基础上，逐步加大政策支持力度，采取“政府建底子、企业建园子”的办法，县财政每年列支现代农业园区建设经费 500 万元，由相关部门负责解决园区通路、供水、通电等问题，由镇村负责土地流转、环境保障等问题，由企业负责建设园区、发展产业等问题，完善利益联结机制，形成多部门联动、多方向聚力的建设机制，凝聚园区建设合力，确保园区建设顺利推进。

将核心产业作为园区建设生命线，按照“特色种植过千亩、生态养殖逾万头、辐射带动超千人”的标准，在每个园区突出抓好 1 至 2 个主导产业，形成明晰的核心产业集群，确保园区建成后能形成一定的规模效益和较为完善的产业链，实现兴一方产业、美一方乡村、富一方农民。将龙头企业作为园区建在广袤的商南大地上，一道道水泥沟渠阡陌纵横，一片片绿色茶园坐落山间，一座座香菇大棚熠熠生辉，一个个猕猴桃挂满枝头，一处处农业园区拔地而起。

设的引擎，积极通过招商引资、贷款贴息、项目支撑、基础配套等途径，吸引龙头企业入驻、投资现代农业园区，再通过园区里的企业，辐射带动合作社、农户产业增收。

园区从规划设计上的“无中生有”，到幸福美丽乡村建设的“有中生优”，再到产业发展的“由弱到强”，现代农业园区的培育壮大成为我县经济社会发展中浓墨重彩的一笔。目前，全县已发展省级园区 4 个、市级园区 4 个、县级园区 5 个，形成了“省级园区带动、县级园区扩面、村村产业支撑”的农业园区发展格局。试马现代化农业园区已跻身省级现代农业示范园区，成为商南现代农业发展的试点和窗口。

先试先行的试马园区

仲夏时节，走进商南县试马现代农业园区，这个省级现代农业园区里绿意盈盈，一派生机。连片的白茶长势喜人，旁边的桂树、樱花树、石榴树点缀其中，茶园里平坦的柏油路依山盘绕，观光桥、园区广场、农耕博物馆、清洁化茶叶加工厂……忙碌的村民与绿水青山相得益彰，呈现出一派“放眼是园区，处处皆繁忙”的景象。

试马现代农业园区位于县城西 12 公里的试马镇，试马镇辖 12 个村（社区）58 个村民小组，总面积 131.1 平方公里，有林地 1.72 万亩，耕地 14.7 万亩，其与 5A 级景区金丝峡毗邻，与人文古镇武关接壤。宋朝开国皇帝赵匡胤的“三马传说”被世代传为佳话，厚重的人文气息，激励着一代又一代人砥砺前行。试马镇水源充沛，植被良好，试马河、荆家河、毛河穿境而过，上苍乐园、试马水库风光旖旎，境内有红豆杉、大鲵等 10 多种珍稀物种，森林覆盖率达 67%，平均降水量 840mm，年平均气温 14℃，得天独厚的自然条件为试马农业园区建设奠定了坚实的基础。

被列入省“十三五”规划的试马现代农业产业示范园区，涉及试马镇的荆家河、试马街、观音堂、郭家垭、红庙、大坪等 8 个村（社区）80 余个村民小组 3000 余户上万人，园区规划总面积 93105 亩，计划总投资 4.35 亿元。

该园区在规划建设之初，就以“规范化、产业化、现代化、景区化、社会化”为发展定位，聘请陕西省旅游设计院、西安科技大学等知名规划单位，围绕生态经济引领、核心产业支撑、美丽乡村点缀、民居改造提升“四大工程”和茶叶、莲鱼（即荷塘养鱼）、休闲观光旅游等“八大产业”高标准规划，实行“山、水、林、田、路”综合治理，“产、供、加、销、游”一体经营，高端策划，科学布局，高标准、高起点规划了以试马集镇为中心，以试马河生态景观带为主轴，以生态农业、基础设施、休闲观光、特色民居“四大板块”为点缀的“一心一轴四大板块”园区总体发展规划，着力打造陕西乃至西部农业现代化的先行区、农业产业化的集聚区、农业科技创新的示范区、美丽乡村建设的样板区，使之成为山青、水秀、林茂、田肥、路畅、村美、人富的商南休闲农业观光旅游胜地。

43 岁的韩金林过去在安徽开矿，前几年回到老家试马镇种植茶树，先后投入了 2000 多万元，流转了 5 个村的 3000 多亩土地建设茶园，还雇用 300 多名贫困群众务工，一年下来每个劳动力至少收入五六千元，既发展了产业，又促进了贫困农民增收。

企业要发展，农民要致富，民企共建是双赢的不二法则。自园区建设以来，商南县按照“一年显雏形、两年见成效、三年稳增收”的思路，坚持分步实施、整体推进的原则，创新“支部 + 公司 + 基地 + 农户”“公司 + 合作社 + 基地 + 农户”“公司 + 电商 + 基地 + 农户”等形式，先后流转土地近万亩，引进沁园春茶业公司、鸿伟生态公司、国力工贸公司等 9 家知名企业入驻试马园区。农民自愿将土地以每亩每年 700 元租给入园企业，由入园企业统一规划、统一施工、统一管理，发展茶叶、蔬菜、瓜果等产业。农民用土地参股，参与企业分红，形成集约化、规范化经营，实现土地资源利用效益最大化。失地农民成为入园企业的员工，有的参与种植、科管，有的直接参与企业经营，有效解决了企业用地和农民务工难题，实现了良性互动。

目前，试马现代农业产业园区建成白茶基地 6000 亩、黄茶 300 亩、龙井茶 500 亩、设施蔬菜基地 200 亩、大樱桃采摘园 500 亩、户太 8 号葡萄 300 亩，实施了万头生猪、100 万只标准化肉鸡、千只梅花鹿、10 万只林下散养鸡项目。园区总产值达到 3 亿元，带动园区就业 3600 余人，其中带动贫困户 1675 人，人均增收 3500 余元。实现了“一个企业引领一个产业，一个产业带富一方群众”

的互动双赢目标。

基础设施建设是园区发展的根基，关乎着园区发展的整体形象，更关乎着园区未来的发展。

试马园区依靠财政项目资金的支持，在 20 多个县直部门和 9 家企业的共同参与下，累计投资近亿元，加快实施道路改造、治污缀绿、景观提升、民居改造“四大工程”，启动了园区提升、基础设施、环境治理、园区绿化、园区文化、观光旅游 6 大类 41 个工程点，完善园区配套设施。为适应农业观光，配套建成了游客服务中心、入口广场、中心广场和生态停车场，改造电网 5000 米，为入园企业搭建了创业平台。以路网扩建为重点，新修园区道路 37 公里、产业路 19 公里、桥梁 7 座，标准化灌溉设施全覆盖。完成了休闲长廊、绿色长廊、农事体验园、上苍游乐园、大樱桃采摘园、北宋农耕园和莲鱼供养垂钓园“两廊五园区”工程。治理河道河堤 13 公里，绿化道路 24.5 公里。对 500 余户民居实施了改造。修建茶园观光亭台 8 个，铺设游步道 13000 余米。建成了集农业科普教育、农业技能培训、农业产品展销、乡村旅游服务为一体的农展馆。

曲径通幽、房屋整齐、植被茂密，美化、亮化、绿化、硬化全部配套……农业园区建设与美丽乡村已经融合发展。每逢节假日，来这里赏田园景致、看山水风光、食粗粮佳肴的游客络绎不绝。如今的试马镇既实现了城里人对田园生活的向往，又圆了农村人创业致富的梦想。

地膜覆盖保暖保墒，施农家肥防药物残留，安装灭虫灯杀菌，栽桂花树增加茶香度……一系列“保姆式”精心呵护措施，让幼小的茶苗茁壮地成长。

科技是第一生产力。广泛运用现代技术、有效转化科技成果，是壮大现代农业园区的关键。商南县秉承“高科技含量、高质量生产、高效益回收”理念，通过“走出去”“请进来”等方式，先后与西北农林科技大学、省农科院在项目规划、新品种研发、新技术推广应用等领域建立了长期稳定的合作关系。多次邀请专家和专业技术人员，到园区进行专业培训，培养了大批“土专家”“田秀才”。

园区大力发展设施农业，将智能温室、钢架大棚、喷滴灌、畜禽标准化圈舍等高新科技配套设施引入园区，发展设施蔬菜 200 亩，引进高产早熟西瓜、甜瓜、番茄、辣椒等优质品种，大力发展高效农业，增加科技含量，提高产品质量。园区还成立了现代农业科技研发中心，县农业、畜牧、林业等部门派员现场指导，入园企业实地研发，及时推广运用新技术、新产品。在园区建立茶叶技术推广站，开展良种选育、栽培方式、抚育管理和病虫害防治等核心技术攻关，提高了茶叶种植科技含量和管理水平。对现有 1000 亩板栗、2000 亩核桃采取了高接换优的办法改良品种，提高品质。

在科技的推动下，园区形成了“畜、禽、果、蔬、茶、药”6 大特色产业和生态养殖、生态种植、生态旅游 3 大产业板块，绿色文章越做越大。

走进红庙，通村路阡陌交错，路两边林茂竹修，白墙灰瓦徽派民居跃入眼帘，仿古墙、文化墙都默默地演绎着这个村庄悠久的历史和文化。在莲鱼共养的垂钓观光园，墨绿滴翠的荷塘里，一朵朵亭亭玉立的荷花馨香宜人，翠绿的荷叶如同一顶顶小伞，时而碧波荡漾，时而随风起舞。如果是夏天来这里，一定可以感受到“接天莲叶无穷碧，映日荷花别样红”的美好意境。试马荷花园

“产业生态化、园区景区化”是现代农业园区发展的必然趋势。商南县在园区规划实施和建设过程中始终坚持生态化、景区化建设理念，坚持将基础设施和配套服务设施建设按 4A 级旅游景区规划，将农村美、农业强、农民富体现在园区发展的每一个角落，将生态、绿色、环保、文化等元素融入园区建设的每一个环节，最大限度延长农业产业链，放大农业生态效应，实现农业和旅游有机融合，相得益彰。

园区先后投资 1.2 亿多元，建成千米景观长廊、荷塘月色、垂钓公园、生

态餐厅、观景台、休闲观光园、水上乐园、瓜果采摘体验园等景点20余处。深入挖掘宋朝农耕文化底蕴，在园区入口、中心广场等地打造传统农耕文化墙，试马、捉马、党马“三马”文化墙及高端民俗等文化展示区，串点成线、串线成片、串片成景，着力构建农村生态人居、生态环境、生态经济和生态文化“四大体系”，实现了传统历史农耕文化与现代农业文化的完美融合。

“五一”假期间，马泉山的3000亩茶园美景，吸引来了四面八方踏春品茗的游客。近年来，试马镇以创建国家全域旅游示范县为抓手，以茶园为依托，着力打造生态茶产业文化旅游经济走廊，通过实施“茶区变景区、茶园变公园、劳动变运动、产品变商品、茶山变金山”行动，大力促进休闲农业和乡村旅游发展，促进商南茶品牌价值提升和农民可持续增收。

目前，马泉山已建成100亩无性系良种茶苗繁育苗圃和2800亩茶园。茶园面积还在郭家垭村、红庙村逐步扩大。如今的马泉山茶叶观光园已经成为试马现代农业示范园区的核心工程，是陕西省最大的白茶示范基地，被中国优质农产品协会评为“优质茶园”。生产的茶叶全部许可加贴“农产品地理标志”产品，在“国饮杯”“中茶杯”“国际茶叶博览会”等评选中荣获多个奖项。与红庙荷园、北宋农耕文化博物馆、豆腐加工、水杂果采摘园等绿色休闲度假项目完美结合，成为集茶园观光、休闲度假、采摘体验、民俗展示于一体的新型农旅融合景区。

做大园区、做优特色、做活产业、做好融合……在全县范围内，试马现代农业园区在很多方面都走在了前列，为县域内农业园区的发展起到了很好的引领作用。

试马镇荷花园

与时俱进的富水产业长廊

初春时节，顺着平坦的通村水泥路，来到富水镇油坊岭村，这个梯田式的万亩茶园基地，已被点点新绿覆盖。站在山顶极目远眺，山上是一眼望不到边的碧绿茶园，山下是郁郁葱葱的猕猴桃藤蔓爬满支架，房前屋后一座座温室大棚生机盎然，各色花卉竞相开放，争吐芬芳……蓝天白云下，植根于绿水青山之中的富水现代农业产业长廊初具雏形。

这个涉及富水龙窝、油坊岭、马家沟、茶坊、王家庄、赤地、桑树、黑漆河等 9 个村，以“茶、菌、果”为主打产业的农业现代化园区是优化农业产业结构、经营结构、区域结构、品质结构，转变农业经营方式、生产方式、资源利用方式和管理方式的与时俱进者。建成后，将是汇聚富水农业农村先进生产力要素的集合体，能够创造新供给、满足新需求、拉动新消费，年可实现综合收入 2.3 亿元，带动全镇 3000 多个劳动力就业，对当地经济社会发展起到有力推动作用。

打造这个农业产业园，旨在融合政策、资本、技术、土地、劳动力等资源要素，充分利用县内外科技资源优势，发挥人才、资本和技术等要素的集聚效应，从而提升全县农业发展层次。产业长廊一旦建设好，将在全县起到一个良好的带头作用，有了它的成功经验，商南便有了典型引路的标杆、以点带面的引擎，推动全县优势特色产业上规模、上水平，促进农业增效、农民增收。

为加快推进“城富一体化”，富水镇依托广阔的地域面积和农业种植适生区优势，科学制定农业产业发展规划，通过三年时间，在富水镇龙窝、油坊岭、马家沟、茶坊、王家庄、赤地、桑树、黑漆河等村修建产业路 20 公里，新建高品质生态茶园 10000 亩、猕猴桃园 10000 亩、建设现代化茶叶加工厂 3 个、菌棒加工厂 1 个、小食品产业园 1 个、食用菌交易市场 1 个、冷库 4 个、万吨猕猴桃储藏及分选包装生产线 1 条，打造一条现代农业产业长廊。

随着城镇居民收入水平和购买力的显著提高，绿色、安全、营养农产品的消费者越来越多。这一现状就必然要求农产品走“人无我有、人有我优”的发展之路。为此，富水镇始终把做大做强特色优势产业作为建设现代农业产业体系、实现乡村振兴的关键，大力发展茶叶、食用菌、猕猴桃三大主导产业，加快产业基地建设，积极培育农产品自主品牌。

万亩茶海公园涉及富水镇油坊岭、龙窝、马家沟、茶坊、王家庄、洋淇等6村，项目核心区位于油坊岭村，于2017年启动建设，被列为陕西省2020年重点实施项目。项目采取“政府搭台、企业唱戏”的模式，引进商南县茶叶联营公司、商洛秦岭南坡茶业有限责任公司、商南县沁园春茶叶有限责任公司、商南县煦坤茶叶有限公司、商南县七碗茶有限责任公司等龙头企业，在油坊岭、马家沟、茶坊等村流转土（林）地两万多亩，引进“龙井43、中黄2号、安吉白茶、紫鹃、花香醇、金牡丹”等国家级优良品种进行示范推广，新建高标准茶园，实现农旅、文旅融合。它以县茶叶联营公司为龙头，在现有1.2万亩高品质生态茶园基础上，继续鼓励引导茶企扩大种植规模，力争今年再新建9000亩，联合众茶企合力打造“鹿茗”品牌；积极争取推进油坊岭至马家沟沿线茶叶基地产业路硬化，完善沿线绿化美化，配套建设观光亭、茶叶采摘加工体验区、茶文化景观、网红摄影点等休闲设施，将这里打造成既是观光茶园，又是花园果园的模式。

万亩猕猴桃基地 主要分布在马家沟、王家庄、洋淇、王家楼、油坊岭、龙窝、桑树、赤地等村，富水镇按照“山上茶、山下果”的思路，将猕猴桃产业发展与茶产业发展有机结合，与特色小镇建设、国家全域旅游示范县创建等有机结合，确立并长期坚持“规模化发展、标准化建园、优质化栽植”的基本思路，精心打造了王家楼村万亩林果产业基地。通过建立商南佳亿德农民专业合作社等经济组织，采取“支部＋合作社（企业）＋基地＋贫困户”的发展模式，在油坊岭、龙窝、马家沟、桑树等村投资1.2亿元建设万亩猕猴桃产业基地，建成猕猴桃园4200亩。

千万袋食用菌基地 核心区位于黑漆河村，于2016年6月启动建设，计划总投资1600万元。富水镇按照市场化要求，引进了商洛市最大的集食用菌生产、加工、销售于一体的农业龙头企业海鑫公司，建设了黑漆河、沭河两处千万袋标准化食用菌脱贫攻坚示范基地。创新推广“借袋还菇”产业脱贫政策，免费给贫困户发放香菇菌棒，年终贫困户把香菇卖出去有了钱，再以低于成本的价格归还企业成本，通过这种方式帮助很多贫困户解决了发展产业的燃眉之急。2019年在黑漆河村流转土地135亩，建设标准化香菇大棚257个，种植香菇120万袋，带动了全镇301户贫困户690人增收致富，实现了小香菇大发展。同时，在王家庄村新建了百亩羊肚菌产业基地。

2019年10月23日，一个特别而又重要的日子，商南县佳亿德果业公司首批销往中国台湾的猕猴桃准时发车，从此商南县猕猴桃打开了台湾市场的销售大门，对于商南农业产业发展具有重要意义。

火车跑得快，全靠“车头”带。商南县佳忆德果业公司是一家集猕猴桃育苗、种植、储藏、销售为一体的产业化经营企业，在农业产业化发展过程中，商南县佳忆德果业公司等龙头企业发挥了重要作用，成为农民致富的“火车头”。

近年来，富水镇坚持将茶叶、猕猴桃、食用菌加工、储藏保鲜和市场体系等产业配套设施建设与基地建设同步规划、分步实施、协调推进。培育壮大一批产业基础好、发展前景足、引领动力强的农产品加工企业；打造联合一批以龙头企业为引领、以合作社和家庭农场为纽带、以农户为基础的农业产业化联合体，增强乡村产业发展的内生动力。

为推进项目建设，富水镇积极推行“全过程代办、全天候服务、全要素对接”的“三全工作法”，对有投资意向的企业，确定一名科级干部全程陪同考察，提供政策咨询，协助办理相关手续，提高引资成功率；对科技含量高、投资规模大的企业，实行“保姆式”服务，着力“引凤入巢”。2016 年以来，先后引进 18 家企业，成立合作社 28 个，共建产业基地 36 个，实现年产值 4 亿元，土地租金 2400 万元，转移劳动力 3 万人次，劳务费 3000 万元。

农产品流通作为农业产销链条的一个关键环节，一头牵着生产，一头牵着消费，建立健全农产品流通体系是解决当前农产品卖难买贵的关键。因此，富水镇进一步建立健全农产品流通体系，加快推进农业产业化进程。

一方面，完善农产品市场体系，建设食用菌交易市场。为了拓宽香菇销售渠道，富水镇在当地建成商南县最大的香菇交易市场，引进食用菌产品加工类企业，生产加工香菇酱、香菇粉等产品，延长产业链条，提高香菇产品的附加值，使食用菌实现了规模化、品牌化发展，成为当地群众增收致富的“黄金”产业；另一方面，构建农产品冷链物流体系，建设猕猴桃冷藏设施。其中，商南县佳亿德果业公司在富水镇建成了 5000 立方米的猕猴桃保鲜储藏库和分选加工生产线，目前均投入使用。

同时，富水镇还在销售环节上下功夫，创新营销方式，组织相关企业参加农高会、丝博会等大型展销会；引导支持龙头企业与意大利企业签订了猕猴桃购销合同，发展订单农业；实行“农超对接”“农校对接”、电商销售等新型交易方式，在超市、学校、镇村电商服务点设立商南县阳光金果猕猴桃销售点。这些举措，不仅让富水镇的农产品供不应求，也消除了群众发展产业的后顾之忧。

通过 2 年的发展，以油坊岭、马家沟为中心，辐射龙窝、茶坊、王家庄、赤地、桑树、黑漆河等村，已建成高品质生态茶园 8000 亩、猕猴桃园 6000 亩、300 万袋标准化食用菌基地 1 个、食用菌交易市场 1 个、冷库 4 个，修建产业路 12 公里。引进县茶叶联营公司、陕西佳忆德果业、陕西满园香茶业、海鑫现代农业等龙头企业，带动沿线村 392 户贫困户户均增收 5000 元。

富水镇党委政府表示，未来还将扩大基地规模，不断引进龙头企业，坚持“优化一产、壮大二产、活跃三产”的发展思路，围绕“村美、业兴、民乐”的发展目标，在农业产业规模化的同时，积极植入休闲旅游、生态农庄、乡村公园等发展元素，推进传统农业向休闲农业、观光农业转型升级，提升农业产业附加值，将富水镇现代农业产业长廊建设成为产业特色鲜明、生态美丽宜居、三产融合发展的田园综合体，打造全县乡村振兴示范样板。

近年来，商南县依托现代农业园区建设，大力推进“5+X”产业体系，已成为发展绿色现代农业的重要途径，初步形成了“茶菌果畜药”的农业发展格局，目前，全县发展茶叶 25 万亩、食用菌 1 亿袋、猕猴桃 3 万亩、畜禽养殖 120 万头（只）、中药材 4.2 万亩。与此同时，依托良好的生态环境，发展有机高山蔬菜 1 万亩，建成无公害农产品基地 45 万亩、绿色农产品基地 7 万亩，累计认定无公害农产品产地 28 个、认证无公害农产品 38 个、地理标志登记保护产品 1 个，在追求绿色健康、原生态风味的潮流趋势下，商南农特产品已成为走亲访友礼品馈赠的首选佳品，深受大中城市及高档酒店餐馆的青睐。

现代农业园区在从无到有、从小到大、从弱到强的建设过程中，商南县坚持在探索中创新思路、在发展中总结经验、在建设中破解难题，取得了一定成效，也给予我们一定的启示：建设现代农业园区必须认真践行创新、协调、绿色、开放、共享五大发展理念；建设现代农业园区必须以市场为导向，培育龙头企业、做强主导产业；建设现代农业园区必须与农民建立利益联动机制，让群众共享发展成果；建设现代农业园区必须建立和完善工作机制，强化组织保障。

如今的商南，“小、散、弱”的传统农业正在向“规模、技术、创新”的现代农业转型，而担当主角的现代农业园区，犹如一个个跳动的音符，在商南大地上奏响一曲强农之歌。这首“强农之歌”必将成为镌刻在现代农业园区里的永不泯灭的记忆！

千年梦圆小康路

张 瑜

商南地域“八山一水半分田，半分道路和家园”。山多水多，出门就爬坡，下坡就过河，脱贫致富的路在哪里？农民们说：“路在路上”。

新中国成立之后，特别是改革开放以来，干线交通有了长足的发展，特别是西合铁路、沪陕高速相继过境，加强了商南交通的大动脉功能。尽管如此，千家万户，特别是新开岭山区的村民，出山进山，依然肩担背驮。近3年来，县委、县政府将通村、通组、通户的公路、桥梁修筑，当作脱贫致富奔小康的基础工程，关键举措，强力推进。3年间修通村组公路 440 公里，架设桥梁 8 座。这些公路与干线路相连、相接，构成了脱贫致富奔小康的脱贫网、致富网、幸福网……特别是到村到组到户的水泥路，水泥桥，极大地方便了群众的生产生活。2019年11月国家交通运输部、农业农村部、国务院扶贫办命名“四好农村路”全国示范县。

劈山开路铭初心

商南地域跨越两大地构造单元，构成了复杂的地形地貌。丹江自西向东纵贯县境中部，将县域分成丹北、丹南两大板块。全县海拔最低点为 216.4 米，最高点 2057 米，相对高差 1840.8 米。由于复杂的地质构造，外应力的影响和人类活动等原因，境内地形复杂，差异较大，大致以丹江为界，北面是蟒岭东延部分，山体浑圆，岗峦起伏，以浅山丘陵为主。丹江以南是由结晶灰岩、板岩、千板岩、石英片岩、大理石岩、变砂岩组成的新开岭山地，山形陡峭，全县有千米以上的山峰 411 座，河谷深切……境内有流域面积在 3 平方公里以上的河沟 139 条，10 平方公里以上的河沟 60 条，100 平方公里以上的 8 条，1000 平方公里以上的 1 条，总共 208 条大小河流，山高坡陡，河流密布，这些山头和河流将商南大地切割成大小不等的碎块，构成了商南居民居住分散、缺集少镇，依山而居的农民，出门就过河，过河就上坡，造成了商南人世世代代、祖祖辈辈行路难、交易难、信息难、脱贫难的天堑。1936 年 7 月 15 日西界公路过境通车，使陆路交通开始了由驿道驮运向公路运输发展的质的变化。但管理不善、维修不力，导致路况极差，当时民谣说："一去二三里，抛锚四五回，修车六七次，八九十人推。"至 1949 年，行车完全中断。

"让人民过上好日子"是镌刻在党旗、党章里共产党人的拳拳初心。新中国成立后，中共商南县委、县人民政府非常重视交通运输事业，开山辟路，越河架桥，把兴修公路作为建设社会主义的一项基础性工程来抓。一年修一条或几条公路，年年挖山不止，筑路不停。领导苦抓，干部苦帮，群众苦干，下硬茬解决交通瓶颈这一难题。尤其是"七五"期间，党和政府把交通列为经济建设的重点，国家投资，群众投工，使交通运输成为富民富县的基础工程，并取得空前的成效。

商南境内第一条公路是县城至青山街 20 公里的人力车道，1959 年又拓宽整修成能通汽车的简易公路。1960 年商郧公路商（南）湘（河）段建成通车。1969 年区区通公路；1980 年乡乡通公路。其后 10 年，交通运输被列为重点建设项目，国家投资近千万元，新修公路 40 公里，改造旧路 126 公里，接通了新庙至河南穆家垭，赵川至湖北郧西县、郧县的省际断头线；开通白玉、湘河两区的区际断头线，全县公路四通八达，形成环状格局。至 1990 年底，全县公路通车里程 502.9 公里，其中 3 级公路 199 公里，黑色路面 40 公里，永久型桥梁 1903.93 米 74 座。丹江水路因河道淤塞断航 30 年后，也于 1986 年列入国家内河航运计划，进行疏浚，已部分通航，形成了东西连接、南北迂回的交通网络格局。

20 世纪 90 年代乡村公路建设进入一个黄金期。商南县时任县长吴前进及其他的同志们，发动广大人民群众，以前所未有的慷慨、热情、毅力，不计一切地投身山区公路修筑；向上级有关部门争取物资、技术援助，形成了内外合力，推动公路建设超常发展。1990 年至 1994 年共投资 1000 多万元，建成“8 路 3 桥 2 站”等 13 项公路交通工程，全县基本实现村村通公路。

改造提高了南部、西南部干线公路：商（南）郧（湖北省郧县）路 102 公里；郭（家垭）山（山阳黄土凸）路，郭家垭至丹凤竹林关段 57 公里三级公路。

开通 3 条省际通道，一是东南方，富水经龙窝、新庙至河南省西峡县西坪镇穆家垭 31 公里四级公路；二是西南方，赵川镇至湖北郧西县八道河 12 公里四级公路；三是正北方，县城至河南卢氏界岭 22 公里四级公路。分别与河南、湖北公路联网。

开通区际断头线 3 条，一是湘河水沟至白玉耀岭河 24 公里四级公路；二是白玉开河至赵川白鲁础 24 公里四级公路；三是石柱河至梁家坟 15 公里四级公路；全县乡村公路 43 条，407.1 公里。

架设了湘河丹江红鱼口大桥，赵川滔河大桥等 9 座大中型公路桥梁。建成了赵川汽车站，县城二级汽车站……

至此，全县 246 个行政村中有 210 个通了公路，村通率为 85.37%。终于使闭塞千年的山区公路交通，内部迂回成网，对外四通八达。

进入 21 世纪，县委、县政府抢抓国家实施的“村村通”建设机遇，进一步加大公路投入和建设力度。采取“国家投一点、地方筹一点、社会捐一点、群众出一点”“以工代赈”“群众打底子、交通铺面子”等投融资机制，筹措募集建设资金，把农村公路建设从部门行为转变为政府行为，从行业行为转变为社会行为，受到农村群众普遍支持和拥护。据不完全统计，2007 至 2008 两年间，全县农民群众仅出修路义务工多达三十万个，捐献的物资材料不计其数。过风楼镇小栗园村村支书罗才璋，捐款 2 万元，修建通村水泥路。城关镇五里铺村老人们自发组织了一个义务监工队，轮流坚守在施工现场，亲眼看着民工勾兑混凝土比例。年届古稀的何显金老人说：“我们不懂技术，但水泥

“让人民过上好日子”是镌刻在党旗、党章里共产党人的拳拳初心。

用量足了，砂砾石搭配得好，路肯定就结实。”富水镇黑漆河村的老人听说公路要修到家门口，高兴地集聚在一起，天天拿着铁锨镢头到工地干活。在广大人民群众的大力支持下，至 2008 年底，全县 13 个乡镇镇镇修通柏油路，146 个行政村村村实现了路网全覆盖，村村通班车，率先在全市实现了村村水泥路目标。

同时，铁路、高速路也在快速发展。西合铁路西由清油河镇清油河村入境，途径清油河、试马、城关、富水，东至富水镇桑树村豫陕界出境，道路总长 35 千米。2000 年 5 月 28 日，西南铁路西合段正式开工修建，2004 年 1 月 6 日正式建成运营货运，2006 年 4 月同时开通了西安至安阳、南京、上海客运专列。截至目前，商南到厦门、深圳、西安、温州、宁波、包头、广州、西宁、兰州、南宁已全部开通专列。

“人生在勤，不索何获。”商南县四通八达的交通设施，为经济发展奠定了基础。然而，辉煌的成就中却渗透着决策者和建设者的心血。

高速公路从无到有。沪（上海）陕（西安）高速（G40） 东起河南省界的富水镇的马安石，经富水、城关、过风楼，西至金丝峡镇梁家湾，全长 58 千米，于 2005 年 10 月 17 日动工。2006 年，沪陕高速建设在丹江沿岸如火

沪陕高速

如荼地进行。在丹江河谷地段，开凿了总长近 1.5 万米的隧道，架设跨河大桥包括为当地老百姓修建的“便民桥”“慈善桥”“连心桥”共计 92 座，从此天堑变通途。2008 年 10 月 12 日建成通车，路基宽 33.5 米（双幅），双向 6 车道，成为西北地区东出陕西，南通中原、江南的一条高速、安全、便捷的重要高速通道，去省城西安行车时间一下子由 6 至 8 个小时缩短到 2.5 个小时，使“云横秦岭家何在，雪拥蓝关马不前”永远成为一去不复返的哀叹。

云横秦岭家何在，雪拥蓝关马不前。

农村公路步伐加快。商南县委、县政府抢抓国家实施的“村村通”建设政策，进一步加大公路投入和建设力度，在广大人民群众的大力支持下，至2008年底，全县村村修通了水泥路，实现路网全覆盖，村村通了班车，率先在商洛市实现村村通水泥路目标。截至 2018 年底，全县公路总里程达 1983.5 公里。基本形成了“以县城为中心，以县、乡公路为骨架”的“四横两纵、两大迂回”的交通格局。

安心、舒心、畅通的公路环境直接关系着人民群众的生活质量和幸福指数。

通村路也是脱贫路。“路通了真是省力呀，往年肩挑背驮，忙乎好几天才能把菜运出山沟，现在菜装上车眨眼工夫就运出来，咱祖祖辈辈期盼修通公路的事情，如今实现了。”十里坪镇核桃坪村西沟组村民蔬菜种植大户李永才将一车土豆运到集中点时感叹地说。

李永才夫妻俩都身患残疾，靠种植高山蔬菜于 2018 年脱贫摘帽。他们脱贫的主要途径就是销售土豆和甘蓝，而这些蔬菜能够很快销售出去就是靠的通村路。核桃坪村离县城较远，地理位置偏僻，村民居住分散，沟沟岔岔不通车，农副产品销售运输成了村里的一大难题。2018 年年初，在西沟修了 7 公里水泥路，通组路牵连着核桃坪村各组各户，成了百姓的致富路，村民们再不用为行路难犯愁了。

产业路也是致富路。过去到过试马里砭沟的人都知道，这里山大沟深，住着 70 多户人家，而出村的唯一一条路便是两米宽的泥巴路，因为仅仅能容得下一辆架子车通行，因此被当地人叫作“架子车路”。当板栗、竹子等一些农特色产品想要卖出去的时候还得肩挑背扛，往往耗时、费力、卖不了好价钱，以至于老百姓强烈希望有一条能通车的路从家门口经过。2018 年春上，县交通局多方筹措资金，加紧干排工期，一条宽 4.5 米、长 4 公里的道路建成，老百姓们比过年还兴奋，放起了长长的鞭炮，震耳欲聋。60多岁的老姚一直感念着县交通局为他们村修路的恩情，村容村貌发生了翻天覆地的变化，有好些人家钱袋子鼓了起来买起了轿车，村里也有了淘宝店，农特产品再不愁卖不出去了，每天看到快递车进进出出好不热闹，这是他以前想都不敢想的，于是姚青春在2018年5月14日制作了一面锦旗，用"为民造福 恩重如山"这八个字，表达了自己也是全村人浓浓的谢意和感激。

通村路也是通心路。国之交在于民相亲，民相亲在于心相通。路通了，十里八乡百姓的心就更亲近了。打通了青山河片区屈家场至小栗园片区烂柴沟5.4公里翻山公路；在小栗园村修建了100余米的河王大桥，解决了小栗园村河王组60户180人的出行难。住在桥头的李润良感慨颇深，"河对岸住着一家亲戚，以前只能在枯水期时从便桥上通过，现在想去就去，亲戚想来就来，有时候站在门口一喊，两家就能在一起聚聚，亲情也越来越深……"

历经半个多世纪的苦战与努力，境内一条条连接丹南与丹北、山下与山上、深山与浅川、城市与乡村、县内与县外的沙石路、水泥路、柏油路，实现了由低等级到高等级、由量变到质变的华丽嬗变。一条条宽阔的公路，如同起舞的飘带在崇山峻岭中逶迤绵延；一辆辆轿车、机动车在田间地头穿梭，给人们带去便利、和谐和幸福。

物流畅通百业兴

从人力车到汽车，从交通闭塞到大道通衢，交通运输事业的发展印证了一个时代、一座城市的发展轨迹。

新中国成立后，很快恢复西界公路运输，其后，随着公路建设的发展，汽车客货运输发展迅速。

1965年11月11日是个特殊的日子，11辆汽车浩浩荡荡开进了赵川，使封闭了几千年、被大山阻隔的丹南丹北终于连为一片。当年的组织者有意选择"11月11日"，组织"11辆汽车"参加通车典礼，其良苦用意是："11"象征着人的两条腿，当地人有把步行称作"11号车"的说法，故此拿"11"

来寓意靠肩挑背驮两条腿走路的历史结束了！

1990 年，全县有大型客货车 283 辆，小型客货车 115 辆。货运量 1.34 万吨，货运周转量 243 万吨公里；客运量 2.59 万人次，客运周转量 1016 万人公里。西界线日均车流量 3639 车次，其中：汽车 624 车次，拖拉机 176 车次，人力车 83 车次，自行车 2756 车次。80 年代各乡村及村民个人拥有各种型号的拖拉机 850 余台，载运吨位 1100 吨，农忙耕地，农闲运输。肩挑背驮的古老落后的运输方式，逐年由汽车、拖拉机、人力车运输所取代。全县基本形成汽车、拖拉机运输网络，机动车辆运输基本取代中、长途人、畜力运输。

路通财通，便捷的交通提高了特色产业的附加值，让大山深处的核桃、板栗、香菇、猕猴桃等“香饽饽”远销国内外。

随着农村交通基础设施的不断改善，公路沿线产业带逐步形成，加工厂、社区工厂、手工制造等一批企业在乡村落户。

运输功能日臻完善。1991 年初，境内有汽车站一家，即商洛运输公司商南客运站，负责全县长途客运业务，全年客运量达到 32.1 万人次，是当时县内唯一的客运站。1993 年有发往商州、西安、南阳等线路 5 条。1996 年又增设发往洛南、灵宝（河南省辖县）、潼关、下峪口等线路。2002 年开通由商南发往广东省澄海长途客车 1 辆，2006 年开通由丹凤经商南到北京的长途客运 1 辆，至此“北上广”的客车全部开通，商南群众到外地打工、旅游都非常方便，再也不用之前到大城市非得上西安或者下河南换乘车辆，遭受沿途颠簸、浪费时间、出行难的困扰。

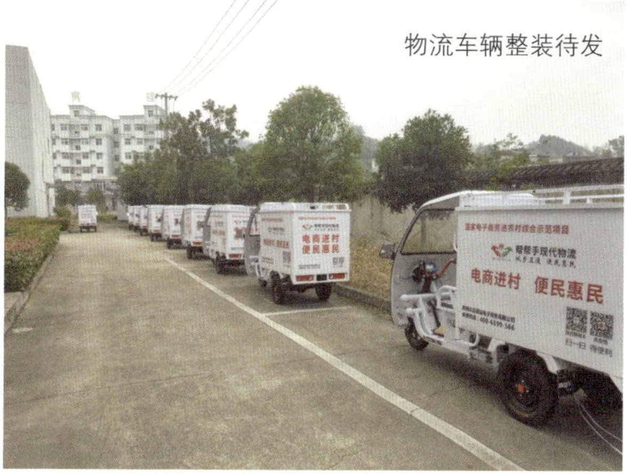

物流车辆整装待发

农村客运大力发展。2010 年 4 月，金丝峡旅游客运站动工建设，为一级旅游客运站，主要以旅游车辆进出服务为主，当地农民的农特产品、手工制品等非常畅销，带动了当地经济发展。

2000 年 8 月，商南县汽车运输公司成立了出租车管理公司，共有出租车 61 辆，带动了当地从业人员 61 人，他们通过熟练的驾驶技术以及热情周到的服务，为人们带去了方便、快捷的生活。2010 年全县拥有货运车辆 135 台，拥有货运企业 4 户，“走出去、带回来”拉动了商南经济的持续增长。

“十二五”期间，商南县努力打造“综合交通、智慧交通、绿色交通、平安交通”，在稳中求进、创新发展的总基调下，全县交通基础设施建设完成固定资产投资 7.16 亿元。

2018 年，商郧路“三改二”全线贯通，郭山路郭家村至过风楼段三级公路改建、花瓶子至白玉河口公路、捉马沟至红庙段公路建成通车。按照贫困户、贫困村、贫困县“577”脱贫退出标准，通沥青或水泥路的行政村比例达到 97% 的要求，县上通过积极争取项目，多方筹措资金，全力加快建设，完成 39 条 168.5 公里建制村通畅项目和 56 条 186.46 公里通村公路“油返砂”整治，实现了 100% 行政村通沥青或水泥路目标。同时，为了方便人们出行和学生上学，一座座横跨丹江的大桥在人口密集之地架起，为当地的经济和物流注入新的动力。

2019 年元月，白玉河口村全体村民致商南县交通局一封感谢信，信中感念县交通局“修路助村早脱贫，心系百姓献真情”。特别是施工队进村后，加班加点，冒着酷暑烈日在短短 5 个月时间修通了 7.2 公里，宽 7.5 米的通村水泥路。建起两座 50 多米的梁桥，确保村民出行安全。也极大地改善了全村村民的生产、生活条件，有力推动了白玉河口村早日脱贫。

“修路助村早脱贫，心系百姓献真情”“修桥筑路 ，造福人民 ”这只是众多修桥筑路中为民谋幸福的一个缩影……70 多年来，历届商南县委政府班子，以修路架桥、造福百姓为己任，一任接着一任干，一张蓝图绘到底。坚持把公路建设与移民搬迁相结合、与城镇建设相结合、与产业发展相结合、与旅游开发相结合、与美丽乡村建设相结合，使商南城乡面貌发生了翻天覆地的喜人变化。

人们走在康庄大道上，时常感念那一任任决策者、指挥者；感念那一批批舍小家为大家风餐露宿的交通人；感念那一群群衣衫褴褛、出力流汗的筑路工人们；感念所有关心支持交通事业发展的广大黎民百姓们。

“老交通”白明亮，1956 年步入交通岗位，他 30 年如一日，风里来，雨里去，跑遍了全县的大沟小岔，心血和汗水洒在了上千公里的乡村公路上，终因积劳成疾，过早地离开了人世。据《商南县交通志》记载，新中国成立后至 1980 年 31 年间，先后有刘广德、殷志光等 28 名民工在公路建设中献出了宝贵的生命。

试马道班班长养路工人包诗刚，把养路护路当作毕生的事业，像养护自己儿子一样重要，把路上的事看得比天大，把简单枯燥的劳动当作乐趣，在最基层最平凡的岗位上一干就是 20 多年，默默无闻，无怨无悔。先后捧回了省市县 20 多项荣誉，2014 年，包诗刚被中华全国总工会授予“全国五一劳动模范”，成为交通人的楷模和交通战线的一面旗帜。

70 多年间，四通八达的公路交通网成为商南经济腾飞和社会发展的重要支撑，而且群众在公路建设中得到了很多实惠。尤其是在始终坚持民生为本的这些年里，商南县交通运输发展拥有了更清醒、更务实的发展思路与理念：“修一条路，造福一方群众”。

养管并重保畅通

商南县的交通管理，自古均无官方管理机构修桥、补路、造船。中华人民共和国成立后，公路交通行政业务由县政府建设科兼管，1951 年成立交通科，1960 年改为交通局。随着交通建设事业的发展、机构设置和管理体系不断完善，1990 年县属管理机构有：公路运输管理站、地方道路管理站、航运管理站、搬运站、运输公司 5 家；商洛地区驻县交通管理机构有：公路管理段、交通征费稽查所、商南汽车站等 3 家。管理项目有路政管理、交通管理，其中包括车辆管理、驾驶员管理、安全管理、养路费征收管理等；运输市场管理和运价管理，逐步形成科学管理体系和管理手段。1991 年县交通局是县政府主管交通运输的职能部门，1998 年确定为政府工作部门，2009 年更名为商南县交通运输局。

古往今来，为了商南交通事业的发展，一批又一批的志士仁人，前仆后继，披荆斩棘，鼎力开拓，忘我奉献。

先后荣获省级管养示范县、建设管理优秀县、养护管理“好路杯”优秀县、省级“四好农村路”示范县等省市县荣誉160余项，连续三年荣获全市农村公路“好路杯”竞赛金杯、年度目标责任考核优秀单位。

窥一斑而知全豹，处一隅而观全局。商南县交通管理局用力建设好公路，当好乡村振兴的“先行官”。近年来，县上累计投资31.69亿元，先后改建县乡油路789.5公里，建成商郧路、开白路等一批主干道，新建桥梁42座4300米，改造危桥17座930米，新修通村水泥路1204.3公里，实施安防工程742公里，实现了村村通水泥路。特别是2017年以来，在无项目、无资金的情况下，克服重重困难，建成迎宾大道7公里，完成连续几年特大水毁道路重建、试马省级现代农业园区等一批产业路建设任务。与此同时，还完成了各镇办四级客运站建设，构建了覆盖县镇村三级的交通网络，全县公路通行密度和通行质量不断提升，彻底改变了昔日晴天一身灰、雨天一身泥的现象。

用智慧管理好公路，打造安全畅通的“新样板”。围绕打造“畅、洁、绿、美、安”的道路环境，县上成立了专门养管、质量监督机构，在镇办设立了农村公路管理站，配齐了村级公路管护员，负责辖区公路日常管理维护，建立了道班工人、客运司机、镇村干部“三位一体”路况信息平台，健全了县有路政员、镇有监管员、村有护路员的三级管理体系，确保了事事有人监管，路路有人养护。认真落实道路管理主体责任，在农村公路重点区域设置了龙门架；在新建道路两侧，安装了防护网和隔离桩，设置了路田分界墙，做到了路田分界、路宅分家、路容整齐，有效遏制了超限超载车辆上路行驶，确保道路通行安全，大大提高了农村公路的使用寿命。

用心养护好公路，勾勒农村最美的“风景线”。坚持“有路必养、养必优良，有路必管、管必到位”的原则，全面深化省市农村公路养护体制改革，理顺了农村公路养护管理体制，构建了“县乡道县管、村道镇管村养”的养护管理模式和“分级负责、以县为主，分类养护、依法管理”的养护机制。按照“四季常青、三季有花”的创建目标和“三园五化六统一”养护要求，坚持将建设与养护、美化与绿化同步规划建设，在公路建设过程中，养护工作提前介入，路政管理快速跟进，篆刻安全标语，谋划客运线路，打造休闲绿地。截至目前，全县打造干线化养护里程 235 公里、文明路 125 公里、示范路 936 公里，实现了养护日常化、精细化、规范化，着力打造“车在路上走、人在画中行”美丽公路，典型经验在全市推广，公路品质迅速提升。

用情运营好公路，做好经济发展的“服务员”。按照“以城带乡、城乡统筹”的思路，创新服务模式，提升保障能力。始终保持高压态势，联合公安、交警等部门组织开展客运市场专项整治，严厉打击“黑出租”“黑驾校”违法行为，努力维护广大旅客合法权益。在全市率先推行了电动新能源公交车和刷卡乘车业务，完成了清油河等 5 个镇办客运公交化改造，运营率达 83.3%，建制村通客车率达 100%，城乡客运一体化发展水平达到 3A 级以上。探索构架“交通 + 物流”的服务模式，以农村公路为骨架，以通村班线为依托，以通村客车为载体，培育了物流服务中心 2 个，设立乡镇物流综合服务站 10 个，打通了村级物流最后一公里，初步构建了县城分拣、镇办中转、村社区配送的三级物流服务网络，实现了农产品“货畅其流”和“物尽其值”，助推群众持续增收。

古往今来，为了商南交通事业的发展，一批又一批的志士仁人，前仆后继，披荆斩棘，鼎力开拓，忘我奉献。在交通战线上兢兢业业、勤勤恳恳忘我工作的模范干部和工人，他们中间既有以身作则、身先士卒、敢抓敢管、勇挑重担，积极带领干部群众团结奋战、共闯难关的领导干部，又有不畏艰险、吃苦耐劳、埋头苦干的一般干部和工人，他们以自身的努力，修好路、管好路、养好路，推动着公路交通运输事业的快速发展。

风正海阔，自当扬帆破浪；任重道远，更须策马扬鞭。如今，商南县交通事业突飞猛进、日新月异，条条道路像飞舞的彩带、奔腾的血脉，神奇地构成了“以县城为中心，以县乡公路为骨架”的“四横两纵、两大迂回”的交通格局，为县域经济社会发展提供了良好的交通保障。那一条条道路，是商南人民的小康之路，幸福之路！

千载畜禽业　时代新篇章

崔海飞

《诗经》中就有“有豕白蹢，烝涉波矣。”马牛羊、鸡犬豕，自古以来就是人类的朋友和生活的必需品。五千年前，人文初祖黄帝因史官候冈颉造字功绩彪炳，赐以“倉”姓，意即“君上一人，人下一君”，名为倉颉。在倉颉创造的原始象形文字中，有一个“豕”字其本意就是“猪”。因此有文稽考的人类养猪业亦有5000年史迹。

星移斗转，岁月更替。五千年后的人类，新型城镇化，打破了许许多多的旧格局，农民进城、进镇，做工经商，传统的畜禽养殖，面临空前的困境。此时此刻，心系百姓福祉的中共商南县委、商南县人民政府的掌舵人，不忘初心、牢记使命，会同商南县土生土长的有识有才有志之士，潜心规划，强力推动这一传统民生产业集约化、现代化的进程，特别是2017年以来，丰联农牧集团成长与发展和现代化、集约化的秦川猪养殖基地建成投产，打破了绵延千载的自产自销、自养自食的小农经济的旧格局，开创了商南牧业，特养猪养鸡业集约化、现代化、市场化磅礴发展的态势，铭记着一个又一个鲜活的创业人物、创业故事。

砥砺奋进　面向民生创业

裴元昌，土生土长的商南人，商洛市丰联农牧集团董事长，他从一个怀揣振兴民生产业、致富父老乡亲的梦想，从一个月收入 2000 元的打工仔，到一个崭露头角拥有 400 多名工人的企业当家人；从一个农村走出来的年轻小伙，到一个敢于创新、追求进步的业界精英。10 多年来，他在市场经济的大潮中摸爬滚打，在风雨的锤炼中不断成长壮大；他淳朴厚道、务实勤奋、加强学习，表现出了一个优秀共产党员应有的精神风貌和思想境界；他带领团队，顽强拼搏、坚持不懈使企业的巨轮在汹涌的商海浪潮里日行千里、突飞猛进、引航高歌。

裴元昌曾担任商洛市第三届人大代表、商南县第十七届人大代表、商南县政协委员。后荣获陕西省农产品肉类行业改革开放 40 周年十大卓越人物、全民创业先锋、商洛市优秀民营企业家、商南县首届劳动模范等荣誉称号。

商洛市丰联农牧集团位于商南县张家岗返乡创业园区，于 2009 年成立，是一家以肉鸡、生猪全产业链为主体的现代农业产业化龙头企业。业务涵盖肉鸡养殖及屠宰、生猪养殖及屠宰、优质饲料生产、特色熟食加工、有机肥生产等。公司现有员工 1200 余人，中层以上管理人员 50 人，大专以上学历 150 余人，专业技术人员 58 人。公司先后被认定为陕西省（丰联）现代农业园区、陕西成长之星企业、陕西行业之星企业、陕西省民营科技企业、陕西省农业产业化重点龙头企业、陕西省饲料行业“诚信农企”、商洛市优秀民营企业、商洛市（丰联）现代农业园区、商洛市循环型示范企业、商洛市十大明星产业化龙头企业、商南县第一批脱贫攻坚龙头企业。

公司主要以年出栏 3000 万只肉鸡和年出栏百万头生猪全产业链为发展目标，推动商南县畜牧业向产业化、集约化、现代化、智能化、生态化方向发展。肉鸡产业链包括现代化养殖基地、年产 28 万吨饲料加工厂、畜禽精深加工厂、熟食加工厂、年产 5 万吨有机肥加工厂、动物无害化处理中心等。2016 年开始全面布局建设 10 万头双阴性种猪繁育基地、7 万头种猪育成基地，打造年出栏 100 万头生猪养殖全产业链循环产业基地，计划 3 年完成，总投资 26 亿元。其中 10 万头双阴性种猪繁育基地已于 2018 年 9 月建成并全面投产，7 万头双阴性种猪育成基地于 11 月份建成投产。

2020 年，公司拥有“丰联”牌肉制品、“大秦皇厨”系列熟食产品、“秦鹿”牌饲料、“富久久”牌有机肥和“秦岭佳坊”土特产等品牌，其中“秦鹿”饲料被评为陕西省名牌产品。建设有配套冷链库房、物流、电商平台等设施，产品目前已销往河南、山西、甘肃、河北、湖北、四川、上海、西安等地。公司肉鸡和生猪全产业链项目建成后，年可实现综合产值约 36 亿元。

公司依托自身养殖、种植产业为基础，并整合当地种、养合作社、家庭农场及种养大户；以饲料加工、食品加工为引领进行前后延伸；通过快乐农庄、电商渠道等进行产业之间相互渗透，真正实现农村一二三产业融合发展。

参与产业合作的基地有青山镇草荐村、吉亭村、试马镇红庙村等 6 个肉鸡产业合作社，带动 83 户贫困户参与农庄生产经营，解决农村剩余劳动力就业 100 多人，带动附近 200 多户农户年人均增收 5000 元以上，实现“立足三秦大地，造福一方百姓”的企业价值。公司在农村产业发展、群众脱贫致富中的带动效应正在蓬勃释放，逐步推动农业及畜牧养殖业成为贫困户脱贫奔小康的主导产业。

丰联集团从 2010 年起开始建设肉鸡养殖基地，先后投资建设完成多个养殖基地，并带动商南、丹凤、柞水、山阳等地养殖户养殖白羽肉鸡。目前，丰联集团肉鸡养殖板块年出栏商品白羽肉鸡达 1500 万只。

丰联集团

莲花沟肉鸡高端笼养具有完善的基础设施和配备先进自动化养殖设备，该厂年产肉鸡 320 万只，建设用地 60 亩，是目前陕西单体规模最大的肉鸡养殖场。丰联打造“人管设备，设备养鸡，鸡养人”的新型养殖模式，减少劳动量，让养殖人员从繁重的体力劳动中解放出来，单位劳动力可管理鸡群数量增加 8—10 倍以上。

试马的养鸡基地总占地 35 亩，建设标准化鸡舍 7 栋，总面积 8400 平方米，其中 5 栋散养，2 栋笼养，年出栏 120 万只肉鸡。

公司肉鸡养殖基地于 2017 年获得陕西省无公害农产品产地认证，鸡肉系列产品被认定为无公害农产品。

陕西丰联肉制品有限公司隶属商洛市丰联工贸有限责任（集团）公司，是集团旗下全资子公司。2015 年 5 月正式落成，9 月正式投产，建设用地 35 亩，建设车间、冷库、检验用房、综合性办公楼及附属设施用房，总建筑面积 23800 ㎡，总投资额 1.2 亿元。

公司以肉鸡屠宰、精深加工和冷藏储运、销售为主营业务，年加工能力 3000 万只，年销售收入 85465 万元，安排就业岗位 1100 人左右。

公司本着绿色、健康、生态的经营理念，从毛鸡养殖收购、运输、屠宰、分割、速冻存储、销售都严格按照质量安全标准进行操作，每一个环节都有专人严格把控，确保将健康安全的产品送到消费者手中。

公司立足西北，销售网络辐射到西安、太原、兰州、成都、郑州、武汉等地区。公司正处于稳步增长阶段，专注于管理团队建设和企业软实力的提高，励志成为西北最有竞争力的农牧企业。

丰联年产 15 万吨饲料厂于 2015 年 5 月建成投产，是目前陕南地区最大的饲料生产基地；注册“秦鹿”牌商标，主要以生产鸡饲料和猪饲料为主的 4 大系列 24 个品种，产品主要销往商洛地区、湖北、河南等地。

公司采用目前最先进的自动化生产线，引进德国 GPM420 颗粒制系统，保证了产品的质量稳定；配料系统由计算机自动配料、自动混合、自动控制，保障了配方的精确性；采用双轴桨叶高效混合机，保障了生产效率；机械化程度高，减少了人工劳动强度，降低了生产成本。

富农有机肥厂位于商南县城关街道办，总规划投资 2100 万元，已于

2017年3月开始试生产。主要生产销售高端生物有机肥，一期年产达3万吨，正常运营后年营业收入7500万元，利润总额为735.89万元，税金为715.31万元，新增劳动就业73人。

有机肥生产不仅解决了畜禽粪便及尸体对环境造成的污染，还变废为宝，使资源合理利用。

陕西省商南县宏源食品有限公司主要从事生猪屠宰，拥有日屠宰1000头，年屠宰30万头生猪的国内一流的屠宰、分割和先进的检测手段，成熟的工艺技术和完善的质量保证体系，逐步发展成为商洛市最大规模屠宰、分割肉及肉制品加工企业。

公司现已建立了遍及商洛市的惠民肉品销售网络，本着“学习、创新、诚信、互利”的企业宗旨和“我们的成功源于百姓的健康”的文化理念，以生产绿色肉食品为己任，生产销售“放心肉”“良心肉”制品。

脱贫攻坚　打造“丰联模式”

1996年9月至2000年10月，裴元昌先后在珠三角沿海地区任区域销售总经理。2000年回到家乡，返乡创业，先后创建了商南县博视眼镜经贸有限责任公司、商洛市丰联工贸有限责任公司。结合当前全国上下齐扶贫的大好政策，带领一批有志青年从五湖四海归来，一起奋斗，为建设美丽、幸福的家乡。在近几年的脱贫攻坚工作中，作为商南的龙头企业带头人，裴元昌这个土生土长的农村娃更是不忘乡情、不忘亲情、不忘父老乡亲的养育之恩。他总怕自己跟不上国家的政策脚步，总怕国家扶贫的队伍中落下了他。2016年，为深入贯彻落实中共中央关于打赢脱贫攻坚的战略部署，他充分结合国家扶贫政策，创新推出“小额贷款+”扶贫模式，为贫困户有效使用小额贷款脱贫致富创造条件。一是在肉鸡产业创建了“1365”扶贫方案，结合国家针对贫困户的贷款新政策，由公司负责托底承担流动资金，与政府协力发动贫困户抓住政策机遇，实施输血与造血并进的脱贫方案；二是在生猪产业创建了“12315”扶贫方案，即组织10户贫困户为单位，建设一个存栏500头育肥猪和20亩猕猴桃园的快乐农庄。贫困户将土地流转后，统一租赁给公司。按扶贫政策，银行给每户贫困户小额贷款 5 万元，并将此贷款作为贫困户的股份用于产业建设和生产经营。贫困户参与到生产经营中，养殖小区和快乐农庄提供给贫困户年收入 3 万元的就业岗位。贫困户流转的土地，由公司每年每亩支付土地租赁费 600 元。“小额贷款 +”模式的推行使贫困户将资源变资产、资金变股金、村民变股东，公司保底 6% 的固定收益和盈利股本分红；并可通过自身劳动获得种植、养殖效益和劳动工资。同时设有完善的退出机制，贫困户之间股份可进行合法转让，或者由公司直接回收股份。企业通过饲料、屠宰等环节提高产品附加值，盘活了信贷资金，促进了企业发展。他以公司自身养殖、种植产业为基础，并整合当地种、养合作社、家庭农场及种养大户，以饲料加工、食品加工为引领进行前后延伸，通过快乐农庄、电商渠道等进行产业之间相互渗透，真正实现农村一二三产业融合发展。

目前参与产业合作的基地有青山镇草荐村、吉亭村、试马镇红庙村等 6 个肉鸡产业合作社，带动 83 户贫困户参与农庄生产经营，解决农村剩余劳动力就业 100 多人，带动附近 200 多户农民年人均增收 5000 元以上，实现“立足农村三秦大地，造福一方百姓”的企业价值。公司在农村产业发展、群众脱贫致富中的带动效应正蓬勃释放，将逐步推动农业及畜牧养殖业成为贫困户脱贫奔小康的主导产业。这个模式被陕西省农业厅列为八大扶贫模式之一。

2019 年 5 月 9 日下午，践行“杨凌科技助力脱贫攻坚·媒体在行动”的农业科技报商洛新闻采访团商南采访组走进脱贫攻坚的龙头企业丰联集团总部采访。

“我在这里打工每月有 2000 元的收入，还能帮妻子送孩子上幼儿园。”在丰联集团公司屠宰车间当肉鸡屠宰工的殷平告诉记者。殷平今年 30 岁，老家在商南县十里坪村，父母年事已高，哥哥是个聋哑人，还有慢性病，2015 年，他家被认定为贫困户。为了改变现状，殷平当年春天来到商南县城，经人介绍他在丰联集团找到了一份工作。2017 年，第二个孩子出生后，妻子埋怨说：“人家的孩子到了上幼儿园的年龄都去城里上幼儿园了，我们的老大都超了入园的年龄了，你咋不心急呢？”妻子的话使这个陕南汉子有种使命感，接连几天他都把孩子上幼儿园的事记在心上。休假时，他跑了两天，终于给孩子在一所幼儿园报上了名，还在城里为一家四口租了个房子，把妻子和两个孩子接到商南县城，租来的房子虽没什么像样的家什，但总算过上了“老婆孩子热炕头”的日子。

47 岁的孙学礼与殷平一样在丰联集团公司屠宰车间当肉鸡屠宰工。他是商南县清油河镇团坪村人，前两年，两个孩子都在上学，因学致贫。为了早日脱贫，今年他把妻子也介绍到丰联集团打工了。2019 年，集团吸收他妻子到集团旗下企业做工。类似这样的情况，丰联集团仅 2017 年就解决了 120 名贫困人口就业，几年来，共安置 500 多名贫困人口在丰联集团下属的各个分公司就业。

在丰联集团下属的莲花沟肉鸡养殖场，记者与门卫赵自成交谈时，得知他家也是贫困户。赵自成家住在商南县过风楼镇双垣村。他说：“妻子身体不好，儿子一直上学，在外打工都是断断续续、零零碎碎，一年到头落不了几个钱，听人说这儿招保安，经人介绍我总算找了个长期活，一个月能挣 2000 元，对我一个 49 岁的人来说，我心满意足了。”“作为商洛市脱贫攻坚的龙头企业，安置贫困人口就业是我们的一贯责任，我们的初心。”丰联农牧集团总经理张俊对记者说。

科学养殖　抢占市场先机

丰联农牧集团旗下的陕西宏德天御农牧有限公司成立于 2016 年，公司 10 万头种猪繁育基地建设项目位于商南县城关街道办三角池村望县沟，投资 3.5 亿元建设，占地 1200 亩，规划建设一座 5000 头双阴性原种猪场，年出栏各类猪 10 万头。基地于 2018 年 1 月投建，2018 年 10 月顺利投产。

项目基地呈现三个特点。一是建设标准高。项目建设中，紧盯“全国领先、西北第一”目标，立足项目区得天独厚的生态优势，着力将该项目打造成“西北科技含量最高、优质种群规模最大、环控设施设备最好、生物安全系数最牢、脱贫带动效应最好”的全国疫病净化种猪基地，走在了国内种猪产业发展的最前沿。二是产业链条长。项目配套建设了饲料加工、家畜家禽屠宰、有机肥生产、熟食研发、猕猴桃栽植等，拉长了产业链条。三是脱贫作用大。承建企业探索并在全省推广了“小额贷款 +”扶贫模式，建设有“互联网 +”运营平台，为养殖户提供疾病远程诊断、疫病防疫控制、远程视频培训教育、原料行情等服务，并能够解决 150 名劳动力就业。

该项目已成为商南县践行现代农牧核心技术的先行区、助推脱贫攻坚的示范区、现代农业园区建设的样板区；丰联集团已是全省乃至西北地区畜禽养殖行业的“航空母舰”，并已加入全球加系猪育种俱乐部。

2018 年 7 月 7 日，第二届中国西北种猪业发展高峰论坛在商南县天鹿酒店举办。丰联农牧集团宏德天御公司以“就势论豕，种占先机”为主题，盛情诚邀育种界大咖聚首，通过分享交流最新育种成果，提升种猪业发展核心竞争力，促进猪产业持续稳定、健康发展。国省市各级畜牧业协会、生猪产业体系、相关农林高校的专家、教授以及国内众多知名育种专家、市县政府部门相关领导以及陕西、甘肃、湖北、湖南、河南等地明星养猪场负责人参加了论坛。探讨好展望“育种”交流与合作前景。丰联宏德天御公司以此为契机，秉承“和谐、合作、发展、共赢”的宗旨，用最高的生物安全、最好的双阴性种猪服务于客户的宗旨，不断地为客户创造价值，打造了西北一流育种企业。打破了“华系种猪”依赖进口的瓶颈。

中国是全球猪肉最大的生产国与消费国， 20 年前，国内的瘦肉型猪还得靠国外进口。进入 20 世纪 90 年代，人们对猪肉的需求从“有肉吃”变成了“吃瘦肉”。当时，国内猪的瘦肉率还不到 40%，而国外已能达到 60%-65%。一方面是国内对瘦肉猪的市场需求激增，另一方面是科研工作者对培育本地种猪的迫切希望。

“高效瘦肉型种猪新配套系选育与应用”研究至今还在继续，不断改善提升饲料转化率、瘦肉率，形成适合市场需求的好猪、好肉。“除了把现有的配套做好，在基因选择上还有不同的方法、技术研究，使基因选择更精准，能做成满足不同市场需求的最佳组合。”丰联集团团队的目标是能够培育华系种猪，形成品牌。

机遇千载难逢。“抓住一次机遇，就能先上一个台阶；失去一个机遇，就可能落后一个时代。”丰联农牧集团董事长裴元昌满怀信心地说：“面对新一年的机遇和挑战，丰联农牧集团将继续拿起解放思想的这把利器，进一步突破思想瓶颈，寻求突破、创新，打开科学发展的阀门，在更大的空间、更宽的领域实现思想解放有新拓展、科学发展有新思路、干事创业有新气象，坚持从中央、省、市、县的重大决策部署中抢抓发展机遇，站在更高的历史起点上谋划发展的新思路。”

转变经济增长方式，为调整经济结构、拓展发展空间带来新的历史机遇。丰联农牧集团因势利导调整产业布局、延伸产业链、寻求新的经济增长点，为自身发展提供了一个重大现实机遇，也提供了一个加速跨越式发展的“舞台”。

举目已是千山绿，宜趁东风扬帆起。面对新形势、站在新起点，丰联集团始终保持“赶考”心态，坚定“考好”决心。集团按照高质量发展的要求，以实施乡村振兴战略为总抓手，以推进畜牧业供给侧结构性改革为主线，加快构建现代畜牧业产业体系、生产体系、经营体系与监管服务体系，推动畜牧业由规模速度型向质量效益型转变，正在商南县大力发展乡村振兴、实施“一心三带五协同”规划布局的助力下，走出一条产出高效、产品安全、资源节约、环境友好的畜牧业现代化道路，为千载畜牧业，谱写时代新篇章！

咫尺天涯新业态

何　昕

丹江河畔的六月，骄阳如火，虽然山坳里吹来的阵阵微风带走了大部分的热量，可他依然汗如雨下……

运货车停靠在电商服务站门口，点货、扫码、装车，运走昨天的订单，他赶紧把张伯送来的金银花过秤，一打开袋子，扑面的香气袭来，这袋金银花的质量不错，给张伯付了钱，他把金银花重新挑选、分装、扫码、装车……

这是金丝峡电商服务站负责人严峻近几年工作生活的常态，代卖老乡的农特产品，让金丝峡的农特产品插上电商的翅膀飞向全国各地，让秦岭山里的山珍美味飞到城里人的餐桌上，已然成为金丝峡电商服务站的使命和担当。

这也是商南县强力推进电子商务事业发展，贴心服务三农、助力农民脱贫致富奔小康的一个缩影，同时也是县内53个农村电商服务站工作常态的真实写照。2015年，商南被授予“省级电子商务示范县”；2017年，被授予“国家电子商务进农村示范县”。 2018年全省电商扶贫推进会在商南召开，电商扶贫的典型经验和做法在全省推广。在市场经济、数字经济竞争的大潮中，电商，收天涯在咫尺，纵咫尺于天涯。

政府筑巢　引凤来仪

邓小平曾说：科学技术是第一生产力。

是的，古往今来，特别是科学技术飞速发展的今天，它推动工业化优质高效地创造财富；它促使城市化更加有效地积累财富；它赋予市场配置财富的新途径，它将传统的买卖、交换方式、途径，幻化出：咫尺天涯、天涯咫尺的电商新业态。党的十八大以来，肩负脱贫致富奔小康历史重任的商南县委县政府，将电子商务当作脱贫攻坚的新产业、强县富民的新经济。并以此促进农村传统产业的互联网化转型，带动城镇化发展；引领农业产业转变发展方式，为其提供现实指引；改善农村产业结构，为县域和农村开辟了一个全新的网上销售市场，为传统产业的产品提供了新销路。

2015 年 5 月，商南县成立了高规格的创建工作领导小组，将电子商务进农村综合示范项目作为“一把手”工程，纳入全县重点工作安排部署。并按照科级建制组建了县电子商务服务中心，配备 8 名工作人员。同时，在各镇办和县直有关单位分别明确了包抓领导和干部，建立了上下联动、各负其责的工作推进机制。编制《商南县“十三五”电子商务发展规划》，成立了县电商商会，注册会员单位 120 余家，形成了“政府引导、企业实施、行业监管、社会参与”的农村电商发展格局。紧扣电商行业发展需求，出台了《商南县促进电子商务发展奖励扶持办法（试行）》，对符合标准的电商服务企业，最高一次性给予 10 万元补助，对带动贫困户增收效果明显的电商企业、电商创业人员、镇村服务站点，评优树模，表彰奖励，纳入扶贫小额信贷支持范围，激发大众创业、万众创新的积极性。县行政审批、农业农村部门免费帮助企业开展相关认证许可、品牌商标注册工作和企业印章刻制服务；市场监管部门降低准入门槛，放宽了经营范围和名称登记限制；教育部门依托县职业中学开设了电子商务课程；县电信公司紧扣《商南县“互联网 +”战略合作协议》要求，建成了覆盖城乡的“百兆宽带、4G 移动网络、应急通信、有线无线兼备互联”的通信网络，为发展电商产业提供了良好的网络保障；银行等金融机构，纷纷推出电商信贷业务，支持电商行业快速发展。构建长效培训机制，定期组织创业青年、电商企业等从业人员，参加农博会、丝博会等活动，开阔眼界，坚定信心。

结合脱贫攻坚，邀请西安财经学院等高校、阿里巴巴等企业的专家教授，免费为干部群众开展电商知识和实践操作技能培训，定期举办电商沙龙及网货路演，累计免费培训22期3715人次；借助众创空间平台，专门设立草根孵化基地，为返乡创业青年、大学生、农村致富带头人，提供创新创业指导等公益服务，确保每个村有电商人才、电商商户、微商创业者，为全县营造浓厚的电商创业氛围，并有效释放创新创业活力。目前，全县网上注册店铺1200多家，日销售额80余万元，电商从业人员1.2万人，电子商务年交易额突破3亿元。

平台搭建已就，为更好解决群众的“买难”和“卖难”的“两难”瓶颈，县政府积极采取招商引资、引进专业人才、鼓励返乡创业等措施，培育市场主体，通过招商引资吸引了以刘敏为创业带头人的商洛市智宇网络信息科技公司落户商南，把深圳等电子商务发达地区的平台建设、运营经验复制并创新运用到商南，打造了以后台运营、营销策划、网络推广、客服跟进、仓储物流为一体的综合型电子商务平台。通过在农村建设一个区域性农村电子商务平台、在聚集区建立农村电子商务服务站，提供代开网店、代付款、代购买、代收货、代发货、代培训的农村电子商务服务，助推全县电子商务事业发展。刘敏（众品驿站、物流仓储中心）、朱先鹏（电商公共服务中心）、李磊（大管家）、曹森（商山农业）、阮铚玮（悦途生态农业）等一大批热心电子商务的有识之士纷纷返乡创业。可谓：政府筑巢，有凤来仪。

搭船出海　海阔天高

电子商务是新事物、智慧产业，要行稳致远，必须借助外力、积蓄内力，电商这艘船才能在商海之中，劈风斩浪，海阔天高。县上按照“合理布局、功能完备、链接顺畅”的目标，以“电子商务＋仓储物流”为发展重点，建设“产品整合、展示推介、物流配送、贸易销售”一体化电子商务产业园。园区内建设了众创空间大楼、快检中心、分拣中心、物流中心和孵化基地等全方位配套设施和机构，深挖主推茶叶、香菇、猕猴桃、电子产品等网销产品，重点打造了“金丝十三花”“鹿城山珍”“香菇合家欢”“品秦岭”等特色品牌，形成了一批适宜网销的特色商品。县财政投入2000多万元，建成了“众品网”“e

动鹿城”电商服务平台和策划包装、物流仓储、物流分拣、创客孵化、创业培训等电商配套服务设施，引进了供销 e 家、阿里巴巴农村淘宝、京东、拼多多、亚马逊（国际平台）等项目落户，县财政每年列支专项经费 500 万元，支持电子商务事业发展。2015 年 8 月，被授予“省级电子商务示范县”，争取陕西省商务厅投资 200 万元；2017 年，被授予“国家电子商务进农村示范县”，争取资金 2000 万元；同时，积极和中国供销开展合作（供销 e 家），2017 年争取陕西省供销集团股权投入 475 万元（其中县供销社 175 万元），入股陕西省众品驿站电子商务有限公司。

在产品流通方面，抢抓“互联网 +”的发展机遇，构建农村电商三级服务体系，将电子商务作为转型升级、促进农村快速发展、振兴乡村的重要抓手，以主导产业、优势资源为基础，优化电商生态、建设电商园区、壮大电商规模，打造了“政府强推、龙头带动、园区集聚、万众创业”的电商发展“商南模式”。目前，县级电子商务公共服务中心、三级物流体系、镇村电商服务站点、品牌培育、质量安全追溯体系建设和电商培训项目，已经建设完成，累计投入资金 703.29 万元。同时，县级财政投入资金 420 多万元，建设县镇村三级电商服务体系，建成了县级电商公共服务中心、电商运营服务中心、仓储物流分拣配送中心。

电商人才培养培训体系，农产品质量安全可追溯体系，县镇村三级电商服务及物流服务体系“三大体系”和电商运营服务平台，就业创业孵化平台，农产品销售平台“三大平台”的成功创建，构建了县上有中心、镇镇有服务站、村村有服务点的一体化电商发展格局。初步实现了部分村民和贫困户通过已建成的 9 个镇级电商服务站和 44 个村级电商服务点（其中贫困村 28 个），运用电子商务平台销售自产产品、购买生产生活资料的目标。同时，电商辐射带动效用逐步凸显，农民专业合作社、电商企业（个体网店）以高于市场价收购农民农特产品，助推农民扩大农业产业的种植面积，带动农村富余劳动力就近就业务工，特别是让贫困户在电商产业链中实现创业就业，电子商务已经成为农村经济发展的新引擎。按照“产品下行免费、上行收益分成”的方式，整合中通、德邦、顺丰等 9 家物流快递公司，优化配送线路，扩大覆盖面。同时，整合使用城区冷链物流资源解决农产品、生鲜保质保鲜问题。鼓励社会物流服务网络向农村延伸，在交通便利、市场成熟、居住集中的地区增加服务网点，与其他物流公司建立合作关系，实现互促共赢发展。依托79条客运班线和“万村千乡市场工程”等交通运输资源，联通配送路网，开展物流配送业务，形成了以“县城配送上门、镇村直达站点，站点辐射村庄、包裹投递到户”的流通体系，实现了县到镇“当日达”、到村“次日达”和降本增效的目的。按照“入园集中分拣、镇村分线配送”的思路建成县级物流仓储配送中心和镇村电商、物流服务站点，为全县物流快递企业和电商企业提供了“农产品进城、工业品下乡”的中转站。开辟5条物流运输专线，吸纳农村贫困人口参与农村物流配送服务，补齐了电商服务进农村的物流短板。同时，强化举措，健全安全放心的电商产品供销体系。打造绿色农产品，依托秦岭山中独特的自然地理优势，主打“绿色牌”，大力发展茶叶、食用菌、猕猴桃等绿色有机产品，培育农业产业化龙头企业24家、现代农业园区15个、农民专业合作社367个；建成无公害农产品基地45万亩、认定无公害农产品产地28个、无公害农产品38个、为电商产业提供优质农产品。严把流通环节，积极推进电商农产品质量追溯体系建设，大力开展食品质量体系认证活动，建成了农产品质量检测中心，配备了相关检测设施设备，实现全县所有农产品农药残留的成分数量检测和定性速测，以及农产品生产消费全程监管和质量追溯。同时，加强网售商品的服务监管，严打网络售假和网络诈骗等违法行为，促进网络交易主体守法经营，着力打造安全高效的农产品供应链。实施品牌战略，依托县内众品驿站、商山农业等电商企业，开设京东商南特产馆、供销e家商南特产馆等一批农土特产品网店，支持商山农业科技有限公司在哈萨克斯坦建立农产品“海外仓”，鼓励县内电商企业做大做强跨境电商。充分挖掘地域文化，策划打造了“金丝十三花”“金丝源”“秦骏”等一批有故事、有文化、有市场的网红品牌，极大地提升了商南农产品品牌的影响力、知名度和竞争力。

建设“创新创业”电子商务产业园区，依托县域工业集中区，投资2000多万元，建成了“集公共服务、电商孵化、物流配送、线下体验、线上运营、创业培训、展品展销”于一体的现代电子商务产业园区。已有8家电商企业入驻孵化，另有5家企业意向进驻。在电商产业园区建设6层5000 平方米县级电子商务公共服务中心，紧扣公共服务中心服务需求，布局了实操培训、运营服务、商务洽谈、大数据中心等九大功能区，最大限度地为入驻电商企业、电商创业人员和镇村电商服务站点，提供技术支持、信息咨询等基础服务和营销推广、包装设计、产品美容等增值服务，实现了“一心多用”，拓展了辐射范围，打造了“功能完善”的县级电子商务公共服务中心。培育“一站多用”的村头电商服务站。坚持靠近景区、靠近集镇、靠近美丽乡村、靠近移民小区、靠近产业园区“五靠近”原则，按照统一设计、统一品牌、统一管理、统一服务、统一培训、统一考核“六统一”标准，建成镇级服务中心9个，村级服务站44个，其中贫困村28个，将电商服务的触角延伸到了群众家门口。

集公共服务、电商孵化、物流配送、线下体验、线上运营、创业培训、展品展销。

精锐尽出　众星璀璨

脱贫攻坚，是中华民族亘古以来的伟大事业，伟大的事业需要伟大的精神。对商南人民来说：脱贫致富奔小康，千年企盼，百年奋进，十年决战，特别是近三年间更是攻坚中的攻坚，决战的决战。期间，新生的电商产业，在商南脱贫攻坚伟大事业中，精锐尽出，群星璀璨。

刘敏，2014 年创建陕西众品驿站电子商务有限公司，位于商南县返乡创业园，是一家集网络销售、产品策划、营销推广、孵化培训、园区运营、代运营、大数据等为一体的互联网电子商务综合型企业。承担着商南县电子商务发展服务商的重要角色，公司秉承“开放、融合、创新、共赢”的理念，坚持创新创业的原则，遵循“服务争一流，网创求卓越”的核心价值观。他们抓住县委县政府将三大产业的转型与升级作为脱贫攻坚的着力点，先后探索了“四借四还、四带四动、四建四带”模式，打造区域脱贫致富核心引擎。其中陕西众品驿站电子商务有限公司与商南县供销社联合社达成战略合作，积极对接供销系统原有各级资源，全面承接县域“供销 E 家”电商平台的运营服务，服务三农、致富三农，全面发展区域共享经济，推进电商精准扶贫，践行农村电商国家队的县域典范。

李磊，毕业于中国人民大学的商南人，2016 年 8 月，领衔创办了大管家（商南）电子商务有限公司。他的初心和梦想就是要打通中国互联网在农村的最后一公里。李磊是一个土生土长的农村人，受益于国家对农村地区的教育支持，通过不懈努力，进入中国人民大学接受良好的教育。而正是在大学期间，他学到了各方面的专业知识，见识到了互联网对人们生活的巨大改变，从而意识到相对于大城市，家乡农村在各方面均有较大程度的落后。于是萌生以创业报故土的念头，希望用自己所学，充分利用国家对大学生创业、对农村地区的政策支持，带着“国民表率，社会栋梁”的人生理想，去为农村地区的发展、为农民美好生活的实现贡献一分力量。为了做好“大管家”农村电商，他去西安、上海等地实地考察学习，还去了杭州阿里巴巴集团接受培训，深入学习电商业务各方面的经验。创办大管家之前，他先后对十多个县城、二十多个乡镇进行了深度走访调研。大管家最初进入农村市场时，当地人很少使用微信，也不使用网络支付，更别提绑定银行卡，业务拓展受限。后来团队不断努力，改变人们的观念，让人们逐渐接受并信赖这些新兴的沟通方式和购物方式。大管家的线上业务迅速发展，随后物流、外卖业务也相继打开。随着业务规模的扩大，他们给当地农民带来的影响越来越大，当地商家开始在大管家平台上投放广告，降低了营销成本，效果也更好；当地的农民，尤其是留守儿童、孤寡老人和基层公务人员，也因为使用大管家平台获得了更多便利。后来为了更好地将物美价廉的物品输送到农民手中，李磊于 2017 年初举办了年货节。这次年货节好评如潮，不仅让大管家平台的活跃用户数增长了一倍，也让他们更加深信自己做的事情是有意义的，让他们有更强的动力继续奋斗下去。

李磊认为，挫折失败是每个创业者都会经历的过程，可是真正支撑他们走下去的，是看到自己的付出能够为社会、为他人带来改变。目前，大管家已经成长为集电商交易、农技服务、农村金融、物流配送于一体的一站式农村综合服务体，植根于农村，致力扎根农村、服务农民。“大管家”电商平台已经覆盖了商南全县村组的 40%，覆盖率位列第一。

阮铿玮，2008 年首届大学生村官，陕西悦途生态农业开发有限公司创办人（鹿城通是他旗下的一个新媒体平台，关注量 10 万人以上）。悦途意喻以人在旅途愉悦身心为名，以健康农产品伴我行之名。同时全力打造“归野”农特产品牌，按照季节上线茶叶、蜂蜜、核桃、香菇等优质农产品，满足客户需求。坚持用一份真心，浇灌一份真情，一心向善，用心做茶的理念传递出“商南茶，家的味道”的乡里乡情。团队以 80、90 后大学生村官为主体，他们熟悉农村，精通互联网，公司以商南茶为代表的农特产品的供应链重塑为基础，以商南周边城市为基点，以分散在各地的商南人为传播源，以线上线下资源高效对接，实施“众筹，众包，众智”的互联网模式实现产销一体化服务和精准营销。以拥抱“互联网 +”为契机，通过传递健康消费饮食新理念，目标锁定对家乡无比眷恋的天南海北商南人，由他们传播家乡的优质农产品，带动商南农特产品走出去。2014 年以来，通过淘宝、QQ、微信等互联网工具累计销售商南茶叶 10 万余元，秦岭野生土蜂蜜 800 余斤，其他零散特产 1 万余单；2019 年 8 月，20 天微信微博销售商洛山鲜核桃销售 4500 余斤，10 月 10 天销售秦岭野生猕猴桃 1000 余斤；与此同时还对接外界优质资源，5 月 7 天销售白鹿原大樱桃 60 余单，9 月销售宜川苹果 2000 余单。悦途，日益成为农民脱贫致富的好朋友、好帮手。

徐涛，十里坪镇转路沟人，2005 年毕业于湖北工业职业技术学院，2005 年至 2013 年在深圳务工，2013 年返回家乡创业。2015 年创办陕西农佳生态农产品开发有限公司，致力于地方生态农特产品开发、旅游产品开发、销售，“让食者得健康，耕者有尊严食”。在商南首家推行农特产品 O2O 模式。在商南的 10 多个乡镇设立农特产品收购网点，以高于市场价格采购农户香菇，木耳、土蜂蜜等产品。

2015 年作为返乡创业典型被央视新闻直播间以及焦点访谈特别报道；2017 年参加商洛市首届旅游产品获铜奖；2018 年公司推送“农佳农品”品牌参加中国创新创意作品赛，获得优秀奖；2019 年被商南县委、县政府授予“2018 年度县域工商经济工作优秀电商创业者”荣誉；2019 年 5 月参加陕南特产集团中国梦劳动美，祖国在我心中国演讲比赛获三等奖。2020 年元月份，获得陕果之星荣誉称号。2019 年，陕果集团商南公司荣获商南县电商示范企业荣誉称号。

2018 年，徐涛在担任商南县李家湾村驻村第一书记兼工作队队长期间，通过电商销售推广宣传，让十里坪高山农产品，首次插上电商的翅膀，走出陕西至全国各地。利用电商专业优势，定点采购李家湾村 5 户贫困户及其他农户 10 户种植的香菇，以高于市场 4 元每公斤价格收购贫困户香菇 2500 公斤以上，户均增收 620 元。携手商於毛丫电子商务公司，投资 200 余万元，在十里坪宽坪村成立高山农产品合作社，建立土豆淀粉加工厂，结合十里坪高山优势农产品资源，以高寒土豆、玉米糁加工为基础，推动贫困山区农特产品上行，带动十里坪深度贫困村贫困户 30 余户增收 500 元，解决了十里坪高山农产品卖难附加价值低问题，解决 10 余人就业，聘请临时工 60 多人，带动就业务工收入，年付工资 30 余万元。

他目前注册品牌及版权有：赞然、秦岭老家；农佳 You 选、农佳农品、秦农品创。线下有 3 个农特产实体店（景区店体验店、农佳优选城区店、陕果电商运营展厅）以及特产商盟共同销售；线上已经入驻以淘宝 2 个、拼多多商城、微盟、有赞商城，微商微信小程序分销，2018 年销售额 156 万元。2019 年入职陕果集团，被聘为秦农特产开发中心业务部主任，从事农特产品品牌整合及产品开发、电商运营工作。2019 年营业额 531 万元。2020 年预计销售额可达 800 万元。

严峻，金丝峡镇电商服务站负责人。2017 年春，他揣起大学文凭，收了报考公务员的心，报名参加县里组织的电商培训，决意在生尔养尔的黄土地上闯出一片新天地。学习培训结束后，他骑着摩托车走村串户做市场调查，便开始练摊……几经亏本之后，电商业务慢慢有了起色，知道的人多了起来，回购的客户也多了起来。“我这次吃的和上次吃的味道怎么不一样呢，你们这个也没有包装，不知道是从哪里产的。”由于每户在种植养护过程中都没有标准，就连阳坡阴坡生长的桃子口感都不一样，这本是一个常见的问题，他却为此苦恼不已。他意识到，品质是保障，就在他一筹莫展之际，镇领导带队调研，协调南京丽水集团不远千里现场考察，并联系了南京几十家企业，签订 60 余份合同，价值 10 万元的订单，给了金丝峡电商服务站第二次生命，让他从经济上和精神挺过了难关，并获得了 2018 年度优秀电商服务站称号。

2019 年，春茶上市之际，他收购了 50 户农民、价值 10 万的茶叶，其中 20 户贫困户，他们不再为卖不出去茶叶而忧心，为能直接在地里就拿到钱高兴。为扩大销路，他注册淘宝店铺，搭建微信商城，多方撒网，订单越来越多，收效颇丰。2019 年销售额实现月 20 万的突破后，他对政府给予三年免租和资金补助的强力支撑，由衷地表示感谢，决心借销售平台帮助村民共同增收。2020 年春节，全国上下鼎力抗击疫情，受疫情影响，各行业都开始下滑，就在他跌入低谷之时，镇政府带来好消息，农产品销售平台上线。他抓住机遇，白天联系收购，打包运送产品，实时查控产品品质。深夜坐在电脑前分析一天的数据，比对产品，建立客户体系，锁定目标客户，继而转化客户。从 4 月 10 万元的销售额提升到 5 月的 27 万元，再到 6 月的 100 万，他的点滴努力都融化到了订单里。疫情期间，为回馈政府扶持，回报社会，他为镇里捐献了价值 7000 元的茶叶和 150 个水杯，为村里捐献 3000 元茶叶和 30 个水杯。

云卷云舒，梦想来去。他深情地告诉笔者："小时候，深山是我们的乐趣；读书的时候，深山是我们的羁绊；繁华城市中，深山是我们的向往。而如今，深山是我们的营养，是我们的期盼。"

李录会，金丝峡镇兴隆村电商经纪人，2019 年 6 月，县政府投入 2 万元电商专项资金，帮他在村里开办了电商服务点。半年多时间，服务站带动全村 288 户村民"触网"销售农产品，实现销售额 4 万元。从低保户到村电商经纪人，李录会的"转身"，不仅意味着一个贫困户找到了致富门路，更是电商扶贫加速农村特色产业转型的注脚。也是商南电商"一村建一店、一店带一村"的镇村电商扶贫新模式的生动实践。电商平台将线上线下资源重新优化配置，实现了"工业品下乡、农产品进城"的双向流通，提升了贫困户农产品的溢价空间，解决了贫困户农产品的"卖难"问题。

邓磊，今年 36 岁，赵川镇人，自幼身患先天性软骨病，致身体永久致残，生活不能自理。别人回忆儿童时候的生活都是五彩缤纷的，而邓磊记忆中的儿时生活就是瘫在地上，羡慕别的小朋友的追逐打闹。熬不住的时候也会黯然神伤，也会悄悄流泪。但是邓磊没有别人说的夸夸其谈，也抱怨过，颓废过，最终他战胜了自己，他把最好的一面，把对生活的热爱和信心，把正能量，带给家人，带给社会。2008 年是一个让邓磊捡起信心的一年，这一年他买了电脑，练习打字，由于下身致残，专门将电脑桌做得特别矮。他从没上过学，练习打字的难度可想而知，他买了字典，自学拼音、查字典。通过付出比常人多几百倍的时间和精力，现在已经可以很快打出来很长一段准确率较高的文字。

2016 年邓磊开始做电商，相继开通了淘宝店、拼多多店。主要在网上销售商南茶叶及家乡农副特产，面对各种各样的困难与麻烦，他一直都坚持着、忍耐着、努力着，一步步实现自己的理想。如今，邓磊凭着自己的勤奋努力，抖音关注量达到 11.8 万人。苦心人，天不负，相信邓磊选择的电商之路，明天会更美好。

一户一码　精准扶贫

“一户一码”是商南电商扶贫新举措，在全省精准扶贫现场会上交流推广。依托“陕西（商南）帮帮手”电商扶贫平台，在全县推行“一户一码”精准帮扶新举措，把每个贫困户家庭情况、致贫原因、产业发展、帮扶措施、脱贫进程、帮扶需求等要素生成一个二维码，与中国社会扶贫网、“扶贫 832”平台全方位链接，通过二维码的传播、识别、体验优势，把贫困户的相关信息第一时间向外传播，实现了资源共享、信息互通、精准营销，促进了社会扶贫、爱心扶贫、公益扶贫。全县 4214 户贫困户都建立了专属二维码，一码涵盖贫困户所有信息，便于定向购买其生产的农产品。

爱心扶贫

在农村按照“一村建一店、一店带一村”思路，在电商聚集区和非电商聚集区，建设线下展示店或电商服务站，由店主担任村电商经纪人，联系电商龙头企业收购加工农户产品，并统一品牌、统一包装、统一销售，通过电商平台实现了线下链接贫困户、线上销售农产品、线上线下同发力，畅通贫困户农产

小时候，深山是我们的乐趣；读书的时候，深山是我们的羁绊；繁华城市中，深山是我们的向往。而如今，深山是我们的营养，是我们的期盼。

品销路的目标。1000 多户贫困户通过电商的带动效应，实现了脱贫增收。针对我县多数电商企业从事农产品生产加工的实际，在生产环节，采取“借袋还菇”“借鸡还蛋”等“借还模式”，引导贫困户在土地流转、产业发展等方面增收；在加工环节，引导贫困户通过小额贷款、入股分红、就业务工等，实现多方面增收；在包装营销环节，龙头企业收购贫困户农产品，按照网货标准包装营销，使初级农产品快速向电商产品转变，带动贫困户在基地建设、生产加工和全网营销等各环节致富增收。

经过多年努力，电子商务的发展有力地推动了县域经济的快速增长，电子商务已经成为县域经济增长的新引擎。2015 年，全县实现总交易额 4.7 亿元，同比增长 310 %，电商从业人员突破 2000 人。2017 年，28 个镇村电商服务站点，农产品上行取得初步成效，网销农特产品 1.2 亿元。2018 年，全县实现网络零售额 2.15 亿元，同比增长 36.1%，农产品网销额 0.92 亿元，增长 35.3%。城镇居民和农村居民人均可支配收入 22720 元和 7870 元，分别增长 8.4% 和 9.4%。2019 年，商南县完成电商交易总额 2358 万元，共计带动 362 余户增收，户均增收 400 元，电商培训共计 1635 人次，其中贫困户 629 人，有力地带动了农业增收、农民致富和农村经济发展。2020 年，全县实现城乡电子商务服务店全覆盖，全县建成特色电子商务平台 5 个、服务店 150 家、培训机构 3 家，实现电子商务年交易额 10 亿元以上。自 2018 年的三年来，全县网络交易额年均增长 30%，累计为贫困户网销农产品 1.65 亿元、代购 1.05 亿元，贫困群众“销售增值、消费减支”成效明显。2020 年春，为应对新冠肺炎疫情影响，推进复工复产，助力脱贫攻坚，商南县在直播带货方面做了一些尝试。开展了 6 次直播活动，直播间共上架农特产品 10 余类 44 种，共卖出茶叶、香菇、鸡蛋、核桃脆、挂面等产品 138 单 5852 元，位居全市第二，吸引数十万人进直播间围观。

风正好扬帆，当下可为，未来可期。电子商务的迅猛发展，为商南县域经济插上了腾飞的翅膀。不久的将来，商南定会成为“秦岭生态文化国际旅游电子商务示范区、秦岭现代农业电子商务运营中心、陕南矿产交易电子商务运营中心和商洛进出口商品电子商务示范区”，电子商务定会为商南新时代追赶超越奋力谱写新篇章、做出新贡献。

百年树人百年梦

张　雅

早在 2000 多年前的春秋时期政治家管仲有言："一年之计，莫如数谷；十年之计，莫如树木；终身之计，莫如树人。"当代经济学家认为，人是生产力中最活跃的因素。少年立则国立，少年智则国智，少年强则国强。1988 年，是商南教育发展的重要节点，这一年，春花坐果，秋实喜人，高考升学率万人比由历年来的倒数上升为商洛 6 县 1 区第一位。这个第一保持了 32 年之久。2012 年商南成为陕西省第九个"双高双普"县，2014 年被国务院教育督导委员会授予"国家义务教育发展基本平衡县"称号，2015 年被陕西省政府命名为"陕西省教育强县"。近 3 年来，商南教育质量稳中提升，2020 年高考一本上线率高出全省 17 个百分点，教育扶贫上档升级，再创佳绩。

双高双普　根深叶茂

回眸征程处，关山度若飞。商南教育发展历程，可谓崎岖艰难，逆势崛起。在漫长的封建社会里，商南教育一直欠发达。1941 年初创立中班，因战乱走读走教，时断时续，新中国成立后，县长来任校长，创立初中。一路走来，教育成为商南一张靓丽的名片。

为彻底改变贫困县的面貌，1998 年 10 月，商南一举完成了“基本普及九年义务教育，基本扫除青壮年文盲”的历史性任务，谱写了一曲“人民教育人民办”的壮丽凯歌。历史总是在奋斗中前行。进入新世纪，2006 年实现了“人民教育政府办”的历史性转变。短短十年间，商南县在全市率先完成陕西省“双高双普”县、教育强县和国家义务教育发展基本均衡县三大创建任务，创造了前所未有的教育发展条件，为教育实现自我超越奠定了坚实的物质基础。

新中国成立之初，商南县教育事业十分落后，1949 年全县仅有小学 47 所，在校学生 2964 人。党的十一届三中全会以后，1978 年，全县有各类学校 525 所（教学点），专任教师 1863 人，在校学生 50892 人，其中普通中学 47 所（高中 6 所），专任教师 508 人，在校学生 12632 人。随着近年来校园布局调整，2019 年，全县幼儿园 54 所，普惠性幼儿园占比 94.4%。各类中小学 57 所，在校学生 30089 人，其中普通中学在校学生 11615 人，职业中学在校学生 1116 人，小学在校学生 17358 人；专任教师 2166 人，其中普通中学 958 人，职业中学 147 人，小学 1061 人。70 年来，教育投入不断增加，办学条件不断改善，实现了普及九年义务教育和扫除青壮年文盲的历史性目标，“两基”成果继续巩固提高，“两免一补”政策得到全面落实，教育教学质量明显提高。商南高级中学建成全省标准化高中，招生规模逐年扩大，办学水平不断提升。走出一条穷县办大教育的新路。

改革开放以来，商南县大力实施教育强县工程，把“推进教育均衡发展、保障所有孩子接受公平教育”作为最大的民生工程。县委、县政府领导一任接着一任干，届届都有新贡献。召开专题会议，主要领导亲自谋划、亲自动员部署、亲自督导检查、亲自协调解决教育工作中的大事难题，切实做到了教育“项目优先规划、经费优先保障、人才优先引进、用地优先审批、困难优先解决”五个优先。县委、县政府重视支持教育发展的态度之坚、力度之大，前所未有。

义务教育优质均衡发展制度基本确立。商南县适时召开教育优质均衡发展推进会，出台了《商南县创建教育优质均衡发展示范县工作实施意见》《商南县贯彻〈商洛市关于优化教育发展环境提升基础教育发展水平若干意见（试行）〉的实施办法》等文件，配套制定了优化校点布局、均衡师资力量、加强基础建设、落实就学措施、提升质量管理等一系列文件，为推动县域义务教育优质均衡发展提供了政策制度保障。

城区学校建设力度大成效显著。商南县将城区学校建设纳入了城镇建设总体规划，围绕县城“东扩南移西延北改”规划布局，合理规划建设中小学校、幼儿园。近年来，特别是新型城镇化建设、脱贫攻坚，让数以千计的家庭和数以万计的农民变市民，城区新建、扩建了4所小学和7所幼儿园，新增义务教育学位1800个，城区由20世纪末的1高1初3小发展到2高2初7小7幼办学格局，居民集中居住区建设了高标准的中小学、幼儿园，有效缓解了城区上学难、大班额问题。特别是两个小区（雅都小区、东畈小区）配建的幼儿园成功移交教育部门办成公办幼儿园，成为全市的典型。

农村学校布局调整基本到位。商南县顺应城镇化趋势，按照“科学规划、整合资源、合理布局、提高效益”原则，统筹考虑新型城镇化、学龄人口变化等因素，大力实施学校布局调整工作，突出重点镇、重点村和辐射能力较强的中心村学校建设。目前，每个镇基本形成了1初中、1中心小学、1中心幼儿园，保留并办好了边远山区的村小和教学点，有效保障了农村适龄儿童少年就近方便上学的需求。

大学区制管理改革有了实质性进展。印发《商南县义务教育学校推行“大学区管理制”改革实施方案》，按照“城乡一体、以大带小、以强扶弱，相对就近、优势互补，资源共享、同优共进”的原则，将全县义务教育中小学校划分为7个大学区，初中分丹南、丹北2个学区，小学分赵川、湘河、富水、试马、金丝峡5个学区，充分发挥义务教育学校优质教育资源辐射、示范和引领作用，每月组织开展1次活动，逐步缩小了城乡、区域、校际的差距，推动了义务教育中小学校教育质量和办学水平整体提升。

教师政策性待遇落实取得重大突破。县级财政每年拿出1200多万元，为全县教职工解决了12%住房公积金。落实了200万元教育“双百基金”，用于奖励县高中优秀学子和教师。乡村教师生活补助实现“提标扩面”，补助标准提升到200至800元，实施范围扩大到了全部农村学校，全县年补助资金达938万元，1154名教师每月人均补助430元，高于全市平均水平。发放乡镇工作岗位补贴393万元，有1004名教师受益。将班主任津贴纳入教育经费支出，按照小学、初中、高中每生不低于5、6、7元的标准发放，班主任津贴实现了倍增。特别值得一提的是全县建成了11幢499套教师周转房，农村教师生活、工作条件得到显著改善，有效调动了广大教师的工作积极性。

创新管理机制师资队伍不断优化。商南县大力推进教育改革，创新教育管理机制，出台了《中小学、幼儿园人事管理暂行办法》和农村教师进城公开竞聘、城镇校长轮岗、县镇教师交流等办法，成功实施了中小学校长第五轮和幼儿园园长第二轮三年目标任期制，极大地激发了全县校（园）长和教师的工作热情。同时，扎实开展国培计划、全员培训、送教下乡、技能竞赛、联片教研等活动，提升了教师队伍的整体素质。近三年，全县128名优秀教师交流到农村学校任教，258名农村优秀教师通过竞聘实现“阳光进城”，300余名教师荣获省市县教学能手、学科带头人等称号。

加大教育投入，办学条件不断改善。近年来，商南县在财政十分困难的情况下，坚持“财政投一些、向上争一些、社会引一些、银行贷一些”等办法，多渠道筹措资金，加大教育投入。四年来，累计投入5.16亿元，新建教学楼、实验楼、宿舍楼81幢8.8万平方米。化解鹿城中学历史债务3.2亿元。投入4800多万元，为中小学统一招标采购部室仪器设备，全县中小学功能部室齐全，办学条件显著改善。

学前教育和高中教育发展水平高。公办幼儿园占比达到92%，占比居全市第一；城区建成公办幼儿园7所，10个镇（办）均建有中心幼儿园，村级幼儿园（学前班）实现了所有行政村全覆盖。县城两所高中分别创建为省级示范和省级标准化高中，高考质量连续多年保持全市领先水平。

高考升学　一路辉煌

高考升学率，历来是古今中外教育质量、人才成长、文化发达的重要标志。商南是土石山区贫困县，山大沟深，交通不便，远离都市，经济文化辐射薄弱，教育长期处于欠发达状态。自公元500年建县至公元1911，辛亥革命废帝制、废科举、兴学堂的1411年间，有文可考的进士2名，文武举人22名，真是凤毛麟角，似有若无。在抗日战争最艰难的1941年，县内有识之士，站在民族兴亡、地方发展的高度，克服重重困难，创办了县级初中，但兵燹匪患，学无定所，走读走教，1948 年秋不得不停办，商南学子，虽有求学之志，但无求学之门。

商南教育跨越式发展，来之不易，得益于县委、县政府的高度重视、科学决策；得益于全县干部群众倾力支持、慷慨相助；得益于广大教育工作者在不懈拼搏中凝集起来的艰苦奋斗、开拓创新、无私奉献、勇创一流的教育精神。

1950 年，人民政权刚刚建立，县人民政府立即筹建县初级中学。鉴于战后财力、人力、物力困难，县立初中附设在城关小学，县长兼任校长。首期招生 37 人，后因师资原因全部转入丹凤中学就读，但因路途遥远、完成学业的仅有 5 人。

1951 年 3 月，饱受兵燹匪患之后安居乐业的广大农民和城镇居民，渴望子女学习文化科学知识。县立初中，顺应社会需求，克服重重困难，扩大招生，由原来的一个班扩大到三个年级的三个班 174 人。随着招生规模的扩大，这年秋县中与完全小学分设。县中由商洛地区专员公署管辖，县长继续兼任校长。1956 年 3 月，县中由商洛专员公署管辖移交给商南县人民政府管辖。

1958 年设高中班。自 1941 年创办，经过 17 年的风雨历程，终于成为一所完全高中。

商南高中

1961年，首届26名高中生毕业，其中三人被录取入大学专科，实现商南县高考升学零的突破。

1966至1976年的10年，是学校刻骨铭心、痛心疾首的10年，也是教训深刻、昭示未来的10年。

1977年恢复高考制度。被“文革”动乱耽误学业的“老三届”回校复课，参加高考。当年高考录取本科6人、专科4人。1985年学校开展优质教学、优质服务、优美环境“三优竞赛”活动，提倡“爱校、守纪、勤奋、求实”的治学方针，后确立为《校训》。

1987年至1998年，学校的各项工作进入一个稳定发展重要历史时期。1991年获国家教委、国家绿委、团中央等单位举办的“普及绿化知识竞赛”集体二等奖；1993年被中共陕西省委、陕西省人民政府授予“文明单位”。1995年商南县第一中学更名为“商南县高级中学”，同年被陕西省人民政府授予“爱国主义教育先进单位”。在这10年中，还先后被省教委、省爱委会、省考试中心等单位授予“创佳评差”最佳单位、“卫生先进单位”“财务管理先进集体”“规范化优秀考点”等荣誉称号。

1988年高考本科录取47人，专科录取44人，高中中专33人，共计124人，高考升学万人比居商洛第一。此后10年间，高考升学率稳步提高，一直保持高考升学万人比商洛第一。

1999年至2011年，学校进入建校以来的全面发展、快速发展、突破创新的新时期。2002年经省教育厅专家评估组评估，批准商南县高级中学晋升为“陕西省重点中学”，基础设施实现了历史性的突破发展。校园面积达到169余亩，是建校初期40余亩的四倍，是1998年56亩的三倍多。投资5000多万元，完成20余项基础设施工程和20余项大型教学设备购置和更新。加速实现校园环境园林化、后勤服务社会化、办公自动化、教学手段现代化的前所未有的突破发展。建成了东岗街，彻底改造了学校周边环境脏乱差的环境和出路。

伴随着信息步伐的加快，现代技术教育为学校的发展注入了新的血液，增加了新的活力。投资356万元，将学校教学手段现代化、办公自动化提高到一个崭新的水平。建成了“三网合一”的数字化校园网，通过网络建立了管理系统平台，网络终端覆盖全校 80 多个教室和 40 多个办公室，实现了教师在线备课、在线教学，同时具备教务会议、视频广播、VCD 点播等功能，有效地提高了教学质量和管理效率。

“德育为首，质量立校”成果显著。结束“文革”动乱，恢复高考以来，学校牢固树立“德育为首，质量立校”意识，始终坚持以人为本的办学宗旨，各项工作以育人为中心，树立起勤政廉洁、开拓创新的领导形象，师德高尚、业务过硬的教师形象；文明守纪、全面发展的学生形象；设备精良、质量一流的学校形象。形成了“团结奋进，文明和谐，与时俱进，质量至上”的校风，“教学相长，开拓创新”的教风和“学而不厌，自强不息”的学风。教育质量逐年提高，累计为清华、北大等高等学府输送优秀学子 2 万多名。21 世纪以来，高考上本科线人数大幅上升，本科升学率逐年攀升。

2020 年，商南高中再创佳绩，高考二本以上上线 1203 人，高分段人数在全市占绝对优势。600 分 以上 54 人，其中理科 47 人，文科 7 人。文、理科一本共上线 596 人上线率 45.1%，高出全省 17 个百分点。

尔今，商南县高级中学已经成为百姓满意，学子成长，社会认可的好学校、好教育，成为大秦岭山中的一颗明珠，商南对外开放的一张靓丽名片。窥一斑而知全豹，处一隅而观全局，商南高中的成长史就是商南教育飞速发展的最好见证。

职业教育　破茧成蝶

“使无业者有业，使有业者乐业”。是我国现代著名教育家黄炎培先生的名言。然而，在漫长的历史进程中，教育也是随着社会的形态存在而存在、发展而发展，职业教育在“学而优则仕”的氛围中不上大雅之堂，主要靠师徒授受。过去，有工艺专长的人被称之为“匠人”，木匠、铜匠、铁匠等，各类手工匠人用他们精湛的技艺为传统生活带来便利、增加色彩，我们从这些优秀的匠人的身上可以看到一种可贵的精神品质，即“工匠精神”。

工匠精神在我国源远流长，战国时期的《庄子》中便记载了游刃有余的“庖丁解牛”，庖丁是一位技艺高超的宰牛厨工，他为此不厌其烦地练习宰牛并将宰牛做到了极致，同时也对自己的手艺怀有一种绝对的自尊和自信；木匠鲁班，世世代代的行业宗师，鲁班的名字，已经成为古代劳动人民智慧的象征；蔡伦造纸，不仅使中国的文人书写、作画更加方便，同时也由于造纸术的盛行，使中国文化传播得更远，使世界更加了解中国。桥梁工匠李春，举世闻名的赵州桥就是他最伟大的杰作，这个浓缩了中华人民智慧结晶的标志性桥梁，开创了中国桥梁建造的崭新局面，为中国桥梁技术的发展作出了巨大贡献。

“工匠精神”，就是追求极致的精神，专注、专业、一丝不苟且孜孜不倦。民族复兴的伟大事业，芸芸众生的精致生活，无不需要能工巧匠，工匠精神。

习近平总书记在党的十九大报告中提出，“建设知识型、技能型、创新型劳动者大军，弘扬劳模精神和工匠精神，营造劳动光荣的社会风尚和精益求精的敬业风气”。

商南县委、县政府积极推进职业教育的本土化，探索和创建符合商南县情、具有商南本土特征、地方特色的职业教育发展模式，更好地把弘扬工匠精神融入职业教育改革发展进程中来。

商南县职业教育起源于1958年，县办农业中学，办学3年后撤并。1983年在原农业中学校址创办商南县高级职业中学。2003年由县高级职业中学、教师进修学校、卫生进修学校、农机校、农广校、财校、就业培训中心等7所行业学校，组建成的一所集职工岗位培训、农村劳动力转移培训、农村实用技术推广培训等多种职能为一体的中等职业学校。

从1983年至今，职教事业在生源严重不足的艰难处境中不断开拓，奋力前行，培养和造就了师德高尚、爱岗敬业、乐于奉献、开拓进取的职教教师队伍，4人获得省级教学能手称号，270余篇论文在省级以上刊物上发表，有80余人次在省级以上各类教学能力竞赛中获得一、二、三等奖；校园面积从近30余亩扩大到124亩，校舍从砖柱子土坯瓦房变成一座座教学、实训、公寓、餐饮大楼，校容校貌发生了翻天覆地的变化；当初，学校只有简单的物理、化学实验仪器，现在已经拥有200余台电脑、成套的汽车维修、电子器维修、幼师教学、广告传媒等现代化中职教学仪器设备；累计培养18600余名毕业生，

“工匠精神”，就是追求极致的精神，专注、专业、一丝不苟且孜孜不倦。民族复兴的伟大事业，芸芸众生的精致生活，无不需要能工巧匠，工匠精神。

商南职中

13500余人享受了国家资助，有500余名学生从商南县高级职业中学考进本科大学，5300余名学生考入专科大学，有1100余名优秀毕业生成为行业骨干，有50多名优秀毕业生成为村镇及以上级别的干部。商南职业技术教育为社会培养了大批实用技术人才，为发展经济、促进就业、脱贫致富和社会稳定做出了巨大贡献。

近年来，在商南县委、县政府的正确领导下，在上级主管部门的大力支持下，商南职教中心按照“稳定学校规模、促进内涵发展、创新办学特色”的工作思路，不断加大投入力度，全力改善办学条件，科学规范学校管理，力促提升教学质量，不断开拓就业渠道，各项工作取得了前所未有的发展。

2010年，商南职教中心成功创建为“国家级重点中等职业学校”。中心重新确立了“厚德立身、修技自强”的校训，确定了“崇高一技之长、不唯学历凭能力”的教学教育理念，摒弃过去职中单一的文化课修炼，大胆提出了“专业按照市场定、学生紧跟市场走”的办学思路，“职业岗位需要什么，我们的专业就教什么”。五年来，“中心”依据社会大趋势、市场大需求和商南县情，在专业设置和培养目标上狠下功夫，先后开设了计算机应用、电子技术应用、汽车运用与维修、茶艺旅游、金融财会、现代林业技术、工业与民用建筑、医疗护理、畜牧兽医、农村经济管理、学前教育、电子商务等十三个适用型专业。

2012年，商南职教中心又一次成功创建为“陕西省示范性中等职业学校”。

2013年，商南职教中心被省政府确定为“陕西省30所重点支持建设的综合性多功能县级职教中心”。

随着我国经济、社会飞速发展，工业信息化、现代化步伐的不断加快，产业结构不断调整升级，各类专业技术人才需求日益增大，未来职业教育如何发展？早在2002年国务院就召开了全国职业教育工作会议，做出了大力推进职业教育改革与发展的决定，确立了大力发展职业教育的战略方针，要让职业教育真正成为我国高中等教育的“半壁江山”。

商南县职教中心成立之后，组织专门力量开展调研，构建“中心”运行机制，明晰“中心”办学思路，确立职教发展方向。在忍受阵痛之后，“中心”科学地编制了“十二五”发展规划，确定了发展目标，到2015年，建成全市职业教育龙头学校、全省职业教育名校，2020年建成全国职业教育知名学校。人心齐、泰山移。知难而进，勇挑重担，开拓创新，突破发展，商南职教中心以惊人的速度顺利完成了“七校合一”高度融合的平稳过渡和办学机制彻底转换的软着陆。使支撑商南职业教育的“多指”攥成了一个有力的“大拳头”，精彩搏击，向着预期的目标，蓄势待发，奋力前行。五年来，商南职教中心一班人，始终展示着很强的前瞻意识和创新精神。

如果说智慧是来自于人生的积累和领悟，那么创新是对事业的更深层次的探索。翻开职教发展史，德国“双元制”职教模式已得到了世界各国的认可。如何创出一条“商南模式”的“双元制”职业教育，为地方经济、社会发展提供更加实用的技术支持？创新发展才是硬道理。县职教中心一班人深知：现代企业需要既有理论又有技术的高级技能型人才，生产第一线更需要动手能力强的技术工人。

市场就是办学方向，技能就是职教品牌。贴近社会、贴近企业、贴近市场、贴近生存，培养“技能型、实用型、创新型”人才，才是职教的必由之路。

校企一体，产学结合，共筑职教发展平台，始终被商南职教中心视为突破发展的生命线，打造特色的着力点。职教中心的办学定位就是培养“双高型”

人才，走“双元化”办学之路，让学生们就业有优势，创业有本领，升学有捷径，做人有品行。为了增强办学的吸引力，适应社会的新需求，商南职教中心先后与西安汽车科技学院、商洛职业技术学院、十堰卫生学校、商洛市智宇网络公司达成协议，签订了汽车运用与维修、学前教育、医疗护理、计算机应用专业等联合培训协议；与湖北郧阳科技学校签订了联合办学协议，开设了 BYD 新能源汽车技师班；与杭州锐捷教育集团联合办学，开设了电子商务专业。实现了职业教育集团发展、科学发展、互补共赢的目标。

为了充分拓宽职业教育办学途径，促进实习实训教育教学，发挥校企合作的优势，实现职业教育为社会、行业、企业服务的功能，培养更多高素质、高技能的应用人才，近年来，商南职教中心与时俱进，不断创新模式，变换形式，本着“优势互补、资源共享、互惠互赢、共同发展”的原则，先后与香港十和田电子厂、上海晨讯集团、西安汽车学院、南京长安马自达（公司）达成协议，建立合作关系，开办食品公司、文化传媒公司、汽车驾校等校办企业，为学生实习、培训就业提供了更大的空间。并结合各企业的职业岗位特征、知识水平和技能等级等要求，研究制定相应的专业培训目标，课程设置、培养计划，分别从订单培养、合作办学、顶岗实习、建设实训基地、互相挂职、交流学习、教学科研及产学结合等方面加强合作，多措并举促进了职业教育的内涵发展。商南职教中心创新发展的“商南模式”，使一个国家重点、省级示范性中等职业教育的引领和榜样作用日渐凸显。

在省级技能大赛中，65 人次获得省级一等奖；120 余人获得二、三等奖，连续 8 年名列全市前列。2014 年代表陕西省中职学校参加国赛零的突破。

职教中心先后被评为商洛市“‘五五普法’工作先进单位”“民主管理示范校”“农业职业教育先进集体”；三次被评为商洛市“‘316 工程’督导评估四星级优秀学校”；被评为省级“依法治校示范校”“中职学校德育工作先进集体”“招生工作先进集体”“省级卫生先进单位”；被评为国家“现代教育理论与实践示范单位”，在第十届、十一届、十二届、十三届、十四届全国中职学校“文明风采”大赛中，连续五届荣获省级优秀组织奖；连续 15 年保持陕西省“文明校园”荣誉称号。

打破旧规，让商南职业教育创造了三秦大地具有显明特色的“商南模式”；激发活力，让商南职业教育朝着更为广阔的道路健康发展。

教育扶贫　行稳致远

教育扶贫是阻断贫困代际传递、彻底斩断贫困链条的根本途径。阻止贫困代际传递，是习近平总书记一以贯之的扶贫理论与实践。20 多年前，在福建欠发达的宁德任职期间，他就把摆脱贫困作为施政目标，提出弱鸟先飞、扶贫先扶志的重要思想。“十八大”以后，总书记将河北阜平作为国内考察的第二站，系统提出扶贫开发的战略思想，其中一个重要的问题就是教育。他说：“治贫先治愚，要把下一代的教育工作做好，特别是要注重山区贫困地区下一代的成长。下一代要过上好生活，首先要有文化，这样将来他们的发展就完全不同。义务教育一定要搞好，让孩子们受到好的教育，不要让孩子们输在起跑线上。古人有‘家贫子读书’的传统。把贫困地区孩子培养出来，这才是根本的扶贫之策”。

商南教育系统深入学习贯彻习近平总书记扶贫重要论述，聚焦建档立卡家庭贫困学生，着力推动精准到人的学生资助体系，实施了从幼儿到大学的“一条龙”资助政策，统筹解决贫困家庭学生的就学问题。

受益于教育精准扶贫。在商南，昔日破旧的校舍已被崭新的教学楼取代，今天的商南，走出了一条符合实际的特色教育精准扶贫之路，让每个孩子和他们的家庭都享受到了教育扶贫带来的实惠。

“以前，让孩子去城里上学，租房、接送都是难题。如今，幼儿园建在了家门口，孩子上学可方便了。生活费还有补贴，孩子每天还能吃到营养可口的饭菜，天天吵着要去幼儿园哩！”家住富家沟的魏先生说，办学条件不断改善，解决了他出门务工的后顾之忧。

为了减轻家长负担，富家沟的富兴幼儿园探索实施了日托模式，并采取集中加工、分点配送的方式，为幼儿提供早餐、午餐，还为孩子们创设温馨舒适的午休场所，让家长们能安心劳作。

富兴幼儿园不是个例，在商南，许多家长和孩子都感受到了幼儿园带来的“实惠”。

商南县按照“城乡一体、以大带小，资源共享、同优共进”的原则，紧紧抓住省市精准扶贫教育支持计划，从最困难的地方、最薄弱的环节抓起，将教育经费不断向贫困镇村学校、城区移民安置区附近学校倾斜，积极改善办学条件，补齐基础设施短板。目前，过风楼镇中心幼儿园、赵川镇寇家村小学、湘河镇春蕾小学、梳洗楼小学等4所学校(幼儿园)改扩建项目正在办理招标手续。清油河镇中心小学及幼儿园项目正在进行内部装修，2021年将投入使用；城区第八小学、县幼儿园等8个城区改扩建学校项目正快速推进，全县教育资源配置更趋均衡，“入园难”“大班额”等问题得到有效缓解。

不断攀升的数字背后是家庭的安心、孩子的笑颜。大量新建幼儿园是基础支撑，这其中大多数是普惠性幼儿园，由财政拨款、政府补贴，办园成本降低，从而降低保育费，让老百姓真正得到实惠。

富水镇初级中学的贫困残疾学生马健患有轻度智力缺陷，在班主任陈红梅和同学们的关怀帮助下，孩子每天的打开水、买饭菜、晚上洗脚都有了着落。去年他发病住院，学校师生们又为他捐款2000多元，使其在校的学习和精神状态越来越好。

位于商南县高寒边远山区的白鲁础九年制学校持续为寄宿学生发放生活补贴，得益于商南县实施教育脱贫的重要举措和贫困学生救助体系，全县200多名偏远贫困家庭的学生享受到了教育资助政策带来的实惠。

2017年以来，商南县按照“扶贫先扶智、治贫先治愚、脱贫抓教育”的总思路，把教育脱贫作为改善教育民生、促进教育公平、阻断贫困代际传递、斩断贫困链条的重要抓手，多措并举，狠抓落实，使广大贫困家庭享受到了阳光福祉。

为全面落实家庭经济困难学生资助政策，商南县制定了《农村贫困家庭大学新生资助实施办法》等办法，印发了建档立卡贫困学生资助资金发放告知单，通过公示栏、标语、师生会、家长会等形式对资助政策进行广泛宣传，使各项资助政策家喻户晓。县上建立了从幼儿园到大学各学段全覆盖的贫困学生救助体系，全面实施学前教育“一免一补”、义务教育“两免一补”、普通高中免学费、中职教育免补和助学金、大学生生源地信用助学贷款等资助政策，不让一名学生因贫失学。

“靠着助学贷款的支持，我才能顺利完成学业。”毕业于西北农林科技大学的罗同学说，他每年都能获得5000元的生源地助学贷款。而在几年前，手捧大学录取通知书，每年的学费却愁坏了罗姓同学一家。

得知县上有针对贫困大学生的助学贷款，罗姓同学赶紧递交了申请。有了助学贷款的帮助，他才更能专心于学业，以优异的成绩攻读了武汉华中科技大学的研究生。

在普惠性政策支持的基础上，坚持“扶真贫、真扶贫”，将教育惠民政策资助和教育精准扶贫工作深度融合，做到了精准识别、精准对接、精准资助、应助尽助。县上成立了学生资助管理中心，严格对照国家、省市相关政策要求，构建起从学前教育到高等教育等各学段全覆盖的贫困户学生资助体系。

2019年全县落实政府资助资金1095.64万元，惠及学生15692人次；学校拿出经费的5%，共计107.25万元，资助学生9348人次；接受社会捐赠405.79万元（其中全县广大干部职工捐款66.2万元），资助贫困大学生1041人。建档立卡学生资助率达到100%。荣获“陕西省全面改善贫困地区义务教育薄弱学校基本办学条件工作先进集体”“陕西省优秀学生资助工作单位”等荣誉称号。确保了“不让一名学生失学辍学、不让一名学生因家庭贫困而上不起学、不让一名学生因上学而返贫”，达到了“贫困退出义务教育有保障”标准。

雅斯贝尔斯在《什么是教育》中这样理解教育：“教育的本质意味着：一棵树摇动另一棵树，一朵云推动另一朵云，一个灵魂唤醒另一个灵魂。”近年来，泛海助学、公益彩票、润雨计划项目共投入资金600余万元。咸阳市渭城区、秦都区政府、省水务集团、省长安竞技足球俱乐部、省投资集团等部门和企业共捐款300余万元，县四套班子带领全县干部职工捐款60余万元，帮助4000余名贫困孩子圆了“读书梦”“大学梦”。

一个个闪光的奖牌，一串串骄傲的数据，一幢幢设施功能齐全的学校楼房，一个个安全、舒适、优美的校园，见证了商南教育创造的一个个奇迹。伟业相承，薪火永继，历史的脚步清晰凝重，教育的传承绵延不息。教育是强国之本，是民族振兴、社会进步的重要基石。

“育才造士，为国之本”。面对科技进步日新月异、国际竞争日趋激烈的新形势，习近平总书记深刻指出：“当今世界的综合国力竞争，说到底是人才竞争，人才越来越成为推动经济社会发展的战略性资源，教育的基础性、先导性、全局性地位和作用更加突显。”商南县委、县政府以对历史、对人民、对子孙后代高度负责的战略意识，倾仅有之财、聚全县之力，谱写了一篇篇办人民满意教育的辉煌篇章。商南教育事业牵引着漫长而辉煌的过去，连接着创新与精彩的现在，延伸到美丽而诗意的远方。

鹿城中学全景

中国最美县域的自白

刘小翠

“千年碧水窗涵月，万里天青影倒云”。500年前诗人这样赞叹。1300年前诗人李商隐路经商南，泼墨写意：“路向泉间辨，人从树杪分”。唐人元稹又题层峰驿：“中庭井栏上，一架猕猴桃”。是的，商南是一块美丽的土地，千百年来，居住在这里的居民，世世代代、祖祖辈辈，珍惜、热爱生尔养尔的每一寸沃土、每一滴水珠、每一块岩石、每一片绿叶，特别是近几年县委、县政府确立“生态立县”战略，激励每一个人，更加努力修复生态、保护生态，鼎力践行“绿水青山就是金山银山”的双山理论，使商南山更青、水更绿、月更明、人更富。2018、2019连续两年荣登“中国最美县域”榜单。我愿走进她的深处，感受她的气息，倾听她的自白……

山水商南　诗画家园

她，地处秦岭东段南麓鄂豫陕三省交汇处，西接关陇，东扼南阳，北枕河洛，南通荆襄，是陕西的东南门户——有大秦岭封面美誉的陕西省商南县。

她，平均海拔678米，森林覆盖率高达66.9%，境内拥有丹江、县河、清油河、富水河、滔河、冷水河、耀岭河、小河、开河等“一江八河”的丰厚水资源，河流密布，河谷交织，流域面积在 3 平方公里以上的沟溪 139 条、10 平方公里以上的河沟 60 条、100 平方公里以上的河流 8 条、1000 平方公里以上的 1 条，白岩洞泉、龙潭泉、龙木井泉、间歇泉等名泉，出水均在 0.5 立方米 / 秒，是国家南水北调中线的重要水源涵养地，“一江清水”直供京津，享有“中国天然氧吧”“大秦岭封面”的美誉……

她，南北交汇的独特地理位置，以及丰富的仰韶文化、龙山文化、楚汉文化、秦汉文化、明清移民文化等历史文化积淀，形成了兼具“北国之豪迈”“南国之灵秀”的独特风土人情。

清晨，苍山如黛……

彤红的旭日，裹着云雾爬上高山之巅，瞬间，云蒸霞蔚，山岭沟谷，沉浸在天地氤氲之中……

远山飘来悠扬的长笛，将这山、这水、这峰、这谷，还有在这追求和享受晨光的人们，带进远古的记忆、自然的体验。

曾几何时，沧海桑田新生代造山运动造就了巍巍蟒岭；蟒岭，移天地精华于一隅，收万仞灵气于咫尺，造就了商南县西北 10 公里处一片绿色的宝地上苍坊。她像一颗璀璨的明珠，在绿色的烟云深处，散发出迷人的光芒。

水韵商南 上苍胜景

上苍，道教至高至尊之神，造化了生灵万物，更造化了这 10 余平方公里的森林旅游胜地。这里，青峰、幽谷、奇石、莽林，叠翠千丈；这里，深涧、碧潭、曲溪、飞瀑，赏心悦目。

水，养育生灵万物。水永远是大自然最优美、最富有诗情画意的基本要素。宛若处女的上苍坊，以她明澈清冽的深潭、银河悬落的飞瀑、九曲回环的溪涧、凛冽清澈的甘泉，勾勒出缠绵幽深的画卷。这里的一草一木、一潭一瀑，仿佛都有了生机、有了灵性、有了生命。

走进上苍坊，两旁树木葱茏，苔藓染壁，花草遍地，古藤悬挂，清溪鸣溅，鸟韵依依。放眼四顾，是树的山，树的海，树的云，树的雾。这些树根深叶茂，从谷底直插云天。有的弯弯曲曲，盘根错节；有的顶天立地，伟岸挺拔；有的枝叶婆娑，婀娜多姿，构成了一片密密匝匝、遮天蔽日、莽莽苍苍、生机无限的大林莽。就是这片大林苑，留住了清幽、留住了神奇、留住了自然的原始和童贞。这大片大片象征生命的绿，绿得清隽，绿得雅洁，绿得豪放，绿得醉人，绿得神奇，绿得执着。春天，十里杜鹃，姹紫嫣红，锦绣无限。在绿海绿浪中行走，在鲜花奇草中徜徉，处处是生命激情的鼓舞、人生乐趣的陪伴。

天宫，是中华民族五千年道教文明幻化的最奇最美的地方；玉皇，又是这个最奇、最美地方的尊者……

曾几何时，它们来到了人间，来到了蟒岭之巅；那如梦似幻的林涛云海、奇峰怪石、泉瀑溪流、珍稀生物，真是天工神斧，卓尔不群。

玉皇山，是一座由花岗岩形成的石峰，海拔 2057.9 米，是蟒林主峰，也是商南县域最高峰。玉皇山森林公园，总面积 4982 公顷，森林覆盖率高达 99.3%。

玉皇山，奇峰突起，外峭中空，蟒林奇石，古木飞泉。大自然的丹青妙笔，勾勒得山山青翠欲滴、沟沟色彩斑斓、峰峰缥缈挺拔，犹如一颗珍珠，熠熠生辉；犹如绿色自然博物馆，内涵丰富；犹如地质公园，记录着地球的成长与变迁……

玉皇山，以苍山奇峰为骨架，森林景观为主体，清溪碧潭为脉络，人文传说为点缀，林幽地旷，山清水秀。山庄其绿，古韫其芳，可与霞同醉、与月共语、与云同飞、与鸟共舞，尽情地沐浴林海，洗去城市喧嚣，留下森林情结，回归自然，融入自然。

玉皇山，是大山之子，大地之母，是远古的神话，是地质的遗产。在这里行走，第四纪冰川遗迹——压坑、冰槽、琅沟随处可见，或舒缓开阔，或深切陡立，呈现出极不均衡的强力刨蚀和铲刮的孤山水流特征，奇峰俊秀，怪石如生。

玉皇山是活的，仰而望山，俯首听泉，千姿百态，形神兼备。山风吹过，绿浪翻滚，林涛阵阵，清香四溢，犹如一首无字的诗、无弦的乐，书写着大自然美丽、神秘、和谐的乐章。

秦岭：中国龙的脊梁；

秦岭：中国中央公园。

在秦岭中部东段，有个美丽而神秘的地方——金丝大峡谷国家森林公园。

它，是国内最窄、世界少有的嶂谷；它，有发育完整、国内罕见的溶洞；它，还是国家级地质遗迹、洋壳残片存留和商丹断裂的命名地。

喀斯特地貌造就的金丝大峡谷被誉为"生态王国""峡谷之都"。地处我国北亚热带向暖温带过渡区，冬无严寒，夏无酷暑，四季分明，风和日丽。这里，清泉、曲溪、碧潭、飞瀑，异彩纷呈；奇峰、异石、苍山、云海，各臻其妙。真是鬼斧神工天造就，峡谷绝唱天下鸣！

峡谷总面积 20.5 平方公里，纵深 10 多公里。峡谷两侧岩壁层层叠叠，垂直高度近 600 米。园内已开发景点有白龙峡、黑龙峡、青龙峡和石燕寨四大景区一百多个景点。白龙门、月牙峡、一线天，山连山，峡连峡，九曲十八弯，千曲百折，曲径如走蛇。特别是青龙门和黑龙门，宽不盈米，抬头不见天，步移景异，景象万千。

金丝峡，自然生态系统完整，是众多野生动物的良好栖息地。有陆生脊椎野生动物 4 纲 27 目 78 科 261 种，其中鸟类 15 目 35 科 136 种，兽类 5 目 14 科 25 种，两栖与爬行类 4 目 13 科 32 种。野生动物列入国家Ⅰ级保护动物的有豹、云豹、黑鹳 3 种；列入国家Ⅱ级保护动物有林麝、红腹锦鸡、白冠长尾雉、勺鸡、斑羚、大鲵及各种猛禽等 29 种。

金丝峡是绿的，绿的醉人。这里的万亩森林，山顶是油松、华山松、栎类；叠翠千丈，遮阴蔽日；藤蔓缠绕，落叶盈尺，野果满枝，馨香诱人。山底和沟谷，乔灌草结合，盘根错节，根须如网，绝壁之上，还有终年常绿的苔藓。古

宛若处女的上苍坊，以她明澈清冽的深潭、银河悬落的飞瀑、九曲回环的溪涧、凛冽清澈的甘泉，勾勒出缠绵幽深的画卷。这里的一草一木、一潭一瀑，仿佛都有了生机、有了灵性、有了生命。

金丝峡石燕寨一景

树名木，百年老藤盘绕林间。点将台上的将军树，集榆、栎、桑、槲五种树于一身；石燕寨上的百年榆树、百年铁檀，东峡里的百年七叶树，树根盘扎于岩石之中，给人一种强烈的原始意味、原始美丽。

金丝峡是一个很少遭到破坏的原始生态系统，像一棵绿色的珍珠，镶嵌在秦岭东南封面上，放射着耀眼的光芒。

金丝峡自开发之初，就高度重视游客价值，致力于为游客打造一个不同于传统自然景区、真正意义上的生态精品景区；在开发理念上，秉承生态保护的理念，对游步道等基础设施建设施工采取“避树护石、依弯就势、原汁原味”的设计和施工原则，绝不随意移动一土一石，绝不乱砍乱踏一草一木，今天游步道中保存的树木、奇石是永久的例证。为了保护原生态，所有建设用的沙子、石料、木材、绝不就地取材，全部从景区外肩扛背驮，运进峡谷，形成雄壮的“骡马帮”“背篓帮”“扁担帮”，硬是靠血肉之躯将几千万吨钢筋、水泥、沙石、木材等原材料运进奇险无比的大峡谷。

全国各类峡谷型景区不胜枚举。金丝峡始终以游客为本，通过高扬真正意义上的生态旅游大旗，以独具魅力的生态价值，满足现代游客在旅游过程中的价值取向，极力为游客创造一个超预期、超价值的生态旅游体验，形成了很高的游客价值。从而奠定了自身的特色与优势，很快从一个无人知晓的洪荒之地，变成了闻名遐迩的国家森林公园、国家水利风景区、国家地质公园、国家5A级景区，多次获得“生态中国贡献奖”和“中国王牌景区”称号。

金丝峡开发建设、运营成功的关键就是在开发建设伊始便立意高远，在开发方向、开发模式、开发内容、经营管理等方面，坚定不移地走真正意义上的生态旅游发展道路，用生态价值提升旅游价值，从而为游客提供了一个独具魅力的生态精品景区，为广大游客创造出了高于一般自然风光景区的旅游价值，被广大游客誉为“峡谷之都”“生态王国”。

青山绿水回馈给我们的是清新的空气，清澈的溪流，美好的生活。如今，商南优美的环境吸引了大批客商游人到商南县投资兴业、观光旅游。

实践证明，生态文明是立业之本。

以人为本　生态立业

党的十八大强调：建设生态文明，是关系人民福祉，关乎民族未来的长远大计。要把生态文明的理念贯穿到中国特色社会主义经济建设全过程的始终，体现在生产方式和生活方式之中，要实现绿色发展、低碳发展、循环发展，从源头上扭转生态环境恶化的趋势，为人民创造良好的生活环境。

生态文明作为崭新的人类文明发展形态，以人与自然、人与社会和谐共生，良性循环、全面发展、持续繁荣为基本宗旨，以建立可持续发展的经济模式、健康合理的消费模式、和睦相处的人际关系为主要内涵，以打造资源节约型、环境友好型、生态宜居型的和谐社会为重要目标。

商南是典型的土石山区贫困县，境内万山兀立，千河纵横，地势由西北向东南倾斜，相对高差1860余米，山高坡陡，地质复杂，风化严重，稳定性差，暴雨季节，极易发生泥石流灾害。商南的居民，多数是明、清时期由山西、安徽、湖广迁入的移民，95%以上以农为业，以农为生，形成“北山种了种南山”的陡坡垦殖、撂荒轮种的掠夺经营恶习，水土流失严重……

生态失衡，灾害连年。如何破解生态保护与突破发展的双重难题？商南人痛定思痛，在总结、反思、探索的过程中，确立了“生态立县”的目标，通过移民建镇、退耕还林、天然林保护、植树造林，特别是开发生态产业、壮大生态经济等战略举措，有效杜绝了千百年来形成的“北山种了种南山”的陡坡垦殖和撂荒轮种的野蛮粗放农耕习惯，遏制住了水土流失、生态失衡的趋势。

据统计，1993年底，商南县有13个贫困乡镇，136个贫困村，2万个贫困户，8.4万人未解决温饱；有155个村不通电，138个村不通公路，76700人饮水困难；全县人均基本农田仅0.45亩，人均收入442元。自上世末，特别是2002年以来，商南借助国家“八七”扶贫攻坚和“陕南移民搬迁”的东风，大力实施移民建镇、移民进城战略，坚持生态移民与扶贫移民同步实施，将保护生态与扩城建镇、脱贫致富紧密结合，将生活在恶劣环境条件下的居民搬迁到生存条件更好的地区，一方面可以减轻人类对原本脆弱的生态环境的继续破坏，使生态系统得以恢复和重建；一方面可以通过异地开发，逐步改善贫困人口的生存状态；同时，还可以减小自然保护区的人口压力，使自然景观、自然生态和生物多样性得到有效保护。

丹江画廊

商南通过建镇、扩城、兴建移民新村的方式，引领数百年居住在大大小小的山头、山沟之中“靠山吃山”的农民走出山沟、走进集镇、走进县城。把农民变成居民，不仅改变和提高了他们生存、生活的质量，也日益改变了商南缺集少市的困境。10 余年来，全县累计移民搬迁 18807 户 66234 人。地处深山之中的十里坪镇、金丝峡镇、青山镇、过风楼镇迅速崛起，传统古镇清油河、试马、富水快速扩张，成为县域的明星镇，为商——富、商——清一体化奠定了基础。其中清油河成为陕南百强镇，富水镇成为陕西重镇，期间还有大批移民直接进城定居，成为市民，其中黄洲奎村整村进城，建成东畈移民小区。

农民离开了一座座山头、一条条深沟，使退耕还林、天然林保护得以真正实施。以近 10 年来进镇、进城的 70000 余人近 20000 个家庭计算，每年要少砍伐柴薪近 1 亿公斤。1 亿公斤砍掉灌木林 3000 亩以上，尤其是深山区的农民，春、夏砍了树，秋、冬盘挖树蔸，供冬天烧火取暖，使山林成为沙石裸

建设生态文明，是一项具有伟大现实意义和深远意义的系统工程，是长期艰巨的战略任务，必须大力发展生态经济，积极倡导生态文化，认真落实生态恢复和生态保护的各项措施。

坡、裸岩。过去也不止一次地整治乱砍滥伐，禁止毁林开荒，屡治不止，其根本原因就是居住在山坡之中的农民要吃、要喝、要穿、要用，要生存，除过靠山吃山，别的没有出路。他们进镇了，入城了，做工了，经商了，生活过好了，自然而然远离了乱砍滥伐、乱开乱挖。

近年来，商南县抓住陕南地区移民搬迁安置工程的契机，不断加大易地扶贫搬迁项目实施力度。按照“政策扶持、政府引导、群众自愿、统一规划、分步实施、稳步推进”的原则，把移民搬迁同小城镇建设、生态环境建设、扶贫重点村建设、小流域治理、退耕还林、旅游开发等有机结合起来，加强移民户的基础设施建设和公益性事业发展，兴产业，帮民富，真正达到“搬得下、稳得住、能致富”的标准。

建设生态文明，是一项具有伟大现实意义和深远意义的系统工程，是长期艰巨的战略任务，必须大力发展生态经济，积极倡导生态文化，认真落实生态恢复和生态保护的各项措施。

退耕还林是以国家投入为主的土石山区生态修复的国家战略。近 10 年来，商南县委、县政府成立了由县长任组长的领导小组，组建了正科级建制的退耕还林办公室，不折不扣地抓落实。全县累计完成工程造林 12.8 万亩，共计退耕还林 9.6 万亩，取得了明显的效益。2019 年底，仅退耕还林一项工程就为我县增收 9270 万元，户均增收 3913 元。通过退耕还林工程实施，使全县 12.8 万亩的陡坡耕地和荒山恢复了植被，林业用地净增 12.8 万亩，河流经流量显著增加，多年断流的三、四级河流再度出现长流水，河流泥沙量逐年减少，丹江出现了多年未见的青山绿水。冰雹、干热风、“倒春寒”等气候灾害逐年减少，灾害范围逐渐缩小。一些很难见到的野生动物踪迹逐渐增多，林麝、黑鹳、白鹳等不时出现，红腹锦鸡等种群数量不断加大。实施退耕还林后，全县从事种植业人数明显减少，从事养殖业、加工业、商贸业、运输服务业、外出务工人员明显增多。农村劳动力结构发生了质的变化，大部分劳动力都从简单劳动和低收入的行业中脱离出来，投身到技术难度高、收入高的行业中来，为社会创造了更大的财富。

通过退耕还林工程的实施，使农村贫困人口逐渐减少，农民耕作方式由传统的广种薄收、粗放经营转变为精耕细作的集约经营，单位面积的产量产值增加，农村产业结构趋于合理，农民的生态环境意识增强。

天然林保护工程。天然林保护，是建设绿色生态屏障的有效措施。县委、县政府把天保工程作为“生态商南”建设的重要内容来抓，县林业局精心组织，科学实施，稳步推进天保工程项目建设。商南全面停止天然林商品性采伐，商品材实行零指标，群众自用材纳入限额采伐管理。实行国家统管与家庭自管相结合，落实管护面积，聘用护林员巡山管护，责任落实到山头地块。实行“地权不变、林权共有、工程造林、专业管护、收益分成”的造林机制，累计完成公益林建设 63.399 万亩，其中人工造林 8.098 万亩、封山育林 15.1005 万亩、飞播造林 0.2 万亩。按时为林业职工缴纳养老、医疗、失业、工伤和生育保险，“五险”参保率和缴费率均达 100%。全面落实林业惠民政策，用足用活国家生态补偿政策，集中向深度贫困村、贫困户倾斜落实“四个一批”措施，使更多贫困户依靠生态补偿增加收入，累计兑现森林生态效益补偿金 13119.31 万元，其中国家 12501.56 万元、地方 617.75 万元。大力发展森林生态旅游业，形成了以金丝峡国家森林公园为主，上苍坊、玉皇山、闯王寨 3 个森林公园为补充，集旅游观光、度假娱乐、科考探险为一体的森林生态旅游格局。

随着天保工程的有效实施，森林资源得到了休养生息，荒山秃岭纷纷披上了绿装，防风固沙、保水保肥功能逐步增强，野生动植物数量明显增加，富余职工实现了就业增收，森林旅游业蓬勃发展。森林覆盖率由 1999 年的 50.4% 上升到 2019 年的 66.9%，森林火灾和有害生物灾情均控制在规定范围，森林资源案件查处率达 95% 以上。

水土保持工程。“积土而为山，积水而为海”。近年来，商南县以小流域为单元，坚持不懈地实施水土保持生态建设。2006 年开始实施南水北调中线水源区小流域综合治理技术转化应用项目；2007 年开始实施丹江口库区及上游水土保持工程，划分党马、过风楼、白玉、城关、湘河和北部 6 个项目区、30 条小流域，经过四年的连续治理，项目区生态环境极大改善。特别是在“长治”和“丹江口库区及上游水土保持工程”建设项目中，商南县按照综合治理、经济与生态效益并重的原则，将工程建设与水土保持生态建设、农业综合开发、扶贫重点村建设相结合，集中项目，捆绑资金，统筹安排，取得了明显成效。至 2019 年已治理水土流失面积 1142.6 平方公里，治理率高达 80%，先后被国家水利部、财政部命名为“全国水土保持生态环境建设示范县”。水土保持生态环境建设使治理区土地利用结构得到调整，水土流失得到防治，抗御自然灾害的能力明显增强，经过生态修复措施治理后，林草覆盖度加大，水土涵养能力增强，水质得到改善，人居环境进一步美化，达到了人与自然和谐共处，有力地促进了县域经济社会持续健康发展。

生态产业　应运而生

围绕“生态立县”这个战略目标，商南的生态建设迈出了坚实的步伐，生态产业应运而生，迅速增长。

生态旅游迅速崛起。商南县原本没有旅游业，自从 2002 年金丝大峡谷的发现开发，生态旅游业得到了长足发展，商南县也从旅游盲区变成了陕西旅游强县。旅游廊道催生了全域旅游，各乡镇以移民搬迁为突破，以“三改四建”为内容，建设美丽乡村，做到乡村与山水融合、与产业融合、与景区融合，太子坪、后湾、任家沟、白玉沟、红庙等一大批典型的美丽乡村犹如散落在秦岭深山里的一颗颗珍珠，成为远近闻名的休闲胜地。2019 年全县接待游客 998.28 万人次，实现旅游综合收入 57.9 亿元，全年游客接待量和旅游综合收入分别增长 13.54% 和 17.58%；太子坪村荣膺全国乡村旅游重点村，试马镇荣膺全省旅游特色名镇。旅游产业已成为商南的主导产业、经济建设的热点、对外开放的亮点和县域经济新的增长点。

茶叶成为头号产业。商南原本不产茶，自 1962 年以张淑珍为核心的茶叶科技人员的不懈努力，历届党委、政府的大力支持，1979 年南茶北移试验成功，茶叶成了群众的绿色银行。10 年来，按照“龙头 + 基地 + 农户”的产业化发展要求，抓龙头、带基地、连农户。目前，商南茶叶面积累计发展到 25 万亩，实现了“人均一亩茶”的目标，年产茶叶 6000 吨，产值达 9.6 亿元，全县近 6 万群众从事茶产业，带动全县 2.4 万人脱贫增收。商南也成为中国茶叶之乡、中国西部最北端的新兴优质茶区。漫山遍野的茶树，形成了一道道保持水土流失的生态屏障，成为“最美县域”的风景线。

特色经济林稳步发展。结合植树造林等建设，以构建绿色屏障为重点，兼顾发展名优特林果基地，把“求绿”与“求富”“退耕”与“增收”相结合，利用退耕地和坡度平缓、土壤深厚的荒山，优先规划栽植核桃、板栗、水杂果等经济林或生态经济兼用林，大力发展经济林产业。至2019年底，核桃面积累计发展到27.5745万亩，产量12000吨，产值14000万元；板栗面积累计发展到32.8305万亩，产量3938吨，产值3150万元；油茶面积累计发展到4.5837万亩，产量20吨，产值80万元；油桐面积累计发展到24.3417万亩，产量3086吨，产值925.8万元，带动全县特色经济林成规模、上水平、出效益，全县林业产业总产值达20.23亿元。

木本中药材发展势头强劲。结合天保公益林建设、退耕还林、产业结构调整，抓好造林绿化，科学搭配常绿树种和经济林种，大力发展杜仲、金银花、连翘、葛藤、艾蒿等乡土中药材，高标准、高起点建立种植基地，鼓励扶持产业大户，抓点示范辐射带动全县中药材产业发展。昔日杂草丛生的娘娘山，如今种满了杜仲树，成长23年之久的11800亩高山有机杜仲，成林成阵，遮天蔽日，成了财富数以万计的金山银山，是西北乃至全国规模最大的成片高山有机杜仲林。2019年，全县新发展中药材基地4.5万亩（其中示范基地1.5万亩），完成野生中药材基地抚育管护1万亩。成功打造了青山镇万亩中药材基地、过风楼镇县河口村等500亩以上中药材示范基地10个。

速生林基地逐步扩大。按照市委、市政府“双百万”工程规划要求，商南以建设绿色屏障为重点，大力发展刺槐、香椿、杨树等为主的速生林基地，逐年扩大速生林基地规模。目前，全县速生林基地面积达到3.626万亩。

绿色城市　生态家园

建设生态文明与转变发展方式，在科学发展、和谐发展战略目标的统领下是辩证统一、有机统一的，是互为因果、相辅相成的“一体两面”。在近几年实施“生态立县”的艰苦实践中，商南县得到了启迪、认知，增强了决策、行动的自觉性和主动性。10年来，特别是近3年来，商南对生态文明、生态环境建设提出七个优先方针：一是在做发展决策时，优先考虑环境影响；二是在编制发展规划时，优先编制环保规划；三是在调整经济结构时，优先发展生态产业；四是在建设公共设施时，优先安排环保设施；五是在增加公共财政开支时，优先增加环保开支；六是在新上投资项目时，优先进行环保评估；七是考核发展政绩时，优先考核环保指标。

围绕“生态立县”的战略目标，商南县委、县政府以创建“国家园林县城”为契机，将商南建设成人类最佳宜居地。按照“拆墙透绿，见缝插绿，立体绿化”的思路，以道路绿化为骨架，以公园绿化为基础，以单位、居住区绿化为依托，大力推行节约型绿地建设，先后建成了鹿城公园、滨河公园、环岛公园、金泉公园等多处公园绿地和人民广场、和瑞广场、火车站广场、水晶广场、文化广场等多个绿化广场。为了全力展现商南县对外崭新形象，2018 年以来，投资 4.234 亿元，对迎宾大道的路面、绿化、亮化等进行改造升级，现已改造到位并投入使用。对滨河路、文化广场等地绿化进行升级改造，铺设、

泉茗生态观光园

修补草坪近7000平方米，目前城区公园绿地面积71.27公顷，人均公园绿地面积10.5平方米，公园绿地服务半径在500米以内。选用香樟、国槐、广玉兰等乡土适生树种，对县城36条主次街道进行高品位、高标准绿化，道路绿化普及率97.06%，道路绿地达标率88.76%，林荫路推广率68.23%，公园和道路绿化带内高大乔木和花团锦簇的灌木丛错落有致，形成了一街一树、一路一景、人从花丛走、车在林中行的宜居画面。

同时，以县河两岸、城周山体水系的自然风貌保护为重点，大力开展植树造林生态景观绿地建设，形成了一道道环绕县城的绿色生态屏障。目前，县城各种植物面积达342.49公顷，绿地率34.95%，植物覆盖面积390.92公顷，绿化覆盖率39.89%，防护绿地实施率82.17%。完成县内湿地资源普查，制定了湿地保护规划，河道绿化普及率达86.2%，水体岸线自然化率达84.77%，

地表水Ⅳ类及以上水体比率100%，公共用水普及率97%，管网水检验项目合格率100%，严格控制污染物排放，生态环境得到持续改善，全年空气质量优良天数达311天。

建设生态文明，是转变经济发展方式的重要成果。经济发展方式转变的成效，可用经济发展质量、生态环境质量和人民生活质量三大标准来检验衡量，归根到底反映生态文明建设水平高低。经济发展方式实现了根本转变，产业结构实现了转型升级，经济发展从粗放增长转变为集约增长，从主要依靠物质资源的消耗向主要依靠科技进步、劳动者素质提高、管理创新转变，极大地促进了生态农业、生态工业和现代服务业的发展。绿色经济、循环经济、低碳经济不断壮大，必然表现为资源节约、环境友好、人与自然和谐相处。可以说，经济发展方式转变到什么程度，生态文明建设水平就会提高到什么层次。没有经济增长方式的根本转变，就不可能有真正意义上的生态文明建设成就。

建设生态文明是系统工程，是长期艰苦的战略任务，必须大力发展生态经济，积极倡导生态文化，认真落实生态保护各项举措，改善生态文明环境，陶冶生态文明情操，以“生态立县”为抓手，以人与自然的和谐共生为目标，以环境优美的城镇为平台，打造富集生产要素的洼地，走出一条属于土石山区的突破发展、可持续发展的生态文明康庄大道。

如今的商南，水氤氲着灵气，绿蓬勃着生气，居洋溢着和美幸福。在“绿色发动机”的强力驱动下，商南正一步一个脚印，实现产业结构变“优”、发展方式变“绿”、生活质量变“好”，人们在这四季如春、绿意盎然的园林城市里，享受着舒适惬意的美好生活。

中篇

人物春秋

诗　词

凿开混沌得乌金，藏蓄阳和意最深。

爝火燃回春浩浩，洪炉照破夜沉沉。

鼎彝元赖生成力，铁石犹存死后心。

但愿苍生俱饱暖，不辞辛苦出山林。

——【明】于谦《咏煤炭》

山高人为峰

信　言

在广袤无垠的大地上，没有比脚更长的路，没有比人更高的山。

人，是什么？人从哪里来？这是个古老而又永恒的主题。我们的祖先早在原始蒙昧时期创造的“人”字，就是象形字，表示一个懂得鞠躬、谦逊的直立动物。人之所以能够鞠躬，是因为内心会思考，明白个体力量的不足，需要与他人合作。“天地之心谓之人，能与天地合德”。西方学者认为：人具有思想和智慧，是万物的创造者，是文化的创造者。在他们的眼中，“人是万物之灵”。马克思主义哲学认为，“人是社会关系的总和”。

商南，地处中纬度偏南地带，北部和西北部属暖温带气候区，中部和南部属于北亚热带气候区，由于北有秦岭屏障，阻挡寒流不易浸入，致使气候温和，雨量充沛，四季分明，冬无严寒，夏无酷暑，山环水绕，林木葱蔚，是人类理想的宜居之地。由于地处丹江中游，早在新石器中期，就是先民由中原渔猎至关中的重要通道，留有大量的文物史迹，到了新石器晚期，境内丹江沿岸就相对稳定地生息繁衍着一个部落，留有 13 处先民文化遗址，这些遗址以郭家坪为中心，向西六处，向东六处，郭家坪遗址层厚 1-2 米，总面积 8 万平方米。出土文物有新石器时期的仰韶文化西安半坡晚期类型；新石器龙山文化客栈省庄二期文化；还有长流域江汉平原屈家岭文化、青龙泉三期类型。由于长期稳定地生息繁衍，逐渐形成一个名为“都”的小国。其都城疑为商南过风楼郭家坪。

2006年5月25日，考古工作者为配合“商界”高速公路建设，对遗址进行抢救性考古发掘，一个2800多年前的小村落成功“面世”，考古工作者的发掘，揭示龙山时期的房址，窖穴以及墓葬等多处遗迹。其中一具男性骨骼复原身高达1.9米，史学家称之为“龙山巨人”，为“都”国故都疑为郭家平提供史迹线索。人，是有精神的，在漫长的人类进化过程中形成了屹立于世界民族之林的中华文化基本精神。国学研究者认为这种精神主要涵盖有：以人为本的主体精神；仁者爱人的人道精神；刚柔相济的坚韧精神；贵和尚中的中和精神；经世致用的创新精神。归根结底，中华文化的基本精神是中华民族5000年来赖以生存和发展的精神支柱。今天，在中华民族走向伟大复兴的历史时期，不断传承创新，继往开来，树立和强化国民的民族自尊心，形成中华文化的文化自信和振兴中华文明的使命担当，为中国梦的实现提供精神动力。

先贤有言，人文、地理环境历来都是历史悲喜剧的舞台和背景。山多水多，自然切割，构成了商南人居住分散，缺集少镇，交通不便，陡坡垦殖，人烟稀少的自然生态格局。商南因秦楚攻伐，“都”国南迁，人口锐减，南北基本处于原始状态，明代朱元璋问鼎金陵（今南京）之后采取了一系列发展生产的措施，其中有从人口稠密区向地旷人稀区移民的政策，并在山西洪洞县大槐树设移民局，主导向陕南、豫西移民，这次移民主要居住在丹江以北地区，他们入境后，插标为界，垦荒种粮，繁衍生息。后来在县城西南角盖起“山西会馆”，传承西部文化。清朝初叶，清王朝为了安定南方，收复台湾，强制实行南民北移“湖广填陕西”的移民政策，这批移民入境后多数定居于丹江以南广大山区，使境内人口大增至乾隆年间，有1500余户，5990余口增长到102299人，25500余户，几乎增长一倍，这批移民入境带来了江南文化和习俗，并在县城西街建成了江西会馆，作为文物保护至今。

“天地之心谓之人，能与天地合德”。

千百年来，商南人在漫长艰苦的小农经济中坚韧不拔，辛勤劳作，求生存、谋发展，以族为亲，毗邻为友，取长补短，同甘共苦，共享“耕读传家，诗书继进”的家规家训。养成了开放包容的胸怀，厚德守信的品质，勤劳创新的精今天，在中华民族走向伟大复兴的历史时期，不断传承创新，继往开来，树立和强化国民的民族自尊心，形成中华文化的文化自信和振兴中华文明的使命担当，为中国梦的实现提供精神动力。

神，这种精神是“富强、民主、文明、和谐；自由、平等、公正、法治；爱国、敬业、诚信、友善”的社会主义核心价值观。是社会主义核心价值观的朴素实践，同时，这种精神深深地根植于传统文化的血脉中，养育着商南人中一代又一代英雄、模范人物的成长，他们虽无惊天动地的英雄行为，但他们有坚韧不拔、笃志富民、抓铁有痕、踏石留印、无私奉献的模范行为。

文学、人学。在文学创作领域，英雄主义是文学艺术最崇高的血脉。英雄境界赋予文学艺术撼人心魄的高尚品质。英雄风骨铸就文艺作品顶天立地的生命。古往今来，英雄主义始终是一面旗帜，印刻着人类的理想和追求，塑造着高尚的生命和灵魂。英雄主义是民族精神的核心与脊梁，支撑着民族的信心和力量，一个个激动人心，催人奋进的英雄模范事迹，激励了一代又一代人奋勇前行……

时势造英雄，英雄造时势。在没有硝烟的和平建设发展的年代，和平年代，一县一域，英雄主义衍生着模范行为，榜样力量。这些模范、榜样就是英雄主义的践行者，一地一域的标杆。改革开放、脱贫致富、民族复兴的伟大事业，正是千千万万的普通人为社会和生活进步做出持续恒久的贡献。平凡之中的伟业，细节中的宏大，琐碎之中的辉煌，涓涓细流润物无声，形成巨大的正能量，推动政治清明，经济发展，社会和谐，文化繁荣，生态美好。

张淑珍、周树红、沈稳国、刘宝柱、王超、汪裕炉、汪晗、汪兴明、杨军红、党金耀、万海平、谢付记、胡本胜、姚家明、张志锋、郝敬旺，他们，是模范，是榜样，是根生于商南大地的正能量。我们知道，在商南这片美丽而神秘，古老而年轻的土地上还有许许多多的精神巨人，道德英贤，劳动模范，他们在平凡的岗位上，创造了不平凡的业绩，他们用自己坚持不懈，甚至倾其毕生的精力，开放包容，厚德诚信，勤劳创新，鼎力向前的实践，熔炼了他们的品德，铸就了他们的事业，丰富了他们的人生……功崇惟志，业广惟勤。他们的成功实践证明了一条真理“劳动是财富的源泉，也是幸福的源泉，人世间的美好梦想，只能通过诚实劳动才能实现，发展中的各种难题，只有通过诚实劳动才能破解；生命里的一切辉煌，只有通过诚实劳动才能铸就。”

阳春布德泽，万物生光辉。

信念长存树常青

信　言

绿色，人称生命的摇篮。

在纬 33° 6' 至 33° 44' 分之间的陕西省商南县，25.5 万亩新型优质茶园，一片葱绿。这绿，绿的清俊，绿的雅洁，绿的深沉，宛如流动的绿色琼浆，绿色血液……这绿，同样也是茶人张淑珍与丈夫焦永才的绿色情结，惠农信念。

张淑珍，1937 年出生于河南省周口市太康县的农民家庭。翌年妹妹出生，父亲去世，家难而至，国难降临：蒋介石为阻止日寇西进，悍然炸开黄河花园口大堤，咆哮如雷的黄河水像脱缰的野马，向太康方向推进，洪峰一丈多高，房子只露房脊，柳树只见树梢，兔子爬上高高的麦秸垛逃生，咆哮的黄水，并没有阻挡住日本侵略者西进的路，却饿死、淹死了 89 万同胞。淑珍的母亲带着 4 个嗷嗷待哺的儿女在黄泛区里逃生，吃树皮、野菜、草根和有毒的棉籽儿。

焦永才，祖籍河南孟县（今孟州市）是唐宋八大家之首韩愈的故里，母亲是兰州人，那时河南饥荒、战乱多发，父亲随妻到兰州安家，永才在兰州出生，因其父有做鞋、修鞋的手艺，家里开了个鞋铺，全家赖以生存。

1947 年，在淑珍 10 岁的那一年，两位哥哥已投靠亲友读书，她母女三人流浪到开封市杞县高阳镇，一家王姓穿心店里留宿，店主见她们母女艰难。便将一间约 3 平方米的柴草棚清空，让她们母女住下。从此，她艰难流浪、生死一线的 9 年过去了，第一次有了“家”，因母亲有染布手艺，在小草棚里为四乡八领的乡亲们染布，并送淑珍到高阳镇小学读书，名为小学，实则是几块石头木块木板为课桌，自己捡几块砖头摞着坐算凳子，尽管如此，还是圆了淑珍的读书梦。读了两年半小学后，她于 1951 年以优异的成绩考入开封女子中学。其中语文老师关于“一丛深色花，十户中人赋”的典故，对她的终身信念、志向产生了深刻的影响，甚至造就了她“南茶北移”的前无古人的事业。这个典故，出自唐代诗人白居易的《卖花诗》，意思是富人买了一支牡丹花的费用，是 10 户中等收入家庭一年的赋税。毕业时，她以优异的成绩志愿到西北农学院就读，老师、同学不理解她的志愿为什么这样报，她说农民太苦、太难了，她要终身为农民服务。后来她因南茶北移成功，获得了无数的荣誉奖励，其中包括全国“五一劳动奖”“中国扶贫状元”“党的十三大、十四大代表”“陕茶终身成就奖”。面对一枚枚奖章、一座座奖杯，她说，“农民富裕是最好的奖赏”。

俗语有言：千里姻缘一线牵。事有奇巧，身在洛阳的张淑珍以优异的成绩报考西北农学院，而在千里之外的兰州高中毕业升学前夕，亦有 8 名同学聚会，他们海阔天空，畅谈未来，放飞梦想，相互交流人生志愿，就是没有农学专业，永才不说话，他们却把目光转向他，要他说说自己的理想，永才说：“我报考农学院，搞农业是我的理想。”

永才的话让大家吃惊，像他那样品学兼优、人才出众的“校星”级人物，为什么要报农学院？一辈子与黄土打交道。永才说：“我们国家基础是农业，基础打好了，你们当科学家、经济学家、工程师、医生，文学家……才更有底气，更有作为”。

一个因为“一丛深色花，十户中人赋”的典故，立志要回报社会，回报农民，从河南走进农学院。

一个因为自己的祖国是农业大国，农业是国民经济的基础，基础不牢，地动山摇，满怀报国之志从甘肃来到西北农学院，并且编在了一个班，一个任团支部书记，一个任宣传委员。

1961 年，4 年的大学生活结束了，而毕业分配事关每个学生的终身大事，因为那个年代，国家是计划经济体制，大学生毕业时候由国家统一分配，不能自主选择。淑珍和永才所在班分配方案无意间被泄露，淑珍被分配到陕西省农业厅直属农业科研基地楼观台苗圃。业内人士都知道那里是中华哲学先师“老子”修道的地方，山清水秀，鸟语花香，设备先进，名家云集，是林学专家的摇篮，是林学毕业生十分向往的地方。永才因其才华出众，也被中共陕西省委农村工作部选中。

夜，关中盆地的仲夏之夜，像个神奇的花蕾，以其独特的色香出现在这个世界里。炊烟在清白里袅袅升起，晨雾是那么的香甜；奔流的渠水，绿茵茵的庄稼嗞嗞地吮吸着大地的乳汁，咔吧咔吧地生长。在学院实验田通往村庄的田间小路上传来了沙沙的脚步声，是谁起得那么早，难道夜里就没睡吗？

在晨曦中，淑珍、永才不约而同地从不同的方向走向田间小路，走着、走着走到了一起，彼此间能听到不均匀的气息。惺忪的眼睛，说出了他们都彻夜未眠的忧思。是的，学校分配方案的信息，完全没有带来欣喜和愉悦，更没有轻松和满足，而是深深地陷入了沉思……

走着走着，淑珍发话了：“怎么办？是到基层，到一线去，还是在省城坐机关？”

永才反问：“你说呢？”淑珍接着说：“我是农民的女儿，报考农学院，就是为了回报农民，服务农业，不到农村去，不到森林中去，怎么回报？我想好了，响应党的号召，到基层去，到一线去，到深山中去”。

永才说：“前些日子，在商洛山中工作的往届同学捎话说，进了商洛山，两眼泪不干。要出商洛山，难似上青天”。

也许就是因为这两句顺口溜，他俩同时向党组织递交申请，到商洛山中去工作。

经过党组织的批准，这对怀着报国之心、惠农信念的伉俪搭乘拖拉机，从省城西安出发，在坑坑洼洼、尘土飞扬的山路上走了一天半，才走进商南县。

以绿色为基调的大自然，养育着人类从幼年走向成年，然而，走向成年的人类又不得不在自己的周围寻找新的绿色。

风尘仆仆的张淑珍来到商南后被分配到县林业站，第一项工作是林业普查。永才被分配到县农业局，主要从事营林工程勘测、设计、规划、实施。当淑珍打点行装，准备下乡时，丈夫永才为他买了两双草鞋，一双是龙须草编成，过河淌水不打滑；一双是葛麻编织而成的叫麻鞋，上山过沟不累脚。普查一搞就是 70 多天，山山岭岭，沟沟岔岔，农民贫穷，鸡蛋换盐……一桩桩、一件件刻骨铭心的场景、话语，一次又一次地触动淑珍的心扉，农民脱贫致富的路在何方？ 1962 年春节老红军县委副书记梅光华到访，后又在茶坊岭路遇老红军县委书记宋建郧与之交谈，同样的初心，共同的信念，使她走上了万难不屈、百折不回的南茶北移之路……在艰苦拼搏 30 多个寒来暑往，在收获和成功纷至沓来的时候，她积劳成疾，病倒了……

1989 年 10 月 14 日，天刚蒙蒙亮，县茶叶联营公司屋里屋外就挤满了送行的人。她情真意切地说："我的病大家都知道了，是瘤子，目前还说不清是良性还是恶性，如果是恶性，就是癌，说不定就很难再和大家一起务茶了，希望大家把已经成园的茶管理好，把新开的茶园种好，茶叶种好了，我的心也就安然了……"

车刚刚开走，送行的人还未离开，突然一位 40 多岁的汉子气喘吁吁地跑来，望着远去的车辆，热泪盈眶，泣不成声。去年，这位汉子患了急性肝炎，是淑珍把他接到县城，送进医院，钱不够，她又想方设法筹集资金，为他垫付医药费，住院费，直到康复出院。

淑珍是茶农的知心人。谁家有困难，谁家的孩子上学、升学，谁家的儿子娶媳妇、女儿出嫁，她都要上门祝贺；谁家老人寿终，她要上门慰问、看望、帮助解决具体困难。那时，乡下农民的孩子到县城重点中学读书，十分困难，而到重点中学就读，又是高考升学的唯一途径，于是她上下奔走，把茶农家读中学的孩子，转学到重点高中就读，孩子们进城后，食宿困难，她又利用茶业站与县重点高中一墙之隔的条件，腾出两间房子，购置床板，桌凳，让这些孩子们住宿，这一做法，延续 10 多年，直到商南高中住宿条件彻底改善，许多茶农脱贫致富进城安家为止。她用这种帮扶办法，为茶农们培养出近 30 名大学生，许多孩子大学毕业后，回家务茶还成为有知识、有技术、懂市场的第二代务茶人。

富水镇黑漆河村，有一名农家妇女叫何桂英，她家有年迈的公婆，还有 4 个年幼的孩子，即便夫妻二人早起晚归，勤苦劳作，也无法改变茅草屋、光板床、稀糊汤、破衣裳的穷困面貌。20 世纪 80 年代，夫妇二人看到别人在荒坡上种茶，日子越过越好，她们也动心了。为了改善家庭的贫困状况，他们承包了村上的80亩荒山，开始了自己的依茶致富梦想。刚开始种茶，何桂英夫妇以为只要把茶籽点种到地里就行了。可是，当他们将七拼八凑筹措来的一些茶籽，点种到承包的荒坡上时，收获的却是稀稀疏疏的茶苗，看到自己一年的辛苦白白浪费，他们才知道，种茶并不像当初想象的那么简单，必须要懂技术。怀着忐忑的心情，他们找到了素不相识的茶业站站长张淑珍。淑珍了解到他们想要种茶致富的决心后，很快就答应为他们提供帮助。

在淑珍的帮扶下，他们的茶园一片葱绿、生机勃勃。1991年茶园就要开采了。淑珍来到他们的茶山，帮助他们出主意说："你们有80亩的茶园，不如建一个自己的加工厂，我给你们资助一点，你们自己再想办法筹措些吧。"听了淑珍的话，他们惊喜若狂。其实，他们也早有此意，只是几年来淑珍帮了他们很多忙，他们实在不好再开口了。

说干就干，何桂英立即又从亲戚朋友那里东借西凑，再加上茶叶公司的资助，很快在自己的茶山上修建起了加工厂。正当他们距离走出贫困只剩一步之遥时，一场灾难降临了。丈夫在修建加工厂时意外身亡。犹如晴天霹雳，震碎了何桂英的心。这不可能！不可能啊！丈夫是家里的顶梁柱，没有了他，这日子该怎么过呀？年仅30岁的何桂英，望着4个不到10岁的孩子，恍如在另一个世界。当3岁半的小儿子哭着要爸爸时，她才如梦初醒，强压着巨大的悲痛，对天长叹"老天呐，为什么要这样对我？"80亩茶园即将开采，4个孩子最大的10岁，最小的不到4岁，还有3万多元的外债，许多邻居纷纷劝她把茶场转卖了，还了外债，再找个人家嫁了，把4个孩子慢慢养大。

淑珍听到这个消息后立刻来到何桂英家，千叮咛万嘱咐，她说："桂英呀，茶场绝不能转卖，辛辛苦苦了4年，不就是为了要茶场见效益嘛？如果你丈夫地下有知，他也绝不会答应把茶园转卖的，相信我吧，困难就会过去的！"

淑珍很快让人送来了机器设备，并从另外的茶场调过来一个技术员帮她制茶。何桂英在淑珍的帮助和鼓励下，毅然挑起了家庭重担，坚定不移地走依茶脱贫、依茶致富的路。

何桂英承包的茶场效益一年比一年好，她不仅还清了所有的外债，还盖起了四间两层楼房，大儿子已经参加工作，二儿子上桂林电子科技大学，老三高考取得高分，全家日子红红火火。谈到张淑珍，何桂英总是热泪盈眶：“如果没有张姨，我现在的日子还不知道该咋过呀……”

在西安交通大学附属医院里，张淑珍病情诊断最终结果出来了，右卵巢浆液性囊腺癌，医生们经过慎重考虑，还是把诊断结果告诉了她。她险些晕倒了。

她勉强扶着椅子坐下来，往事一幕幕地浮现在眼前……哥哥在上海，是新中国培育的第一代微电子专家，妹妹在苏州钢厂当工程师。而她却一个猛子扎进深山老林，一干便是30余年。其间，兄妹们不止一次地呼唤她到南方去。早在1965年，妹妹毕业分配到开封，妹妹就为她夫妻在河南开封农科所联系了工作；母校也是先后三次诚邀她夫妇二人回校，从事科研和教学工作。所有这些改变工作和生活环境的机遇，她放弃，再放弃，不忘初心，无心离开商洛，无心离开贫困的农民，一再谢过妹妹、母校的好意，义无反顾地与大山为伴、与贫困抗争。

张淑珍在商南这块土地上，辛勤耕耘30余载，在物质上，她是拓荒者，以她为首引种、培育了10余万亩茶园，研制出了名驰大江南北的“商南泉茗”；在精神上，她有敢于开拓、善于发现、敢于竞争的精神，多次受到国家、省级表彰。对于人生来说，可谓富有。

然而，她远未满足，她胸中还有宏伟的“南茶北移”一揽子计划，她要继续拼搏下去。于是，她毅然要求手术，并说：“成功了，我继续为人民务茶；失败了，就算是医学上的一次临床试验，总结经验，突破难关，治好更多的后人。”

生命是美好的，有人说，活着比什么都重要，然而淑珍在面临生与死的时候，却是如此坦然和淡定。

生命的精致，并不需要太多的物质，而是体验自我觉察的魅力：你可以享受每一个细节，放慢每一个匆忙，看清每一种情绪，认识每一种理性，理解每一份情感的纯正。几千年来，人类的文明早就告诉我们，集体利益高过一切，大众的安乐才是主流趋势，这不是什么高调，而是事实。任何国家、政治以及社会团体，要想长期有效的进步，都必须朝着积极并有利于社会发展的方向前进，这才是硬道理。那些不和谐音符总是短暂的，和谐是人类的大趋势，离开这个，在历史的长河里都只能昙花一现，成为反面的典型，自然会被淘汰。

张淑珍对物质要求很低，她数十年如一日，清茶淡饭，简装便行，公而忘私。儿子焦岩飞住的房子围墙倒了一角，刚好县茶业站拆旧房子拆下来一院子的废砖头，于是，他找了一个架子车，拣了半车子砖头修补院墙。母亲得知这件事后，坚决要儿子把砖还回去。焦岩飞只好自己花钱从砖窑上买了一车子新砖还给茶业站。焦岩飞的姐姐焦岩石林业大学毕业时从外地带回两棵云杉，这是商洛所没有的名贵树种，姐弟俩高兴地把云杉栽在自家门前，几年之后，林业部门有人想出 2500 元把两棵树买走，姐弟俩没舍得卖。茶业站搞绿化时张淑珍二话没说，就把两棵树都给挖走了。

儿子岩飞小的时候，母亲经常下乡，不是奔波在茶园里，就是出差到外地考察，顾不上照顾家。他的学生时代是跟着奶奶度过的。大学毕业后，子承父业的焦岩飞到商南县林业部门工作，刚到单位不久，他就响应长辈的号召，被派到商南县最偏远的地方——白鲁础乡锻炼，在那里搞良种核桃丰产建园。白鲁础乡与湖北交界，距商南县城 150 多公里，生活环境和工作条件都很差，焦岩飞在那里一干就是 3 年，直到丰产园建成。在这期间，忙于工作的父母一次都没有去看过他。

儿子在现在的单位已经工作了 10 年，按说如果母亲给有关领导打个招呼换个好工作，应该没有问题，但张淑珍从没有为了子女的事向组织提过要求。如今，和焦岩飞一起共事的人，有的升迁了，有的调走了，焦岩飞还在科员岗位上继续干着。有人讥笑他们母子太痴，但深知母亲一片苦心的焦岩飞却无怨无悔。他说：“我为有这样的母亲而自豪！”

母亲病了，病得很重，儿女们守候在她的病床前，但在母亲的心里依然是茶、茶农……是的，母亲心里只有茶。

党组织对自己的优秀女儿疾病治疗给予了尽可能的关怀，时任中共陕西省委书记委托省委组织部部长亲自到医院看望，询问治疗方案，要求医院调动一切技术资源，治好淑珍的病，商南许许多多的同事、农民，特别是茶农，一批批自发到西安探望。

医院党委反复审核，优选治疗方案，于 1990 年 11 月 5 日，中国著名肿瘤专家、西安医科大学教授张建国从上海飞回西安，为淑珍做肿瘤切除手术。

手术进行了 4 小时 40 分钟。她苏醒后，65 岁的张教授微笑着对她说：“手

生命的精致，并不需要太多的物质，而是体验自我觉察的魅力：你可以享受每一个细节，放慢每一个匆忙，看清每一种情绪，认识每一种理性，理解每一份情感的纯正。

术很成功，但有一肿瘤已经破裂，癌细胞已经扩散，还要做 8 到 12 个疗程的化疗，要是早来 40 天，肿瘤不破就取出来，是再好不过的。”

早 40 天，其实早在 4 个月前，症状已很明显，腹胀、呕吐、疲劳、消瘦，两腿像灌了铅似的沉重。可她连一天也不休息。就在病倒的前一个周，她还亲往南郑、镇巴等县调回 6.5 万公斤茶籽，忙着新茶园的播种工作。她忙得顾不上看病。

时任县长吴前进，在关键时刻严厉劝导她到西安看病，当他得知病情后，立即安排资金，保障医疗之需，术后多次到医院看望。

手术一个月后，化疗开始，大量重金属药物从腹部切口插入的一根塑料管注进腹腔，接着药物副作用使她不断呕吐，剧烈腰痛。这种带有强烈毒性的药物，不仅杀死癌细胞，同时也杀死大量白细胞，要使白细胞回升，就要进食。她咬着牙，吃了吐，吐了吃，同病魔顽强地拼搏着。县上领导到医院看她时，她张嘴说的还是宜茶荒山的垦殖计划。

20 世纪中叶，有一篇畅销的短篇小说叫《最后一片叶子》，描写的是在美国一个城市的贫民窟里，有一座破旧的楼房里，住着一些穷画家，其中包括女画家琼茜，她得了严重的肺炎，卧病在床，脸朝着窗口，数着窗外那堵砖墙上常春藤的落叶，在秋风秋雨和秋霜的摧残下，叶子纷纷落地，被风卷走，琼茜觉得等最后一片叶子掉下来，她也就要离开人世了。

又是一夜风雨，第二天琼茜的女伴为她拉开窗帘时，她勉强地睁开眼睛，看窗外的砖墙上还有最后一片绿叶，倔强地挂在距地面 10 多米的藤蔓上，第三天、第四天、第五天……那片藤叶依然在那里。这最后一片叶子顽强的生命力，使琼茜重新燃起生命的火焰，生活的勇气，她的健康开始恢复，很快脱离了危险期。

这最后一片绿叶，并不是经风霜而不落的藤叶，而是老画家贝尔门在得知琼茜的意念时，在夜色中画上去的，他向人们揭示了信念的力量是巨大的。信念不仅对人的心理和行为产生影响，而且影响人的生理变化。淑珍就是凭着对“南茶北移”事业的执着追求，凭着要帮助土石山区的贫困农民脱贫致富坚强信念的“身心效应”，以其奇妙的活力，把肌体内的潜力和储备，催化为一种高级能量，并以此战胜痛苦、战胜疾病，甚至战胜死亡。

1991 年，春天悄悄地来到了商南大地，来到茶山，来到村庄，来到了每个人的身边。

山坡上，茶树吐出了嫩芽，一叶一芽的毛尖正在采撷，采茶姑娘、小伙的脸上堆满了阳光、堆满了笑颜。田野里，绿油油的麦田从睡梦中醒来了，正在吮吸着大地的乳汁，嘎嘣、嘎嘣地拔着节儿，金黄的油菜花，仿佛是闪闪发光的海浪，波光粼粼，金花灿烂，一股股清冽甘甜的山泉水，汇成小溪，欢乐地流淌着。山坡上，小河旁，一树树桃花，争奇斗艳，艳丽多彩的花瓣，芳香扑鼻，微风轻拂，花瓣飘落在小河里，瞬间，一河彩霞，一河香气。小燕子也从南方飞回来了，它们穿着乌黑光亮的燕尾服，在茶山上飞翔，在田野里嬉戏，在蓝天白云间滑行，好像在蓝白相间的天空，镶嵌着黑亮黑亮的钻石，美不胜收，生机无限。

这年的四月初，淑珍刚刚在西安做完第二次化疗回到商南，她不顾医生叮咛在半月危险期内要绝对休息的忠告，第二天，就由人搀扶着去察看在县城附近的十里铺、茶坊、王家楼等处的茶园，看春茶采制准备工作。茶农们看她头发、眉毛全都脱光了，戴顶圆帽，哽咽着说：“淑珍啊，你真把命都交给我们了。”

“总算活过来了，真想看看这春天的茶山，真想尝尝今年的春茶”！她深情地说着，随手摘了片茶叶，含在嘴里。悉心品味，这漫山遍野的茶绿，不正是她生命长青的绿叶吗？

是的，在商南，她付出的是真情，是心血；人民收获的是葱绿，是幸福。在谈到工作和生活时，她十分怀念地说：“在我从学种茶到学卖茶的几十年中，丈夫永才每时每刻都站在我的身后，生活上关怀我，工作上帮助我，精神上鼓励我。他时常告诫我，逆境时，七分自信还不够，顺境时三分自信都嫌多，时时刻刻，高调做事，低调做人。我们都是学林业的，留下一片绿茵是我们共同的心愿。”

丈夫永才，是她大学的同班同学，共同的志向、共同的理想、共同的追求，把她俩紧紧地连在一起。在曲折艰辛的人生旅途上，互相支持，互相勉励，互相鞭策。

永才长期从事林业行政工作，“文革”动乱后，领导过商南高中的复课、重建工作。担任过中共白玉区委副书记，副区长，经常深入农村，与基层干部、普通群众，交心交友，谋划脱贫、发展之路，深受群众好评，时至今日，40

余年过去了，老人们还在怀念他们的焦书记……他担任过郭山公路修建的总指挥，在公路沿线老人们的记忆中，还清晰保留着焦指挥亲民爱民的形象，多次被评为优秀共产党员。他干一行爱一行，从一业敬一业，由于他的知识、能力，特别是对事物深刻分析、洞察、宏观谋划能力，深得领导和同事们的赞赏和好评，陕西省教育厅先后两次借调他到教育厅厅长办公室工作。由于他出色的工作能力和谦和的人际关系，两次动员他正式到教育厅工作，其实，他的内心十分纠结，“人往高处走，水往低处流”是在民族文化中流淌千年的人生格言。然而，在个人名利和妻子南茶北移农民脱贫致富事业的天平上，他毅然选择了后者。

他谢绝了教育厅领导和同事们的好意，回到了妻子的身边，回到了商南人民之中，一如既往地挑起了家务的重担，履行“参谋”职责，让妻子一心一意地种茶、制茶、经营茶，而淑珍把对丈夫、对家庭、对子女的爱，全部倾注在荒山上，茶业里，正当她从死神手中挣脱出来，谋划茶业更大、更快发展的时候，永才病倒了，到西安医科大学第一附属医院一查，确诊为“肝癌晚期”！当时的医药水平，已无力挽救他的生命，在生命弥留的日子里，他唯一牵挂的是妻子淑珍的茶文化、茶产业、茶经济，是商南依茶脱贫致富的梦想。

永才走了，女婿李力、儿子岩飞将他安葬在商南县城东郊的小山岗上，茶农们用茶树的枝叶为他制作了一个前所未有的花圈，敬献给他。在他的灵堂里，儿子岩飞、儿媳高霞拜堂成亲。在他的墓地里，儿女们为他满满地栽植了茶树，企望他长眠中能闻到幽幽的茶香，因为茶树是他爱妻淑珍生命的依托和希望的畅想。

2010 年，商南县城东扩南移，永才安眠的小山丘纳入了城市扩建的版图，淑珍携儿子将永才的遗体送往商州火化，并将骨灰封存在火化厂的骨灰房里，用淑珍的话说，就是让他在那里等着，等她去了之后，化为骨灰，合而为一，带回商南，播撒在树林里，不放鞭炮，不立墓碑，不烧纸，不烧香，无痕无迹地融入泥土，回归大地，回归山林，回归自然。静静演绎着“在天愿作比翼鸟，在地愿为连理枝”“落红不是无情物，化作春泥更护花”的童话故事……让生命延续为生生不息的绿叶。

这是一项引领，更是一项挑战。

宇宙间一切奇迹中，最令人惊叹的也许就是生命，它神秘、辽远、寂静、不可思议。一如流经天河上弥漫着的缥缈烟波，悄然地进化着，不知疲惫地续写着，在生命旅途中添上浓浓的一笔。

在商南，丧葬陋俗根深蒂固，许多人尚在壮年，就开始找墓地、修坟墓、建墓碑，逢年过节，县城四周墓地，万盏灯火，鞭炮齐鸣，乌烟瘴气。中华人民共和国成立后，特别是改革开放以后，政府花大力气移风易俗，发公告，建公墓，改陋俗，收效甚微，而淑珍力排亲友、家人劝说，生前立愿将她生命的最后物质，撒进山林，这在商南是前无古人，但愿后有来者。

宇宙间一切奇迹中，最令人惊叹的也许就是生命，它神秘、辽远、寂静，不可思议。一如流经天河上弥漫着的缥缈烟波，悄然地进化着，不知疲惫地续写着，在生命旅途中添上浓浓的一笔。

生命。很像童话中的魔棒，碰到哪儿，哪儿就产生奇特的变化，它美丽，简直就是一朵朵色彩瑰丽的花。犹如纤细的手，流浪在生命的琴谱上，看着一张张破旧的琴，是春天里的肖邦，是春天里的聂耳，起起落落，黑黑白白，弹唱生命的交响乐章。

大自然的生命，在于丰富和谐，每一次生命的雕塑，都是渴望丰富而走向永恒。只有起点，没有终极，因为天空以其广阔赋予人们信仰，大地以其深厚赋予人们永恒。

是的，淑珍是大地的女儿，她深爱着脚下的泥土，不管是贫瘠还是肥沃……

春夏秋冬，物换星移，枯荣轮回，无一不是大地之上的生命永恒。而人，只有站在浑厚沉重的大地上，才会感到什么是淋漓尽致，什么是沧海横流，什么是大地逢春，什么是万紫千红，什么是生命的永恒……世界上所有的人都深爱着绿色，因为那是地球给予人类最丰厚的馈赠，绿色之中，孕育生命，繁衍着未来。

淑珍，你生在黄水、黄沙、黄土的黄泛区，而立志为黄色的土地穿上绿色的盛装，你做到了，在北纬33° 以北的荒山秃岭上，培育了２５万亩茶绿。正如商南人为您写的歌词那样：

…………

蓝天飞来绿凤凰，十万荒山飘茶香，
十万茶农上富路啊…十万葱绿锦山乡。
你的汗水是绿色江河，你的血液是绿色的琼浆。
你的脚印是绿色的丰碑，你的道路是生命的乐章。

奇峡无语读春秋

信　言

商南地处陕西东南边陲，毗豫连楚，2300平方公里地域，古老而年轻，贫瘠而富裕。然而，千百年来，居住在这片热土上的人们，与生尔养尔的大地母亲，依然熟悉而又陌生，始终走不出贫困的沼泽，越不过封闭的关山……

21世纪开元伊始，这里发生了巨大的变化，“商南茶”“金丝峡”两张名片打开了山门，迎来了涌动的人流、物流、信息流，改变了千百年来“洋芋糊汤疙瘩火，除过皇帝就是我”的自产自销、自生自灭的小农经济观念。新兴的“商南茶”“金丝峡（生态旅游）”两大产业，日益成为走向长城内外、大江南北大市场的两张名片，提高了商南的知名度，产生了富县富民的良好经济、生态、社会、民生效应，因而“没有张淑珍就没有商南茶”，“没有周树红就没有金丝峡”成了民间俗语。

“没有张淑珍就没有商南茶”，是因为商南自古不生茶，不产茶，自20世纪60年代伊始，以张淑珍为核心的科技人员百折不回，力鼎创新，南茶北移，使20多万亩的荒山变成了绿色银行，头号富民产业。而“没有周树红就没有金丝峡”，周树红并不认同。他说：“金丝峡是海陆变迁，沧海桑田自然生成的，古已有之”。

是的，金丝峡是山水生态自然资源。然而，亿万年来，那里都是艰险、死亡、贫困、饥饿、荒凉的代名词，如何化天堑为通途，化死亡为新生，化贫困为富裕，写满了一位共产党人的情怀与担当。

踏荒寻梦　初心萌动

2001 年 9 月 7 日，

一个见证历史的日子，

一个创新奋进的起点。

四月下旬，中共商南县委来了一位新任书记，他叫周树红，时年 43 岁。他一到任便轻车简从，深入各乡镇调查研究，组织县委常委“村村到”摸县情，他身体力行，走进全县最贫困的新开岭山区，走村串户访贫问苦。同时，看山看水看资源，渴望在绿水青山中找到脱贫致富的路。

9 月 6 日，周树红一行从全县最贫困的水沟乡翻山越岭，来到更加贫困的太吉河镇庙台子村，先看望慰问老党员、贫困户，又看了村党员活动室。晚饭后，前沟后岔的村民听说县委书记住在自己村里，这可是多少年来住宿在村里的最大官，他们三五成群，围坐在书记身旁拉家常，诉说靠天吃饭，生活艰难，说着说着，说起了小河发源地七里峡谷的故事……

初秋的商南，依然溽热难耐，这里却清风习习，星光灿灿，河水潺潺，蛙鸣阵阵……周树红送走了乡亲们，独自来到小河边，陷入了沉重的思考。任职四个月来，走遍了全县所有乡镇和近半数的行政村，看到了商南的好山好水，也听到了群众的呼声和怨言，农民在基本温饱解决之后，主要是缺钱花。改革开放以来，虽然对县域经济产业进行了一些调整，但仍然无法突破小农经济的桎梏，缺乏新的产业和增势强劲的经济增长点，商南脱贫致富的路在何方？

此时此刻，他仰望星空，银河无限，国家新型城镇化的步伐在他心头震颤，他认定城市经济的快速增长，城市规模和城市人口的快速扩张，注定旅游业，特别是生态旅游产业兴旺发达。于是他连夜通知林业局局长郑双武、水利局局长张天敏、交通局局长李庚田、民政局局长操声明、太吉河镇党委书记张建仓、镇长赵新华，会同庙台子村两委会负责人，进七里峡（金丝峡）考察。

9月7日，烈日当空，周树红一行9人，走进了人迹罕至、兽蛇出没的无人区七里峡。没有路，他们就像原始人那样，沿着水流，手脚并用，不时地相扶相携着蹚着齐腰深的水漕，拨开荆棘杂草，艰难前行，到石燕寨下，天已过午，没有人烟，没有饭吃，随行的村组干部爬到数公里外的罗旋崖，买了些鲜玉米棒子，在野火上烤着吃，再喝些山泉水之后，便开始攀登石燕寨。

石燕寨，是峡谷中凸起的一座险峰，像一把宝剑插在东西北三条峡谷的交汇处，峡谷依方位得名为东峡、西峡、北峡。开发之初应民间流传一则黑、白、青三龙会盟的故事，改名黑龙峡（西峡）、青龙峡（东峡）、白龙峡（北峡）。

山寨古木森森、悬崖千仞，垂直高度1000余米，有北武当、南华山之称。登山的路只有一条，沿途有南天门、真武坪、老母殿、龙头崖、玉皇顶五大景点，主峰一脉三峰，分天峰、地峰、人峰，合称“三才峰”，寓意天、地、人三才合一。

石燕寨是一处道教圣地，相传真武师祖曾在此修道，将山寨坐沉一个大坑后转到武当修得正果，又传秦末汉初商山四皓之一夏黄公曾在此隐居，汉刘邦立朝后，派太子刘盈将其接到京城（今咸阳）参政议政。还传药王孙思邈曾在此采药，留下仙人桥的传说……

金丝峡水景

得名为寨，自有易守难攻的险峻之处，南天门下300多米山脊，几乎是90度的垂直石梯，东西两侧都是高约数百米的绝壁悬崖，他们一行9人，个个都是胆战心惊，手脚并用的向上爬行，爬上南天门后，在遮天蔽日的森林中向主峰攀登。

登上石燕寨，气象万千，数十里楚天豫水尽收眼底。寨顶古木参天，藤萝缠绕，落叶盈尺，三峡环抱、流泉飞瀑，美不胜收。此时此刻，周树红看痴了，看呆了……他领悟着古代哲人，在对大自然和人类自身的观察、探索、研究中，提出的阴阳哲学观念。阴阳对立统一和相生相克，在这约20平方公里的山水生态景观中得到了充分体现。潭水的宁静，瀑布的喧啸，清溪奔流不息，绿树亭亭玉立，蕨与草的默默无闻，以及色调冷暖的季节变化，都展现出了刚柔相济、动静交融，给人无穷无尽的美感，把人与自然结成一条无法分割的链，这个链上每一个环节都相依为命，共荣共存。他情不自禁地惊呼：这就是上天赐予的财富，这就是一方农民脱贫致富的希望，也可能成长为县域经济新的增长点，他萌发了开发的信念。9月8日、9月9日是双休日，他又利用休息日连续进峡，一次比一次深入，看到峡谷远不止7里，从峡口到石燕寨下灵官殿就有5里，从西峡深入到金狮洞（猫耳洞）又是7华里，继续进入，到栗园寨，全长又是10公里，峡谷通体狭窄狭长。中午的太阳直射下来犹如万缕金丝，洒在跌宕涌进的溪水上，波光粼粼，金光闪闪，因而将七里峡更名为金丝峡。

勇于担当　励志笃行

金丝峡成功开发营运之后，陆续获得了“国家森林公园”“国家地质公园”“国家水利风景区”“中国生态贡献奖”“中国最美的十大峡谷”“中国王牌景区”，直至2015年被评定为“国家5A级旅游景区”等一系列殊荣和可圈可点的经济、生态、社会效益，无不源自开发之初，周树红果敢的决策与担当，是他当年从盗挖盗伐者的刀斧与钎锤之下抢救出来的，是他拯救了金丝峡。

周树红第一次走进金丝峡之后，便食不甘味、夜不能寐，一个月内连续5次进峡，一次比一次看得细，走得远，想得深，特别是那清澈的潭水、飞溅的瀑布、喷涌的山泉、茂密的森林，完完全全地将其震撼……当他得知有一家河南企业与峡区村组签订合同，买下了茂密而又四季常青的铁匠木，准备全部砍伐烧精炭时，顿时怒火中烧，立即责成林业执法队，坚决阻止掠夺经营、毁坏生态的不法行为。

铁匠木，亦称“铁橡树”“黑叶栎”。木质坚硬，生长缓慢。林业专家说：生长30至50年的铁匠木，也只是丛生的小树，长到碗口粗（15 ~ 20 cm），需要80 ~ 100年。金丝峡的铁匠树，一般胸围都在40 ~ 60 cm之间，生长期约150 ~ 200年，粗的80 ~ 100 cm，生长期在300年左右。当时有人测算，石燕寨的铁匠树全部砍伐烧成精炭，产值约300 ~ 500万元，而要恢复生态，300年也长不到现在的模样。没有了树，自然而然也就没有了泉，没有了泉没有了瀑，没有了潭，自然失去了峡魂水韵；没有了树，犹如少女头上没有头发，自然失去了青春的勃发与灵秀。因此，周树红一次又一次地强调，要像保护自家孩子、自己眼睛一样，保护金丝峡的一树一草，一苔一藓，一泉一瀑，一石一土……

周树红在铁腕整治黑龙峡、石燕寨欲毁林烧炭时，又发现青龙峡开山炸石，开采重晶石矿，因乱炸滥挖，使青龙峡水脉惨遭毁坏，原本溪水潺潺，泉瀑珠连的青龙峡，乱石堆岸，溪水断流，他又立即责成林业、水保、矿管执法队火速行动，阻止非法开采。令人痛心的是峡谷山体水脉被破坏了，要重生也将耗时百年，甚至更长。心痛之余，也在一定程度上坚定了他保护性开发的意志。

9月15日，又是一个星期六。他带领县委副书记、县人大常委会主任、政协主席、常务副县长、组织部部长等相关领导再次走进金丝峡，实地察看，会商金丝峡开发价值，统一开发共识。9月16日，他主持召开了书记办公会，作出了“开发金丝峡，发展旅游业”的决定。成立了由他担任组长，县委、县政府分管领导为副组长，县相关部门、太吉河镇主要领导为成员的金丝峡开发建设领导小组，组建了工作班子。

通过“村村到”调研和有关部门对金丝峡生态旅游资源普查评估，进一步明确了县域经济发展思路，坚定了优先发展生态旅游业的信心。为了统一思想，增强共识，在2001年10月召开的县委工作会议讲话中提出：产业带动、项目带动、旅游带动、城镇带动、开放带动“五大带动”战略。2002年1月，

潭水的宁静，瀑布的喧啸，清溪奔流不息，绿树亭亭玉立，蕨与草的默默无闻，以及色调冷暖的季节变化，都展现出了刚柔相济、动静交融，给人无穷无尽的美感，把人与自然结成一条无法分割的链，这个链上每一个环节都相依为命，共荣共存。

县党代会、人代会、政协会上，进一步明确提出了：生态立县、产业富县、旅游兴县，把“开发金丝峡，发展旅游业”作为新的经济增长点和文化建设的新亮点培育和发展，坚持“理念围绕旅游变，产业围绕旅游办，公路围绕旅游转，城镇围绕旅游建”，把2002年作为“旅游开发建设年”，列入党政部门重要议事日程，纳入年度目标考核内容。

开发金丝峡的决定作出之后，许多同事和朋友，说他太冒风险了。是的，当时对开发生态旅游的共识未形成，特别是穷县要搞开发，尤其如此，成功了，你好我好大家好；如果失败了，劳民伤财，身败名裂，问责追究是轻的……

千难万险，万险千难，首先是开路难。全程7公里的黑龙峡，有7处卡脖子的断崖和深潭，还有长约200米两面垂直百米悬崖挟峙，中间宽约1米左右，深不见底的水槽，从来无人通过；石燕寨南天门段和鸡冠峰段的山梁，接近90度垂直，可谓绝壁千仞，奇险无比。周边的农民为谋生计，时常有人因冒险进峡挖药打猎而跌下悬崖，粉身碎骨，当地人称之为“死亡之谷”“魔鬼之谷”。要开发，首先要有人能走进去，资源普查、景观宣传、专家考察、领导视察，都得要有路，哪怕是最简易的路，能走进去是前提。当地农民积极响应，他们带着工具，沿着溪水岩边架木棍桥，在瀑布边架软梯，确保通行。其中百米水槽、月牙峡、黑龙瀑布、彩虹瀑布、双溪瀑布是险工险段，曾经担任村支部书记18年的老党员刘兴周，主动承担了这一段便桥搭建任务，他带着家人、亲友夜以继日地干，一天在洞水谷音处搭建人行浮桥时，将6米长的木杆扎进潭里，扎不到底，身子失重，跌入潭中，身上带的砍刀割伤了手和腿，他挣扎上岸，用酒喷洒，用衣服包扎，回家后发烧病倒，被送医院治疗，周树红赶到医院看望慰问这位峡谷砍荒搭桥人。

其次是资金难。2001年商南县财政收入只有2300多万元，仅够教育经费和职工工资。开发？金丝峡开发要得到国家资金支持，必须先立项，而当时立项，层层审批、评估，特别是共识还没有完全形成的情况下，要想得到项目资金，是难上加难。没有资金，动工之后半途而废，后果不堪设想。

其三是共识难。一旦开发出了问题，无论是资金问题、安全问题、技术问题，责问、嘲讽、诽谤会扑面而来……

一面是群众脱贫致富的渴望，县域经济发展的希望；一面是个人辛劳，前程荣辱的考量，他义无反顾选择了前者，选择了群众利益，选择了县域经济发展的梦想。

先贤有言，为官从政者应在其位，谋其政；“避事”而不积极干事，任其职而不尽其责，当是最大耻辱。“当官不为民做主，不如回家卖红薯”，虽是戏谑之词，但也表达出群众对干部的企盼。担当就是责任，好干部必须有责任重于泰山的意识，坚持党的原则第一，党的事业第一，人民利益第一，对工作任劳任怨，尽心竭力，善始善终，善做善成。凭着这种担当，周树红如履薄冰、如临深渊地担起金丝峡开发建设的责任。在那些日子，特别是开发初期的时间里，周树红心里日日夜夜都装着金丝峡，逢人便说金丝峡，有人说他魔怔了、神经了、傻帽了，要在金丝峡那一棵树上吊死……因为在金丝峡开发初期的 2002 、2003、 2004 三年间，他完全没有节假日，没有双休日，只身于金丝峡建设现场，随时随地解决问题，掌控进展。特别是大的节假日，人流如潮，他索性住在金丝峡，现场指挥，保安全、保畅通。

生态立业　芳名远扬

2001 年 9 月下旬至 11 月上旬，周树红先后 7 次深入金丝峡。带领林业、水利、文化、广电等部门专业技术人员进行资源普查与调查，勾画建设蓝图。

峡谷没有路，没有桥，荆棘、蒿草、藤蔓两三米高，是蛇、野猪、野羊的家园。他们进去之后沿着水边行走，有时一天遭遇几次大蛇和成群的野猪、野羊，为防蛇咬，都把裤口扎进袜子里，手拿一根竹棍，边走边敲，打草惊蛇。经过一个多月的普查，刘凤鑫、姚家明撰写了金丝峡的第一篇新闻稿《奇山异水处女地，撩开面纱待开发——商南县发现罕见金丝大峡谷》。10 月 26 日西安晚报率先发表，28 日，陕西日报在一版倒头条的位置全文登载。之后，新华社每日电讯、北京日报、南方周末等 50 多家报纸杂志和广播电视陆续报道，引起了省市领导和社会各界的关注。时任陕西省省长程安东看到报道后，问时任商洛地委书记李元虎：“商南是否有这样一个好景点？”李元虎打电话问周树红，他回答说：“我已多次看过，实际景观比写的还要好”。陕西日报商南籍高级记者、原政法部主任沈庆云，10 月 31 日率先到金丝峡采风，感慨地说：“黄山归来不看山，九寨归来不看水，金丝归来不看峡”，并多次在陕西日报、华商报刊登宣传金丝峡的新闻游记、散文和图片。

周树红与其说是抉择者、策划者，更是一位参与者和向导。为了让更多的人了解金丝峡，他又安排电视摄制组，深入金丝峡腹地，录制电视风光资料片，由于峡谷卡脖子险段无法通过，电视台总编谭学礼和录制人员，住进螺旋崖村民刘兴周家，早起晚归，每天从山的这一面上到山顶，又从山的那一面下到谷底，拍摄峡谷自然风光。当时拍摄组用的是笨重的模拟摄像机和大铝合金三脚架，两件重达 16 公斤，最闹心的是那种用 1 号电池拼装起来的电池，每块重约 2 公斤，充一夜电只能工作 8 至 10 分钟，他们一行三人每天背着近 30 公斤的设备早起晚归，中午在峡谷烧壶开水，吃些冷馍，历时 5 天。于 11 月中旬，制成时长仅有 7 分 30 秒的电视风光资源片《醉在奇山异水间》，在市电视台播放后，反响积极热烈，下旬又在西安制成光碟，分送给省市有关领导和部门负责人，让他们通过音像看到金丝峡风光。

在第一次的电视片录制过程中，他切实感受到电视设备更新的重要和必要，而县财政拿不出钱，2002 年 5 月他协调林业、水利、扶贫、交通部门筹资 15 万元，为县电视台购置了首台数码摄像机和非线型编辑线。

新设备经调试后，他又安排电视摄制组二进金丝峡。谭学礼、周东亮再次住进村民刘兴周家，一住便是 14 天。向导带路，早出晚归。攀岩附壁，过潭越涧，冒着生命危险，录遍了景区近 30 平方公里内的每一个山头，每一条沟溪，每一个泉眼，每一个山洞。啃干粮，吃野果，喝山泉。捕捉在特殊气象条件下瞬息万变，千姿百态的自然风貌。拍摄 2800 分钟的资料，制成 28 分钟的电视风光资源片，著名作家陈忠实看后题名：《走进金丝峡》。

树在峡中求生，人在峡中求索。金丝峡开发初期，走的是一条摸着石头过河的探索之路、在保护中开发的发展之路。2002 年 6 月，时任省林业厅厅长何发理委派时任常务副厅长朱巨龙及森林公园管理办公室负责同志应邀来金丝峡考察，看到金丝峡奇特的生态美景，特别是看到自力更生、不等不靠、艰苦创业、顽强拼搏的感人场面，赞叹不已。回厅后特事特办，破例于 2002 年 7 月 1 日批准金丝峡为省级森林公园。

2002 年 8 月 1 日，金丝峡景区首次对外试运营，当日售出门票 7 张，收入 140 元，实现了商南旅游收入零的突破。

欣喜之余，周树红果断提出乘势而上，启动国家森林公园创建工作。他精心选调干部，成立了金丝峡管委会。9 月 1 日，国家林业局派森林公园管理办公室陈鑫峰博士、北京大学地理系教授夏正楷、南京林业大学风景园林学院徐大陆教授等 3 名专家来金丝峡实地考察和资源评估。周树红带领县上分管领导和相关部门负责人、新闻记者陪同考察。在考察返回时，突然大雨倾盆，山洪暴发，被都淋成了落汤鸡的所有人都困在了白龙湖悬空栈道脚手架上动弹不得，头顶是悬崖绝壁，随时都会有泥石流倾泻而下，脚下是咆哮的山洪，栈道和桥梁尚未完工，咆哮的洪峰已经齐腰深，进退两难。危难之时，周树红意识到此处凶险，必须尽快设法过河，否则后果不堪设想。他与林业局局长郑双武简短交流之后，身高腿长的郑双武一个箭步跨过水槽，扑向对岸，把村民送来的安全绳拴在树根上，用绳子把人一个一个拽过河，周树红和夏正楷教授由于身材瘦小，一下水就飘了起来，险些被洪水冲走……

回到县城宾馆后，周树红一边照顾专家换洗衣服，一边心情沉重的思考着下面的话怎么说，金丝峡今后的路怎么走。他特意安排给每人熬一碗姜汤，驱寒暖身防感冒，晚饭后又安排专家们看《走进金丝峡》电视风光资源片。专家们因下午遭受暴雨、洪水袭击，听说晚上加班看电视片，多有几分不乐，但出于礼貌还是都坐下来，耐着性子看，看着看着，大家的目光被金丝峡旖旎风光吸引住了，精气神上来了，28 分钟片子看完一遍之后，有专家提出“再看一遍”，结果越看越高兴，要求将《走进金丝峡》电视风光资源片一起带回北京，向国家林业局汇报。2002 年 12 月 2 日，金丝峡获批国家级森林公园，创造了中国森林公园审批史上，当年开发当年获得省级和国家级森林公园两项桂冠的奇迹。年底，金丝峡旅游开发被评为商洛市 2002 年度十大新闻。

金丝峡开发名正了，言顺了，事明了，有底气了。周树红开始谋划着如何在更高层次上宣传推介金丝峡，特别是中央电视台。央视能为一个山区小县，一个名不见经传的峡谷做宣传吗？无异于天方夜谭！然而事有奇巧，周树红得到一条消息说：中央电视台西部频道（改版后为 12 套法制频道）有一个《秦岭探访》栏目组到了河南内乡县，他立即派人联系，终于在 2004 年 7 月 8 日进入商南县，在县城简单晚饭后，摄制组一行 10 余人驱车趁夜色来到金丝峡前山，将设备和机务人员留在前山门住宿，制片人呼啸起带领摄制人员，趁夜色通过白龙峡，赶到灵官殿，住进大林公司用草木搭建的宾馆里。

呼啸起，军人出身，中央电视台资深制片人。入住后，他拎着一杯茶，坐在宾馆路边一棵板栗树下的石凳上，伴着清风明月，品茶纳凉。周树红发现后，立即叫上县电视台总编老谭一起，陪他品茶聊天，聊着聊着，就聊到了金丝峡，他无不遗憾地说："景区生态很好，你们艰苦创业的精神更好，但我们栏目的时长仅有 5 分钟，明天你们就挑精华看吧……"

翌日，天刚蒙蒙亮，摄制组人员与陪同人员，一起在"云在水中飞，鱼在天上游"的白龙湖边散步交流，早饭后，央视摄制人员与陪同向导搭配后分成两路，一路由黑龙峡溯流而上，直至 13 级瀑布群；一路登石燕寨拍山岳森林风光。央视摄制人员完全被金丝峡原汁原味原生态的景致所震撼，特别是对决策者、建设者们白手起家搞开发、艰苦创业建家园的精神所感动，破例现场采访了周树红，破例将时长 5 分钟的栏目做到了 28 分 30 秒。至于为什么要"破例"，呼啸起说："破例无偿宣传祖国大好河山中奇特生态资源风光，破例宣传共产党人诚心为民、勇于担当、开拓奋进的精神，是央视的职责与担当。"那 28 分 30 秒的节目在央视西部频道播出后，收到很好的效果，河南、湖北、山西、甘肃、宁夏、内蒙古等多个省、自治区媒体都有回应，有的还派团考察、访问、游览……这次活动之后，央视西部频道先后 3 次免费播出 21 分钟县台录制的电视节目，对于提升商南县乃至金丝峡知名度起到了巨大的推动作用。

功崇惟志　业广惟勤

2002 年，当人们还沉浸在新春佳节的欢乐喜庆的氛围之中时，周树红已经开始谋划金丝峡景区开发开工事宜。元宵节刚过，他就督促各相关部门施工队踏着皑皑白雪，进驻施工场地。

时至今日，回想当年，金丝峡开发之路是怎样走过来的？一张白纸，资金在哪里？没有资金。技术在哪里？没有真正懂得旅游开发和景区管理的专业技术人员。施工队在哪里？一切的一切都在周树红的心里，在他心灵深处为山区农民脱贫致富、过上好日子的信念里。凭着这不变的信念，在一张白纸上描绘金丝峡的蓝图，擘画金丝峡的今天，奠基金丝峡的明天。是的，信念只有在积极行动中才能生存；理想，只有在劳动中才能开花；奋斗只有在不懈的坚持中才有成就。功崇惟志，业广惟勤，锲而不舍，金石可镂。

开工了，数以百计的民工顶风冒雪，热火朝天地干起来了。工钱在哪里？领导小组利用当时政策允许县上重点项目可以捆绑使用有关部门相关基金的机会，采取给相关部门分配建设任务，由这些部门向上争取专项资金，充分调动全县各行各业智力资源、技术资源。按行业分工，各司其职，形成聚全县之力、万民之智，开发金丝峡、发展旅游业的磅礴力量。业主没钱，借钱上；工程队施工，垫资上；设计施工，同步上。整个开发过程，形成一种难能可贵、可歌可泣的金丝峡现象、金丝峡精神。周树红将这种精神概括为 16 个字：艰苦创业，开拓创新，顽强拼搏，知难而进。

开发先开路，路是脱贫之门，成功之门。峡谷没有路，也许因为没有路，才保留了他原始的童贞、原始的奥妙、原始的梦幻。现在要修路，周树红铁腕保生态，不许开山放炮，不许砍树毁草，不许施工废渣、垃圾进入河道，不用峡谷石料、砂石，不改变河道水路。当时，这“五不”就是一道铁律，谁也不能违背、篡改。在设计中坚持“避石护树、依弯就势、原汁原味”的原则。今天，在建成游步道中，还能随时看到长在路中间的树木和凸起岩石……在狭窄水深、崖陡无路、施工难度极大而又别无选择的情况下，组织“背篓帮”“扁担帮”“骡马帮”，硬是将数千万吨的钢筋、石料、水泥、细沙、木料从山门前运送峡谷内各施工现场。千余名建设者们在溪水旁搭建临时工棚，睡在潮湿的地铺上，吃干馍、喝泉水，夏战三伏，冬熬三九，从不停工，在开凿白龙湖、双溪瀑布悬空栈道，架金狮洞“天梯”，打通石燕寨鸡冠峰“天路”时，由于施工的地方都处在八、九十度的峭壁上，施工人员根本无法站立，只能腰系保险绳，像“蜘蛛人”一样，“倒挂金钟”式地在悬崖峭壁上施工作业，其艰辛程度不亚于当年修筑万里长城和红旗渠。

一吨多重的空压机，民工从山崖深潭上抬过来了；

两吨多重的工程车，化整为零通过肉肩运进来了；

在别处工程用沙按车算，或量方量，在金丝峡要过磅，按斤计价，因为沙子是人力肩扛背驮运进来的，越往深处越贵。

信念只有在积极行动中才能生存；理想，只有在劳动中才能开花；奋斗只有在不懈的坚持中才有成就。功崇惟志，业广惟勤，锲而不舍，金石可镂。

黑龙峡栈道1930米，用钢材4.5万公斤，水泥19万公斤，细沙290立方1178.5万公斤，共计729万公斤。

石燕寨上下山石阶路3990级，用石料31970块，每块60公斤，共计200多万公斤。

白龙湖堤坝，用细沙2651立方357万公斤，水泥24万公斤。

据上述三项工程不完全统计，钢材、水泥、石料、细沙合计1000多万公斤。在金丝峡这千万吨的建筑材料都是人力驮运进峡。许多民工因背石背沙，肩背上磨起了厚厚的黑茧……

石燕寨，三面临空，只有北坡一条路，险峻异常，空手上山都得手脚并用往上爬，民工们却要把每块60公斤重的石料，一块一块、一级一级的背上寨顶。特别是在南天门下的险工险段，民工们要把一块儿一块儿石料、一袋袋河沙、水泥驮到阎王碥、苍龙背，铺成青石台阶路，步步艰难，时时惊心，他们背上背着石料 ，腰上拴着绳子，即使背料人因绳子拴着，跌不下悬崖深谷，跌落的石料，也会对在陡坡上施工的民工造成严重伤害。也许是天遂人愿，也许是好人有好报，如此艰险的施工，竟无一人伤亡，完满收官。

层峦叠嶂　最美商南

旅游界最忌讳的是旅游线路设计直进直出，原路返回，没有迂回。特别是山水风光游，一条线上原路返回，游客就觉得累，且存在安全隐患。金丝峡“软肋”在这里，窘境也在这里。为了寻找迂回路线，扩大景区容量，缓解高峰期黑龙峡拥堵问题，周树红费尽心机，2003年秋，他和主管常委一起带领管委会主任、副主任、工程技术人员多次探查，决定修建石燕寨经鸡冠峰至猴楂沟情人谷旅游环线和杨家庄（栗园寨）至落花沟环线（后山环线），这是一条奇险而又风光旖旎的线路，修通后形成了一个小迂回，从根本上解决旅游高峰时段客流拥堵造成滞留的问题。勘察路线是一项费时费力十分辛苦的差事。没有路，他们就手脚并用，拽着树枝、藤条，沿陡峭的山脊攀爬，在深沟、灌木、蒿草中穿行，累了，走不动了就横七竖八地躺在枯枝落叶上休息一会儿，继续前行……

2004年11月26日，已是初冬，为寻找景区大环线，周树红又一次带领相关人员，考察冷水河，探秘间歇泉，寻找南环线。去冷水河要走商郧路，而商郧路正在三改二封闭施工。他换了县武装部的北京吉普，走了4个多小时后，又进入年久失修的乡村简易路——湘文路，又用了两个多小时，行程20公里，晚上7点才赶到冷水河中游一个名叫文化坪的村庄，在村办小学里住宿。第二天，天刚蒙蒙亮，他便催促大家吃过早饭，带足干粮，乘车在河滩便道上勉强走了5公里，汽车全爬了窝，距离传说中的间歇泉还有17公里，其中15公里是无桥无路的无人区。要在河滩乱石中高一脚低一脚地走，更要不断地蹚水过河……冷水河，顾名思义，它是深层岩泉汇成的河流，本来就冷，加之时令已是初冬，河水又冷又深，河道宽处有膝盖深，窄处有大腿根深，水流湍急。当时湘河林业派出所所长年轻力壮，个头也大，要背周树红过河，他坚决不肯，拄着棍子，水深处扶着，他太瘦弱，极其容易被水冲倒。走了多久，趟了多少道河没有人记数，其中还有约200米长的隘谷河段，两崖夹峙，水从中间湍急流淌，踩在卵石上，深一脚浅一脚，摇摇晃晃，十分费劲。清晨6点出发，下午2点才到间歇泉所在地羊角寨，不到20公里的路程，走了8个小时……

间歇泉后面的山叫羊角寨，奇峰壁立，直插云端，泉眼在山根一个宽约10米、长约12米的乱石坑，坑口往下是100米水槽与河水相会。周树红一行人到达时，水槽内苔藓叠翠，滴水全无，等了约20分钟，滩坑底下发出咕咚咕咚的声音，百姓们说是龙宫鼓乐，潮水快上来了，话音刚落，石坑底部就有水往上涌，林业局局长郑双武带有木质量尺，立即插入水中，水向上漫得很快，5 厘米，10 厘米，20 厘米，大约 35 分钟，水位上到 65 厘米，这时长满苔藓的百米水槽，浪花飞溅，涛声如雷，汇入冷水河里。每年丰水季节，一天涌 3 至 5 次，特旱之时，两或三天才涌一次。河水上涨 3 到 5 厘米，这就是古往今来冷水河流域民间所说的“潮水”。

从间歇泉回来的路上，冷水河岸边遇一处叫金线台瀑布。那里有一条沟叫黄龙洞沟，出口生成一高台，溪水从高台上飞泻而下，形成高约 100 米，宽约 20 米的瀑布，水花水雾从形态各异的钟乳石上飞下，气象万千。瀑布前面还有一奇，一棵胸约 2.7 米，高约 20 余米的四季常青的铁匠树，紧挨铁匠树干，伴生一棵胸径约 70 厘米的红豆杉树，铁匠树根旁，还伴生 6 根碗口粗细的香蔷薇，依树干盘旋而上至树顶，又潇洒下垂，形成以铁匠树为主的百余平方的绿色大冠，中间红豆杉伸出树冠顶，蔷薇藤蔓千枝百条拂下。仲春季节，蔷薇花开，白里透红，好一个天生地成的凤冠霞帔，微风轻拂，花瓣落在河里，便是一河香气。周树红一行人刚到瀑布之下，夕阳斜照，彩虹道道，美不胜收。周树红感慨地说：“冷水河虽然有前些年铁匠树被砍伐的伤痛，但仍不失为不可多得的生态旅游资源，是大金丝峡南环线上的一朵奇葩。”只是景观体量太大，投入更大，只能暂时放弃，但他还是抠了点钱，修通了文化坪到间歇泉的简易公路，方便有识有力者投资开发。由于 10 个多小时的冷水浸泡，回了县城，他胃痛、心口痛了一夜，不得不住院治疗。

周树红的身体并不够好，肝胆结石经常折磨着他，心脏也有病，每次下乡，特别是爬山过河，他总是把丹参滴丸带在身上，随时干咽……有人统计，自 2001 年 9 月 7 日第 1 次走进大峡谷开始，至 2006 年 3 月调离商南，五年间，他先后 138 次进入金丝峡景区及周边村组调研、规划、解难释疑、指导建设、掌控安全，多次和民工一起跳下水潭，用铁丝捆绑加固栈道木架，也曾多次遇险于生死一线之间。一次是在一线天峡谷里，正在与民工商议如何使栈道更牢固时，一个碗大的石头崖顶落下，擦着肩砸下，衣服上留下了石头的擦痕，皮肉无恙；二是在响水潭段指导修路时，只差半步被塌方砸中；三是在南天门处查看石台阶路的质量时，突然两眼发黑晕倒，差点滚下悬崖……

对周树红来说，最难的还不是他走进大峡谷的 138 次，而是身为发起人、决策者所承担的“开发共识风险、经济责任风险、生命安全风险、民生得失风险”。同时，他身为县委书记，他不会忘记，必须两手抓，两手都要硬。在推进生态旅游开发，加快全县经济发展步伐的同时，狠抓党的建设和党风廉政建设。自 2003 年开始，率先在商南推行选拔任用领导干部，从确定考察对象到决定任用，全程由县委常委会和全委会多次投票决定，扩大了县委常委、委员和群众在选拔任用干部方面的知情权、监督权和决定权，有效杜绝了跑官、要官、买官、卖官等用人的腐败风气，保证了本届商南干部的任用工作风清气正，商南群众至今都认为干部提拔任用实行公开、公正、民主透明的票决制，是周树红为商南那几年干部队伍建设良好政治生态，是一件具反腐意义的制度创新。2003 年 2 月，他被陕西省省政府授予“2002 年全省优秀公仆”；2004 年 7 月，被陕西省委授予“陕西省勤廉兼优领导干部”；2005 年 11 月，被提拔为商洛市委常委。“功崇惟志 业广惟勤”，共产党人周树红是出色的践行者。

水滴石穿　绳锯木断

在商南东约 100 公里处，有一座全国保存至今唯一完整的明、清县衙门，尤其是那一幅“得一官不荣，失一官不辱，勿说一官无用，地方全靠一官；吃百姓之饭，穿百姓之衣，莫道百姓可欺，自己也是百姓”的楹联，广为流传。是的，为官一任，就要造福一方，手握公权，就要为民办事。否则啥也不能，为啥选你？啥也不干，要你干啥？民生不是抽象空洞的理念，是群众实实在在的利益。

金丝峡开工伊始，资金问题曾经压得周树红食不知味，夜不能眠。每天数百人，有时上千人施工，人工费、材料费、运输费都不是一个小数目……

周树红是苦出身，儿时少吃缺穿，经常煮野菜，吃树叶充饥，经常赤脚上学、放牛。14 岁时因家中断粮，独自步行到 20 公里外的秦岭深山一个远亲家里借 20 公斤陈粮玉米，夏收后还 20 公斤小麦。儿时的清贫、好学、担当磨炼，养成了他数十年如一日的勤俭节约、艰苦朴素、诚信为人、踏实做事的人格品质。他坚信：于实用处用力，从知行合一上下功夫，一步一个脚印往前走，就一定能够到达水滴石穿、绳锯木断的境界。于是他一面抓安全、设计、施工，

“得一官不荣，失一官不辱，勿说一官无用，地方全靠一官；吃百姓之饭，穿百姓之衣，莫道百姓可欺，自己也是百姓”。

一面用自己数十年来踏实做事、诚信做人、笃志为民的人格，赢取相关领导和部门的支持，争取项目和资金，开发金丝峡，发展旅游业。

为了便于管理，便于每一元钱都能用在最需要的地方，通过会议决定，向省市争取资金，在财政局单设金丝峡开发建设专项资金账户，由县财政局长直管。他率先垂范，亲自联系争取的第一笔资金，是在2001年10月通过商南在省财政厅任文教事业处长丁云祥，给省地方电力局王局长打电话后，他找到正在西安交大一附院住院的王局长，王还挂着输液瓶，右手立即签字，批准同意给予金丝峡临时拉电资金50万元。第二笔资金是向时任商洛地委书记李元虎汇报金丝峡开发情况，李让财政局拨付10万元启动规划费。第三笔资金是邀请时任商洛行署专员李仲为和行署相关领导到金丝峡考察调研，李仲为说："抓旅游，就是抓经济"，表态给予20万元启动建设费。嗣后，在多次重要工作会议讲出了这个观点，对地委、行署领导层形成共识，起到了有力地推动作用。2002年李仲为担任地改市后的市委书记，第二次到金丝峡考察，再次研究解决栈道建设费40万元。第四笔资金是向时任省政府主管旅游的副省长赵德全汇报后，他安排副秘书长梁和平前往金丝峡实地察看后，解决了40万元规划设计费。有了这笔钱，周树红亲自联系西安建筑科技大学教授程平等专家指导，县内文化、交通、水利、建筑资深人士参与，组成了一个设计班子，集思广益开始山门设计，当时请专业设计院或设计公司，设计费需要数百万元，拿不出钱，只有自己干。他率先提出："山门要有山""要有峡的形象""三六九往上走"的创意。根据这个创意，在专家指导下，建成了经受时光沉淀，依然寓意深刻、创意独特、气韵恢宏的"山、峡"石柱门，成为标志性建筑，广受生态旅游业界好评。开始，仿古栈道长什么样，栈道怎么修？他带领相关部门领导和技术人员到汉中石门水库考察学习栈道设计施工技术；到西安翠华山地质公园考察学习游步道护栏建筑技术，广纳百家之长，创造奇峡之秀。第五笔资金，是通过商洛地委原书记冯煦初联系时任省长程安东，于2002年5月13日在商南县"关于湘太公路改造和增加移民搬迁补助资金的请示"上批示："生辉（雷生辉，时任省扶贫办主任）、忙全（李忙全，时任省计划委员会副主任）同志，可补助修路资金200万元，48户扶贫移民可列今年计划，请研究支持。"这笔资金修通了太吉河到金丝峡山门18公里旅游专线，开始峡口移民新村建设。第六笔资金是他和县城建局长一道邀请和陪同时任省建设厅总工、城镇处长杨庆福和时任商洛行署副专员马仁照考察金丝峡建设，分别扶持 35 万元和 20 万元用于石燕寨台阶路建设。就这样，东奔西走，以景动人、以情感人、以诚服人，东拼西凑，相继获得不少小额资金支持。就这样，争取 10 万元就修一座景观小桥，争取 20 万元就修一段栈道。钱，来之不易，用起来就更加仔细，一点一滴抠来的钱，特别耐用，谁也没有动心思铺张浪费，更没有邪念跑、冒、滴、漏。

2004 年为了争取国债项目支持，周树红带领副县长李吉斌、县发改局长殷鑫文，邀请并陪同省计委（发改委）副主任强文祥来金丝峡考察。强文祥认为，金丝峡是一个值得支持的好旅游项目，表态可考虑列入国债项目。但后来国家增大了民生项目投入，减少旅游项目支持，加之多位省上领导为其他几个市的旅游景区打招呼要求国债支持……强文祥无可奈何地流露出金丝峡国债项目可能挤不上了……

国债项目对金丝峡开发太重要了，开工以来，费尽心机，拼凑的资金勉强把路打通了，游客可以进去了，但要上档升级，要自立自强于国内生态旅游景区之林，不是三四百万投资可以实现的目标。正在万般无奈而又走投无路的情况下，时任省委副书记杨永茂 6 月 16 日来到商南，走进了金丝峡。他从前山门进峡，迈开大步，一个小时走到双溪瀑布，他一路看得舒心、畅快、满意，特别对商南白手起家艰苦创业的精神大加赞赏，当他得知金丝峡开发资金困难和对未来发展目标的汇报，爽快协调，周树红立即安排管委会与县委、县政府两办连夜起草报告，完善申报资料和程序。6 月 19 日（星期六）下午带着《报告》去省委东院找杨永茂副书记，由于商南县委办的车没有东院出入证，通过托人打招呼，才让车进院，不巧的是，杨书记下午有活动，要到晚上 8 点以后才能回来，周树红和司机李勇担心出了东院，就很难再进来，于是将车停在树荫下，坐在空调不起作用的桑塔纳车上，又热又渴，从下午 3 点半一直等到晚上 8 点见到杨书记，杨书记立即在报告上批示："晓东同志，近日我到商南调研时看了这个项目，确实很有发展前途，请省计委给予支持，使其尽快建成省内重要旅游景点"。6 月 21 日（星期一），周树红拿着批示，到省计委找李晓东主任，他上午参加省政府会议，周树红在省计委楼道又等了近 3 个小时，中午12时李主任回到办公室，看到永茂书记的批示，立即签字批示：“请社会处支持这件事，争取列入今年国债项目给予资金支持。”就这样，费尽周折的金丝峡项目被列入当年国债计划。

2005年，金丝峡国债资金1350万元下达，项目正式启动。县委、县政府决定由县委分管旅游的专职常委担任管理处处长，管委会主任胡金鑫担任副处长，组织专业工程队，苦战6个月，完成精品栈道6000米，生态游步道14500米，亭廊8座，游客服务中心1处，高标准卫生间10座，污水处理厂1座，建设完善了旅行安全、环保标示系统，使景观质量、环境质量、服务质量和游客满意度实现了质的飞跃，为后来5A创建奠定了良好基础。

滴水石穿，绳锯木断；精诚所至，金石为开。一笔笔数目不等的资金，一个个鲜活而又醇厚的面容，一颗颗为民谋利的诚心，无一不是镌刻在金丝峡奇峡幽谷、泉潭湖瀑、生态王国的无字铭文的厚德丰碑。

文化品牌　行稳致远

2014年《中国旅游报》有一篇文章这样写道：

金丝峡是一张名片，她传播着峡谷之都的秀美，梦幻天堂的向往；

金丝峡是一个符号，她蕴含着南北文化的交融，南北风情的体验；

金丝峡是一个品牌，她承载着生态旅游的辉煌，生态文明的畅想，天人合一的特色。

2009年12月20日，在“相约世博——2009年中国精选国际旅游品牌推广盛会暨新中国60年旅游业年度颁奖盛典”上，金丝峡景区被评为“中国国际旅游品牌建设杰出成就奖”，商南县被评为“中国最佳生态文化旅游名县”。

是殊荣，是鞭策，更是方向。体验金丝峡开发的第一锨土、第一块石，文化便与其相生相伴，相辅相成，同生共长。周树红深知：品牌是一个民族素质的重要特征，是一个国家和地区经济、科技等综合实力的重要象征，是提高企业核心竞争力的重要手段，新建的景区尤其是这样。当人类进入21世纪，英特尔前总裁格罗夫说过：“整个世界将会展开争夺‘眼球’的战役，谁能吸引更多的注意力，谁就能成为21世纪的主宰。”特别是在新的生态旅游市场，

一个个鲜活而又醇厚的面容，一颗颗为民谋利的诚心，无一不是镌刻在金丝峡奇峡幽谷、泉潭湖瀑、生态王国的无字铭文的厚德丰碑。

吸引不了注意力的景区，将经不起市场竞争的惊涛骇浪，注定要败下阵来。只有独具特色、个性化的品牌定位，才会有别于同质同类景区，才能引起游客的好奇心。因此，他进一步明白，“品牌的背后是文化。”“文化是明天的经济。”不同的品牌附着不同的特定文化，新兴的景区必然要对文化定位予足够的重视和运用。

为了打造金丝峡品牌，周树红从文化开始，通过开放文化、工程文化、节庆文化、创业文化等四个方面，共同构成金丝峡峡谷文化品牌。

开放文化。商南地处秦岭、伏牛、郧西大梁三山交汇，豫鄂陕三省毗邻的土石山区，居住分散，缺集少市，自种自收，自产自销，人称“四塞之邑”。跟随金丝峡开发的步伐，周树红大开文化山门，吸引高端文化，让商南人开阔视野，吸收学习新文化、新思想，认识新事物，开启新思维。2002 年他与时任县长高健邀请时任陕西省委副书记张宝庆为金丝峡山门题写“金丝大峡谷”门楣，为金丝峡、商南茶题咏“游峡心怡旷，品茗气清新”墨宝。邀请省慈善协会会长、原陕西省常务副省长徐山林，商洛籍著名作家贾平凹为金丝峡题词、留名。

2003 年 8 月 3 日，邀请中国作协副主席、当代著名作家陈忠实带领陕西作家群陈彦、刘炜平、方英文、孙建喜等一行 20 余人，到金丝峡采风，创作发表了数十篇赞颂金丝峡、商南茶的诗歌、散文、墨宝。陈忠实在接受记者采访时说:“金丝大峡谷是我第一次听到,也是第一次看到,真是有点不可思议……这不是一处峡谷，而是通体峡谷，气象万千，一步一景，走到任何一处，都是一方风景，一步天地，没有重复之处，令人心旷神怡，美不胜收。”

2003 年由本县资深文化人谭学礼作词，当代著名作曲家，时任中国音协主席赵季平作曲，著名青年歌手谭晶首唱，中国爱乐乐团伴奏的《美丽的金丝峡》在北京录制成功，翌年参加中国音乐家协会、陕西省政府联合举办的旅游歌曲大奖赛获得金奖。西安音乐学院作曲系教授陈大明，冯艺，还有全国知名的词作家车行，都曾为金丝峡景区作曲、作词。本土作者叶有声等，结合民俗特色，创作了一批歌舞小品。

2004 年 5 月 23 日至 25 日，又邀请著名诗人、鲁迅文学院常务副院长雷抒雁携陕西在京文化名人周明、阎刚、白桦、何西来、李炳银、南云端、王宗仁等一批作家到金丝峡采风。在 2002 至 2005 这四年间，先后有 200 多位全国著名作家、诗人、摄影家、画家、文艺评论家，受邀走进金丝峡，留下大量传世作品墨宝。相继出版发行了《奇山秀水金丝峡》《走进金丝峡》《金丝峡诗文集》。还有商南人刘凤鑫的个人著述《寻梦金丝峡》，以及大量影视作品、音像制品，都构成了金丝峡品牌文化的基石。

节庆文化是历史文化，也是民俗文化。随着金丝峡景区开发，营运上档升级，他将商南传统的节庆文化，打造成特色文化。2004 年 4 月 27 日，精心策划了商南首届旅游茶叶文化节，央视《乡村大世界》栏目走进商南。时任省人大常委会副主任陈再生、时任省政协副主席石学友等省级领导，中国旅游报、陕西日报、西安晚报、华商报、陕西省电视台、西安电视台等 20 多家新闻媒体对节庆活动进行了全方位的报道。第二届旅游茶叶节，参与人数超过 6 万，是商南城区人口的两倍还多。除大小宾馆、饭店、旅社家家爆满之外，许多机关、学校、居民家庭打地铺待客，还辐射到周边的河南西峡、淅川，湖北郧县，陕西丹凤，300 多家客商集聚商南，签约 36 个，引资 3 亿多元，扩大了商南与周边省、市、县的合作。开商南乃至商洛节庆文化、节庆经济效益之先河。

工程与文化原本是两个很大的领域。长期以来，学界将工程与文化分别研究，成为两条道上跑的车。在金丝峡，工程建设开工之时，周树红就提出："文化是灵魂，工程是平台，一定要把工程当文化做，把文化当工程做。"因此，金丝峡基础设施工程设计、施工处处浸润着生态文化艺术元素。从白龙峡到黑龙峡魔女瀑布的游步道，有栈道、生态步道，还有石板路……用材都十分考究，栈道有进口红椿木和当地原木，交替使用，颜色变幻，视角不累。人行道有蘑菇石、文化石、河卵石随机铺筑，多姿多彩。在月牙峡那种难以逾越的险工险段，用钢索在跌水潭上面建 120 米索桥，将游客恐惧感变成轻快、欢乐感。由于工程起步之时，就深深地植入了文化基因，工程越做越细，越做越精。景区规划建设的五个文化园：兰花文化园、药用植物园、民俗文化园、烽火文化园、茶叶博览园，还有驰名的 10 里兰花谷，是重点的文化休闲工程。景区每一处景观命名，都有一段历史文化、生态文化的故事……流淌着工程文化特色，彰显品牌文化韵律。

创业文化。金丝峡有一个著名景观叫"石生树"，那是一颗顽强生长在一块巨石上的国家二类保护的珍稀树种——金钱槭。它没生长在泥土或沙土中，而是硬生生将自己的根扎入无土无水坚硬无比的石缝中，形成奇特、超人想象的“ 石生树”奇观。就像那棵倔强而又茂盛的石生树一样，周树红为了商南的贫困农民脱贫致富，他不辞艰辛，几乎走遍商南的每一座山头，每一条深沟，在人迹罕至的深山老林中爬绝壁、过深涧、啃干粮、避野兽，最终选择了金丝峡这片开发难度最大、投资强度最大，但也是生态价值最高的洪荒之地，作为生态旅游开发的突破口，白手起家，逆势开发，形成了学界、业界、社会广泛认同和赞赏的：知难而进，顽强拼搏的奋斗精神；尊重自然，高端规划，规范管理的科学精神；不循常理，敢为人先的创新精神；石树共生，刚柔相济的和谐精神；百折不回，笃志为民的民本精神。周树红将其概括为：“知难而进、开拓创新、坚韧不拔、笃志富民”的金丝峡精神。后来演进为国家旅游学界、业界认同的金丝峡价值。《中国旅游报》《人民日报》大篇幅、系列性刊登推广。金丝峡艰苦创业的价值，不仅是物质的价值而且是精神的价值。

景民共富　君子豹变

金丝峡所在地——小河流域，是商南县最贫困的地域之一，山高坡陡，背南面北，居住在这里的农民，世世代代，垦荒撂荒，掠夺经营，水土流失。所谓的土地，多是 25 度左右的挂牌石碴地，没有真正意义上的良田沃土，住房有半数以上是土木结构的石板房，冬天刮风下雪，雪花随风从石板间隙飞进屋里，落在床上、地下、家具上……夏秋雨季，雨亦随风飘进屋里，当地人说，外面下大雨，屋里下小雨。有少数贫困家庭，卫生很差，人在棍棍床上睡，猪在棍棍床下眠……

金丝峡开发，巨大的人流、物流、信息流、资金流冲击着这里的农民。他们试着从家里走出来，他们把漫山遍野的凉粉树上的叶子采下来，做成凉粉，过去每年夏秋之交，青黄不接的年月，经常吃这个充饥，现在他们给起了个好听的名字，叫“神仙叶子凉粉”；把苞谷脱了皮熬成稀饭，为游人消暑充饥。为了鼓励这些山里人摆摊、练摊挣零花钱，周树红每次进峡，都在农民的小吃摊上吃一顿，还嘱咐随行人员，要家家吃遍，不要把谁家漏了，更要记着付钱，不许白吃。而他每次吃过之后，回到城里，胃要痛一宿……

2002年秋天，这里的农民就实实在在感受到了好处，他们从来没见过青壳带皮的核桃，比干核桃还贵，连着包壳的玉米穗子2元钱一根，每逢旅游车来了，他们就整篓子往车窗里面递，大把的钞票进了庄稼人的口袋。变了，一切都变了，鸡蛋价格涨了一倍又一倍；活鸡由5元一只涨到了50元、80元一只；小工工钱由每天10元涨到了100元，还在不断看涨。山上野生的猕猴桃、板栗、柿子、五味子样样都变钱；过去无人问津烂了沤粪的山野菜，摇身一变成了游客每吃必点的绿色佳肴。

2002年是祖祖辈辈穷苦的金丝峡人由封闭到开放，由贫困到富裕的重要节点，当时要在一片河滩上建山门、停车场，如何安置周边21户原住居民，有两个方案，一是按外地开发新景区那样，原住民要全部搬迁，理由是便于景区建设、经营、管理。但被迁出的原住居民常因生活困境，常常与景区对立。二是就地安置。这样，许多人担心给景区开发建设、经营管理增加困难，特别是增加投资。周树红义无反顾地选择了后者，坚定地认为：只有处理好景区发展与关联人群的脱贫致富问题，一起规划一起实施，才有生态景区的持续繁荣与发展。因此他做出决定：原住居民21户农民不搬迁，采取统一规划、扶贫补贴、个人自筹相结合，建设相对高端的农家乐一条街，各家各户拆除了旧房破院，建起了设计美观、实用的三层楼房，依托旅游接待服务增收致富，使其成为与景区唇齿相依、荣辱与共的共同体。他破解了在生态旅游开发建设方面，原住居民搬迁难、安置难、和谐难的景民矛盾，开辟了“景民共富”的先例。受到了国家旅游管理部门的高度赞扬和重视，被称之为“创新生态旅游新价值”的典范。

金丝峡的开发，探索出了贫困的土石山区走出贫困，持续发展的新途径。昔日荒凉偏僻的深峡幽谷，成了都市人向往的美丽乡村和养生天堂。随着开发的深入，效益的提升，财富的积累，参与开发的大批农民，由农民变市民，由老农变老板，由祖祖辈辈居住的土坯石板房变成砖混结构、设计合理的小楼房，周边乡镇，先后有300多户农民经营旅馆、饭店、农家乐，经销旅游商品和农副土特产品，年收入在5万元至20万元之间，有40余户农民在县城买了住宅楼，由农民变成了市民。景区农民人均年收入由1000多元增长至10000多元，户均消费水平由5000多元增长到了30000多元，短短5年间，人均年收入增长了10倍，户均年消费增长6倍。

“合抱之木，生于毫末；九层之台，起于垒土；千里之行，始于足下。身为先行者，图功易，成功难；成功易，守功难；守功易，终功难”。

金丝峡的山变了、水变了、人更变了。这一切的变化，演绎了3000年前《易经》革卦的一句成语——君子豹变。说的是小豹子出生时毛茸茸，既不好看，也没有力量，随着时间的推移，小豹子慢慢脱掉了茸毛，皮肤变得光滑并且生出美丽的斑纹，强健的体格。

这是一个由丑变美、由弱变强的渐进过程，也隐含一个人的精神成长成熟的过程。金丝峡的开发，使商南第三产业迅猛发展，强力推动了商南新型城镇化的发展。

鹿城，商南县城的别称。作为吏治之所，始于明成化十三年（1477年），其前身龙泉镇可追溯到公元前221年的先秦时期。

悠久的历史，是积淀、是财富，但并不等同于繁荣与昌盛。2000多年来，由于远离都市，经济中心辐射薄弱；交通不便，信息不灵；居住星散，缺集少市，经济文化发展远远落后周边县市。新中国成立之初，县城仅有0.24平方公里，人口3000人。30年后，改革开放，城区面积近2平方公里。又20年后，进入21世纪，城区面积也不到5平方公里，县城一直处于半城半村，半农半商的状态……

社会进步无非两个方面，即生产进步和生活进步。这两大进步都离不开城市这个抓手。经济学家认为：市场经济就是城市“化”经济，都市“化”经济。而城市对区域经济社会发展的带动作用，取决于城市人口的规模，以及产业支撑力、经济辐射力、文化影响力、政治领导力、社会管理力、人心凝聚力、要素聚集力……回眸商南漫长而艰辛的发展滞后史，根本的原因是城市发展滞后，城镇带动力不足，产业支撑力不够……

金丝峡的开发，生态旅游蓬勃兴起，人流、物流、信息流、资金流，还有改革开放后先富起来的农民渴望进城居住，尤其是学生渴望进城享受优质的教育资源，这些因素形成强大的推力，推动扩城建镇，走新型城镇化的道路。2005年周树红在县委全委会上提出县城“东扩、南移、西延、北改”的扩建路线图。他因工作升职，于2006年离开商南，继任者一任接着一任干，不断地升级做优金丝峡景区，直到建成国家5A景区，县城开始了千年大开拓、千年大发展、千年大扩张，至2018年，县城面积达到12平方公里，人口超过8万，占全县总人口的三分之一，城镇化率达到了57.35%。

旅游，从金丝峡一个景区的单打独奏，走向全域旅游，陕西旅游强县。城市强势扩张，高高昂起了商南政治、经济、社会、文化、生态发展的龙头。21 世纪之初的 10 年，全县国民生产总值 5.83 亿元，财政收入 2956 万元 ，固定资产投资 2.41 亿元，农民人均纯收入 1283 元，居民可支配收入 5278 元，宏观经济的三项指标和人民生活的两项指标，均在商洛市位列倒数第一或第二。2011 年，国民生产总值 38.82 亿元，财政收入 1.297 亿元，固定资产投资 30.99 亿元，农民人均纯收入 4678 元 ，城镇居民可支配收入 17327 元，分别是 2002 年的 6.66 倍、6.79 倍、12.86 倍、3.56 倍和 3.28 倍。2018 年国民生产总值 87.9 亿元，财政收入 3.98 亿元，固定资产投资 132.53 亿元，农民人均纯收入 7870 元，城镇居民可支配收入 22720 元分别是 2011 年的 2.5 倍、2 倍、4.2 倍、1.3 倍和 1.7 倍。这一年，全县接待游客 879.22 万人次。实现旅游综合收入 49.24 亿元，其中金丝峡景区接待游客 114.93 万人次，门票收入 9166.4 万元，仅此一项是 2002 年全县财政收入的 3 倍。生态旅游，撑起了县域经济的半壁江山。

功成不必在我，成功必定有我。最近我看到了周树红撰写的约 6 万字的回忆文章《金丝峡纪事》初稿，他在记述开发过程中，有名有姓有事物地记录了 300 名(次)的建设者、支持者、管理者，其中有省市领导、专家、文化艺术名人，而更多的是向导、踏荒人、攀登附壁开路人……他用这种方式“受人以木桃，报之以琼浆”。特别是资金方面，为他抒围解围的人士，他念念不忘。他说：“没有这些人，就没有金丝峡”。“合抱之木，生于毫末；九层之台，起于垒土；千里之行，始于足下。身为先行者，图功易，成功难；成功易，守功难；守功易，终功难”……历史的长河，时而惊涛骇浪，时而微波荡漾；时而巨浪拍岸，时而五彩缤纷。只有图民不图己，有功不居功，有誉不损誉，方能领略中华文化五千年源远流长。

金丝是座回音壁，奇峡无语读春秋。

金丝红叶邀您来

把难做的事做出彩

李治军

“能够作为商南县扶贫干部的代表，进京参加表彰大会，我心里满怀感恩和感谢！”3月2日，谈起2月25日在北京参加全国脱贫攻坚总结表彰大会时，沈稳国激动地说。

今年44岁的沈稳国是商南县扶贫开发局副局长，中等身材、微胖，看起来憨厚忠实。作为县扶贫开发局班子副职，不像镇党委书记或驻村第一书记那样身处镇村扶贫最前沿，那他有着怎样的扶贫故事或突出业绩而荣获“全国脱贫攻坚先进个人”这一至高荣誉？

充当参谋助手

脱贫攻坚是一场啃“硬骨头”的攻坚战。从一个县看，整个脱贫攻坚工作有序有力推进，“核心引擎”是全县脱贫攻坚工作领导小组。而领导小组办公室就设在县扶贫开发局。于是，县扶贫开发局是整个脱贫攻坚工作关键之所在。

2016年3月，沈稳国被任命为县扶贫开发局党组成员、信息中心主任，扛起了全县脱贫攻坚工作的一份重担，而后从信息中心主任成长为县扶贫开发局副局长。他的工作除了负责扶贫对象建档立卡工作外，还参与了全县脱贫攻坚所有中心工作。县上“三排查三清零”、省级成效考核、贫困县退出省级第三方评估、贫困县退出国家抽查、脱贫攻坚普查等重大工作的开展，重要方案的研究制定，重要文稿的起草，重要工作措施的出台、实施、检查、督导等，都有沈稳国的身影，浸润着他辛勤的汗水。

由于注重学习、善于思考、精心研究，面对许多新情况、新问题时，他总能“谋出好点子”，想出的办法、举措、方案等最后都得到县扶贫开发局党组的同意，也得到县委、县政府的认可和采用。

2016 年以来，就贫困户、贫困村的退出工作，沈稳国结合实际，研究制定了村“四支队伍”研判记录、民主评议会方案、县级核查工作方案等 18 项工作规范，全县统一标准，确保了扶贫对象退出程序规范、质量可靠。2020 年，商南贫困县摘帽后，着眼巩固脱贫成果，沈稳国又研究制定了防止返贫致贫动态监测帮扶工作机制，对全县 2014 年以来建档立卡贫困人口和常住非贫困人口，实行分级分类管理，跟踪监测预警，动态精准帮扶，全面筑牢防返贫致贫“堤坝”。这一机制的实行，有效防止了新增返贫致贫现象，工作做法被市上推荐为全省防返贫预警监测典型案例。

当好创新旗手

“脱贫攻坚工作数据信息工作量大面广、动态变化，看起来似乎简单，做起来难，是吃苦受累的活儿。”沈稳国介绍。

不管是任信息中心主任，还是扶贫开发局副局长，5 年来，沈稳国一直负责全县扶贫对象建档立卡、数据信息管理工作。他认真做好数据信息的采集、录入、审核、运用等工作，完善了数据管理、三级会审、信息共享、安全管理等工作机制，建立起以县扶贫开发信息监测中心为龙头、22 个部门为单元、10 个镇办为主体、120 个有脱贫攻坚任务的村（社区）为基础的联动共享的大数据扶贫工作格局，提高了数据信息质量。

不仅如此，沈稳国善于研究，在业务方面，能把上级精神要求与县上实际结合起来，创新开展工作。2017 年 4 月，为做到精准识别，沈稳国研究制定了贫困人口识别村组“九步工作法”在全县实行，按照成立村组贫困人口识别审定小组、到户宣传政策、到户摸排核查家庭信息、召开村民小组户代表评议会议等九个步骤，定准贫困户，为全县精准扶贫夯实基础。

在脱贫攻坚中，扶贫对象数据信息空项、逻辑错误、异常值等现象时有发生，监测难度非常大。为了破解这一难题，2018 年 8 月，沈稳国带领团队创新研究出表格函数监测法，运用 Excel 表格实时审核监测贫困人口基本信息、帮扶措施、项目资金等信息 100 多项，并能及时修正疑似错误。这一监测法在商洛市得到推广运用，并被省上推广，减轻了日常人工核实数据信息的工作量，大大提升了数据监测的效率。他还探索建立了数据信息“七核三审五统一”和责任倒查等制度，商南县脱贫攻坚数据信息质量也因此位居省市前列。2020 年 10 月，省扶贫办将商南县“健全六项机制、提升建档质量”案例作为典型案例推荐上报国务院扶贫办。

5 年来，一项项经过沈稳国这位创新旗手谋划、制定的工作方案、工作举措等被商南县委、县政府采用。这些创新之举对该县打赢脱贫攻坚战起到了重要作用。

做好业务能手

在商南县扶贫开发局，谈到敬业，“5 加 2”“白加黑”可以说是每一名干部的常态，而沈稳国的敬业更具代表性。他经常熬夜加班，有时更是彻夜加班、昼夜奋战。因为工作，他不得不牺牲对家人的应尽义务，牺牲对亲戚的应尽情分。

2017 年 5 月，沈稳国的妻子要生二孩，当时商南县正在进行扶贫对象数据清洗，沈稳国正在召开业务培训会，忙得脱不了身，还是妻子的朋友帮忙将他妻子送到医院生产。同年 10 月，沈稳国的岳父脑出血住院，病情危及生命。当时县上正在进行扶贫对象动态调整，沈稳国白天上班，只能在晚上挤出一点时间去医院看护。一个月后，他的岳父不幸去世。由于陪伴照料得很少，沈稳国的心里留下了永久的遗憾。

在 2017 年扶贫对象数据清洗的 70 多天里，他作为全县唯一的政策解答指导员，几乎每天接打电话 200 多个。深更半夜，他的电话也被打个不停，但他总是耐心地解答。

业精于勤。正因为身上那一股拼劲，迸发出强烈的敬业精神，沈稳国不仅成为数据信息工作的“行家里手”，也成了整个脱贫攻坚的“业务能手”。他先后牵头编写政策读本、指导手册、工作导引等 80 多期，9 次组织开展扶贫对象动态调整和建档立卡工作，为高质量完成全县 17218 户建档立卡贫困户脱贫、69 个贫困村退出和贫困县摘帽贡献了个人力量。

“但愿天下无贫困，何惧攻坚洒热血！”虽然身居平凡岗位，但沈稳国却有这样一腔豪情。秉持这样的情怀，5 年来，他始终低调务实、不计得失、默默做事，以精湛的业务能力、敬业的工作精神，成为商南县广大干部公认的扶贫战线“顶梁柱”“老黄牛”，更是面对新任务新挑战迎难而上的“拓荒牛”！

嘉木呈香鉴匠心

韩仁水

茶。人称南方嘉木。

商南茶，以其香高、味浓、耐泡、回甜的高贵品质在历年全国茶叶评审中屡获殊荣，成为陕茶劲旅、国饮新秀。

自古好茶，不仅长于名山大川，更是出自名匠大师之手。秦岭东南、丹江之畔独特的物候环境，为商南茶叶生长奠定了内质基础。商南茶人的匠心研制，让一片片绿叶独呈异香，彰显出了唐韵秦风。

刘保柱，一位实至名归的匠心茶人。

他喜欢不断雕琢自己的产品，不断改善自己的工艺，不断享受着产品在自己手中不断升华的过程。

他对细节有很高的标准，追求完美和极致，特别是对精品有着执着的坚持和追求，哪怕是把品质提高一个量级，虽然其利甚微，却长久造福于世。

他30年初心不改，潜心务茶，为商南茶产业发展做出了重要贡献。

尝一口苦涩　燃一生梦想

人生如茶。刘保柱是20世纪60年代出生的人，感受过饥饿与贫穷的煎熬，经历过激情燃烧的岁月洗礼，体味过改革开放大潮的磨砺，如今正享受着和谐小康的沐浴。其人生阅历犹如一杯刚刚在沸汤中翻滚过的浓浓炒青，清香中略带些许苦涩。

刘保柱对茶的认知是在乡村供销社的柜台上。在那个缺吃少穿，“鸡蛋换盐、两不找钱”的年代，逢年过节，才有人偶尔买上一包茶叶待客送礼，或炒糊当药给孩子消食。年少时候，他对这个味道苦涩的奢侈品似乎有些好奇，有些好感，或许这就叫茶缘。随着知识和阅历的增长，他逐渐知道了茶的渊源和茶文化的博大精深。1980年高考时，他毅然选择了西北地区唯一有茶叶专业的安康农校就读，系统学习了茶叶栽培、制茶专业知识与实践操作技能。4年后，他作为商洛第一批仅有的2名茶叶专业技术人员，被分配到商南县茶业站工作，面对心仪已久的工作岗位，他激情满满，励志种茶制茶，誓让当时尚显奢华的茶叶香飘万家。

上天捉弄人，现实更骨感。1982年，各乡村茶场3000多亩茶园已进入丰产期，另有4000多亩茶园也即将开始采摘。此时正值土地承包到户，不少群众为了多打粮食，一些地方就出现了毁茶种粮风潮，1983年，全县茶园由7000亩锐减到5000亩。他毕业当年全县又发生了严重冰冻灾害，冻伤茶叶1000多亩。1985年，县上交由商洛地区农副公司代销的1万公斤简装散茶连一点都没有卖掉。茶叶卖出去了是宝，卖不出去就是草。但在当时，茶叶销售一直延续着过去计划经济时代的老路，国家统一定价，供销社统一经营，由于产销不能见面，直接影响着茶叶的发展。

人生苦闷，莫过于有技术而难有用武之地，有满腔热情却遭遇坐冷板凳。面对此境遇，家人三番五次劝他回老家河南去某工商银行工作，同学捎信让他去西藏支边到某职中教书，好几位朋友也劝他改行当干部。而且当年商南县委组织部门，有让他去白玉区当副区长（副科）的意向。最终他还是经不住“老站长”、商南茶叶奠基人张淑珍同志的再三挽留。挽留住他的，一个是张淑珍不甘失败、执着务茶的精神感召，让不产茶的商南县产出了茶叶并获得成功；

一个是“老站长”放权放手让年轻人大胆闯的开明做派，让他感觉到专心务茶必能拓出一片天地；还有一个是国务院（1984）75号文件，出台了允许事业单位办实体的政策，是机遇，也是挑战。权衡于再三之后的选择更让人心坚志笃，励志务茶的信念从此坚定。“遇到开明领导、知遇恩师是我今生最大的福气！”刘保柱如是说。

商南市“鹿茗杯”茶艺技能竞赛

1985年，县茶业站办实体成立了国营商南县茶叶联营公司，尽管是一套人马，两个牌子，但从产到销的衔接上就更顺畅了，从此开启了公司联乡村茶场加农户的茶叶生产、加工、销售联营模式。年底联营公司将地区农副公司未卖出的1万公斤茶叶拉回商南降价返销，公司员工走街串巷当小贩，为商南茶零售吆喝，不到两个月售罄，挣了两万元，收获了“第一桶金”。这一年，群众毁茶风潮戛然而止，茶叶联营公司做了政府禁而未止的事。1985年，可以说是刘保柱人生的转折点，也是商南茶业发展由小而兴的转折点。

耐得住心烦　吃得了苦头

嘉木呈香，贵在茶品。20世纪八九十年代，全县茶叶种植和田间管理技术、手工制茶技术推广还不到位。作为技术员，他显得更忙。尤其是春天，早春他要到全县各地调查茶叶长势，清明前后一两个月，他要到各茶场现场教授并示范手工制茶技艺。最苦的是1986年，那时全站只有2名专业技术员，他每天骑自行车70公里穿梭于16个茶场，手把手教授毛尖茶制作，哪黑哪歇，一天亲手制茶10小时以上。在当时交通不便的情况下，打着马灯火把骑单车走夜路也是常事，尤其是当时富水邵家沟茶场还不通道路，每次下去都要翻山，走好几里山中小路，把初制好的茶叶抬回茶叶站精制。吃苦他不怕，技术他过硬，制茶季节他便成了最吃香、最受抬举的人。

手制一杯好茶，全凭一心敬茶。敬茶就是敬业。中华民族历来有“敬业乐群”“忠于职守”的优良传统。早在春秋时期，孔子就主张人在一生中始终要“执事敬”“事思敬”“修己敬”。在务茶、制茶的漫长而又艰辛的过程中，刘保柱就是凭着“三敬”的匠心，始终如一，精益求精。初期，没有机械，全是土法制茶，制茶全靠手工，而且是讲究细致、来不得半点马虎的手工活儿，丝毫不比中医问诊把脉的望闻问切逊色。要凭双眼对鲜叶含水量进行审度，凭双耳听鲜叶下锅声响来判定锅温，凭双手翻推和透闷技术运用，解决杀青火候，凭揉捻轻重掌控茶汁沁出的程度，再凭锅温决定烘茶的时间，最后凭鼻子闻、入杯泡、入口品来判定是否制就了一锅好茶。一个环节不到或过了火候，就会出现红梗红叶、叶底破损，红汤、浊汤，焦糊或青草气味。

他最自豪的就是被人称呼“刘老师”“刘师傅”，这个称呼让他小有成就感。他知道，他吃香的原因是他懂技术、有手艺，他的技术能给茶场和茶农带来收益。因此每当制茶的时候，自己就进入了忘我不累的境界，曾经创下了单日手工制作毛尖茶 10 斤的纪录。

俗话说，3 年成工，10 年成匠，20 年成师。作为商南茶早期研发人，经过长期的磨砺与摸索，他主持并编制了商南泉茗、商南仙茗手工制作工艺流程。他自工作到商南名优茶实现机械化生产 10 多年间，先后带徒授艺 200 多人，其中 70 余人拿到了手工制茶技师证书。涌现出了万世宏、张旭、董家福、田宏亮等一批因茶致富的农民制茶师。目前，商南茶手工制作技艺已被列入商洛市“非物质文化遗产名录”，非遗传承人中，大多是他“徒弟”。

茶业站的工作季节性很强。从开春到年底基本上都排出日程，早春抓防冻施肥，清明节前后抓名优茶制作，谷雨之后抓眉茶、乌龙等大宗茶制作，立夏之后抓修剪施肥、搞技能培训，秋季抓建园扩基地，入冬抓茶园综合科管。

他既是茶业站技术人员又是茶叶联营公司经理。从茶叶种植、田间管理、采摘加工到包装销售各个环节他都要身赴一线，并且要在实践中不断学习、摸索、总结、创新。用幽默点说法，他这几十年把茶业全产业链的岗位都干遍了。

1986 年，他挑头成立两个课题组开展名优茶研制，在全站技术人员的共同努力下，研制出了“商南泉茗”，由他执笔对该茶的制作工艺流程及技术标准和等级品评进行规范，并成功注册了“双山牌”商标，自此，商南茶由散茶销售进入了有品牌、有包装的时代。

2002 年，身为研发组长的他组织技术人员开发研制“商南仙茗”，先后到浙江龙井村、湖北恩施等地学习，通过反复试验，制定了可行的实施方案和科学合理的工艺流程，在生产中不断完善和提高，起草编制了“商南仙茗”茶的技术规程。2008 年 10 月，“商南仙茗技术开发”项目获得商洛市科学技术二等奖。

福建自古是中国乌龙茶生产和出口基地，也是海上丝绸之路的重要起点。2003 年初，已是副站长的他了解到乌龙茶市场前景广阔，就带领几名技术骨干南下福建学艺，无奈当地人很精明，几个知名茶场均不允许参观、不传授技术、不愿意合作。最后，刘保柱心一横，脱下西装领带，换上粗布工装，以茶人风吹日晒的皮糙脸黑模样成功进入一家知名茶厂打工偷艺。经过两个多月的“卧底”，基本掌握了乌龙茶制作的工艺流程和基本技艺。这一次偷艺途中不仅收获了 10 多张福建茶农的名片，还结识了一位“台湾珠茶”（乌龙）专家。

随即，县茶叶联营公司新上了全省第一条乌龙茶（青茶）生产线，高薪请来了 20 多位专家和福建茶农的现场指导。但由于商南茶生长自北纬 33° 左右，鲜叶果胶比较厚，加之儿茶素含量较高，因此在制茶过程中很难掌握发酵时间、揉制轻重。2 年时间，他 20 多次多反复研究工艺流程、修改技术参数，终于在 2005 年初春，研制出了商南玉观音、铁观音、乌龙茶系列茶，2008 年商南乌龙茶获得陕西省名牌产品称号。商南乌龙茶开发工作比省茶叶协会启动陕西乌龙茶生产计划早两年，在全省乌龙茶开发评比会上名列第一，同时乌龙茶生产充分利用了本地秋季原料，改春夏两季生产为春夏秋三季生产，提高了茶农的经济效益，成为茶叶发展新的增长点。

为了推进商南茶品类多样化、多元化，2010 年，由他任商南红茶、茯茶研发小组组长，先后带领全县技术骨干五上武夷山、三下勐海考察见习，学习红茶制作技艺。并指导县恩普农业开发有限公司引进了陕西第一条红茶清洁化生产线，经过反复试产试制，历时两年，商南红茶才得以上市销售。2014 年商南茯茶（黑茶）研制成功。目前，“双山牌”商南茶已具有绿、青、红、白、黑四大类 30 多个系列产品。县茶叶联营公司生产的商南泉茗、秦岭泉茗绿茶

中华民族历来有“敬业乐群”“忠于职守”的优良传统。早在春秋时期，孔子就主张人在一生中始终要“执事敬”“事思敬”“修己敬”。

连续获得第三、第四届国饮杯、中茶杯特等奖，商南红茶获一等奖。

名茶一缕香　春秋甘苦尝

刘保柱初以种茶研茶为长，再以制茶销茶为业。30 年励志磨剑，终成陕西制茶名匠，茶叶品鉴大师，资深茶叶专家。传道、授业、解惑是他职责，也是他所好。

他坚持以发展商南茶产业为己任，倾心务茶，潜心研茶，全心兴茶。2016 年他任茶叶联营公司经理、县茶叶协会会长以后，先后主持修编了商南县茶业“十三五”发展规划，茶业转型升级和茶产业扶贫相关措施；主持修编了《秦岭泉茗》《秦岭绿茶》《商南泉茗》《商南炒青》《商南仙茗》《商南乌龙茶》和商南红茶、茯茶等制茶技术规范和分级评定标准；参与了商南茶叶公共品牌“商南鹿茗”的组织策划和推广工作；参与了全县茶叶有机茶园地理标志认证的申报工作，全县有机茶园认证面积 20000 亩，商南茶地理标志认证面积达 150000 亩。

特别是近年来，全国无性系茶叶大田繁育获得成功后，他遵照县政府的指示，领衔开展了无性系良种引进建园技术攻关。经过 10 年的屡败屡战，先后攻破防冻关、抗旱关、抗病关、工艺流程关，不仅成功引进了龙井 43、安吉白茶、陕茶 1 号、乌牛早、金牡丹等 10 个适宜当地栽植的无性系茶品种，而且在引种过程中摸索出了一套小拱棚遮阴防冻保墒栽培技术，使无性系茶叶建园成活率由不足 50% 提高到 90%，该技术的推广运用，加速了无性系茶叶建园速度，仅五年时间，使商南无性系茶叶面积由不足 200 亩提升到 40000 亩，繁育面积位居全省之首，使商南茶园开采上市时间由清明节前后提早到春分前后。随着商南茶提早半月上市，市场竞争力和知名度得到了明显提升。

他坚持以培养商南茶人为己任，任茶叶协会会长 5 年间，组织举办各类茶叶技术培训班 130 场次，培训人数逾 5000 人，发放茶叶栽培和科管技术资料 12000 份，培训职业农民 250 人，其中 123 人获制茶师资格，3 人获高级制茶师资格。

他坚持以发展壮大县茶叶联营公司为己任，任公司经理 5 年间，他带领公司一班人，以诚信经营闯市场，以品质取胜拓销路。通过引进无性系良种建园，新建了 10000 亩生态观光茶园；通过技术改造，建成了 5000 ㎡现代化茶叶精制加工厂和 6 条清洁化生产线，年生产能力达到 500 吨；通过设点销售，在县以外设立直销店和销售网点 100 多个；通过电商平台、抖音直播带货拓展线上销售渠道，2020 年陕西首届网上茶博会上，“双山牌”泉茗、红茶再获金奖，并获得一批大订单，克服了新冠疫情对企业茶叶销售的影响。通过抓管理，强品牌，使公司品牌信誉得到提升，先后荣获省文明单位，省农产业化重点龙头企业，农业部技术推广县先进单位等称号。

他坚持以服务全县茶企茶农为己任，春季采茶季节，在全县 40 多个规模茶企加工生产过程中，他都亲临现场巡回指导，从鲜叶采摘、工艺流程把控、机械操作到技术要领掌控，分级包装实施过程指导；在种茶栽茶季节，凡是百亩以上的茶叶基地建设过程中，他都深入田间地头，都现场示范指导茶籽点播、茶苗移栽。为了方便解决茶农遇到的具体问题，他以茶叶协会的名义牵头成立了专家技术服务团，建立了服务热线，采取集中受理，分片包抓的办法及时上门，为茶农解决难题。这几年，他每年下基层行程都在 3 万公里以上。

对这种既要管理一个企业，又要忙一县茶事的做法，他的解释是：我能为全县茶企茶农提供技术指导，说明我这个“小老头”还堪用，我不能负了群众信任、负了工匠头衔，更不能背负了共产党人的名号，降格了茶人的价值！

抱团图发展　升级道路宽

2016 年，农业部印发了《关于抓住机遇做强茶产业的意见》，省政府印发了陕茶振兴的《实施意见》就茶产业转型升级提出了目标要求。就商南茶产业转型升级之路，刘保柱既有切身实践又有真知灼见。因为他既可堪称是商南茶产业发展的指导员，又可称为运动员。他以茶叶协会名义邀请西北农林科技大学茶叶专家教授来商南诊脉，带领技术人员赴外地考察学习的基础上，起草了商南茶产业转型升级意见，提出全县要走“政策扶茶、质量立茶、品牌强茶、文化兴茶”道路，努力实现“茶叶良种化、茶园生态化、茶品多元化、经营产业化、质量标准化”发展目标。重点要在抓转型促提升上下功夫，由分散粗放种植管理向无性系良种、高产规模化转型，提升茶叶单产和品质；从传统作坊式加工向清洁化、精细化加工转型，提升茶叶加工水平；由小企小场小品牌向培育集团公司、培育公共品牌转型，提升龙头企业、著名品牌的带动作用；由单一的茶叶生产向多元化营销方式转型，提升市场竞争力；由单一的茶叶生产销售向旅游、文化等产业融合转型，持续提升茶产业综合效益。在推动全县茶产业创新驱动发展方面，他提出在技术上创新，与科研院所联合攻关，支持茶叶新品研发、技术攻关、技术培训、技术指导、人才培养，形成一支相对稳定技术骨干队伍。培育专门人才，重视吸引国内茶叶专业人才来商就业、创业，加强技术培训，通过“走出去、请进来”的方式，对从事茶叶生产的员工进行技能培训。在机制创新上，他提出把项目资金和县财政投入资金（不含奖励资金）以股权投入方式，交由县茶叶联营公司和基层组织（村委会、合作社）代政府持股，收益向贫困村贫困户覆盖，不断壮大国有经济和集体经济，同时吸引社会资本多元化投入。在管理创新上，着重完善商南茶建园、科管和茶叶生产、加工技术规范，构建质量管理标准体系。加强产地保护、产品认证、市场监督和示范创建工作，以管理促进提质、增效。

陕西省首席茶叶专家肖斌教授对商南茶给予了很高评价。他说陕茶内质可以征服全世界，商南茶叶品质全省首屈一指。但解决好茶卖好价的问题必须从销售上入手。在营销手段创新上，刘保柱提出“出陕西·走丝路”的营销定位，一抓名茶评优、节会展销、网络营销、窗口直销，扩大区域公用品牌、企业知名品牌影响力，把商南高端茶做靓。二抓大宗茶丝路销售，充分发挥商南茶无农残、无公害、纯天然、纯有机的品质优势，针对西部地区和丝路各国大众化需求，开发红茶、青茶、黑茶大宗产品，简化产品包装，让夏、秋季茶叶变成大宗优质商品，切实解决三季采的问题。三抓产旅融合发展，建一批茶旅观光园，开发一批茶食品、茶保健品、茶饮品、茶文化产品、茶副产品，引导茶产业与休闲、旅游、文化、科普、养生深度融合，提升产业综合效益。四抓营销网络和队伍建设。通过代理招商、营销商、代言商、网销商、培育营销集团公司，扩大营销渠道。组织专门的宣传推介队伍，策划系列茶事、茶艺活动，有针对性地宣传推介商南茶；开展商南人宣传商南茶活动，全民都当代言人，全县都推商南茶，让茶叶真正成为商南的名片。五抓茶文化培育。作为新兴茶区，更应重做茶文化培育，要把范蠡、徐霞客与商南野茶的故事做透，把茶坊、文碧峰、青山书院、青云驿的茶事做细，把商南茶歌、茶舞、茶艺做精，让茶变成文化产品，让商南茶进文艺影视作品，进专家名人视界，进高端文体节会，丰富文化内涵。

刘保柱平时话不多，但作为市县人大代表、政协委员，他的议案提出的关于商南茶发展点子却很多，被采纳的点子也有很多。当然说得最多的就是要全县茶企业茶农抱团发展。针对当前全县茶叶品牌杂小，茶品性状不稳，生产工艺不规范的问题，他提出通过规范工艺流程，严格质量标准、整合茶叶品牌、整顿市场秩序等手段，抱团发展，走一县一业、一叶富民之路，把全国名茶百强县、中国茶叶之乡的名气做大做强。2019 年，县政府通过品牌整合，注册了区域公用品牌“商南鹿茗”，并通过中央电视台宣传推介，提升了商南茶叶品牌的知名度。

用一片叶子　写一篇文章

习近平早年任浙江省委书记时曾在《之江新语》专栏上撰文，用“小小一片叶子，富裕一方百姓”。今年 4 月他来陕西考察中，同平利县老县镇蒋家坪茶农谈话时又说：“希望乡亲们因茶致富、因茶兴业，脱贫致富奔小康”。

商南茶是全县的头号脱贫致富产业，“因茶致富”在商南得到了生动实践。县内一批茶叶龙头企业借鉴茶叶联营公司带贫模式，纷纷成了全县茶叶带贫益贫的先驱。

商南茶叶联营公司早在 80 年代就以“公司 + 合作社 + 基地 + 农户”运营模式带农增收而闻名全国。脱贫攻坚决战以来，在刘保柱带领下，公司积极探索“三变改革模式”，创新农民和产业基地的利益链接机制，将农民（贫困户）捆绑在产业链上，形成“土地流转、基地务工、配股分红、技术培训、扶持发展”产业带贫机制。2016 年，该公司在富水油坊岭开建生态茶园，经过 4 年建设，新建茶园 1 万多亩。目前茶园不仅配套了农业设施，还配套了观光道路、观景亭台，成为阳城驿景区的一部分，成了陕西“最美茶园”。建园以来累计农户发放地租 81 万元，返还茶农鲜叶收购款 800 多万元，发放务工费300多万元，为279户贫困户和油坊岭村集体分红24.18万元。“如今无论老少妇孺，无论劳力强弱都能在公司联营的茶园里找到活干”“油坊岭村再无闲人”，村支书吴承奎如是说。刘保柱把茶叶变成金叶，茶树变成摇钱树的躬身实践和突出贡献，收获了老百姓的口碑，获得了2019年度“感动商洛十大人物”称号。

县茶叶联营公司的茶叶带贫模式通过全县推广，共流转土地4.7万亩，扶持带动8900户贫困户1.4万人种茶务茶，户均增收5000元。商南县2018年被评为全国茶叶扶贫示范县。

用刘保柱自己的话说，他如今已年近花甲，头也白了，腿也笨了，眼也拙了，应该培养接班人、让位年轻人了。公司能得到今天的发展，商南茶能得今天的发展，得益于科研院所的密切合作，得益县委县政府历届领导对茶产业的重视，得益政策、项目、资金上的扶持，得益茶人制出商南茶的好茶品。

刘保柱的话很少，很克己。他有一句话说“乐为人用，不好为人师”。这句话内涵很厚，哲理颇深，可以有：功崇惟志，业广惟勤；天下大事，必作于细；九层之塔，起于垒土；合抱之木，生于毫末等种种图解……但最根本的应该是：执事敬、事思敬、修己敬的敬业精神；是凝神聚力、精益求精、追求极致的精益精神；是内心笃定、着眼细节、耐心、执着的专注精神；是追求突破、革新、发展的创新精神，归根结底就是工匠精神。这种精神，是社会文明进步的尺度，是企业竞争发展的品牌资本，是员工个人成长的道德指引。

在谈到他对商南茶业发展的贡献，他感谢组织给了他的机会，人民给了他的信任和荣誉，使他成为市县人大代表、县政协委员、县劳模，感动商洛十大人物、陕茶十大匠心茶人、陕西省茶叶品鉴大师、陕西省茶产业技术体系岗位专家。他深有感触地说：茶，是有灵性的，尤其是那一片片绿色的茶叶，每一片都蕴含着天地的精华，凝聚着茶人的心血与汗水，镌刻着生态文明的壮丽篇章。

借得绿叶染画屏

韩仁水

茶为嘉木，最宜高山云雾之境。

茶为良药，最宜散解百草之毒。

茶为国饮，最宜精行俭德之人。

茶为文媒，最宜诗词歌赋之咏。

茶为农事，最宜勤劳纯朴之民。

王超，商南县沁园春茶叶有限责任公司董事长，陕西省茶业促进会会长。他以茶语，感悟务茶之道、钻研制茶之诀；以茶性探索创业之路、谋求富民之策。10多年时间，就将公司发展成为陕西省农业产业化龙头企业，将“秦园春”品牌创建成了陕西省著名商标，把马泉山茶园建成了中国优质茶园、全省“十佳休闲观光茶园”和陕西最大白茶示范基地，让“秦园春”牌茶叶获得了中国茶界多个大奖，同时让这个享誉三秦的陕茶新秀走上丝路，走出国门。

无性繁育辟蹊径

商南地处秦岭东南麓，位于商於古道上的秦楚要塞，自古即是南茶入长安的茶盐官道古驿。商南人饮茶传统由来已久，加之本县先民多源自明末清初江南太湖周边移民，因此逢年过节的时候，走亲访友必行奉茶之礼，连田间“歇伙”的时候，地头架壶煮茶便成了一道选修课。

生长在茶乡的王超，祖上也是下湖人，受“一日三茶”的熏陶，自然从小就爱喝茶。参加工作以后每遇新春头茶开采，必是抢先一泡。毕业后，因缘结识现在妻子，想讨岳丈首肯，“茶糖烟酒”自然少不得，于是当年初春，他从青山脚下骑车 20 余公里来富水王家楼给岳父买明前礼茶，在茶场排长队至午夜，终于用小半个月的工资买到 2 斤新茶。回家路上钉子扎破车胎，找人家借宿，这一宿终究没有睡踏实。经济管理专业毕业的他嗅到了茶叶俏火背后的效益与商机，他决心要自己干。种茶！

说干就干是他的性格。于是他四处求学取经，他在一次茶专家讲座中了解到无性系茶叶在南方已开始由实验示范进入大田繁育的信息，他认为这是个更大的商机，于是决定独辟蹊径，直接走无性系建茶园的创业之路。他先后前往浙江、福建、湖北、安徽等地实地考察，学习无性繁育新技术，这种繁育技术，当时在全陕西也只处于科研实验阶段。

2001 年，他在张家岗沭河寺租了 25 亩地，种上无性系茶苗。此后他再也没有闲下来，田间地头成了他的主战场，商南茶业奠基人张淑珍、西北农林科技大学教授肖斌、省园艺工作站站长巨海林等茶叶前辈的办公室和家里的会客厅成了他取经地，在前辈、专家的精心指导和自身的刻苦努力下，经过引种培育，他终于有了属于自己的一片茶园，茁壮成长的茶苗就是他的孩子！

2007 年 7 月 29 日，一场突如其来的洪水，将他的茶园变成了乱石滩，看到此景，他心如刀绞、脚似沉铅、步如酒醉，枯坐在乱石滩上，一根接着一根吞吐着浓浓沉烟，犹如沸水冲泡下的茶叶，他在无助中翻滚煎熬。最终，还是张淑珍给了他鼓励和支持，“张姨”（是商南茶界对张淑珍的尊称）从茶业基地建设经费中挤出 2 万元帮他灾后重建，鼓励他在挫折中奋起，开展无性系繁育推动南茶北移的二次革命！此时，2 个学茶的挚友张崇福、朱磊也在他危难中加入了他的队伍，3 个人经过整整一个秋天奋战，洪水后的乱石滩最终又变成茶田。打了机井，装了喷灌，重新栽上茶苗。专业技术人员的加盟让他恢复了自信，鼓起了干劲。经过反复补植补栽精细的田间管理，茶园稳步进入开

茶为嘉木，
最宜高山云雾之境。
茶为良药，
最宜散解百草之毒。
茶为国饮，
最宜精行俭德之人。
茶为文媒，
最宜诗词歌赋之咏。
茶为农事，
最宜勤劳纯朴之民。

采期，他每年产的百余斤茶叶也以礼品茶的方式进入了亲戚、朋友、茶人的茶壶和口杯中，尽管茶叶制的还很毛糙，但无性系茶叶出芽齐、上市早的特点，让人们领悟了无性系茶叶的风采，获得了陕茶界专家、茶人的青睐。

2010 年 7 月 24 日，暴雨又一次袭来，多年的心血和汗水再次付诸东流！这一次的损失让 3 个合伙人都变成了穷光蛋，但这一次的打击因为由 3 条壮汉相互帮衬而迅速抚平。痛定思痛，他们反思了过去在立地条件方面考虑不周而遭受的深刻教训，也总结了无性系繁殖过程中积累了 10 多年的经验。好在当年无性系茶叶繁育已在全省已兴起，有县政府种茶政策扶持，县茶业局项目支持，更有同事家人鼓励，“不抓商机、半途而废是孬种”！他又振作起来，茶心不灭、初心不改，以致他信心更坚定，思考问题也更冷静更理智。

为了规避洪水，他千辛万苦把茶园西移至试马，精心打造起“北茶故里，试马茶乡”。他坚信，搞无性系茶园是提升商南茶上市时间的有效途径，是提升商南茶外形品相的有力措施，是提升商南茶亩均收益的最好办法，是提振商南茶整体竞争力的最佳方案，当然也是他创业受挫而东山再起的不二选择。他坚信，以先机谋商机，是制胜之道。这条路，他要走下去。

固然在随后创建基地、创办公司、创立品牌的创业过程中也遇到了不少艰辛与困苦，但对于心里已有奋斗目标和发展方向的王超来说，“已不再是多大的事！”

科技兴茶迎坦途

科学技术是第一生产力。“没有科技，出不了名茶。科技兴茶的途径从哪里来？从书本上来，从茶学家的睿智思考和科学严谨的研究试验结果中来，也从因地制宜的实践总结中来”，这是王超的务茶之道，也是他对科技兴茶的深刻感悟。选试马“马泉山”建园，他不再以地租便宜、水源方便为前提。马泉山早在明清时期就是马帮弃丹江水道、走商於官道入长安的饮马歇脚地，其山泉清冽，加之位于三条河交汇处，这里山环水绕，时常云雾笼罩、林木葱茏，自然环境优美。经土壤化验检测，土壤肥厚且呈弱酸沙壤性状。而且全年无霜期、降雨量、有效积温和光照时数均符合茶叶生长要求，是商洛山中难得的一片种茶沃土。

务茶与务农一样，讲究良种、良法，讲求投入回报，追求亩均收益。经过请教专家、考察市场、项目论证，他决定种白茶。因为白茶是茶叶中的“贵族”。宋徽宗在《大观茶论》中讲：“白茶自为一种，与常茶不同，其条敷阐，其叶莹薄，崖林之间，偶然生出，虽非人力所致，有者不过四五家，生者不过一二株，芽英不多，尤难蒸焙”。但明清以来白茶发展滞后，近些年安吉白茶虽有发展，但数量有限，市价奇高，潜力很大。王超遂规划建立以白茶为主的茶叶基地。2011 年，王超注册成立了沁园春茶业有限责任公司，并着手从安吉调白茶树苗到马泉山栽植，但因长途调运，苗子在路途上发烧，损失大；加上南茶北移，“水土不服”，成活率很低。2012 年起，王超开始自己利用大棚插条育苗，育了两亩地，结果“全军覆没”。大棚育茶树苗，虽能保持湿度，棚内也有一定温度，但茶树苗急需要的地温却上不来，不利于插条生根发芽。找到原因，他把 2 米高的大拱棚改为 0.5 米高的矮拱棚；同时，把育苗期由春天或深秋改为 8 月下旬和 9 月上旬，来提高育苗成活率。茶树苗喜墒却又怕水，怕干旱也怕冻伤。为防骄阳把茶树苗晒死，他们一改过去用黄豆苗、苞谷苗遮阳，改用“遮阴网”“小拱棚”、地面覆膜、软管微喷等技术，成活率大幅提高。

马泉山茶山

经茶叶专家肖斌、巨海林极力引荐，与西北农林科技大学合作，在试马郭垭建设科技试验站、博士流动工作站，联合开展技术攻关，在蘸根杆插、地膜覆盖、拱棚防冻保摘、遮阴网防晒、微喷抗旱等各个环节进行着田间对比试验。经过 5 年努力，最终解决了无性系繁育茶苗的难题，摸索出商洛小拱棚茶苗繁育技术，使茶苗栽植 3 年成活率达到 90％以上。至 2016 年，沁园春公司成功筛选出适宜的安吉白茶、龙井 43、天台黄茶 3 个品种，建立了 200 亩苗圃，年出圃茶苗 1000 万株，真正意义上实现了商洛茶叶从有到优的“二次革命”。

“秦园”茶香飘丝路

天下茶叶千百种，只有好茶品才能在市场上拼出一席之位，在消费者的茶杯中争宠飘香，在陕茶振兴中脱颖而出。

好茶品，一说茶品质，一说茶品牌。就提升茶品质，许多人把重点放在制茶工艺上。顾名思义，就是靠制作工艺“制”出来的茶。为了提高制茶水平，王超也够拼的，先从手工制茶学起，拜制茶大师苦练技艺，先用枣树叶子练习手艺，杀青、翻炒、揉捻、烘焙，反复练习，历时三春，最终获得了手工制茶师资格，并成了商洛手工制茶非遗传承人。

其实，制作工艺只是影响茶品质一部分，更多的是要从源头抓鲜叶品质。沁园春公司的白茶是从浙江安吉购买白茶苗子直接移栽，或者用白茶树苗扦插育苗再移栽，这样精心“务”出来的。这种“品种”白茶，外观细秀、形如凤羽，泡在杯中，叶片羽白、基脉翠绿、汤色鹅黄、后味甘醇，深受消费者喜爱。良种更要有壮苗，壮苗才能长出好叶，才能制出真正绿色环保安全的高品质名优茶。沁园春公司采取了过硬措施：在政府的强有力环境保障下，确保茶区大环境绝无工业、矿业污染，茶叶基地周边环境无公害；茶园里绝不使用化肥，一律施用有机肥，以茶叶专用肥、农家肥和各类饼肥为主；绝不使用农药，确保出厂的茶叶不仅无虫口叶且不含残药、残毒；把清洁化生产的要求贯穿于茶叶采制全过程，保障采茶、制茶、包装等程序上的卫生环境。

为了提升茶叶清洁化生产质量，他亲赴浙江、安徽考察选购制茶机械设备，求教中科院茶研所和西北农林科技大学专家，研讨加工工艺，及加工设备整套方案，在陕西省首席茶学专家肖斌的精心指导下，通过两期建设，在试马建起了 8100 ㎡年产 500 吨茶叶的清洁化加工厂房和生产车间，形成了集绿、红、黄的茶生产加工车间和库房、茶室、展厅、办公室一体化综合加工厂。选购了整套适合无性系茶叶加工的国内最先进的机械设备，并在全省茶企生产中率先启用了色选分拣设备，奠定了“秦园春”在陕茶中领先地位。

茶之美，是天地之赐予，是茶人的憧憬。“欲把西湖比西子，从来佳茗似佳人”。茶是佳人，是天地日月之精华，是美的荟萃。茶之为美，在于民生之真，在于自然之美，在于绿色生命之饮，在于茶人君子人格之美，在于茶文化之精深。“秦园春”茶从立地条件筛选、品种筛选、鲜叶采摘、粗制精制无不做到精细精致，尽显了国饮的尚品质优、匠心巨制之美。“优质”这两个字这不是沁园春人自己说的，也不是广告词上说的溢美之词，秦园春白茶基地，已成为陕西省（试马）现代农业示范园区的核心工程，是陕西省最大的白茶示范基地，被中国优质农产品协会评为“优质茶园”。国家权威检测“秦园春”牌黄茶、白茶、龙井、贵妃红茶、仙茗、泉茗、炒青等 24 类茶产品，氨基酸含量高出其他品种茶类 3 至 5 倍，市场抽检没有检测出农残重金属成分，绝对安全饮品。公司生产加工的秦园春牌“商南白茶”“秦园皇茶”“龙井 43”等茶叶产品，在“中茶杯”“国饮杯”“国际茶叶博览会”等国家级茶叶评比（盲评）活动中，荣获特等奖、金奖、一等奖。“秦园春”，茶冠秦楚，茶香四溢！

近年陕茶振兴战略实施过程中，品牌战略成为推动茶产业转型升级的重点。王超经营管理、品牌营销之道，也正是参悟了茶道中和敬清寂之真谛，以至真之品、至美之味、至善之德、至清之眼、至专之技、至静之境，创造秦园春品牌传奇。

他成功的秘诀就是五步走。第一步，规范化栽培高标准建园，把“马泉山”万亩茶基地建成了有机茶园，建成了产地可溯源的优质安全茶叶原料出产基地；第二步清洁化生产，现代化管理，把秦园春公司建成了陕西省农业产业化龙头企业、民营科技企业、十大优秀茶企，使企业成为知名品牌企业；第三步改良工艺，产品提质，使秦园春茶获得了有机食品认证地理标志使用授权，并获国家级大奖，彰显出了品牌实力。第四步通过节会展销、窗口销售、电商平台销售，扩大销售渠道，先后在西安、商洛、渭南等地设销售门店网点 8 个，连续 3 年实现销售额 2000 万的目标；第五步通过“陕茶走丝路，出国门”，开展大宗炒青茶出口贸易，产品销往了土耳其、哈萨克斯坦等国。“秦园春”茶被 2017 年欧亚经济论坛官方指定用茶，同年天骄国际健康管理机构把公司茶叶作为“陕茶国礼”送给了土耳其总理和部长，得到了很高的赞誉。

产业带民生“五金”

沁园春茶叶有限责任公司成立后，2011 年起入驻陕西省（试马镇）现代

茶是佳人，是天地日月之精华，是美的荟萃。茶之为美，在于民生之真，在于自然之美，在于绿色生命之饮，在于茶人君子人格之美，在于茶文化之精深。

农业示范园，马泉山及周边建无性茶苗繁育基地和无性系茶园。基地建设初期，当地的群众受种粮防饥荒传统观念影响，对征地种茶有抵触情绪。王超亲自带领职工上门，挨家挨户做工作、算经济账，公司与村委会联合召开了村民大会，立保证书。功夫不负有心人，经过不懈努力，部分老百姓渐渐被他的真诚所感动，慢慢配合了他的工作。为了让农户放心，公司在土地流转测量时，必须村委会、公司、村民三方到场，三方共同签字确认。在茶园建设中，无论是务工还是工资领取都会有专门的登记资料并且都需要经过村民签字确认。有了白纸黑字，有了法律的保护，村民心中的石头终于落地了，对公司和对他的态度也彻底有了转变。最开始给公司务工、要求工钱日结，现在实行月结工资，却鲜有人领取，好多人要求公司实行半年一结账，“月结工资，手散存不住，年结工资能一次把几万块钱领回去存起来”，务工人员康兴福说。

“老百姓信我，我就要更讲信用并努力以行动回报他们，绝不能让他们失望。”公司成立初期，由于基地、厂房、设备、茶苗等各方面都需要投入大量的资金，王超面临的压力非常大，时常为资金发愁，有人劝他把员工工资暂时先欠着，以缓一时之急。但王超坚决不同意，“公司再难，也不能拖欠职工和民工工资”！公司成立 10 年来，他从未拖欠过工人的一分钱。正是因为他为人诚实守信，公司渡过了一次次难关，迅速发展壮大，员工们也渐渐把王超当成了自家人，把公司当成了就业务工致富的依靠。

在绿色产业前沿，他艰辛创业尝甘苦，在产业带贫益贫征途中，他用情帮扶富乡亲。通过“五项措施”让当地百姓“茶生五金”。一是精准建档帮扶。公司设立“产业惠农帮扶工作室”，遵循贫困户优先原则，组织员工对项目区贫困家庭进行详细调查，为 190 户贫困户规范建立贫困户档案。采取“公司 + 基地 + 贫困户”产业化经营模式，使贫困户最大程度参与到基地建设中，享受到茶产业发展的红利。二是吸纳就业扶贫。优先安排 125 个贫困户劳力到基地务工，带动有劳动能力的贫困户脱贫，对年老体弱或伤残人员，安排除草、浇水、施肥轻便工作，对有家庭子女上学需接送务工人员，灵活制定务工时间。每年共有 1200 个农村富余劳力在基地务工，平均每个劳力年务工收入 4000 元以上。三是流转土地增收。在茶叶基地涉及的郭垭村、红庙村，通过土地流转方式，带动有闲置土地的贫困户实现增收，共流转土地 8500 余亩，使得土地流转户户均增收 2000 元。四是配股给无劳力分红，对基地临近 2 个村 54 户无劳动能力贫困户进行摸底，探索实施配股分红扶贫模式，运用基地建设配套项目资金，为贫困户配股 37 万，按比例进行分红，促使年户均增收 500 ～ 900 元。五是技术扶持茶农。与西北农林科技大学合作，在试马设立茶技术推广站，为当地茶农搭建技术服务平台，带动有意愿自建茶园的农户创业，采取集中授课、现场培训 52 场次，培训农民 3200 余人次。沁园春公司与贫困户签订《扶持建设无性系茶园协议》，承担当年建园所需费用，免费提供种苗、竹篾和塑料膜，向农户支付 3 年管护费，每亩 1000 元。目前已扶持 360 户贫困户建茶园 570 亩，支付管护费 50 多万元。同时让他们帮助管理茶园并给予他们栽植费、管护费和务工费，如果管理得当还给予他们奖励资金。等到园子建成茶叶采摘后，公司又按高于市场价格进行回收。到 2019 年底，已扶持 256 户 698 人实现脱贫。同时鼓励周边村里的非贫困户发展无性系茶园 1000 亩，公司提供种苗，开展技术指导，并以高于市场价格回收农户鲜叶，让茶农从建园到销售的整个环节没有后顾之忧。公司给郭垭村柯遵寿提供种苗自建 2 亩多茶园，现在每年收入 5000 多元。村民们有了土地租金、务工薪金、鲜叶销售金、分红股金和管理奖励资金，摇身变成了“五金农民”。沁园春茶业公司也被评为了“商南县脱贫攻坚十大龙头企业”和“年度脱贫攻坚先进企业”。王超先后被评为感动商洛十大人物，陕西省脱贫致富带头人，全国农业劳动模范称号。2020 年 10 月，获得“陕西省脱贫攻坚奉献奖”荣誉称号。

茶旅融合绘新景

随着人们生活水平的不断提升，食品安全问题日益引起人们的重视。茶叶即是食品，又是文化产品，其产地溯源更是引人关注，茶园立地条件及周边的生态环境显得尤为重要。

善营销的王超在公司创立之初，就坚守“产、供、加、销、旅”一体化经营理念，在茶园规划建设中，秉持“茶区当景区规划、茶园当花园建设”的工作思路，坚持高起点规划，高标准建设，让消费者通过产品溯源了解商南的青山绿水，让观光者通过实地的茶园游览，品味茶山茶景、茶园茶韵，让当地百姓在茶旅融合发展中增加收益。

围绕生态建园，10 年间，公司按照绿色、生态、有机的茶园建设标准，新建了 3800 亩高标准现代化无性系茶园，带动周边百姓发展生态茶园 3000 多亩。

依托产业扶贫，争取通过县政府项目倾斜、设施配套，改造园区电网 5 公里，整修园区道路 18 公里，修建产业道路 5 公里，配套了 5000 余亩茶园灌溉水利设施、生态扶贫设施。

配合环境整治，整治茶园周边环境，实施茶园山水林田路综合治理，让茶园与周边环境融为一体，相得益彰，建成了“陕西十佳休闲观光茶园”。

参与旅游创建，配合“北茶故里、试马茶乡”景区建设，在茶园产业路旁和操作道边，栽植连翘、桃杏、玉兰、樱花、桂花等绿化树木 30 万余株，并在茶山上建起了观景亭台等旅游设施，把茶园建成了“中国优质茶园”。

“路在林中绕、车在景中行、人在画中游”的生态景观光园区现已初具雏形，成了北茶故里.试马茶旅小镇核心景区。目前，该景区正在开展 4A 创建，秦园春公司将以增强茶体验、弘扬茶文化为重点，在茶旅融合上做文章，努力做好茶企茶事、谱好茶调茶曲、奏好茶乡茶歌、写好茶诗茶赋、绘好茶景茶韵，在建茶馆、弘茶道、展茶艺方面聚力攻坚，着力打造集荷塘月色、茶园风光、农家茶舍（茶食饭庄）、高端民宿、休闲垂钓集于一体的 4A 级茶文化观光旅游园区，努力在乡村振兴中迈向青山绿水变金山银山的新征程。

党建引领致富路

省现代农业示范园（试马）内共有 9 家涉农企业，园区涉及 5 个村（社区）。为了推进园区党组织建设，2017 年试马镇党委批准园区设立联合党支部，经推荐、走访、考察，最终一致选举王超担任党支部书记。

近年来，联合支部围绕“党建引领企业发展、助力脱贫攻坚”这一主线，实施党建引领工程，组织园区和村社区党员以“北茶故里党旗红”为主题，联合支部与 5 个村（社区）党支部，通过阵地共建、产业共兴、贫困户共扶、创业就业共助、教育培训资源共享，组织党员积极投身省级示范园区项目建设，以龙头企业带产业基地建设、促脱贫攻坚、助乡村振兴、富园区百姓。开展“五个”共建 3 年间，全镇农业产业发展迅速，新建茶叶产业基地 13000 亩，年末生猪存栏 5328 头，牛存栏 380 头，羊存栏 2140 只，家禽存栏 19,.19 万只，帮扶贫困户脱贫 208 户。

沁园春茶业有限公司支部现有党员 8 人，积极分子 4 人。王超作为支部书记，高度重视抓公司的党建工作。在办公住房紧张的情况下，投入资金 10 万余元建设高标准党员活动室，并每年拿出 2 万元作为党建业务经费。同时公司党支部紧紧围绕“三认领、三争当”党建载体，鼓励大家在本职岗位上带头学习强素质，带头创新争一流，带头服务比贡献，带头自律树形象，努力成为岗位的先锋、业务的能手，服务的标兵，着力打造沁园春企业的特色党建品牌。在党建引领脱贫攻坚工作中，他坚持带头开展结对帮扶 3 个五活动，每名党员联系 5 个村民小组进行茶园技术指导，包扶 5 户贫困户脱贫，确保年户均务茶增收 5000 元。公司党员结对帮扶的 40 户贫困户，通过“五金”增收，全部实现了脱贫目标，年务茶收入户均达到了 2 万元以上。

作为一名党员，王超一直默默地践行着带头致富和扶贫帮困的初心，当需要帮助的村民进入王超的视线，他必一帮到底。在发展产业带动农户增收外，积极组织党员通过开展节日慰问、抗疫志愿服务、采茶竞赛等主题党日活动，努力激发党员发光发热。面对今年的新冠肺炎疫情，他多次组织党员前往防疫一线志愿服务，为防疫战士送去温暖和爱心，累计捐献爱心物资 10 万余元。连续多年为 6 名贫困大学生捐助学费、学习用品和衣物，连续 8 年在春节前为项目区 75 岁以上老人送去米、面、油、茶叶等生活慰问品。王超说：“在茶乡务茶，只有把乡亲的应得利益保障好，我们的产业才能兴、企业才能强，我们的基层组织才更有能力带领当地群众奔小康。”“人生如茶，和茶一样，奉献自己的青春年华，也就体现了人生价值，生活的味道就会甘甜醇香”。

有人评论王超是“茶痴”，因为爱茶，两场洪水都没有把他打倒，他却越挫越勇，获得无性系茶叶南茶北移的可喜成果，开启了商南无性系茶叶繁育的新时代，推动了商南无性系茶叶生产的“二次革命”；有人评价王超是“超人”，因为善抓商机、善抓管理、善抓营销，以超人的韧性、超人的胆略、超人的气魄，10 年间就把沁园春茶业有限公司和“秦园春”品牌做大做强，使陕西茶界迅速崛起了一个知名茶企业、一个知名品牌，创造了兴茶创业的奇迹，成为陕茶振兴、科技兴茶典型范例；有人称赞王超是“明星”，因为他执着科技创新、秉持诚信经营，执念带富益贫，获得上级组织授予的诸多荣誉和父老乡亲的高度赞誉。可是，王超在讲述自己创业故事时却说：他就是一个普通科技工作者、草根创业者，一名普通的共产党人、陕茶业内新人！

梦想照进现实

孙传卿　张　瑜　刘林博

“欲穷大地三千界，须上高峰八百盘。”梦想在前、使命催征！

所有人的美好梦想，都不可能唾手可得，都离不开筚路蓝缕、手胼足胝的艰苦奋斗。

人生路上困难重重，唯有坚强的人才能胜利，唯有勤奋的人才能成功，也唯有有梦想的人才能收获幸福的果实。

从退役军人到企业精英，汪裕炉创造了一段人生传奇。今年55岁的汪裕炉，是商南县城关街道办人，中共党员，阀门工程师，陕西泰科泵阀科技有限公司和陕西万达制造产业园总工程师、董事长。2013年至2015年创办了陕西泰科泵阀科技有限公司、陕西万达汽车配件制造有限公司，总投资近3亿元，上缴税金1000万元，带动就业230余人。先后被评为“年度县域工商经济优秀厂长”“陕西省诚信与社会责任模范人物”“西部骄子”。他所领导的企业获得“陕西省质量竞争百强企业”“3.15消费者信得过名优品牌单位”“省产品质量重点推荐企业”等多项殊荣。

在这一串串数字和荣誉的背后，焕发的是汪裕炉“咬定青山不放松”的定力，“越是艰险越向前”的干劲。

“梦在心中，路在脚下！”在成为企业精英的今天，汪裕炉的话依然铿锵有力。回顾过往，在汪裕炉的人生旅途中，梦想则与他同在岁月中。

筑　梦

梦想是黑夜中的启明星，照亮我们光明的前途；

梦想是荆棘路上的鲜花，扑朔的是我们芬芳的未来；

梦想是大海上翻咏的浪花，闪耀着期望和希冀。

1965年，汪裕炉出生在商南县城关街道办二道河村。自幼家境贫困，父母省吃俭用，供他读完了初中。当时，看到贫困的家境，看到节衣缩食的父母，他放弃了上高中和读大学的梦想。16岁那年，他回家当了农民。本以为“面朝黄土背朝天”就是他今生无法改变的命运，可两年后，他的命运却有了新的转机。

那是一个崇尚“一人参军、全家光荣”的年代。1983年，18岁的汪裕炉满怀憧憬去应征入伍，没想到竟然一帆风顺地通过了体检和政审关。不久，他等来了一张盼望已久的“入伍通知书”没多久，乡亲们欢送他到东岗公社，公社武装部敲锣打鼓将他送到县武装部。他穿上了绿色军装，成了一名光荣的军人。

坐了几天几夜的车后，汪裕炉来到云南边防部队。他所在的连队就驻在当地一个无名的山上，可以说就在边境线上，几乎能听得到越南兵的说话声。当时，边境还不太平，他到连队时，每天除了站岗、边境巡逻，就是队列、技能、体能训练和理论学习，课余时间整理内务，时间被安排得满满当当。

当时，他也想抓住这个机会刻苦训练，做个最好的兵。可边境不太平，让他抽不出更多的时间学习知识本领。1984年4月2日，他所在的地区，终于打响了中越自卫反击战的老山战役，在火线上他入了党，并多次受到部队的表彰奖励。4年后的1988年3月，他光荣退役还乡。

凭着在部队几年的磨炼，汪裕炉回村不久就当选为二道河村党支部书记。当时，村上的工作主要是“修地、催款、刮宫引产。”因为村上没有集体经济，更没有集体收入，每个月工资才42元，经常因为没有完成“三提留五统筹”

征收任务，一点儿工资都拿不到手，吃喝几顿饭就没了。他想，长期这样下去可不是个办法，必须靠双手改变现状！

追　梦

人生之所以迷茫，归根结底主要是没有远大的志向和为之奋斗的明确目标。没有目标，只会停留在原地。没有远大的志向，只会变得慵懒，只能听天由命，叹息茫然。

“我想办企业！”“我想当老板！”1992 年底，汪裕炉给自己人生规划了一个宏大目标——办企业当老板，开启崭新生活就从现在开始。

然而，创业的起步是艰难的，打工之路更是充满了艰辛。在温州，汪裕炉在一家机械厂找到了一份工作，月工资 1600 元，这在当时已算是很高了。有一阵子，他也在心底高兴过，但很快，他觉得这与他的目标还相差很远。

汪裕炉是一个善于总结和思考的人，他时时刻刻都在寻找发展的机会。当了 7 个月的普工后，他心里有了这样的想法：想办企业，就要从最基层做起，但是做普工时间不能太长，要做就要做技术性人才；要尽快完成从普工到技术性人才的过渡，进入人才库。可进入人才库谈何容易，有三个硬性条件缺一不可：工程师职称、大学文凭、驾照。这些，他一个也没有，条件不符合。为了心中的所想，他下定决心，坚决攻克。为了实现目标，他毫不犹豫地参加了大专培训班，学习机械知识，专攻阀门产业，同时抽空学习驾驶，获取驾照。

汪裕炉边学习，边研究；边学习，边实践。工作的时候，他只知道操作程序，但为什么这样操作却不甚明了，没有更深层次的了解和分析。为此，在学习的时候，他注重加强对阀门产品的全方位了解，如阀门的大致类型、原理、化学成分、物质性能、阀门材质，要懂动力学、物理学、化学。一切为了心中的梦想，加之又有针对性，这些使汪裕炉并没感到学起来有多吃力，基本上是一学就会。有时候，他买几本和阀门密切相关的书，用应用理论指导自己的实践，并对实践过程进行反思。这样的学习方法不仅让他学会了还牢记了。一年半后，他顺利通过考试，拿到了通往人才库的文凭、职称等。

从此，汪裕炉从普工到了技术员、车间主任、工程师、总工。特别是进入副总后，他更多地关注阀门市场，这让他的眼界宽了，社交面、知识面随之越来越宽广深入。

2000 年时，在温州沿海地带，劳务服务中心人员的工资年薪是 2 万元左右保底，高不过 5 万元。人才招聘中心人员工资 10 万元保底，上不封顶。这一年，汪裕炉成了一名高级管理人员。两年后，他不再是拿几万元年薪的管理人员工资。

驭　梦

创业是条崎岖的山路，没有梦想的支撑会半途而废，更不可能攻坚克难，勇攀高峰。

梦想不仅仅会使创业者变得伟大而高尚，更能够给予创业者精神上的动力。

创业者的梦想就是每个创业者心目中的山，要领略山头的风景，就需要有勇攀高峰、永不言败的精神，这精神就是追逐梦想的勇气和力量。

在创业的路上，以梦想的名义奋然前行，让创业者在百舸争流中激流勇进，这需要的不仅仅是智慧，更是勇气。10 年的经验累积加上自己的梦想，汪裕炉创办企业自己当老板的条件已经成熟，他将以自己的不懈奋斗驾驭心中的梦想。

2008 年，经多次考察，汪裕炉在温州永嘉县瓯北镇和杨蒲路 7 号租赁了 1000 平方米土地，投入 2000 万元资金注册了温州三秦阀门制造有限公司，主要生产双向压蝶阀、通风蝶阀、伸缩蝶阀、不锈钢蝶阀、高温高压蝶阀等产品。

创业的风险是巨大的，过程是艰辛的，这其中的酸甜苦辣只有创业者自己才能体会到。

资金不够，他找当地人入股。发展中，他先后和两个入股人“三换三建三起”，一边建，一边发展，拓展市场，企业有了更大空间。虽然那时厂子仍然是小作坊，但是员工已有 100 多人，营业额每年达 5000 万元。

致富不忘故乡人。想着创业的艰辛和在家当村干部时看到家乡百姓生活的困顿，他又有了一个梦想：一定要带领家乡人致富。

汪裕炉通过亲戚朋友、同学战友、原来的村干部，联系到 50 多个商南人到厂上打工。人到了后，他除了在吃饭住处帮忙安排外，对有临时困难的也及时帮忙。而对那些有一定基础又没有技术的，他从研制、加工、制作、销售等方面，尽最大努力亲自带、亲自培训，传授给他们最实用的技术。很快那些从商南来的老乡们一个一个都成了厂里的业务骨干。

看到乡亲们手头有了储蓄，人也活得一个个有了自信和自尊，汪裕炉觉得现在是他实现带领更多乡亲致富的时候了。为此，他决定返乡创业，把自己的事业做得更大，带动更多的人富起来。

圆 梦

汪裕炉毕竟在外闯荡多年，他回到家乡，初开始对家乡的各种情况是陌生的。因此，他抽出大量时间了解商南各项创业政策。看到家乡对返乡创业的支持力度大，看到了交通、电力、通讯基础设施建设比较到位，看到了已经形成低融资成本、低要素成本、低土地房产成本、低物流成本、低税费成本的“五低”投资环境，他那返乡创业的信心更坚定了、干劲更足了。

经过多次深入调查、研究、协商，2013 年，他将西安一老板在商南县工业园区未建成的 50 亩厂房，以 2300 万元购买，注册了陕西泰科泵阀科技有限公司，2014 年 6 月正式开业。随后，汪裕炉又投资 1.5 亿元，建设了面积 15676 平方米的厂房和办公用房，建成年产 20 万套工业阀门精加工生产线。

汪裕炉凭借有一支从事 20 多年阀门制造经验的骨干团队，他企业所生产的产品专业化、自动化程度较高，公司所生产的高温高压工业阀门很火，使公司在本行业中具有一定的影响力。目前，公司生产的蝶阀、闸阀、球阀、截止阀、止回阀等特殊阀门有 10 多种 100 多个系列产品，这些产品已广泛应用于石油、化工、冶金、电厂、天然气、水利等行业，已销往陕西、内蒙古、上海、河北、黑龙江、吉林、甘肃、新疆等 20 多个省、区、市。

创业者的梦想就是每个创业者心目中的山，要领略山头的风景，就需要有勇攀高峰、永不言败的精神，这精神就是追逐梦想的勇气和力量。

2016 年，汪裕炉又投资 2 亿元，在城关街道办三角池村创办了陕西万达汽车配件制造有限公司，引进日本东九线建设智能化铸造生产线一条，年产 1.3 万吨汽车铸件。该项目建成后，每年可实现年产值 7 亿元，上缴税金 4500 万元，带动就业 500 余人，将为陕西省 2021 年实现汽车年产能 300 万辆的目标发挥重要作用，该公司是我县未来又一重要税源骨干企业，将开创我县汽车零部件制造的先河，填补我县乃至全市装备制造业、汽车零部件制造的空白，也将逐步成长为商南工业转型升级和带动群众脱贫的龙头企业。

为提高产品技术含量、增强企业竞争力，公司与华中科技大学签订了新能源汽车转子及电机壳研发协议；同日本美本株式会社签订了高强度、轻量化排气歧管及支架研发协议，该系列产品的研发将位于同行业国内领先地位，为公司发展注入了强大后劲。公司还成立了汽车零部件检测实验室，购置了德国光谱仪检等先进检验设备，拥有汽车零部件铸造高级职称以上专业科技人员 12 名，聘请西峡专业铸造团队，可智造东风轿车系列、沃尔沃等 6 款车型汽车制动盘、排气歧管、差速器、汽车水泵、涡轮增压器、汽车空压机壳、缸盖、轮毂、飞轮壳及支架等系列产品。

目前，公司已与东风、沃尔沃、比亚迪等十余家主机厂建立了配套协作关系，市场前景十分广阔。

“回来后觉得满意，路走得对！”汪裕炉非常自信地说，“在市场上几十年，积累了客户，也积累了经验，心里不慌；虽然在资金上、人脉上有困难，但是政府把企业当作宝，给予资金支持，积极营造良好环境，简化手续办理。”汪裕炉经常对员工讲：“人的一辈子，生命是有限的，能量是无限的。作为一名党员，能动弹时，起码要发挥光和热，把企业做大做强，创造出更多的就业岗位，让更多家乡人在家门口就圆了致富梦！”

为了让企业有更好的发展，带动更多的人富起来，公司采取“园区 + 企业 + 基地 + 贫困户”的精准扶贫模式，采用灵活的就业方式，为贫困户提供阀门专业技术培训，吸纳 10 名贫困户劳力在他的企业务工。他对凡愿意来公司务工的员工，每月工资在原有的基础上上调 10 到 20 元。

汪裕炉说，“企业参与产业精准脱贫，这是企业承担带动贫困户脱贫的社会责任。可能有的企业认为他们不应当承担这种责任。但我认为，社会为我们提供了增长财富的机会，我们就应当为社会担一份责任，尽一份义务。从长远看，我们承担好了这个义务，社会安定了会给我们提供更大的财富增长机会。从这个意义上说，我们的财富和国家的财富是一体的，是密不可分的。”

在汪裕炉看来，带领贫困户脱贫致富，不是企业的负担，而是企业做大做强的机遇。利用好贫困家庭的劳动力，不是一个企业的累赘，而是扩大企业再发展的一种有效资源。只有多给群众种子少给米、多教群众技术少给油，实现从过去的输血救人到造血扶人的转变，才能让群众在产业上实现脱贫，也才能实现企业的经济和社会效益的双丰收。

“今后无论再办几个厂子，已不是当初自己为了当老板的初衷，最根本的是能让更多的乡亲就业，让他们能有个就业的岗位，算是自己为脱贫攻坚做的贡献。”汪裕炉说。

创业者成功的故事是用心血和汗水凝成的。

说起为何能取得这样的成功时，汪裕炉道出了秘诀：“不管当兵、在家、打工、办企业，都要有梦想、有信仰。有梦想，才能勇往直前；有信仰，才会守诚信、讲正义、有仁爱。”

“不忘初心，方得始终”。人生不仅是一场有长度的旅行，也是一次有宽度的体验，更是一种有厚度的积淀，回归初心，才能知道为什么出发，才能清楚做怎样的人，才能明白干什么样的事。只有在梦想的天空中，插上实干的翅膀，才能用信念的力量自由翱翔。

工业园区航拍全貌

一片真情付桑梓

张 瑜

从一个怀揣梦想靠月收入两千元的打工仔，到一个崭露头角拥有 180 多名工人的企业带头人；从一个农村里走出来的年轻小伙，到一个敢于创新、追求进步的业界精英，平凡的汪晗用 10 多年的坎坷经历成就了非凡的事业，实现了人生的自我价值，也叙写出了一段艰苦创业、报效家乡的人生传奇。

心系家乡　共同致富

1998 年，汪晗远离家乡到深圳打工，先后在深圳台资电线电缆企业工作 10 余年，通过自己勤奋努力和踏实敬业的工作作风，历经一番拼搏发展，在该行业积累了丰富的经验，他在事业上是小有成就。但家乡的贫困时时让他牵挂于心头，老乡如何能走上富裕之路常常让他倍感煎熬。

2010 年回乡探亲中，他深深地感到家乡的发展与发达城市还有很大的差距，乡亲们的生活离小康还有很大的距离。在汪晗的日记里，曾有这样一段话：每淘到一桶金，我就会想到家乡；每次途径他乡风景秀丽的新农村，我就会想到家乡；每次探亲经过故乡的泥巴路，我就会产生一个念头——我要改变生我养我的家乡！

2011 年，商南县吹响了返乡农民工回乡创业的号角，加大对返乡农民工自主创业的扶持力度，出台了一系列对返乡青年人创办企业的优惠扶持政策。汪晗经过一番深思熟虑，毅然离开了南方，回到了家乡，开启了回乡创业报效家乡的梦想。在县各级政府及职能部门的关怀支持下，他克服了资金短缺、人才匮乏等一切困难，于 2011 年 8 月成功注册成立了商洛市神州实业有限公司。

商洛市神州实业有限公司，是一家拥有自主经营权的出口企业，拥有独立自主生产线材押出车间和成品组装车间，并配备了从国外引进的先进生产设备和检测仪器。公司主要产品为各类 HDMI 高清影音数据线、USB 系列数据线、网络线、VGA 及 AV 视频线等各类数据连接线，这些产品被广泛应用于投影仪、高清电视、机顶盒、电脑、手机、数码影音、家庭影院、智能安防和家装市场等各种电子领域。为深入了解市场需求，公司董事长汪晗先后多次远赴美国、日本、韩国、澳大利亚进行市场考察引进先进技术和管理办法，并在实践中不断提高、创新。

2013 年 2 月，神州实业有限公司投资 3.87 亿元建设商洛市神州电子科技产业园。园区按照“创业孵化示范园”“电子科技产业园”“出口创汇示范园”以及“电子商务示范园”四园一体发展模式进行打造，属于陕西地区首创。目前，神州电子科技产业园内聚集了高清数据传输线缆、“三网合一”集成模块、3C 数码产品等高新技术项目公司。

神州实业厂区

2016年，公司已经发展成为商洛市各类数据传输线缆的自主研发、制造、出口贸易的知名企业。公司固定资产达2.8亿元，年产能1.3亿元，年出口创汇348万美元，上缴税金400余万元，提供就业岗位1300余个，在该公司工作的农民工，每人每年新增劳动收入9000多元，为商洛经济的发展解决农村剩余劳动力、缓解大学生就业、建设“陕西十强县”“西部百强县”和构建社会主义新农村等方面都做出了突出的贡献。

2017年至今，入园孵化企业达到10家以上、电商企业20家以上，园内创业企业年生产各类电子产品3000万套，实现销售收入2.6亿元，出口创汇1000万美元，电商销售业绩达5000万元，解决就业500余人。

十年风雨兼程，十年披荆斩棘，十年砥砺奋进。汪晗和他的神州实业在商南创业史上留下了崭新的一页，并且满载硕果，赢得各方赞誉。

诚信经营　回报社会

企业落户商南的这七年来，汪晗始终坚持诚信为本，使企业不断发展壮大。富而思源，常怀感恩之心，用自己的实际行动帮助周围困难群体，赢得了广泛的群众口碑。作为一个从农村走出来的人，农村朴素艰辛的生活，养成了他诚实笃厚的处世性格，只要对客户承诺过的，即使自己吃亏，也决不食言，每年一到年底，订单增多，他想尽各种办法，号召全体员工加班加点赶货，从不失信于客户，以自己诚实的品德受到同行业的高度评价。

企业从小到大，汪晗付出了巨大艰辛，但凭着自己的坚韧和诚信，企业度过了重重难关。2013年，公司在县工业园区征地近百亩，投资1.68亿元建设神州科技产业园，由于资金短缺，为了能让工人顺利拿到工资，他四处奔波，经常是不分白天黑夜、不分周末假期。他常说：“企业的生存靠信誉，而信誉又建立在诚实的基础上。只有诚实守信，企业才能生存、才能发展。”

成绩是开拓者艰难跋涉的记录，荣誉是对开拓者执着追求的奖赏，辉煌是理想与价值的燃烧。汪晗和他的神州实业凭着坚守讲信用、重信誉，以信立业、以质取胜的原则，遵纪守法，诚实守信，规模不断扩大，经济效益不断攀升，为商南经济的不断发展做出了应有的贡献！

参政议政　履行职责

汪晗十分注重自身学习，提高自身素质。认真贯彻学习中省市县会议精神和县政协八届以来历次会议精神，深入开展科学发展观学习教育活动，不断提高自己的政治觉悟，提高自己的参政议政能力，提高委员履职能力。

他虽然是一名企业的负责人，经常忙得不可开交，但是，经常挤出时间，认真参加县政协有关会议和调研、视察等活动。他经常说：“作为一名政协委员，在感到光荣和自豪的同时，感到更多的是责任和义务。”所以，他严格遵守纪律，凡是县政协活动，他都乐意参加，按时出席政协会议和政协组织的学习培训、视察调研等活动，并能认真撰写提案，反映社情民意，传达百姓的心声和期望。

2016 年，他当选为商南县第九届政协委员，并在政协会议上撰写提案《关于发展电商经济的建议》及《关于引进人才的建议》，为我县电商经济发展及人才强县战略的实施建言献策。

热爱公益　勇于担当

汪晗经常说：“企业是国民经济的载体，企业的长远发展关系到国家和社会的长远发展，而企业的长远发展，离不开所有人民群众的支持。”因此，他在关注企业经济利益的同时，积极主动地承担其应当承担的社会责任。他十分热心社会公益性事业，为和谐社会建设做出自己的贡献。

“一枝独秀不是春，百花齐放春满园。”在企业做大之后，他没有忘记回馈社会，以自己的实际行动激励着更多的人加入光彩事业的队伍。身为县光彩事业促进会副会长，他积极组织并参与我县“光彩事业”。一方面，他热心于资助贫困学生。2016 年通过“金秋助学”活动，积极帮扶家庭有困难的大学生 5 名，同时也是在他的积极牵头下，又通过劳模协会资助大学生 2 名，企业助学 5 名。另一方面，他致力于产业带动就业。2016 年，他通过实地走访，了解到当地多个村镇由于劳动力闲置造成地区贫困人口较多，他通过多方协调，采取“企业吸纳一批，外发安置一批”的办法，解决当地农民工就业200余人，促使当地居民人均年收入增加5000余元。

脱贫攻坚工作开展以来，神州实业公司勇于承担社会责任，积极响应参与脱贫攻坚行动。倾情帮扶入陕东南门户“第一村”——富水镇桑树村，并依托总部辐射带动效应，在富水、青山、过风楼、清油河、城关等镇办设立社区工厂，开办家庭作坊，带动就业1000余人，年均增收1.4万元，有效解决了农村剩余劳动力就业问题，实现“一人就业、全家脱贫”的目标，为全县脱贫摘帽做出了积极贡献。

事业上，汪晗虽然取得了显著的成绩，并且获得诸多的荣誉，但是，他并不满足。他常说：“这些成绩代表着过去，今后的路还更长，我必须更加努力，不断创新，跨越发展，为商南返乡农民工创业带好头，为县域经济的大发展、大跨越做出新的更大的贡献！”

不忘初心　砥砺前行

2020年的这个春节，新冠肺炎疫情让我们每个人的神经都紧绷了起来，几乎打乱了所有人的工作和生活节奏。这也是摆在神州产业园“领头羊”汪晗面前的一场特殊“大考”。

生命重于泰山，疫情就是命令，防控就是责任。面对疫情防控严峻形势，汪晗时刻以一名共产党员的标准严格要求自己，充分发扬勇于担当社会责任的新时代儒商精神，积极投身到抗击疫情的战斗中。一个党员就是一面旗帜，他用实际行动诠释了一名党员的使命担当。他常说的话就是：在这个非常时期，员工被迫在家休假，我是园区的管理者，又是政协委员，我必须起到先锋模范带头作用，为园区的管理带一个好头……”

回到企业当天，汪晗就迅速成立了园区疫情防控领导小组，起草制定了《神州产业园新冠肺炎疫情防控工作方案》、应急值守方案、突发事件应急处置方案等，并积极从多个途径提前储备防疫应急物资。

疫情得到有效控制后，汪晗按照县上提出的保驾护航助力企业复工复产的指示精神，严格按照疫情防控要求，一手抓防控，一手抓复工，全力恢复生产。

他牵头细化和梳理疫情防控方案，修订完善疫情防控工作方案、应急值守方案、突发情况处置方案，进一步明确管理人员的职责和担当。成立了疫情防控、物资保障（后勤）、防疫宣传、综合信息、园区协调督查5个工作组，分工协作，明确责任分工，确保疫情防控工作有力有序开展；同时，他还组织做好口罩、手持测温仪、84消毒液、消毒皂等防疫物资采购，及时部署开展体温监测以及对车间、办公室、卫生间、餐厅、宿舍等公共场所的消毒工作；危难时刻，他第一时间将神州产业园封闭隔离，严禁人员车辆进出园区，要求企业员工吃住必须在园区、严明疫情防控工作纪律，确保入园企业正常复工复产以及广大员工的生命安全。他在防控工作中还主动深入车间、员工宿舍，多次和同志们到一线了解企业的防控和生产状况，查看员工体温监测日报表、园区各个区域消杀情况登记表，慰问防控值班人员。他说，一线的人员都在拼力拼命，越是紧要关头，越能考验和识别人才，企业管理中就是需要一批敢打硬拼，关键时刻冲得上去，危难关头豁得出来的管理人员。

先锋模范　乐于奉献

在新冠肺炎疫情防控工作这场特殊的战役中，商南县政协委员汪晗始终视疫情为命令，视防控为责任，以“为国履职、为民尽责”的情怀，凝心聚力、团结一心，履职尽责、各尽所能，以实际行动参与、助力全县疫情防控阻击战。作为一名普通的共产党员、政协委员和民营企业家，汪晗始终心系社会，以实际行动践行着企业家的社会责任。他坚持用自己的实际行动践行着共产党员的初心使命、政协委员的责任担当、民营企业家的社会责任。当了解到金丝峡镇太吉河社区高速监测点、富水镇桑树村监测点防疫物资供应出现紧缺，他迅速行动，积极发动力量，采购到约1万余元的防控物资，第一时间运往一线，为打赢疫情防控阻击战提供了有力支持。他虽然不能深入一线参与抗疫工作，但作为一名共产党员，就应该在国家和社会需要的时候主动做点力所能及的事情，通过捐赠传递爱心、传递正能量，为助力全县打赢疫情防控攻坚战贡献自己的一分力量。据了解，防疫期间，汪晗组织神州实业共向镇村监测点捐献了价值2万余元的防控物资。

汪晗说：“虽然这次疫情给中小企业带来了不小的影响，但我觉得这些影响都是短暂的，是能够克服的。党和政府还及时对企业进行了税费减免等优惠政策，或许，短期内企业的日子确实不好过，但长远来看它会加速中小企业的迭代和升级，让原来过往经营过程当中的一些问题和风险，提早暴露而且暴露的比较明显。此次疫情，并不是问题产生的根源，而是加速了问题的凸显。我们可以把这场突发的疫情看成一次契机，及时修正经营管理中制定的不合理的战略、策略以及方法，给企业未来一个更好的发展。”

对企业的长期发展，他认为生产方面要更加智能化，实体企业线上化加速是必然趋势，线上线下结合，是企业未来需要做的功课；专注聚焦，确保盈利的产品快速突破，扩大产品的快速盈利的速度，加快周转率，短期产品盈利能力；调整组织结构，团队应尽可能扁平化，减少沟通成本，提高组织效率；减少大规模原材料采购，降低采购资金的成本，用少量资金快速周转；建立更完善更严格的绩效机制，优胜劣汰；加强企业文化建设，用文化引领团队向前发展，找到价值观一致的人。

多重身份　一个梦想

汪晗，现在的他拥有着多重身份：商南县第八届、第九届政协委员、广东省商南商会监理长、县光彩事业促进会副会长、商南县返乡创业科技产业园联合党支部书记、商洛市神州实业有限公司董事长、商南县电子商务商会会长。在谈及个人成长和企业发展时，他动情地感慨道：“我是一名共产党员，也曾经是一个普通的打工仔。我有这样的成就都得益于党的改革开放政策好，得益于各级党委、政府的正确领导和创造的良好发展环境，得益于企业党组织的积极作为。”

任职以来，他在工作上严格要求自己，不断完善自己；业务上追求精益求精，求发展，顾大局，多重身份下，始终以求得全面发展为梦想，经过自己的不懈努力，使公司快速成长为商洛市具有自主研发及经营进出口权的高科技电子产品生产企业，得到了各级领导的一致嘉奖。短短几年年时间，他先后被评为“优秀厂长、经理”“创业标兵”“创业先锋”“年度招商引资先进个人”“商洛市劳动模范”“商洛市十大优秀共产党员”“全国道德模范提名”……

同时，在他的带领下，商洛市神州实业也获得了众多荣誉，被陕西省科技厅评为“陕西省民营科技企业”，被陕西省中小企业促进局认定为“省专精特新中小企业”，也曾多次被评为工商联“先进集体”、商务工作“先进企业”、总商会“副会长单位”、外贸工作“先进企业”“支持党建工作优秀企业”“市外贸协会副会长单位”和“光彩事业促进会副会长单位”，在同类型企业中崭露头角。

与此同时，由他牵头规划建设的神州科技产业园，现已完成投资 3.87 亿元，聚集了以神州实业为首的众多优秀企业，建成后可年生产各类电子产品 3000 万套，实现销售收入 3 亿元，出口创汇 1000 万美元，解决就业 2300 余人。作为商南县神州科技产业园总负责人，在其带领下，2016 年以来，神州科技产业园先后被商洛市政府认定为“商洛市电子产品出口示范基地”、被陕西省人力资源和社会保障厅认定为“陕西省创业孵化示范基地”、被陕西省中小企业促进局认定为“陕西省小型微型企业创业示范基地”、被商洛市人力资源和社会保障局及商洛市财政局评为商洛市创业孵化基地、被商洛市“万企帮万村”精准扶贫领导小组评为“先进民营企业”、被商南县人力资源和社会保障局评为“2018 年度就业扶贫工作先进企业”、被陕西省总工会及陕西省工商业联合会授予“陕西省双爱双评先进企业工会”。

“大江东去浪淘尽，千古风流人物。”任何时代的发展，都是一层高过一层不断突破的。坚定的理想信念，扎实的为民情怀，优秀的精神传承，实现的不仅是自我目标，更是中国梦一步步达成。革新求变的时代，不忘初心，坚韧不拔的奋斗将会带来更多可喜的成就。

村民心中的方向盘

孙传卿　明婷玉

脱贫攻坚深入推进，“第一书记”成为社会关注的热词。习近平总书记曾强调“因村派人要精准”，一个重要内容就是选准驻村第一书记。正如群众所言，第一书记就像方向盘一样，精准引导着每一户的致富路线和脱贫路径，又如同村里的温度计一样，实时监测着每一个贫困人口的幸福指数和满意程度，还像吸铁石一样，强力凝聚着每一位帮扶干部的创造力、每一位队员的战斗力。在商南县湘河镇地坪村就有这样一位名副其实的第一书记，踏实驻村6年，走遍了大大小小的村民小组，调研了沟沟岔岔的人民群众，用脚步丈量民情、用真心赢得民心、用行动解答民意、用心血改善民生，他的名字深深地镌刻在了地坪人民的心中，不管群众在哪里遇见他，都会主动放下手中的农活儿，向他热情地挥手，大声喊上一句“杨书记”，也不管他有多忙有多累，也都会笑对群众、寒暄几句，他就是商洛市交通运输局驻湘河镇地坪村第一书记杨军红，一位全心全意为人民服务、凝心聚力为地坪村谋振兴的党之好干部！

一首歌、一生情，梦想之舟由此启航

杨军红，1973 年出生于商洛市商州区的一个农民家庭，家中排行老三，日子虽然过得清贫但也很快乐。20 世纪 80 年代，一首慷慨激昂的歌曲《在希望的田野上》红遍大江南北，歌词里满怀对未来中国农村的期待、对社会主义现代化的憧憬、对人民幸福生活的美好愿景。第一次听到这首歌的杨军红如同高山流水遇知音一般，强烈地爱上了这首歌，他的脑海随着歌声缓缓流淌出一幅幅美好的蓝图，他的思想伴着歌词慢慢拨开云雾见月明。都说一个时代有一个时代的主题、一代人有一代人的使命，自此杨军红便树立了一个保家卫国、服务人民的雄心壮志，誓将自己培养成为社会主义现代化的建设者。1991 年高中毕业的杨军红，终于等到了一个可以圆梦的机会，他毫不犹豫地参军入伍，成为一名光荣的人民子弟兵。

时至今日，杨军红对于那一段军旅生活依然记忆犹新，一开始新兵训练，为了提高体能，他每天早上都 6 点半起床，规范出操、长途拉练，一直到晚上 10 点，才能熄灯休息，那段时间，他连做梦都是在训练的场景。也许是从小在农村长大，练就了吃苦耐劳的特点，虽然在部队的日子很辛苦，但他的心却是从未有过的充实，那时候的他如同追赶着太阳的夸父，刻苦训练、不知疲倦。在部队里的 3 年，杨军红从内务整理到业务能力丝毫都不含糊，善于学习、严格自律的他，不仅锻炼了一副好身板，更是养成了一个好的学习生活习惯，无形中也淬炼了他钢铁般的意志，这些将成为他一生的财富。

1994 年，从部队转业回来的他被安置到了商洛汽车改装厂，后来又辗转来到商洛市交通质检站，直到 2000 年，他被调到商洛市交通运输局，一待就是 20 年。从 2006 年开始，为了响应国家关于扶贫工作的决策部署，作为年轻干部的杨军红，先后被派驻到了镇安县、洛南县、山阳县开展对口帮扶工作，这也拉开了杨军红关于扶贫工作的帷幕。期间，他帮助所在村谋划产业，为老百姓解决实际困难，利用行业优势改善交通条件，虽然那个时候不驻村，但也是兢兢业业、忙忙碌碌，善于学习的他，积累了大量的扶贫工作经验，支撑他在精准脱贫的道路上行稳致远。

一声令、一颗心，心之所向素履以往

2014年，国家提出精准扶贫工作方略，详细规制了精准扶贫顶层设计，为了响应国家大政方针，市交通运输局被派驻到了商南县湘河镇地坪村帮扶，杨军红作为一名有着丰富扶贫工作经验的队员，带着神圣的使命、艰巨的任务开始了新一阶段的扶贫之路，相同的是为人民谋幸福的赤子之心，不同的是，条件更为艰苦、责任更为重大。

2014年4月30日，杨军红扛着行囊，从商洛市出发，来到陕鄂边界的地坪村。虽然以前他也经常下乡，穿梭于乡间小道，见识过蜿蜒山路，但是这一次路况之差却着实惊到他了。一下高速，车辆便跟随导航行驶至商郧路，沿路的坑坑洼洼让他一路颠簸，更要命的是众多的上山下山、盘道拐弯，工作这么多年，从未见过这么难走的路，好不容易抵达湘河大桥，他实在忍不住，下车吐了起来，心中暗暗发笑"我竟然把自己摇晕了"！收拾收拾、重整行装，他一鼓作气终于来到了地坪村，一下车，深深呼了口气，和前来迎接的村干部说道："你们这里可真是远啊，我爬了三座山来到湘河镇，又爬了四座山才到达地坪村，简直是山路十八弯啊"！村主任笑着回应："我们这里叫山路十八盘"。

在村上简单吃了个午餐后，杨军红便闲不住了，召集包村领导干部、村干部开始座谈，一一了解地坪村的村情概况，多少个村民小组、多少户群众、多少个贫困户、致贫原因是啥、每一户住哪里、家庭条件如何……这些细致的问题被他一一记下。大致了解村里的情况后，杨军红又详细询问村里的产业如何、基础设施条件怎么样、头疼的问题有哪些……这场座谈会从下午一点一直开到了晚上六点多，杨军红的笔记本记下了密密麻麻的文字。

第二天一大早，杨军红便开始了入户调研工作，从村部周边开始，一家一户摸排情况，"你家孩子多大啦？上几年级？家里有没有病人？家里主要劳动力是谁？在哪里务工？收入稳定不稳定？有没有实际困难需要我们帮忙解决的……"就这样，他采用了"效率最低"的办法，一户一户地问，这还没完，问完之后，又抬头仔细看住房安不安全，拧开水龙头看有没有水，堪比老中医的"望闻问切"疗法，一整套流程下来，一户耗时一个多小时，记完基本情况后，又马不停蹄地奔赴下一户。整整两个多月，杨军红都在忙着入户，将全村三百多户群众的情况悉数掌握，自此，他深刻地了解到了群众贫困的原因，更深层次地体会到了地坪村的贫穷，更加全面地领悟到了扶贫压力之大，然而，他无所畏惧、勇往直前，怀揣对人民群众的热爱、对广袤农村的挚爱，用尽全力冲刺在战贫之路上。

一面旗、一群人，凝心聚力初见真章

“一个党员就是一面旗帜，一个支部就是一座堡垒”，长期坚持学习的杨军红深谙此句话的含义。“只有同心同德才能让所有班子成员心往一处想、劲往一处使，工作才出成果。”作为第一书记的杨军红，从上任的第一天开始就在思考如何最大限度发挥基层党组织战斗堡垒作用？怎样带动群众脱贫致富？每一个白天，他下乡调研；每一个晚上，他都翻开笔记本，写写画画，或低头沉思，或翻阅资料，绞尽脑汁创新党建工作载体，用脱贫攻坚成效检验党建工作质量。

2015 年，按照“三抓三促”的工作思路，杨军红从思想、制度、队伍建设入手，通过开展“两学一做”抓学习，提高党员干部的思想素质和政治觉悟，使广大党员干部的“四个意识”从思想上不断增强，在全村产业发展、基础设施建设、事务管理、乡村文化发展中充分发挥先锋模范作用，在群众中树立榜样。完善制度抓落实，严格执行“三会一课”“民主生活会”“四议两公开”“三务公开”“一事一议”等工作制度，有效加强了党员的日常管理监督，提高了村级事务的透明度，村干部在群众中的威望得到了提升。招才引智助发展，杨军红通过对返乡创业的大学生赵华文、茶叶种植带头人曹振涛，观察培养并向镇党委推荐，按程序使二人进入村“两委”班子，为村班子建设注入了新活力。

2017 年，在综合镇村意见、多次入户调研的基础上，立足地坪村村情实际，杨军红带领地坪村全体党员开展了“两建两带两模式，追赶超越奔小康”活动，把提高党组织战斗力和发展生产力结合起来，充分发挥基层党组织战斗堡垒作用和党员先锋模范作用，助力脱贫攻坚。通过在各产业合作社建立党小组，实现党旗飘在田园中、党员聚在产业上。通过着力打造集服务群众、党员活动、教育培训、文化娱乐四位一体的地坪服务中心，为群众提供咨询、办事、服务、培训等一站式多功能服务。实行“党支部十公司十合作社十电子商务”模式发展农村经济，带动农民增收致富。通过村“两委”会，建立民情理事会和村务监督委员会等“三会”联动制度，做到“小事互通、大事同商、难事共解”。按照“党员十农户十产业”的模式，以“三培两带两服务”和技能培训为抓手，把党员示范岗、先锋模范岗设到田间地头，充分发挥党员的帮带作用，不断拓宽“培”的方式，提高“带”的能力，完善服务体系。采取“党员 + 重点项目 + 农户”模式，把村组党性党悟高、办事能力强、群众基础好的党员安排到产业发展项目建设上，在项目用地、集体服务、纠纷处理等事项中发挥党员先锋模范作用，每名党员负责联系 1 ~ 5 户农户，做好入户宣传解释、问题收集、矛盾调处的工作，引导群众主动积极地参与，保障各项工作有序推进，力争地坪村在村党支部的引领下，在广大党员带动下，在全体村民的共同努力下，达到党组织强、产业大、村庄靓、村民富，实现党建强村、产业富民目标。

2019 年，为了提升乡村治理水平，杨军红指导地坪村将党的领导与群众广泛参与紧密结合，以“党建 + 自治”为基，指导村党支部坚持民主选举、民主决策、民主管理、民主监督，完善党务、村务、财务公开制度，实行事前、事中、事后全过程监督，推行“片组户”民情联系服务，积极回应群众诉求。以“党建 + 法治”为魂，指导村党支部按照宪法和党章的要求依法开展工作，积极运用法治方式调节社会关系、维护社会秩序、化解社会矛盾。以“党建 + 德治”为梁，将党建活动融入道德教育之中，建立“一约四会”和道德讲堂，实行红黑榜制度，大力褒奖善行义举，定期评选“道德模范”“致富能手”“文明示范户”“五好家庭”“脱贫标兵”典型事迹，积极开展扶志、扶智工作，通过文艺汇演，用身边人、身边事感化群众，引导群众崇德向善。

一段路、一牵挂，誓将村容换新貌

第一次来地坪村的颠簸之路令杨军红印象深刻，从那时起，他的内心便始终牵挂着地坪村百姓的出行。“要想富，先修路。”杨军红发挥行业优势，引导地坪村持续加大农村公路建设力度，重点将通组通户路、产业开发集中连片区域和贯穿境内的道路等纳入规划，力促农村公路建设向纵深推进。从 2014

年至今，共修建产业路、联村路、入户路 14.26 公里，改造拓宽公路 10.51 公里，全部通了水泥路；同时，安装波形护栏 2.8 公里、警示桩 1600 个、标志牌 130 个，安装太阳能路灯 91 盏，修建桥梁两座 35 延米，村内实现循环路。如今，无论是春耕还是秋收，不管是家里农资，还是地里的农副产品，村民只要搬上车，顺着公路轻轻松松就可以运到地里，运回家里，省时又省力。

脱贫攻坚，基础为先。根据杨军红这些年的扶贫经验，基础设施发展是影响脱贫摘帽最主要的短板，只有基础条件好了，群众生活才能改善，产业才能发展、收入才有保障。从上任以来，杨军红多方协调资源，强力推进基础设施建设，集中人力、物力、财力，从水、电、路、网、视、讯、居七个方面提升，着力解决贫困地区群众最关心、最直接、最现实的基础设施和公共服务设施，全力打通“最后一公里”，为实现脱贫摘帽目标打下了坚实的基础。

为解决贫困农户住房安全、舒适等难题，充分发挥群众主体作用，杨军红带领四支队伍因地制宜对农村民房实施旧宅基地腾退，对全村 334 户群众院落进行水泥硬化，修花坛栽植花草树木 9000 多株美化环境。

为了改善村容村貌，杨军红在和镇村干部沟通后，争取包扶单位投资，给全村 8 个村民小组配置 10 个大型封闭式垃圾箱和垃圾转运汽车 1 辆，给离垃圾箱比较远的农户家庭配置大垃圾桶 80 个，争取公益性保洁员岗位 14 人，推行了“十户一体”的环境卫生管理制度，选出中心户长，结合爱心超市积分管理办法，进行日常监督检查，极大地改善了人居环境。建成农村安全饮水工程 3 处，抽水机房 2 个，对全村旧的饮水主管道和入户管道全部进行了更换。架设饮水用电线路 300 米，修建了互助幸福院、卫生室、学校并配置设施设备，改造了文化娱乐广场，安装显示屏、健身器械，无线通信信号实现全覆盖。群众的获得感、幸福感和安全感不断增加。

一个字、一声诺，撬动产业振兴新能量

刚驻村的时候，赵金宝家庭生活困难，杨军红帮助争取资助金 1 万元，解决了赵金宝子女读大学的困难，争取小额贷款 5 万元，引导他烧酒、养猪，赵金宝的日子一天比一天好。在赵金宝身上，杨军红寻找到了“治疗”贫困的妙

方，从 2014 年起，杨军红便把发展产业、增加贫困户收入、壮大村集体经济作为脱贫攻坚的重中之重来抓，大力挖掘地坪村优势产业，按照合并升级、巩固提升的思路，着力打通产业发展渠道，为贫困群众脱贫奔小康提供了源源不断的动力。在当时，很多群众缺乏资金支持产业发展，杨军红在和相关单位沟通后，率先推出为贫困户贴息贷款政策，由市交通运输局支付利息，为有产业发展意愿的贫困户提供小额贷款，当年便放出贷款 10 万元，同时争取互助资金 15 万元，成立了 4 个农民专业合作社，将 33 户贫困户纳入合作社中。直到 2015 年底，地坪村的茶叶、中药材、香菇、水产、畜禽五大产业基地初具雏形。发展茶园 200 多亩，年产高端茶叶 400 多公斤、普通茶叶 500 公斤，带动贫困户 12 户；种植香菇 21 万袋，带动贫困户 15 户；养鱼 60 亩 18 万尾，带动贫困户 25 户；畜禽 2 万多只，带动贫困户 20 户，2020 年全村产业总收入保守计算也在 570 多万元。

2016 年开始，杨军红转变思路，引导地坪村推行“支部建在产业链、党员聚在产业链、群众富在产业链、品牌树在产业链”的“四链”模式，完善评价、考核、奖励、惩处四大机制，把特色产业链与脱贫致富链紧密联结，推动支部破难题、党员树标杆、能人建平台、群众立精神，保障了贫困群众持续稳定增收。适时整合产业，将莲藕和水产进行融合，将茶叶、中药材进行扩建、科管，将香菇、畜禽养殖进行改造升级，用足用活各项资金，成立了中药材、茶叶、香菇、畜禽、莲鱼共养五大农民专业合作社，确立了“党支部 + 农民专业合作社 + 产业能人大户 + 产业基地 + 贫困户”的发展模式，推动五大产业基地快速发展。经过 5 年的培养发展，地坪村产业已有茶园 200 亩、中药材 220 亩、香菇 50 万袋、养鱼近 40 万尾、生猪存栏量 1000 头，全村有 67 户贫困户在不同的产业链上从事生产经营。

杨书记不甘落后，带领地坪村创新三变改革，为了预防产生新的贫困户，面对单一、分散的产业发展难以打进市场，经过镇村领导干部培训，地坪村率先突破，将三变改革引入产业发展当中，通过引来富民的源头活水，为脱贫攻坚提供坚实支撑。通过将土地、水利、山地、人力资源盘活变成资产，通过将农户、部门、社会资金折价变成股金，通过将全村农户纳入改革大潮中，引导村民有钱出钱、有力出力、有地出地变成股东。

有一种力量，如水一般，刚柔并济，无坚不摧；有一种品质，如山一般，巍峨挺立，忠诚可靠；有一种胸怀，如天空一般，广阔无垠、兼收并蓄；有一种精神，如河流一样，奔腾不息，一往直前。

为了统一运作产业要素，抵抗市场风险，地坪村在杨军红的建议下，成立了恒运祥农业开发公司，属村集体注册企业，交由村两委干部运营，采取网格式管理方法，整合五大产业基地统一经营，当某一产业出现亏损时，由公司调用富余资金保证群众收益，保障村集体经济不受损，同时，五大产业的生产、经营、加工、销售等完整环节都由公司负责，消除了群众发展产业的后顾之忧。

如今，地坪村通过“党支部＋三变改革＋企业＋五大合作社＋农户”的模式，进一步扩大了产业发展版图，促使产业向规模化、组织化、市场化方向升级，共有 31 户农户通过流转土地每亩每年稳定增收 600 元，共有 13 户农户通过入股 1 万元每年获得分红 800 元，共有 48 户农户通过务工、管理每年获得收益 5000 元。这些富民产业为进一步壮大村集体经济、带动贫困户致富奠定坚实基础，实现脱贫攻坚从“输血”到“造血”的根本转变。

一个包、一背影，心怀大局热泪两行

杨书记最常挂在嘴边的话便是“找好事之徒、听骂娘之声、谈家长里短、看油盐酱醋”，他也是用实际行动诠释这一句话的分量。

贫困户曹德山病故后家里经济困难无钱下葬，杨军红自己掏钱送去了 100 斤米、100 斤面粉和 50 斤油，并积极在镇民政争取困难救助金 4000 元，还在局机关和局属单位质监站倡导干部职工捐款 5000 多元，解决了曹德山家庭燃眉之急。

贫困户曹振高，一家 5 口人，老伴身体不好，儿媳智障，儿子患有癫痫，2016 年住院医疗费就花了 10 多万，杨军红帮助曹振高发展香菇种植，到 2018 年已达 3 万袋，成为村里的勤劳致富的典范。

贫困户赵福强家庭条件困难，女儿考上大学却无力承担学费，杨军红在入户过程中了解这一情况后，当即联系市民政局给予临时救助 5000 元，圆了一个家庭的大学梦。

6 年来，他记下 5 本扶贫日志，6 本笔记，多达 90 万字，拍摄 1000 余张图片。哪户群众有什么困难、有什么建议意见，村里各项发展情况，他都记在日志、笔记和照片里。用大家的话说，“杨书记把地坪村当成了家”！

然而，每当夜深人静的时候，忙完了一天工作的杨军红趴在桌前，心头总会觉得少了点什么，拿出手机，翻看翻看家人的照片，想打个电话问问妻子在干什么、问问儿子有没有淘气、问问母亲身体如何，可抬头看看时间，夜已深，家人早都入眠。

其实，虽然家人从未对杨军红有过任何抱怨，不管什么时候都全心全力支持他的工作，但只有杨军红自己知道，这些年亏欠家人太多，从驻村至今，家里大大小小的事情全由妻子独自经办，而妻子 2015 年才经历了一场大病，身体未完全康复的情况下，杨军红就奔赴工作岗位了，只因职责所在、使命必达。2019 年，儿子中考，早早地就在打听杨军红能不能赶回家，陪伴儿子参加这场重要的考试，然而，一开始答应好好的，临近中考他却食言了，村上工作太忙根本没有时间回去。2020 年春节，一位至亲突然离世，来不及好好告别，来不及好好宽慰家人，杨军红又立刻奔赴工作岗位了，那一段时间，妻子不仅要承受伤痛，更要照顾家中三位老人、一个孩子，辛苦程度可想而知，杨军红虽为五尺男儿，但每每想到这里，他也泪湿了双眼。已经想不起来上一次回家看望 80 岁老母亲是什么时候了，只记得每次都是行色匆匆、行程紧凑，没有时间多说一句话，留给母亲的永远是背影，心虽然很痛，但是为了地坪村全体百姓，他只能把眼泪往肚子里吞，只能永远对家人保持愧疚之心。

说到这些年自身最大的变化，杨军红开玩笑地说："一开始来地坪的时候，说走就走，没有一点拖累，现在每次来地坪，先要把药准备好，毕竟年龄大了、阅历多了，血糖也高了！"仔细查看杨书记的工作照片，还会发现原本茂密的头发竟然变得稀疏。然而什么也阻挡不了杨书记努力工作的步伐，虽然地坪村已经退出贫困村序列，但他依然肩头有重任，持续在"四个不摘"、后续帮扶、项目提升、集体经济等方面铆足干劲、砥砺奋进，带领地坪村四支队伍为群众谋发展、为村里谋振兴。

有一种力量，如水一般，刚柔并济，无坚不摧；有一种品质，如山一般，巍峨挺立，忠诚可靠；有一种胸怀，如天空一般，广阔无垠、兼收并蓄；有一种精神，如河流一样，奔腾不息，一往直前。杨军红就是这样一位勇于担当作为、全心为民服务、心怀大局、无私奉献的优秀党的干部，他用他的力量、品质、胸怀、精神奋力谱写新时代人民公仆的壮丽诗篇，他用他的行为、思想、格局、能力精确描绘新征程农村发展的美好画卷！

致富路上一面旗

雷　勇

商南县赵川镇店坊河村党支部书记、村主任党金耀，任职村干部25年来，始终坚守共产党员初心，一心一意为民谋福，特别是在党中央国务院做出“关于坚决打赢脱贫攻坚战的决定”后，他抢抓历史机遇，带领干部群众群策群力，真抓实干，乘势而上，在青山绿水间顽强拼搏，使店坊河村的面貌发生了翻天覆地的变化，群众幸福感、获得感持续提升，脱贫攻坚战取得了辉煌成果，他本人也因此获得2019年陕西省脱贫攻坚奋进奖、“全市优秀共产党员”“全县优秀党支部书记”、商南县“‘红袖章’平安志愿者”等荣誉称号，成为脱贫致富路上一面旗帜。

五大产业保民富

党金耀说：“改革开放几十年来，店坊河村山青了，水绿了，大多青壮年男女外出打工挣钱去了，一部分人富起来了。但大片土地、板栗林荒芜了，漫山遍野的栎树也砍的当柴烧了，这么多的优势资源白白浪费了，而还有一部分人却越来越穷了，作为村支书我感到心疼。因此，我 们决定利用店坊河村的优势资源，打造‘千亩中药材、千亩有机绿茶、万亩板栗、万头生猪、百万袋食用菌’5 大主导产业。把资源优势转化为产业优势，把贫困户拴到产业链上，带动他们脱贫致富，同时也把集体经济振兴起来。”

在争取产业发展、利用产业带动贫困户方面，党金耀总是能抓住机遇，快人一步。秦川猪生态实业有限公司的董事长朱秦川是店坊河村人，他们依靠河南省丰源实业上市公司的优势，2017 年计划在自然条件较好的过风楼镇兴建生猪繁育基地，党金耀知道这一消息后，第一时间就找到朱秦川，通过打家乡牌、感情牌，软磨硬泡硬是把这一项目争取了回来。通过 3 年的建设，这项投资 1.39 亿元，占地 75000 平方米，建筑面积 25000 平方米的万头生猪养殖基地基本完成，2020 年 8 月 23 日已正式投入运营。三年多来，每年在此地务工有 130 人，户均增收 2 万元。投入运营后，还可带动贫困户 63 户，每户每年分红 400 元至 1000 元。按合同要求，秦川猪生态农业有限公司每年还要拿其利润的 1%给村集体经济，仅此一项村集体每年也可增加收入 20 万元。

2017 年，县上确定长安大学建筑学院党委为店坊河村党建帮扶单位。机不可失，党金耀及时提出合作发展高山绿茶的建议，得到了帮扶单位的支持，他们发展茶园 1000 亩，不仅带动了群众 60 户发展茶叶，也打造了店坊河高山绿茶品牌。

丰收的瓜园

板栗在店坊河村栽植嫁接由来已久，也曾经是大多老百姓发家致富的摇钱树。但由于品种老化，科管跟不上，这项优势产业衰败了下来。如何把这项优势资源转化为优势项目，党金耀也是绞尽脑汁，多方联系。2018 年，他动员店坊河村在外创业成功人士、北京商南商会会长党广福投资了 100 余万元，并争取到市林业局的支持，对万亩板栗进行改良，每年改良嫁接镇安 1 号优质板栗品种 2000 亩，还依托商会在外联系广泛的优势，形成产、供、销一体化产业链，努力把板栗产业做大做强。

2018 年底，县委主要领导包抓店坊河村，党金耀主动向领导争取产业项目，通过县委主要领导引进了华阳盛泰科技有限公司，投资 800 万元，在店坊河村的松树沟、上河、竹园、龙王庙等组建起瓜蒌产业基地 1200 亩，生产瓜蒌籽、瓜蒌皮、天花粉等养生保健品。该基地以“民办、民管、民受益”为宗旨，创新发展理念，有效与脱贫攻坚、乡村振兴战略接轨，项目启动以来每年在基地常年务工 51 人，务工收入 80 万元左右，户均增收 1.6 万元，带动贫困户 90 户，每户每年分红 800 元；华阳盛泰公司每年每亩土地付 550 元、500 元付给老百姓土地租金，50 元作为村集体经济收入，以此壮大村集体经济。实行这种“一地生三金、一业惠三方”的利益联结机制，带动群众获得土地“租金”、务工“薪金”、入股“红金”，使企业、村集体、群众三方受益。

香菇丰收奔小康

香菇种植在店坊河村也很普遍，这种利用本地资源、群众足不出村就可挣钱的产业很受群众欢迎，但需要技术和资金。如何破解香菇发展的瓶颈？党金耀经过深思熟虑，一是发挥村上能人的作用，让他们传帮带，又请职中老师从理论上讲解香菇种植技术，让百姓懂得怎样种、怎样管的问题。二是积极帮助贫困户完成香菇种植小额贷款，解决种植资金问题。同时，村上也成立了瑞霖食用菌合作社，不仅为菇农提供技术、菌种、场地和销售，还投资 85 万元，修建大棚 17 个、种植袋料香菇 30 万袋。大棚建成后由 17 户贫困户无偿使用至 2019 年 7 月，以此带动贫困户脱贫增收。由于大棚由村集体修建，自 2019 年 8 月以后租用户每袋袋料香菇向村集体缴 0.5 元租金，村集体年收入约 15 万元。2020 年，店坊河村香菇种植达到 200 万袋，年收入 700 余万元，户均增收 1 万元。

香菇种殖基地

基础设施美村貌

初秋的店坊河村，青山绿水，田野苍翠，顺着水泥路往沟里走，通村路、通组路、通户路、环形路如同蜘蛛网四通八达，移民小区、学校、商店、卫生室、通信基站，一应俱全。尤其是村容村貌让人过目不忘，到处呈现出“白灰粉墙砖混房，水泥路旁树两行。庭院整洁百花艳，家家齐心奔小康。”的生机勃勃的景象。说起店坊河村的变化，党金耀深有感慨：“改革开放 40 多年来，店坊河村由当年的丑小鸭变成了今天的白天鹅，一是离不开党的惠民政策。二是离不开村支部村委会一班人一任接着一任干的为民情怀。三是离不开店坊河村群众吃苦耐劳、顽强拼搏的精神。尤其是党中央吹响脱贫攻坚冲锋号后，我们迎来了千载难逢的机遇，完善了基础设施建设，人居环境得到了极大改善。”

“要想富，先修路。”原先想修路，有想法，没办法。脱贫攻坚的春风来了，党金耀自然不会放过这个机会。店坊河村在原来通村路的基础上，又修通了产业路9公里，打通了店坊河村至相邻的十里坪、耀岭河、赵川镇的环线10公里，修通通户路16公里，共新修各类道路35公里，使村民出行和农产品销售更加便利快捷。

整村脱贫和贫困户脱贫一项重要指标就是自来水的普及率要达到规定要求。4年多来，党金耀带领村干部踏勘水源、协调纠纷，争取物资123万元，对原有的倒骑龙组、大山组2处供水设施进行了提升改造，新建4处集中供水工程，铺设自来水管网22千米，解决了全村667户1930人的饮水问题，实现了自来水入户率100%，结束了下河担水、水窖藏水的历史。

在抓路、水基础建设的同时，党金耀抢抓政策机遇，积极向上申报，新建移动基站3座，实现通信信号覆盖率95%以上。加大电网升级改造力度，电力入户率达到100%。积极开展卫生、美丽、文明“三大庭院”建设，深入推进“四清三改”和村庄美化、绿化、亮化行动，完成庭院整治425户，修建垃圾池26个；修建护坡挡墙1260立方米，硬化文化广场460平方米，过去的穷山旮旮，如今路宽了，灯亮了，人富了，日子越过越好了。

堡垒作用结同心

近年来，党金耀狠抓村班子思想建设和作风建设，以党建活动为抓手，积极发挥党建在物质文明精神文明建设中的引领作用，开创了党建促脱贫、党建带新风的良好局面。

党金耀坚持在产业发展中织密组织体系，整合党建资源，着力把组织优势转化为产业发展优势，把党建活力转化为产业发展动力。按照“支部领路、支委领办、党小组带动”的原则，构建了“党支部+支委+党小组+党员+群众+X（公司、合作社、基地等）”的产业发展组织覆盖网络，实现了“党组织建在产业链、党员聚在产业链、农民富在产业链”上。通过落实工作责任，依托资源优势，村企联建、党群联建等方式，打造了店坊河村五大主导产业。他亲自带头主抓，4名支委也分头各抓一项，充分发挥村党支部在产业发展中的举旗定向作用。同时整合参与产业发展的企业党员、农村党员，在5大产业链上设立5个党小组，有效发挥示范带动、联户包抓、服务保障作用。每个支委每季度向支部汇报一次包抓产业发展情况、每月召集党小组开展一次座谈，协调解决存在问题，每季度开展致富之星、星级党员小组长等评比活动，激发干劲、促进工作。

党金耀非常重视发挥党小组联户带动作用，建立了“党员能人模范带、党员定责传帮带、党员示范产业带”机制，以每个党小组为一个生产单元，每名党员联系5名群众，成立生产互助组，建立责任清单，明确党小组的日常管护任务和对包联群众的产业技术指导、服务保障职责，设立党员示范岗、党员责任区，定期分产业进行观摩评比，每季度评定星级党小组、党员示范区“流动红旗”，纳入爱心超市积分兑换，确保了“一个党小组就是一支突击队，一名党员就是一面旗帜”。

党金耀作为支书和一名党员，他也处处发挥着领头雁的作用。贫困户余胜海，今年55岁，家里3口人，女儿出嫁几年后男方以发现女方有精神病而逼女方净身出户，党金耀知道这一情况后，找到男方论理，争取女方合法权益，最后男方不得不赔偿女方5万元。回到娘家后，党金耀又为余胜海离异的女儿办了慢性病卡，帮助他们每年种植香菇1万多袋，年收入3万多元，还为余胜海一家在赵川镇解决了搬迁房，使他们一家过上了幸福生活。

贫困户吴承根，30多岁，家里3口人，2016年妻子卧轨自杀，留下3岁女儿，生活感到无望，把孩子抱到村上，恳求村上帮他抚养。党金耀反复开导他，帮他树立生活的信心，考虑到他会养猪，2017年就帮他贷款3万元，又担保帮他借了10万元办起了养猪场，经过两年多发展，2019年猪场净收入20多万元，今年又扩大了养殖规模，存栏母猪十几头，商品猪一百多头，按今年的猪肉行情，收入非常可观。2019年党金耀还帮他把女儿户口从外婆家甘肃天水转回，帮她解决入学问题，当初的低保户如今成了村上的富裕户。

刘成龙、刘成凤兄弟二人由于家境贫困，没有成家，住在破烂不堪、受滑坡体威胁的两间土房里。党金耀看在眼里，急在心里，2011年帮他们垫资5万元在移民小区盖起了房屋，现在他们都已成家安居乐业。其中刘成龙现在还到非洲打工，年收入 10 万元以上。

像这样为贫困户解决实际困难的事情，党金耀年年都会真心实意地帮助很多件。

党金耀十分重视社会主义精神文明建设，以道德讲堂和新时代农村讲习所为阵地，积极开展“社会主义核心价值观进农村”、道德讲堂、巡回演讲等主题活动，开展“环境卫生整洁美，摆放有序整齐美，种树栽花绿化美，示范引领生活美，家庭文明和谐美”五美创建活动，建立切实可行的村规民约，倡导厚养薄葬、勤俭节约、孝老爱亲等文明新风；设立了爱心超市，鼓励群众通过劳动累计积分、兑换商品、赢得尊重，每年开展两次先进典型评选表彰活动，树立“文明家庭”“脱贫之星”“带富能手”“好儿媳”“好公婆”等先进典型，涌现出了主动要求脱贫、先富帮后富的商南县脱贫典型施强、身残志不残的创业青年程传奇等一批先进典型。“我们通过多渠道、多层面的努力，着力革除陋习，净化社会风气，弘扬新风尚，培养形成了勤俭节约、孝老爱亲、崇尚劳动、厚养薄葬等社会主义文明新风，全面激发群众内在动力，夺取物质文明和精神文明的双丰收。”谈起店坊河村脱贫致富奔小康和今后的发展前景，村支书、村主任党金耀信心满满，表示一定要在实现共同富裕、全面建成小康社会的征途上为店坊河村老百姓奉献出所有的光和热。

共同致富小康路

党金耀于 1965 年出生于商南县赵川镇店坊河一户普通农户家，兄妹 6 人，年少时，家境贫寒。贫困出身的党金耀自幼就十分懂事，立志好好学习，以知识改变命运、摆脱贫困。学生时期的党金耀，勤奋好学，积极上进，通过自身努力，如愿考上青海大学，获取了大学本科学历。毕业后，党金耀先是下海经商，赚取了人生的第一桶金，改变了家庭贫困的面貌。正在生意顺风顺水的时候，党金耀毅然决然地做出了个让大家都吃惊的决定——弃商回村。对此，党金耀说：“一个人富不算富，我的目标不仅仅是让自己摆脱贫困，我更大的愿望是通过自己的努力，带动乡亲们也脱贫致富”。回村后，他也得到了村民们的信任，1995 年初到村上任职，就被选举为村委会主任，自此开始了他长达 25 年的“政治”生涯。

店坊河村位于商南县赵川镇西部，距离县城 80 公里，共有 12 个村民小组、646 户 1945 人，其中，建档立卡贫困户 260 户 853 人。长期以来，因地处偏远、山大沟深、立地条件差，成为远近闻名的深度贫困村。

该村是由原店坊河和马蹄沟两个村 2014 年合并而成。之前，党金耀一直在马蹄沟村先任村主任，2007 年开始支书村主任一肩挑，2014 年两村合并后继续支书村主任一肩挑。无论在马蹄沟村还是后来在店坊河村，几十年来，他始终以党和人民的利益为重，一心一意为百姓办实事、办好事。1999 年，他积极向上争取资金，完成改水工程，使 60% 的家庭用上了干净卫生的自来水。2003 年搞电网改造，改变了以往使用滔河小水电电压不足不稳、时有时无的尴尬局面。2009 年在他的努力下，他们村不但实现了通村水泥路，而是率先完成了通组水泥路。2011 年盖起来五室分离的标准化卫生室，解决了老百姓看病难问题。2011 年率先建起移民小区，使生存立地条件差的困难群众有了安居乐业之地。他组织群众发展茶叶、板栗、药材、食用菌、劳务输出等，增加了农民收入。又通过新农村建设和双包双促，初步改变了店坊河村贫穷落后面貌。特别是 2016 年以来，党金耀借国家坚决打赢脱贫攻坚战的东风，与包扶单位、镇村干部一起，带领全村群众克难攻坚，抓重点，补短板，强弱项，出色地完成了脱贫攻坚任务。全村建档立卡贫困户 260 户 853 人 ,2016 年脱贫 9 户 39 人，2017 年脱贫 10 户 42 人，2018 年脱贫 99 户 386 人。党金耀说“特别是 2019 年，商南县委主要领导联系包抓、倾力指导督战，我们以咬定青山不放松的韧劲，下决心如期完成了剩下的 73 户 166 人脱贫的任务，产业发展和基础建设迈上了新台阶，实现了整村退出，一举甩掉了贫困帽子。”

走进如今的店坊河村就如同走进美轮美奂、如诗如歌的仙境一般。那锦绣大地就是一尊古琴，那条条水泥路就是琴弦，那青山绿水、田园村庄、主导产业和张张笑脸就是跳动的音符，支书党金耀正带领村民们用他们勤劳的双手弹奏着一曲新时代脱贫致富奔小康的华彩乐章。

铁骨匠心创业人

孙传卿　明婷玉

时代的一粒灰，落在个人头上，就是一座山。人的一生，需要跨越不同的山，路途或远或近、或陡峭或平坦、或笔直或蜿蜒；有的人，壮志凌云、信誓旦旦，有决心无恒心、有能力无毅力，遇难则返、半途而废、难守初心；有的人，无惧风雨、咬牙坚持，穿过荆棘密布的丛林、越过不可预测的深渊，听从内心、无问西东、终成大业。前者是命运的服从者，后者是时代的主创者，他们平凡但不平庸。在湘河镇梳洗楼村，有这样一位群众，九死一生、坎坷流离。半生岁月，他翻越了重重高山、冲破了层层阻碍、经历了种种磨难，时光刺伤了他的躯体，风雨侵蚀了他的脸颊，困苦磨平了他的棱角；然而，他的脊梁越发挺拔、目光更加清澈、步伐趋向从容，他就是万海平，一位铁骨匠心创业人。

江风百里，轻飏一位好人情怀

提起梳洗楼村万海平，湘河镇的群众几乎都能说上两句，小至孩童，大至耄耋，几乎都听说过他的故事，就算是不知道他名字的人，提起“五佬洞藏”也都是啧啧称赞，万海平似乎和酒有着天生的联系。

“听说他酿的酒可真是一绝啊！”“那可不是，我家里以前都是喝外面瓶装的酒，可自从经人介绍尝了他的酒之后，再也不愿意喝其他酒嘞！”2019年腊月，正在万海平家买酒的群众交谈着。“嗯嗯，对啊，老万酿的酒就是香，不管是冷着喝，还是温着喝，都别有一番风味，其他再好的酒都比不上，我这一年在他这里都要买 400 多斤呢！”正在掏钱的韩东魁冲着一群正在排队的人说道。“诶，这话不假，在我这里买酒的基本都是回头客，就像认准了我似的，要说咱们商南酿酒的也多，可他们就是来我这里，说啥只有我酿的酒才喝着带劲！”边找零钱边抬头向大家介绍的万海平说着：“这不，今年都卖了 1 万多斤，前两天西安的一个大老板在朋友那里尝了我的酒之后，立马开车过来，当场签订了大单子，指定我的酒为内部专供酒，承诺我酿多少他买多少嘞！不过大家放心，这乡里乡亲的，只要大家想喝酒，就来这里，我还是按照以前的价格卖，绝不会随意涨价！”“哎呀，老万，这下你可算能够省一点心啦”，大家纷纷感叹道！是啊，老万是一个残疾人，这些年遭了不少罪，但他从来没有自怨自艾过，相反，他展现在大家眼前永远是乐观向上的一面，爽朗的笑声、坚强的背影、坚定的眼神是他给大家留下的最深印象。

还没等大家伙儿继续思考，老万却说“那可不行，我怎么能不操心呢！现在酒厂有四个乡亲给我帮忙，天天过来清扫猪舍、喂猪打料、帮忙酿酒，从来不提工钱的事，我可不能让他们白干，就算是自己一分钱不赚，也得保障他们的工钱呢！”万海平是个善良的人，他总是心疼给他干活的群众， 2018 年，他的事业刚刚复苏的时候，每个月酿酒赚来的资金还不够他周转，但是他也从来不拖欠群众工资。梳洗楼村万永会家中负担重，60 多岁外出务工也没有用人单位聘用，万海平主动找到他，让在自家的酒厂和猪场干活，既能照顾到一家人的生活，又能赚取每月的生活费。一开始，万永会深知创业不易，让万海平不要急着给自己付工钱，就当是周转金使用，但是万海平不管多困难，总是在月底把2500元钱送到万永会手上，坚决的态度不容推辞，用万海平的话说“谁家过日子都不容易，我不能昧良心！”每当乡里乡亲有困难，他都会主动提供帮助，就连水滴筹平台上都经常出现他的身影。

万海平是个倔强的人，从开始酿酒至今，他每天晚上都在酒坊熬到将近 12 点，细心地查看每一个环节，打料、搅拌、发酵、过滤每一步流程他都亲自参与，他总说“其实这些活儿我的这些工人都能掌握好，让他们自己负责我也放心，但是我就是闲不下来，只有过来参与其中，晚上我才能睡得安稳！”一天下来，老万的腿几乎站都站不起来，本来受伤的地方更是酸痛难忍，妻子心疼地念叨他，老万笑着答道“知道啦知道啦”，但是第二天却依然一如既往。2020 年 5 月，骄阳似火，万海平一边忙着在家里盖房子，从购买建材到施工建设，没有哪个环节没有他的身影，另一边依然在酒坊里酿酒，晚上 11 点多的时候，等到大家都休息了，他总是细心地搬搬酒瓶、铲铲酒糟，关上门最后一个休息。

万海平是个认真的人，都说初心易得、始终难守，但这句话在老万那里得到了最有力的回击。从一开始，万海平都坚持酿最好的酒，也许在他看来，自己的酒坊不是赚钱的工具，而是实现人生价值的舞台。当别人迎合市场涨价时，他宁愿赔本也要保持原价；当有的酒坊开始偷工减料、粗制滥造时，他保持上乘用料、传统做法，即使耗费材料是别人的三倍、制作时间大大延长他也在所不惜；当别人开始引入自动化酿酒生产线时，他依然用最累的手法酿制最醇厚的美酒，面对激烈的市场竞争，他不慌不抗、步履从容，始终用工匠精神酿造每一杯美酒，这种态度是靠苦难磨砺、靠岁月沉淀的。

跌跌撞撞，造就坚韧不拔的性格

1971 年，万海平出生于湘河镇梳洗楼村一个贫寒的农民家庭，排行老四，家中还有六个兄弟姐妹，一家人的生计全靠父母面朝黄土背朝天的辛勤劳作，生活无比艰辛。从他记忆开始，父母的肩膀就是沉重的，他的衣服也都是破破旧旧、补丁加补丁，到最后都看不出来衣服原来的样子了。

以前的冬天总是显得格外漫长，就如同皑皑白雪般望不到头，从上小学起，万海平就没有穿过一件棉袄棉靴，每一个冬天，他都只能穿着一双破旧的布鞋过冬，经常脚后跟都露在外面，在风雪的侵蚀下，冻疮从来没有缺席过任何一个冬天，每天晚上回到家只能烤着柴火缓解，冻疮处奇痒无比，灯光下，母亲心疼地帮他来回磨搓，好几次他都想哭，但是却将眼泪硬生生吞了回去，笑着对母亲说：“妈，我不疼，真的……”从开始下雪的第一天，他就念叨着冬天快点结束、春天快点降临。可是，主观的意向又怎能改变客观的自然呢？一个冬天下来，他的脚结满了痂，等到夏天才能恢复，然而下一个冬天又是如此、周而复始。

当时，他最大的愿望就是填饱肚子、不挨冻，为了这个目标，他冬天上山捡柴、秋天上山捡桐籽，印象最深的是四年级的暑假，他穿着草鞋跟着哥哥姐姐上山捡桐籽下山卖，早上天还蒙蒙亮就出发，中午在阴凉地方休息，临近天黑才回到家中，一个假期下来挣了 2 块钱，拿到了人生第一桶金。但是懂事的他将这笔钱递到了母亲的手中，让母亲补贴家用，他依然穿着破洞衣服走进了校园。正是长身体的时候，但是家中劳力少、粮食根本不够吃，万海平饿着肚子上山砍柴、打草喂猪是常事，好几次，他饿得两眼冒金星，脚下没站稳，一个踉跄将自己辛辛苦苦挑回来的水泼了一身。当看到家庭好的同学在学校吃白面馍时，他羡慕不已，只能偷偷拿出自己唯一的口粮——红薯充饥。有的时候，他模仿菜夹馍，将辣椒抹在红薯片上，想象着自己在吃白面馍。窘迫的家庭条件只能勉强支撑万海平读完小学，1983 年，年仅 12 岁的万海平为了养活弟妹，幼小的肩膀便扛起了生活的重担，他辍学回到家，开始给父母帮忙种地干农活，插秧种稻、拉牛耕地他都干过，夏天收麦碾麦、秋天收粮播种，瘦弱的肩膀磨起了血泡，尤其是在夏天割麦的时候，刺痛万分，但他一声不吭地忍着。日子一天天过去，虽然过得清贫辛苦，但从小和土地打交道的万海平内心充实、自得其乐，总觉得只要自己踏实，总有一天能改变家里的光景。也许是这种精神打动了父亲的一位好友，这位好友在万海平身体受到创伤后依然将女儿嫁给了他，而万海平的妻子也从没有因为家贫身残抵触这桩婚事，在他们结婚的当天，妻子坚定地说："老万，你的为人我清楚，放心吧，我会好好照顾你的！"

命途多舛，抗争才是唯一的出路

天不遂人愿，1987 年中秋节这天，万海平和往常一样拉牛犁地，想着几近完工，中午牺牲一下休息时间就能把剩余任务完成，于是在临近 12 点的时候，万海平依然干劲十足，没有把缰绳从牛身上卸下来的意思，谁知突然间，这头牛性子烈脾气急，将万海平绊倒连接着绳子从地里拖到了路上，一路狂奔拖行数公里，当时的万海平根本来不及应对就遭受了这场灾难，路上的行人均被眼前的景象惊呆，直到牛冷静了下来，人们赶忙将万海平从绳子上解下来，此时的万海平血肉模糊，左腿几乎无肉，连带着骨头都裸露在外，大家齐心协力将万海平送到湘河卫生院，医生一看此情形，连声催促尽快送到县医院，就这样，万海平在商南县医院一住就是一年多。刚开始，万海平昏迷不醒，医生建议截肢，这对于一个农民子弟来说，如同灭顶之灾，在母亲的一再央求下，医生答应保守治疗，于是开始了消毒、去腐肉、长肉、包扎的痛苦日子，半个月后，万海平终于清醒，看到这个情形，他心如死灰、不吃不喝，全靠输液维持体征。一天，当他回过头看到满头白发的母亲，弯着腰为他擦洗时，他突然间觉醒，既然上天留了这半条命，他就不能轻言放弃，最起码不能再让父母承受额外的痛苦了，于是，他渐渐恢复了生命力，开始吃饭喝水、配合医生治疗、主动锻炼康复，一年后，左腿虽然保存了下来，但是落下了肢体一级残疾的终身伤痛，每天都得喝消炎药，左腿的肉也无法再长全，而且，还背负了6万元的医药费用。

出院后，万海平在家休息了两年多，期间，他无时无刻不在思考自己的出路，这么多债他得自己还，父母逐渐年迈，他也得尽尽孝心了，可是，现在这个情形，下地干活儿已经不可能了，那么他能干什么呢？时间转眼到了1990年，一次偶然的机会，他得知一位同乡曾在湖北省郧县大柳酒厂学手艺，回乡后自己办的小作坊生意还不错，万海平灵机一动，既然家中也有酿酒的传统，为什么不将这门手艺发扬光大呢？于是，他心一横，独自来到郧县大柳酒厂当学徒，开始学习大曲的酿制技艺，从掌握温度到培养菌丝，他孜孜不倦、勤学苦练，生怕错过任何一个环节，由于左腿无法支撑这么大的劳动量，他只能站坐交替，一天下来，几近瘫痪，然而他从未打过退堂鼓，似乎天生就对酿酒感兴趣。这份精神感动了当时酒厂的老板，为了鼓励支持万海平，老板免收学费，还将他认作干儿子，一有机会就开小灶、私家传授。很快，万海平将酿酒技艺掌握的炉火纯青。他辞别师傅，回到家，四处贷款，筹资1000元开始酿酒生意，当年便大获成功，酿造的1500公斤酒供不应求。从1991年开始，万海平便建了厂房，扩大了规模，从年产1500公斤提高到3500公斤，短短两年间，便将欠的6万元债务偿还清了，从1993年开始，万海平改了包装，将群众自己拿瓶购买变成了五斤、十斤整壶出售，日子渐渐红火了起来。

向死而生，苦难让脚步更加坚定

万海平将 1993 年 -1998 年的这五年称为黄金五年，期间，他不仅娶了贤妻，还生下了两个聪明伶俐的儿子，与此同时，凭借着精湛的手艺，他每年都能赚一万多元，街坊邻居谁家有急用，第一时间都到万海平家里来借钱，想到平时大家对自己的照顾，万海平二话不说，连字据都不留，就慷慨地把钱借给大家，用他的话说“都是死过一次的人，能活着都是一种幸运，既然大家伙儿需要，我能力范围之内的事情肯定要办到，不然都对不起我这半条命！”

然而，从 1999 年开始，粮食大幅涨价，2 元钱一斤的酒连成本都保不住了，再加上受行情影响，大家伙儿都开始流行喝市面上的瓶装酒，老万的生意开始走了下坡路。最终，扛不住惨淡的光景，2000 年，万海平关闭了酒坊，在熟人的介绍下，来到山西晋城煤矿干一些轻活儿，一个月 2000 元的工资也够一家老小生活，就这样，一干就是 7 年。眼看着妻子一个人在家又要照顾老人又要照顾小孩，实在是力不从心，老万决定回家，从家门口找个生计，在和妻子商量后，他带着一家人在商南县一中门口租了个铺面，做起了小吃的行当，起早贪黑、辛勤劳作，最终，老万的旧疾复发，在坚持了一年后，他不得不再度回到山西煤矿，继续干着代班的活儿。2011 年，万海平听说国家在大力倡导农民工返乡创业，想着既能省去外出务工的生活成本，又能照顾一家老小，他二话不说返回家乡。当时，正赶上政府开展养猪技能培训，万海平积极参与、潜心学习、刻苦钻研，同时，多方筹措资金，开始养猪小生意。初来乍到，万海平求成心切，一下子购买了 260 头猪，可谁知短短 1 个月内，100 多头猪都出现了发烧症状、相继死亡，万海平慌了，不远千里请来专家，尽力救治，经此折腾，当年万海平的猪场便赔了 20 多万。万海平天生不服输，2012 年伊始，他吸取教训，从本地购买母猪 12 头，降低养殖风险，同时，重操旧业，开始酿酒，走多栖发展的产业之路，渐渐地，事业步上了正轨，一切都向好的方向发展。

可是，一场意外瞬间吞噬了这一切。2015 年 4 月 10 日，周边亲友家中有事，万海平前去帮忙，家中无人看管，由于土木结构房屋，年久失修、电路老化，也许是酿酒导致的高温引起电路失火，很快，火苗覆盖了整个酒坊、火光冲天，等到万海平收到信息赶回家中时，所有的家当都已经付之一炬，包括 2500 公斤粮食、3800 公斤酒和猪饲料，在镇村干部群众的共同努力下，火虽然扑灭了，但万海平的半生家业毁于一旦，经济损失达到 30 多万元，霎时间，他如同五雷轰顶、瘫倒地上。此情此景无不让在场的群众为之动容，当晚，街坊邻居便自发捐款 1.4 万元，第二天，在湘河镇党委的号召下，筹得善款 4.9 万元，为万海平解了燃眉之急。毕竟是经历过大风大浪的人，很快，万海平便调整心态、振作精神、重整旗鼓，将在火灾中幸存的猪和鸡出售，借贷整合资金从头再来，他总说“留得青山在，不愁没柴烧”。半个月后，他才将这件事情告诉在城里带孩子上学的妻子，并安慰妻子说“没事的，咱经历的苦难越多，以后越有福嘞，别担心，我好好赚钱，一定会让你过上好日子”！

2016 年，养猪场和酒坊盖了起来，眼看猪也买回来了、酒也烧起来了，万海平却不慎崴了脚，粉碎性骨折在家整整躺了三个月，可他还是闲不住，每天都查看猪仔的健康状况和工人的酿酒程序。也许，老天总是爱和万海平开玩笑，每次在他不经意的时候，灾难都会降临。6 月 7 日，端午节前两天，24 岁的大儿子万相新打扮帅气去商南办事，临走前，万海平一如往常地叮嘱儿子早些回来，当天晚上，他还接到了儿子打来的电话，父子俩聊了几句，他万万想不到，这竟是父子俩的最后一次对话，6 月 8 日中午 11 点，一阵急促的铃声传来，万海平一看是派出所的电话，心中有些许不安，果然，电话那头传来大儿子意外身亡的噩耗，听到这个消息，万海平一开始还不相信，他一瘸一拐地找到邻居将自己送到商南，心里安慰自己，一定是派出所搞错了，当远远地看到那身衣服和鞋子，他顿时腿软了，这是自己前两天在荆紫关给孩子买的，不，不可能，这只是巧合，他带着最后一丝希望，步履蹒跚地挪向尸体，这短短的距离是他这辈子走过的最远的路，当看到冰冷的尸体时，他如同婴孩般放声痛哭，呼天抢地、撕心裂肺……

也许，丧子之痛是真正压垮了万海平的最后一根稻草，他眼前反复出现大儿子离开的背影，梦里都是儿子呼唤他的声音，整整一个多月，万海平如同行尸走肉，沉默不语。一天，小儿子万里走到父亲跟前，轻轻地搂过父亲的肩头，哽咽地说道“爸，你别怕，你还有我，大哥走了，我会好好照顾你”，一语点醒梦中人，万海平的眼睛划过一道光，是呀，我还有未尽的义务啊，如果我就此倒下，剩下这一箩筐的欠账怎么办？父母妻子怎么办？想到这里，他深吸一口气，慢慢站起来，拍拍小儿子的肩膀，说“放心吧，爸好了，咱们该干啥就干啥，日子还得过呢！”从此以后，万海平更加勤劳了，每天晚上酿酒忙到 11 点多，早上 6 点就起床，给猪上饲料，清理猪舍卫生。

筚路蓝缕，佳酿蕴藏至纯的灵魂

由于万海平见多识广，他从一开始就谋划走循环经济之路，利用传统酿酒技术酿造苞谷酒，用酒糟发展养殖业，养殖粪便反哺玉米、小麦，丰收的小麦、玉米继续用于酿酒。然而，由于一开始养猪技术不成熟，再加上群众不放心，这条循环发展之路一直没有起步，直到 2016 年，万海平才实现了这个梦想，当年，他种植小麦、玉米 10 余亩，年产粮食 0.8 万公斤，酿造苞谷酒 2500 公斤，养猪 100 头，年收入 8 万多元。2017 年，他一鼓作气，将养猪规模扩大到了 200 多头、酿酒 4000 公斤。与此同时，他紧跟市场发展方向，率先注册了商南县相新生态养猪专业合作社和陕南湘江五谷大曲酒品牌，通过品牌战略开拓市场，通过合作社实现规模经营。

阴霾终会过去。从 2018 年开始，万海平的产业便开始蒸蒸日上，当年，他通过酿酒、养猪净赚 20 多万，注册的湘江龙泉和五佬洞藏品牌一经推广便深得消费者喜爱。2019 年，万海平引入精包装生产线，自家酿制、自家包装、自家销售，通过互联网、电商等平台，产品远销甘肃、新疆、广州、北京、上海等城市，销量达到 5000 多公斤。同年，湘河镇党委政府按照相关规定，为万海平的相新生态养猪专业合作社争取扶贫产业资金 15 万元，更是极大地提升了老万的产业发展水平。为了报答邻里的雪中送炭，他为前来买猪的农户免费上门服务，提供技术支持、防疫治病等服务，保障养殖户获得最大收益。2 年间，他为 300 头猪崽免费治病，上门服务超过 600 趟次，与此同时，只要是乡里乡亲过来买猪，他都让大家先养猪后付钱，群众可以自主选择出售方式，合作社进行保底回收。

为了做出最醇厚的酒，万海平可算是下了一番功夫，他深知好酒必须要有好水的道理，早些时候，万海平忍痛到处找水源，终于在 2015 年秋天自费 3 万多元打了一口井，专门用来酿酒。其次，在制作方面，万海平从来不偷工减料，坚持用大曲制作，用最原始的工艺、最充足的发酵时间保证酒的纯度。

也许是酒萃取了这份执着的坚守，也许是这份执着的坚守融进了清冽的酒，乡里乡亲就是爱喝万海平酿出来的酒，一传十、十传百，万海平的品牌竟然传到了西安。2020 年，一家大型润滑油综合加工企业负责人和万海平达成初步意向，采取联合发展的思路，统筹湘河镇有名的 5 家酿酒作坊，由万海平担任技术总监，负责质量把关和酿制指导，统一品牌，年产 200 吨以上的佳酿，该企业负责供料、包装、运输。为了最大程度带动湘河镇的父老乡亲就业，万海平坚持让该企业将生产厂房建在人口密集的红鱼小区，将加工、包装生产线放在剩余劳动力较为集中的地方，带动乡亲们就业。万海平说："人的一生还是要回家干些事，我去过茅台镇，那条件还不如我们嘞，我们要学习他们的经营模式，打造联合发展的路子，带动周围的群众共同致富，毕竟，有钱要大家花，好东西要分享啊！"万海平一直都在朝着个目标迈进，虽然自己的创业之路多艰辛，但是他总是想方设法让老百姓多增收。从 2015 年开始，他的酒坊便聘请了 3 个工人，他无偿传授技术、每月支付工资，即使实在自己最困难、产业无任何收益的情况下，他也从不拖欠。与此同时，他的合作社还为村里的 10 户缺乏劳动力的贫困户每年支付分红 800 元，不管合作社经营状况如何，他从不耽搁。

如今的万海平，虽历经风霜，但赤子心不变、赤诚情未动，他在用自己的经历，诠释生命的韧性与韧劲、挑战生活的磨砺与磨难、拓宽人生的厚度与宽度，他继承了悠悠丹江水的力量，更继承了绵绵群山的坚强，他是当之无愧的铁骨匠心创业人。

谢付记的华丽转身

孙传卿

盛夏时节，商南县清油河镇磙子沟村一片苍翠，农家小院鸟语花香，通村水泥路蜿蜒着伸向远方。2020年7月3日下午，磙子沟村天麻种植大户、贫困户谢付记望着湛蓝的天空，脸上信心满满。他告诉记者："虽然脱贫了，但还要继续干；因为全家人要过上好日子，不能光依靠国家给。"

生活困境，练就吃苦耐劳精神

谢付记，男，1968年出生，磙子沟村六组村民，初中文化，姊妹6个，2个姐姐，3个弟弟，他排行老三。父亲谢从珍当村干部28年。

在村里人的眼中，谢付记是个苦命人。小时候家庭负担重，家里穷，缺吃穿，赤脚走路，"大集体"期间，因住房紧张，全家晚上睡觉排成一行行。放牛、砍柴、干农活儿，搞勤工俭学……他小时候学习刻苦、用心，为了省钱，他经常点松油灯（俗名叫"松树亮子"，就是油松树被砍伐后，挖起树兜劈成木块，点燃照明）学到半夜。因家里吃饭人多，他被迫上完初中就辍学了。虽然家境贫困，但他的骨子就有一种不服输的气质。

苦难是一种财富。谢付记虽然吃了很多的苦，但苦难练就了他自强不息的精神和善良的品质，练就了他承受困境的能力。

1990 年 10 月，经人介绍，谢付记与妻子余秀琴结婚，第二年生下大女儿，1993 年生下儿子。妻子是一梁之隔的丹凤县峦庄镇双坪村人。初开始，岳父不同意这门婚事，嫌他家穷。谢付记初中毕业后，开始骑自行车到处收购山货做生意，由于经常到丹凤境内，一来二去，与余秀琴谈上了恋爱。

因此，妻子对他有感情，不顾家人反对，坚决同意这门婚事，妻子认为人穷不可怕，只要实干顾家就行。

树大分叉。1995 年分家时，父亲只给他分了一间房。由于住房实在紧张，1996 年谢付记在老屋附近又盖了三间红砖房。砖是从 60 里外的试马砖厂拉运的，住上宽敞明亮的红砖房，谢付记的日子也算是顺风顺水，过上了正常人的日子。

人有旦夕祸福，天有不测风云。2007 年 7 月 29 日晚上的一场特大洪灾，致使谢付记的 4 间房屋全部损坏，无法居住。一场洪灾，打破了谢付记安逸而幸福的生活。随后不久，他外借 3 万元，在 1.5 公里外买了一个农家院 5 间房子，全家人定居下来。安居下来后，谢付记依靠耕种田地和打打零工维持生计。

2012 年女儿考上西安一所大专院校，2013 年儿子考上西安工程学院酒店管理专业。儿女沉重的学杂费成了老谢头上的“五指山”，压得他喘不过气来。这使谢付记捉襟见肘的生活更加雪上加霜。2015 年底，谢付记一家因学致贫被确定为贫困户。

乘政策东风，一举甩掉“贫困帽”

戴上贫困户的帽子对谢付记来说是一个沉重的心理负担。“就靠做做地里活打打零工，什么时候才能摘掉贫困户的帽子，儿女上学欠下的债务什么时候才能还清……”大半辈子不服输的老谢，那些日子天天眉头紧锁，一个人一坐就是大半天。

碾子沟村山大沟深，森林资源丰富，半阴半阳、富含有机质的缓坡地、谷沟地较多，是天麻种植的最佳区域之一。

靠山吃山，靠水吃水。谢付记不等、不靠、不要，凭借一己之力发展天麻种植、购销，成为远近闻名的“天麻王”，彻底甩掉了贫困户的帽子，迈上了致富奔小康的康庄大道。

“说起碾子沟村的天麻发展史，不能忘了原支书周吴承，他在村上8年时间里，就开始发动群众种植了。”谢付记说。谢付记通过向原支书那里取经，在天麻种植方面也是小有名气，但是由于缺乏产业发展启动资金，他的种植规模一直处于“小打小闹”。创业的艰辛，从来只有走过的人才知道其中的滋味。

2016年年初，谢付记的包扶干部、县检察院检察长郭宝成来到他家了解情况、宣讲政策。在认真分析了情况之后，郭宝成提出，可以帮忙申请5万元贴息贷款，帮助老谢发展天麻种植。资金到位后，老谢拿出1万元作为股金投入到村上的兴源天麻栽培专业合作社，其余的4万元作为自己种植天麻的启动资金。

谢付记虽然只有初中文化水平，却能吃苦、肯钻研，为了让自己种植的天麻品质好、产量高，卖出好价钱，他先后购买了《天麻栽培技术》《育种技术》《培育菌麻技术》等书籍，在干中学、在学中干。为了节约成本，老谢自费去河南卢氏县学习天麻育种技术，回来后自己尝试培育种苗并取得了成功。

经过一年的打拼，2016年底，老谢种植的1000窝天麻个头大、产量高、质量好，一下子就卖了4万多元，加上合作社入股分红的5000元和7000袋香菇卖的2万多元，全年净收入6万多元，老谢一家子高兴得合不拢嘴。

挣到钱了，家里的日子有了盼头。头脑活泛的老谢又开始“折腾”了，他骑上摩托车，四里八乡收天麻、贩香菇，两三个月下来，又赚了2万多元钱。一算账，一年8万多元的现金收入，让老谢彻底甩掉了戴了一年的贫困户帽子，成为远近闻名的天麻产业大户。2016年底，谢付记被县委评为“脱贫标兵”。

尝到甜头的谢付记，来了劲儿。2017年1000多窝，2018年1000窝，2019年2000多窝，2020年4000多窝……而且越种越好，每年的收入都不菲。

致富后的谢付记没有忘记自己的乡亲父老和亲朋好友。贫困户张有森，本身有点残疾，平时就靠干点农活卖点土特产过日子，一家人生活紧巴巴。谢付记鼓励他种天麻，但他担心没钱没种子没技术，种天麻的事一拖再拖，眼看过

“听党话，跟党走，幸福日子永长久。”

了天麻栽种的时节。老谢直接从自己家里给他背了15公斤天麻种子，免费让他使用，还手把手教他天麻花粉传授技术，又帮忙联系了菌种厂，一下子解决了他的大难题，这一年张有森400窝天麻收获后卖了1万多元。

吃水不忘挖井人，脱贫不忘报党恩

依靠党的好政策脱了贫，还积极要求入党。贫困户谢付记的入党心愿成为商南县清油河镇碾子沟村村民们念叨的“大新闻”。

“听党话，跟党走，幸福日子永长久。”虽然甩掉了贫困户的帽子，但谢付记一直记着党的恩情，重担在身的谢付记更加发奋图强。为了提升自己的综合素质，他经常会抽出时间看书读报学习，更多地了解时政、关注产业的发展。他认为，只要党员干部引导得好，带领大家一起致富，处处起到示范带头作用，群众就会有盼头、有干头。所以，基于这种想法，谢付记入党的愿望更加强烈了。

不仅如此，谢付记所在的碾子沟村在脱贫攻坚中也发生了翻天覆地的变化。包扶单位经过详细调研，协助碾子沟村“两委”会因地制宜抓规划，扬长避短育产业，将地处秦岭东段南麓、交通不便的劣势变为植被丰富生态优美、适宜大力发展林下经济的优势。按照“村支部+集体经济+合作社+基地+贫困户”的脱贫发展模式，遵循“自力更生、产业脱贫，能人示范、带动脱贫，干部包扶、精准脱贫”的原则，把发展天麻产业作为脱贫主导产业，着力打造“天麻老家”，为村民脱贫致富开创了新路子。

“流转土地收租金、务工就业挣薪金、入股分红得股金、出售天麻收现金。”这句流传在碾子沟村的顺口溜，是碾子沟村党支部与村办合作社联办，大力发展天麻产业，带领当地村民脱贫致富的真实写照。通村路、通组路修通了，自来水吃上了，绿色的田野生机勃勃……

一件件实实在在的事，温暖着乡亲们的心，也深深地打动着谢付记，“我感谢党，我相信党，我要入党”成为他内心的迫切愿望和实际行动。

2017年“七一”前夕，谢付记将自己一笔一画书写的入党志愿书亲手交到了村党支部书记周吴承手中。老谢说，前几年家里条件差，沉重的家庭负担

“我认识到，人活着应该有追求、有奋斗目标。我会以党员的标准来要求自己、帮助别人，带动更多人一起脱贫致富。”谢付记感慨地说。

使自己觉得没有底气，想入党怕给党组织丢人。现在好了，儿女都大学毕业有工作了，也不用家里花钱供养了，自己的产业发展得也越来越好，这都归功于党的好政策和党员干部的热心帮扶，打心底里感谢共产党。

“我认识到，人活着应该有追求、有奋斗目标。我会以党员的标准来要求自己、帮助别人，带动更多人一起脱贫致富。”谢付记感慨地说。

从对党心向往，到递交入党申请书，再到党旗下庄严宣誓成为一名中国共产党预备党员。在谢付记记忆中，这是一段多么神圣而难忘的经历。早日加入共产党这个伟大的组织，已经成为谢付记内心深处的梦寐以求。2019 年 7 月谢付记心想事成，成了一名预备党员。谈起入党初衷，谢付记说：“主要是为了给人民群众多办实事好事，服务起来方便。”

2020 年 7 月，谢付记转为中共正式党员。他高兴地说：“是支部带领我走上了致富路，我又成为支部的一分子，我不仅要带头致富，还要尽最大努力帮助其他贫困户，实现全村脱贫致富的目标。”

如今的谢付记，已成为碾子沟村其他脱贫户争学效仿的榜样。而脱贫后申请入党，也将成为他人生里程中又一份生活荣耀！

谢付记，一个从贫困户里走出来的共产党员。在商南，还有很多像他这样的党员，在艰苦的成长环境下，通过奋斗改变了自己和村民的生活，他们都以吃水不忘挖井人的使命担当，为村民们的幸福之路做出了党员贡献。在精神和信念的感召下，商南县各级党组织就如同磁铁般吸引着那些走在脱贫攻坚路上的奋进者们，越来越多像谢付记一样的贫困户正向党组织靠拢。

自己富了不算富，大家富了才是富

“落其实者思其树，饮其流者怀其源。”事业有成的谢付记，没有忘记共产党人乐于助人的优秀品质，没有忘掉回报社会的自身责任。他时常这样告诫家人：“一个人富不算富，大家富才是真的富，只有大家共同富裕社会才会更和谐，生活才会更美好。”这些年，只要村里有人找他，他都坦诚相待、热情接待，并尽己所能帮助解决他人之所急。几年下来，在他的帮助下，身边一大批村民都成功走上了创业致富之路。

为使周围乡亲都早点富裕起来，谢付记耐心做群众思想工作，引导和发动群众种植天麻。贫困户胡国民怕天麻行情不稳定不赚钱，谢付记承诺对他种的天麻进行保底价收购，消除了他的后顾之忧，2018 年种了 1000 窝，比往年种植数量多了一倍。贫困户李辉家交通不便，天麻菌种怎样运输到家成了问题，谢付记帮他买了 500 窝菌种，用三轮车分批次免费送到他家中……

贫困户丁西成，2020 年春季种植天麻 500 窝，谢付记按一袋菌种 3.5 元，廉价为他提供菌种，并手把手传授技术。售价菌种比别人便宜 1 元多，而且同意让种植户先欠钱，等收入后再还。

谢付记带领种植户能人到宜昌和云南小塘坝考察天麻种植栽培技术。碾子沟村海拔高，昼夜温差大，土质松软，致使长出来的天麻个头大、品质好，比邻村 1 斤多卖 1 元钱。为此，在谢付记的努力下，碾子沟村成立天麻种植合作社，为农户担保，借菌还麻给群众，等卖后还钱。

在谢付记的引导、带动和帮助扶持下，全村 20 多户从事天麻产业，其中 9 户是贫困户，每户至少种植 1000 窝。2020 年非贫困户万小华、章玉锁每户种植天麻 3000 窝以上。

“云南 1 斤湿天麻售价 80 元，而碾子沟村 1 斤才卖 13 元。云南一个菌包售价 1 元，而我们仅卖 0.1 元。主要差别在品质上。”谢付记悟出了真谛，“技术上不去，浪费林木资源。”

“如今技术已很成熟，明年村上要大力发展。只要不是油脂树木，均可用来种植林下天麻。”谢付记信心满满。

无论走在田间地头，还是闲时串门，只要有人向谢付记请教天麻种植技术，他都毫无保留地传授，鼓励他们扩大规模。老谢乐于助人、乐善好施、致富不忘乡亲的事迹不胫而走，村民们纷纷为他点赞，直夸他是助人为乐的好榜样，推选他为所在组的组长和村上的护林员。

一个人生活在村上，一定要活道，在群众中有个好口碑。这是谢付记的观点。村上老年人行动不便，他就骑摩托车到镇上代缴电费，帮助加工面粉，给群众帮忙，他从不收一分钱。有个留守老人的儿女过年回家，送上从南方带回来的海鲜以示感激。

“我家今年预计可收入 20 万元。这几年全享了国家的福。”谢付记自豪地说。碾子沟村的天麻早已闻名省内外。安徽客商开大车上门收购天麻，谢付记乐意给客商领路，几天内就把全村的天麻收购一空。谢付记的家里，一到天麻收获的季节，俨然就是当地的天麻交易中心，河南、安徽、汉中等省内外客户齐聚老谢家，曾经创出了一天 11 万斤的交易记录。

习近平总书记强调，扶贫先扶志，扶贫必扶智要从根本上摆脱贫困，必须实施“志智双扶”。“志智双扶”，首要是激励贫困群众立志。贫困群众是脱贫攻坚的主体，只有扶起他们的脱贫志向、挺起他们脱贫的腰板，才能真正激发出持久的脱贫致富内生动力。因此，要真正打赢这场脱贫攻坚持久战，首要任务就是要帮助贫困群众提高认识、更新观念、自立自强，唤起他们的脱贫斗志、信心和决心。

谢付记无疑是“扶贫先扶志”的典型，他通过自己的苦干、实干、巧干，探索出一条创业致富的门路，不仅让自己摆脱贫困，而且带领其他贫困户共同发展。畅想未来，老谢说：“我希望用我所知道的、所懂的知识和技术，帮助更多的乡亲创业致富，一起步入康庄大道。”为此，2020 年 10 月，他获得了“陕西省脱贫攻坚奋进奖”。

生命是一种姿态，不同的追求，不同的奋斗，必将演绎出不同的人生。谢付记正是用他自己不懈的努力，谱写着新时代农民敢教日月换新天的瑰丽篇章。

谢付记天麻丰收

十佳农民胡本胜

孙传卿

在商南县丹南菌种厂，一个忙碌的身影穿梭在高低错落的菌种架里。几十年如一日往返于工厂和菌种基地的山村汉子胡本胜，在十里山水胜似画廊的商南县十里坪镇梁家坟村勾画出了一道独一无二的风景线。

新农村，新产业，新农民。在2018年商洛市首届“中国农民丰收节”上，胡本胜获得“十佳农民”称号。这是对他的褒奖和认可。

山村巨变有新人

商南地处秦岭、伏牛、郧西大梁三山交汇处，是典型的土石山区，是陕西省11个集中连片深度贫困县（区）之一，是西安财经大学“双百工程”结对帮扶县。十里坪镇梁家坟村是商南县的一个偏远深度贫困村，海拔1200多米，沟谷众多，山坡面积大，是西安财经大学“两联一包”定点扶贫村。20世纪九十年代，高寒偏远的梁家坟村，电力不通、道路险阻，如何从恶劣的环境中走出，脱掉贫困的帽子，是全村上下共同期盼和面临的大难题。而如今，村“两委会”不断提高政治站位，在脱贫攻坚工作中以政策方针为导向，以新规新政为标准，不断凝聚“四支队伍”合力，勇于担当，攻坚克难，村集体经济生机勃勃，村容村貌焕然一新。

故事的主人公——胡本胜在这方面先行一步，靠着在县菌种厂学到的制作香菇菌种和种植香菇的本领走上了致富路。在脱贫攻坚战役中，他不忘初心跟党走，不遗余力地带领群众致富奔小康，创出了一条贴有“本胜”标签的脱贫帮带致富经，“以人为本、以质取胜”也成了他的座右铭。他积极将掌握的香菇与天麻种植技术向村民们推广，带动大家依靠技术脱贫致富。通过食用菌基地和天麻基地，他直接带动村上的贫困户 61 户，226 人依靠“务工 + 种植”成功脱贫。

林下经济大可为

全国脱贫攻坚战打响以来，为了加快群众脱贫致富步伐，梁家坟村“两委”会班子积极探索推进“三变”改革，采取“支部 + 合作社 + 能人 + 贫困户”的模式，依托本胜食用菌种植专业合作社，引导群众大力发展林下经济，努力实现产业增收和劳务增收的“双赢”目标。借助高山密林、枕山臂河的特殊地理环境，梁家坟村量体裁衣就近打造“借袋还菇”基地，有着 20 多年生产经验的老字号丹南菌种厂则被县扶贫局指为定点菌棒销售处。作为梁家坟村脱贫攻坚第六产业基地——“本胜食用菌”基地的领办人、本胜食用菌种植专业合作社的“领头羊”，胡本胜抓住市场供不应求的机遇，在西安财经大学、十里坪镇、梁家坟村的大力支持下，依托菌种厂发展借袋还菇基地，并种植天麻、猪苓等中药材，目前产业规模超过百万元。

环境就是生产力。胡本胜认为，习近平总书记提出的“绿水青山就是金山银山”的理念，为山区群众如何在家门口发展发展提供了路径，指点了迷津。

行走的脚步需要求索的眼睛。为了破解菌种厂生态环境和资源利用问题，寻找可持续发展的金钥匙，胡本胜与关中地区的果园园主达成了协议，把退化废弃的果树粉碎后拉往自己的菌种厂。现在，胡本胜菌种厂 70% 的原材料都是来自外地的果树锯末。这一举措，不仅大大缩减了生产成本，无形地把绿色资源转化为有形的财富，更为翠山林海增添了一抹动人的颜色。

胡本胜的菌种厂以培育花菇为主，以贫困户带动贫困户为原则，以果树木屑为原材料，实现了经济效益、社会效益和环境效益“三赢”。他 为本村乃至全县提供技术指导、普及菌种知识，在为村民谋福祉、为村庄图发展的道路上奔波不歇，让人感受到了一个实业家一份滚烫而赤诚的奉献情怀。

多措并举兴产业

除了香菇基地外，胡本胜还建有5亩天麻基地，每亩产量在5000公斤左右，平均每斤卖12元，粗略算下来，仅天麻这一项就可收入40多万元。

胡本胜以前当过村支书、村委会主任，现在又是村上的监委会主任，他深知乡亲们受的苦。按照他现在的生活条件，儿子在大城市里事业有成，自己又不缺钱，他完全可以去享清福。但一想到还有很多乡亲仍处于贫困状态，胡本胜感到自己在富裕的同时有责任帮助他们过上好日子。

在西安财经大学资金帮扶与胡本胜的技术指导下，全村发展的25亩天麻长势普遍较好，按照当前市场行情初步估算，预计仅天麻一项产业可创收160余万元，人均将增收1000元以上。小小天麻已成为群众脱贫致富的“金棒棒”。

胡本胜说，天麻也只能算是自己的副业，他还种植有袋料香菇12万袋，有几亩地的白及、猪苓等中药材。天麻种子市场价12元每斤，但是卖给本村人都是10元每斤，主要是为了鼓励村里的群众一起致富奔小康。2020年，胡本胜通过“三变”改革流转了村里几十亩土地，计划进一步扩大天麻种植规模，实行多产增收。

带贫帮富惠民生

生产型、技能型、经营型尤其是管理型乡村人才，是加快脱贫攻坚和推进乡村振兴的重要力量。

科技为胡本胜的产业发展插上了翅膀。在谈及天麻产业效益时，梁家坟村支书刘学虎语重心长地说：“要脱贫、要振兴，没有产业绝对不行。搞产业，没有懂技术的人也不行。根据目前采挖情况看，胡本胜家的天麻就算按洋芋的价格卖都赚大钱，人家是靠技术、靠科技吃饭哩！”

胡本胜在当地有思想、有技能、有金钱，但他更有人缘、有人脉，这缘于他具有像大山、如黄土一样的朴素无华的为民情怀。胡本胜褪去高高在上的大老板外衣，没有村干部的官架子，他时时处处以一个普通农民的角色融入老百姓茶米油盐的生活中。无论是退耕还林规划，还是中草药基地建设，胡本胜都忙前奔后乐意为村民们争取到最大利益。为了更好地服务群众，他家中的固定电话座机号 15 年从未换过，村上外出打工的几乎全部都保存着他的联系方式。

一人富了不算富，大家富了才算富。在脱贫攻坚中，胡本胜带贫帮富的感人举动，让受益群众牢记心间。近年来，胡本胜的香菇基地年产各类菌种 15 万公斤，带动 18 户贫困户在自家务工，以半年计件工资计算，每户每年可净挣务工收入 1.2 万元。同时，他的食用菌合作社年可种植香菇 15 万袋，他将发好菌的菌棒托管给周围 15 户贫困户管理，只需 60 至 75 个工作日便可收获，每户托管 1 万袋，15 户户均纯收入可达 1 万元，再加上平时在合作社务工，每户年纯收入可超过 2 万元。

甘当群众“店小二”

村干部工资低，且工作任务重、压力大，受苦又受气，何苦呢？村上好多群众认为胡本胜 1987 年至今先后担任村委会主任、村支书和监委会主任，实在划不来，严重影响了做生意挣大钱。可胡本胜不这样想，他认为，村干部不是“官”，而是人民的公仆、群众的勤务员，村“两委”会就是服务群众的舞台，当村干部是为了更好地为群众谋福祉。当村干部与个人发展产业不冲突，必须做到两不误，而且更有利于带领群众一块致富。

“发展经济，交通先行”。胡本胜对此有深刻的认识。村上任职期间，他随时巡回查看村子各条道路路况，有时还亲自到修路工地查质量、督进度，甚至与工人们一块铲沙、铺路、拌水泥。为了不给国家添负担，他自费数万元修建家门口的便民桥。对于有争议的工段、有困难的水利工程，他总是让他的亲戚朋友先出来，树立榜样。然而，这些亲戚朋友们却没有享受到“村长光环”

下额外的福利待遇，没有优惠，没有后门，给国家应缴的各种款项一分不落地上缴。廉政先廉家，胡本胜用实际行动给人们做出了最好的示范。

“要是村里人有啥紧急状况，疾病突发啥的，胡主任都会接送。村上有年纪大了的老人，没有摩托车的，要办什么事，都会提前预约他。他在镇上开会或者去派出所办事的时候，顺便就帮忙给办了。”梁家坟村离镇政府路途遥远，盘山公路蜿蜒回环，受助的村民朴素的言语里流露出了对胡本胜的感激之情。“办准签证、开户口、拿身份证，开户籍证明，这都是举手之劳，一点也不麻烦。一个月就三四次这种事。”在群众眼中是“麻烦事”，但对胡本胜而言，却习以为常。

村里的低保户王勇，照顾着智力有障碍的堂哥，连盐都买不起。胡本胜就在他的菌种厂给王勇提供了一份工作，并联系西安财经学院对其资助 2000 元，帮助修葺房屋。王勇生病后，胡本胜亲自开车把他送到湖北十堰治病，等病治好后，又无偿地开车把他接回来。

党员本色照四方

“我既是一名村干部，又是一名党员，给父老乡亲们干不了大事，就是做些点点滴滴的小事，我不图回报什么。”胡本胜一脸真诚的笑容，就是给群众最好的礼物。他发自肺腑的坦言，在“位置”上能给老百姓多办点好事，多体现一点人生价值，这样的生活才更有意义。

在 30 年的岁月长河里，胡本胜不忘初心，始终如一，他像耕牛一样奋斗着、奉献着、进步着，用信念书写着大山情怀，用热情发散着黄土地的芬芳。

农民、致富实业家、村干部，三个标签被胡本胜完美融合，沾着泥土，带着温度。他深耕一亩土地，干好一份事业，播撒一腔热血。他始终没有忘记入党时的承诺：“作为农民，我立志入党，造福大家。”根植土地的胡本胜在平凡的岗位上书写了不平凡的人生。

商於古道上的文学守望者

翁大明

在历史发展的长河中，那些满腹经纶的饱学之士把他们的诗词歌赋播种在商於古道，那些才华横溢的赶考举子把他们的文章策论挥洒在商於古道，经过千百年的发酵，曾经险峻苍凉的商於古道便成了一条群星闪耀的文学之路。姚家明，这位在平凡的工作岗位上默默奋斗了十多年的基层文联主席，凭着自己对文艺事业的无比挚爱和对文联工作的满腔热忱，坚定地守望着这条古道，使商南的这片文学星空，星光闪耀，光彩动人。

姚家明作品

初心萌生作家梦

1967 年 10 月，姚家明出生在商南城郊郭家村，郭家村附近有个闻名遐迩的层峰驿。公元 819 年，唐宋八大家之一的韩愈因上表谏“迎佛骨”被唐宪宗贬往潮州，途经商南时就住在这层峰驿，他的十二岁的女儿孥惊恐成疾不幸夭折也葬在了这里；公元 820 年，韩愈被唐穆宗赦免从袁州召回长安经过商南时又住在这层峰驿，并写下了《层峰驿过亡女墓》：

数条藤束木皮棺，草殡荒山白骨寒。

惊恐入心身已病，扶舁沿路众知难。

绕坟不暇号三匝，设祭唯闻饭一盘。

致汝无辜由我罪，百年惭痛泪阑干。

许是历代文人对韩愈这位文章大家的传颂和纪念启发了姚家明幼小的心灵，姚家明从小就是个“书虫”，初中时更迷恋小说，抓住一本小说便没日没夜地读，上课时因偷看小说没少挨老师的训，以至于把初中的其他功课都荒废了。初中升高中时，他的考试成绩可想而知，即便语文成绩再好，也被其他的那些跛腿学科拉到了普通高中。

那时商南的普通高中在县二中，县二中虽然不及重点高中县一中，但姚家明在县二中却如鱼得水，因为在这里他遇到了同样爱好文学又对他特别器重的语文老师白新生。

白新生是个外地教师，语文课讲得非常好，他不仅爱打篮球，而且会讲故事。见二中学生普遍学习成绩比较差，他就怂恿班上学生放弃考学，好好写作，力争长大后成为一名作家。他经常给同学们讲述中外一些著名作家成长的故事，还把他写的一些文章在作文课上当作范文读给大家听。他曾说了一句让姚家明终生难忘的话：“同样是上华山，但一个作家上华山和一般普通人就不一样，别说他所写的流传千古的诗文了，就连他站在华山之巅呼出的一口气都价值连城。”

受白新生老师的影响，姚家明上高中时便在县图书馆办了借书证，三天两头地去借书看，而且开始写所谓的小说了。为了实现心中的文学梦，他几乎放弃了其他几门功课的学习，每天只学语文课，而且一周一篇地写小说，写好之后，他让一个字写得特别好的同学，把他的那些“大作”精心巴意写的小说抄到格子纸上，够三十篇了就装订起来。文章写多了，水平自然不断提高，1984 年，在县二中举办的国庆 35 周年征文中，姚家明写的小说《山谷中的回声》竟然获得了高中组参赛作品一等奖。这使他喜出望外，也让他对“作家梦”更加痴迷。然而，这种痴迷的状况只持续了一年多，面对高考上大学的严峻现实问题，姚家明不得不放下心爱的小说，暂时斩断了自己刚刚萌发的作家梦，回过神来专心致志地复习功课。所幸的是，姚家明居然考上了大学，而且学的还是中文专业。

1991 年大学毕业后，姚家明被分配到商南县湘河中学当语文老师。距这所学校不远，便是滔滔丹江上那远近闻名的红鱼渡口。每天上罢课，姚家明喜欢独自一人在红鱼渡口边漫步，听渡口边一个须发皆白的老艄公讲述丹江河里发生的各种惊险的故事。这里绝美的自然风景和独特的风土人情，让姚家明感触颇深。

1981 年秋天，贾平凹在何丹萌和姚书铭的陪同下，曾从红鱼渡口下水，乘竹筏沿丹江漂流，直到梳洗楼、月亮湾、白浪和荆紫关，返程时还在湘河中学住了一晚。回省城后，贾平凹就以这次湘河之行的所见所感创作了他的著名小说《小月前本》。当时贾平凹已是名满天下，他到丹江漂流的故事，被湘河中学不少老师争相传诵。姚家明到湘河中学后，不少老师就给他讲述贾平凹当年在湘河中学发生的故事，听说他也喜欢文学，于是不少老师就鼓励他拜贾平凹为师，争取像贾平凹一样成为一个著名作家，为家乡写出更多更好的传世作品。

源于同事的鼓励和红鱼渡口这个特定地理环境的影响，也源于对文学的那种无法释怀的热爱，姚家明的作家梦又不可抑制地萌发了。他一面利用课余时间大量阅读中外文学名著，一面趁课余时间和节假日悄悄地开始了写作。他的第一篇成熟的小说就是以红鱼渡口为背景，名字叫《红鱼口情话》，发表在河北省作协刊物《荷花淀》1993 年第 5 期上。

姚家明真正的文学创作，则是在 1998 年从湘河中学改行进县文化局时才开始的。出于对他的爱护和培养，文化局领导把姚家明安排在县文艺创作室，还单独给他分了一间宿办合一的办公室。这里工作轻闲，环境又好，太适合搞创作了！姚家明暗暗给自己确定了目标：一定要不负厚望，一定要实现初衷，一定要写出名堂！

县文创室的工作就是写作，每天在政府灶上吃罢饭后，他就一头扎进办公室里如饥似渴地读小说，如痴如醉地写文章。当时姚家明年轻，写作勤奋，灵感也来得快，一年下来，他就写了上百篇作品。但是，细活儿大多都是慢功夫熬出来的，由于他写得太快，作品就难免有些粗糙，发表得也少。后来，他结识了《商洛报》副刊部的两个作家鱼在洋和郝忠慧，在他们的鼓励和指导下，姚家明发表的作品才渐渐多起来。

1998 年初，《商洛日报》副刊改版增设了小说连载的栏目，姚家明创作的首部中篇小说《乡村情事》有幸被选上。这篇小说连载后，因其生动的情节和鲜活的语言，引起了不少读者的关注。第二年，他又创作了长篇报告文学《大山深处的陈景润》，这篇文章用套红和编者按在报纸的显要位置连载后，引起了强烈社会反响，不少人记住了姚家明的名字。

就在创作势头渐好的情况下，姚家明遇到了许多文人都有可能遇到的窘迫——城里买房，囊中羞涩。再加上，这时的姚家明已经不满足于只在商洛境内发表作品了，他想让他的视野更开阔一些、让他的作品走得更远一些。为此姚家明决定暂时把创作搁下，到县域经济发展的一线去体验生活，在火热的生活中去积累素材，熟悉人生。

姚家明找到了历练和提高自己的工作岗位，那就是去金丝峡管委会，他想在轰轰烈烈的金丝峡开发热潮中淬炼自己。

在金丝峡管委会，姚家明一干就是六年。在这期间，姚家明主要负责景区的宣传工作，他不仅广泛接触了各种各样的人，而且游览了包括金丝峡在内的祖国不少名山大川。心中有丘壑，笔下才会有文章。金丝峡管委会的一段工作经历，对姚家明的文学成长非常重要。六年结束，由于在金丝峡开发当中作出了积极贡献，姚家明本可以去在有些人看来比较重要的部门谋一个比较实惠的职位，但他却毅然选择了当文联主席。他没有忘记初衷，也没有忘记心心念念的文学，他要把停顿了六年的文学创作重新捡回来。

当县文联主席后，姚家明的目标非常明确，那就是搞创作、出作品，发展商南文学事业。一开始，姚家明把主要精力用在中短篇小说和散文写作上，先后出版了中短篇小说集《永远的玫瑰》《陈凤的腊月》和《古渡》，以及散文集《远去的故乡》。

《永远的玫瑰》收录中短篇小说 32 篇，2003 年由中国文联出版社出版，这是姚家明的第一部小说集，虽然有些篇目尚显稚嫩，但大多数作品除了题材新颖多样外，小说语言生动活泼，结构变化多姿，体现了姚家明对小说这种艺术体裁的独特天赋。

《陈凤的腊月》是姚家明的第二部小说集，2006 年由作家出版社出版，这部小说集共收录中短篇小说 31 篇，相比较第一部小说集，这部小说集无论结构还是语言，水平都要更进一步。这部小说集的写作手法仍是传统的现实主义，每篇作品都以生动曲折的故事情节见长，可读性非常强。

《古渡》是姚家明的第三部小说集，2009 年由华夏出版社出版，这部小说集共收录中短篇小说 35 篇。这是迄今姚家明最成熟的一部小说集，这部小说集，除了一小部分小说的创作手法比较传统外，大多数作品都学习借鉴了一些新颖的现代派手法，作品显得更加成熟，语言更加清新自然。姚家明的几部重要的中短篇小说，如《古渡》《黑月亮》《房子》等，都收录在这部集子中。

姚家明是一个在写作上不断给自己提出更高要求的作家。在经过了近十年的写作训练，并且创作出了 100 多部中短篇小说和 200 多篇散文之后，他认为自己在小说写作上已具备了相当实力。为了实现新的突破，姚家明开始酝酿构思准备创作长篇小说。

他的第一部长篇小说是《守望》。这部长篇小说于 2010 年春天正式动笔，2011 年 6 月完稿，共 42 万字。2012 年 3 月，由陕西出版集团和陕西太白文艺出版社以“西风烈”陕军百部作品集体出征的名目正式出版发行。《守望》出版后，在商洛乃至陕西产生了强烈的社会反响，著名文学评论家李星、常智奇都给予了高度评价，这部小说先后被评为陕西省重大文艺精品图书奖、陕西省六部委联合举办的十八大以来反腐倡廉文化成果二等奖、第三届商洛“山泉文艺奖”小说类一等奖等，多家影视公司争相改编为影视剧。

由于第一部长篇小说出版带来的强劲冲击波，2012 年底，姚家明便开始构思他的第二部长篇小说《生龙寨》，经过半年多时间的搜集资料和广泛座谈，他掌握了比较翔实的第一手资料。2013 年春天他开始动笔，到该年年底小说就杀青了，总计 35 万字。这部小说是以李自成在商南富水金钟山娶妻生子的民间传说为蓝本而创作的，生动地演绎了李自成这位农民起义首领如何在逆境中奋发图强、不屈不挠、重整旗鼓的一段经历。

2014 年 3 月，《生龙寨》由陕西传媒集团和陕西太白文艺出版社正式出版发行。同年，该书被评为 2014 年度陕西重大文艺精品扶持项目图书。由于这部小说较好地配合了商南县闯王寨景区的开发，后又再版二次，并被改编成大型花灯剧《闯王寨传奇》搬上了舞台，先后在商洛、西安及北京演出八十多场次。

在创作中，越是熟悉的生活，写的越是得心应手。姚家明的第一部小说《守望》写的是现实题材，是关于留守妇女情感生活的小说；第二部小说《生龙寨》是历史题材的小说。也就是说，前两部长篇小说写的都是比较陌生的生活，创作时虽然可以尽情虚构，但是姚家明总觉得没有把自己熟悉的生活反映出来。所以，下一部小说，他就准备写一写自己非常熟悉的生活。

高中生活曾给姚家明留下了刻骨铭心的记忆，这里面有希冀，但更多是彷徨、失望和挫伤，他特别想用长篇小说的形式把这段青春反映出来。

2014 年整个春天，姚家明一直都在列这部小说的大纲，直到人物个性、结构框架都了然一胸时，他才开始动笔。准备得越细致、充分，写起来就越顺手、流畅。这部小说于 2014 年夏天开始动笔，到年终时就已写了 8 万多字，春节期间他休息了一个多月，2015 年春天又继续创作，到了该年 8 月底，整部书稿便完成了。经过反复思考，他最后把这部小说改名为《救赎》。这部小说由中国文联出版社于 2016 年 9 月第一版正式出版发行。姚家明很庆幸自己写了这样一部小说，在一定意义上，这部小说为他青少年时期的成长经历立了一个碑。

1998 年秋天，姚家明曾和另外一个文友到商南新庙的一个村上采集民间故事。这天夜里吃过饭后，天色尚早，他们几个人就沿着新庙街道出去散步。他们边走边聊，一直走到一条沟的沟垴上，这时路到头了，只见前面出现三幢楼房。奇怪的是，几幢楼房里都空无一人，门窗却被卸掉了。月光下，那几幢楼房显得影影绰绰，阴森恐怖。有人向窗子里面扔了一个石头，只听哗啦一声，楼里飞出来一大群蝙蝠。姚家明当时十分不解，为什么有人在沟垴上盖这么好的楼房，却不来住？这几幢楼房的主人到哪里去了？这时，同行的一个年长的人告诉他，这三幢楼房的主人是80年代新庙挖水晶的暴发户，他们是弟兄三人，而且每人都发了上百万的财，可是他们一个个结局都不好，三人都是家破人亡、妻离子散，最后只留下这几幢空空荡荡的楼房了。听了这个故事，姚家明十分震惊。后来他受这个事件的启发，创作了他的第四部长篇小说《月亮湾》。2019年10月，《月亮湾》由中国百佳出版社九州出版社出版发行。

姚家明的这四部长篇小说，总计130多万字，内容包罗万象，手法新颖多姿，技巧一部比一部成熟，四部长篇小说的出版，使姚家明名副其实地成为商洛作家群中实力派代表作家之一。

一分耕耘，一分收获。经过二十多年的辛苦努力，姚家明在创作道路上取得了可喜的成绩：

1994年，散文《心絮》荣获《当代》杂志新人新作佳作奖，并颁发收藏证书，被中国当代作家代表作陈列馆永久收藏；

1999年，短篇小说《一束玫瑰花》荣获《文学港》杂志社举办的“大红鹰杯”全国文学大赛佳作奖；

2000年，散文《钢铁是怎样炼成的》荣获《西安晚报》和陕西金华集团联合举办的“咳泰杯”全国奖征文二等奖；

2002年，小小说《村长卖狗》荣获中国微型小说学会和《金山》杂志社联合举办的首届小小说年度评选三等奖；

2009年，中篇小说《最后的秘密》在中国散文学会举办的第二届“新视野杯”全国文学征文中，获小说组一等奖；

2009年，短篇小说《黑月亮》在西北大学现代文学院第四届“紫香槐杯”全国网络文学征文大赛中，获小说组一等奖；

2012年，中篇小说《金丝峡剿匪记》在陕西省首届秦岭生态旅游节“金丝峡杯”全国征文大赛中，获小说组一等奖；

2012年，长篇小说《守望》荣获该年度陕西重大文艺精品重点扶持项目，并进入陕军东征百部作品“西风烈”出版丛书，还获得党的十七大以来陕西省廉政文化建设优秀成果二等奖；

2013年，短篇小说《弃婴》荣获华文作家杂志社举办的2012年度短篇小说评奖一等奖；

2014 年，长篇历史小说《生龙寨》被省委宣传部评为该年度重大文艺精品扶持项目图书，该书出版后，再版两次，后被改编为戏剧《闯王寨传奇》在国内广泛演出，2017 年还被评为第八届陕西省华文剧目奖；

2015 年，长篇小说《守望》在中共商洛市委宣传部和商洛市文联举办的第三届“商洛山泉文艺创作奖”评选中，荣获一等奖；

2019 年，长篇小说《月亮湾》被评为陕西省重大文艺精品扶持项目图书，并在商洛市委宣传部首届“商洛文学艺术奖”评奖中被评为作品三等奖。

每一部作品，都包含着姚家明废寝忘食的艰辛；每一段文字，都凝聚着姚家明殚精竭虑的心血。姚家明以满腔的热情刻画着每一个鲜活的生命，丰富着文学画廊里的文学形象。

姚家明的小说创作以乡土题材为主，曾得到陕西省著名文学评论家李星和陕西省作协副主席、《小说评论》主编李国平及著名评论家邢小利、韩鲁华、常智奇等人的评论和称赞。如今，姚家明的作品正如他早年的期待，已经渐渐走出商洛，迈向全国了，他出版的几部长篇小说都在网上热销。

姚家明作品集

平台历练作家群

上大学的时候，姚家明就曾担任中文系校报《百草园》的责任编辑，在湘河中学教书时，他又创办了校园文学刊物《红雨》，这为他之后创办文学杂志积累了一些经验。担任县文联主席后，他就开始思索，如何提高全县文学创作水平？练兵得有练兵场，搞文学创作没有阵地怎么行？姚家明决心要办一份商南的文学杂志。

商南县城有一班文人，他们喜欢三天两头地凑在一起喝酒吟诗。2007 年春天，这班文人酒酣之际诗兴大发，便商议起办刊物的事儿，大家七嘴八舌，议论纷纷。有人提到了商南 20 世纪八十年代办过的一份文学杂志《三省石》，姚家明曾见过这本杂志，据说这本杂志是县二中一群热爱文学的语文老师自发组织创办的一种民间文学杂志。可是这本杂志前后只持续了两年，总共只出了两期。姚家明想，既然二十多年前商南二中的语文老师都能办文学杂志，我们现在为什么办不成？但是，经费从哪儿来？读者从哪儿来？姚家明知道办杂志不是一件容易的事，但最终他还是一咬牙，蹦出了一个字："办！"

商山四皓之一的甪里先生曾在商南的双巅隐居过，商南县城因此也叫"甪城"，后来为了谐音好认，便把商南县城叫成了"鹿城"，就像商州叫鹤城，昆明叫春城一样。姚家明决定，先把这份文学杂志命名为"鹿城"，既有纪念甪里先生的意思，又有祝愿商南腾飞发展的喻义。可这时的商南文联还未单列，一分钱活动经费也没有。姚家明忽然想起了毛主席的一句话："一张白纸，没有负担，好写最新最美的文字，好画最新最美的图画。"这句话极大地鼓舞了他。没有主编，他就自己当主编；没有编辑，就拉这帮文友当编辑；没有经费，就向做企业的同学和朋友化缘，实在化不来了，就把自己的工资往里垫。

又是组稿又是改稿，又是校对又是印刷，忙碌了几个月，姚家明主编的《鹿城》杂志，终于在 2007 年的秋天带着墨香与世人见面了。第一期杂志收集了 5 篇小说，20 篇散文和 8 首诗歌，另外还有两篇文学评论，共 80 页。杂志首发后，商南文人们兴高采烈，奔走相告，很快就吸引了全县的文学爱好者，好像在有点寂寞的商南文坛上，突然盛开了一朵花。

每一部作品，都包含着姚家明废寝忘食的艰辛；每一段文字，都凝聚着姚家明殚精竭虑的心血。姚家明以满腔的热情刻画着每一个鲜活的生命，丰富着文学画廊里的文学形象。

那时，承担杂志印刷业务的二印排版还在百里以外的商县，每次排版姚家明都往返二百多里，一住一个礼拜，自费到商县去校对，住最便宜的宾馆，吃最便宜的饭。他满脑子想的都是办杂志的事，心想既然把这事做了，就要做好，做的对得起文友、对得起读者、对得起文联主席这个官衔。

2008年7月，经县委宣传部同意，商南县文联正式从县委宣传部单列出来。工作更为单纯，这为他办好杂志创造了条件。为了扩大杂志的影响力，每一期杂志，姚家明都适当加了一些县上的大型建设内容的照片，以及主要领导的活动剪影。每期杂志一出来，姚家明都带着几个编辑，骑着摩托，亲自一个单位一个单位地发送。杂志的影响力在渐渐增大，读者群在渐渐增多。

2009年是《鹿城》杂志创办的第3年。

一天下午，姚家明正在办公室里看书，突然接到时任商南县政府县长李选良打给他的电话，让他赶快去他办公室来一下。姚家明惴惴不安，一口气跑到政府办，敲开了李选良县长办公室的门，心想李县长一天到晚那么忙，叫他来是做什么啊？心里难免有一丝紧张。谁知李县长见了这个儒雅且有点矜持的读书人便立马迎了上去，满是欢喜地说：“家明，你这《鹿城》杂志，我是期期都看了，不错嘛！”李县长一边让座，一边关切地问：“你这办杂志的经费是咋解决的？”

姚家明悬着的心慢慢地放了下来，仿佛有一股暖流从心底流过。他记不清多少次了，一到印刷厂来要账的时候，一到有些作者提到稿费的时候，他就惴惴不安。他曾经多少次想去找领导、找财政、找政府解决办杂志的经费问题，但一次次地都退缩了，他不想给领导找麻烦，不想给财政出难题。可实在没想到，现在李选良县长居然主动地找到了他，而且主动地问到了这个老大难问题。姚家明突然意识到，《鹿城》杂志的命运，或许会因此而出现转机，于是便实话实说：“李县长，《鹿城》杂志办三年了，经费都是自筹的。”

李选良一听，马上说：“这样吧，你把杂志名字改一下，就叫《金丝峡》。从此以后，杂志的费用由政府财政解决。你下去把费用清单拉一下，报上来，我让政府给你解决一些，再让金丝峡管委会出一些，你看咋样？”

姚家明一听，高兴坏了，马上表态：“如果政府能给解决一些杂志的费用，我一定更加努力，争取把杂志办得更出色！”。

按照李选良县长的指示，姚家明迅速向县政府打了一份《关于请求解决〈金丝峡〉杂志办刊费用的报告》，并附上了办杂志的费用清单。李县长审阅后立即签了字，同时要求县文联加快步伐，提升质量，邀请知名人士当顾问，发行范围要向省内外辐射延伸。拿到这份县长签了字的报告后，姚家明心里热乎乎的，手也有些颤抖，他想不到李县长会对《金丝峡》杂志这么关心支持。他郑重向李县长表态：一定尽全力把《金丝峡》打造成商洛文学杂志名刊，为繁荣商南文学，宣传金丝峡做出更大的贡献。

姚家明正要走的时候，李选良又叫住他，说："家明，以后《金丝峡》杂志每一期的稿子，都要经我审阅签字后，方可印刷发行。"

姚家明听了一愣，他想不到李县长一天工作那么繁忙，公务那么多，竟然如此关心重视一本文学杂志，便答应说："好，我保证每期都把稿子送来让领导审阅，经你同意签字后再刊印。"

2009 年 6 月，骄阳似火。《金丝峡》杂志首发式座谈会在商南县人大六楼会议室隆重举行，省市著名作家孙见喜、何丹萌、鱼在洋、郝忠慧到会祝贺。商南官办的第一本文学杂志《金丝峡》闪亮登场。

这次首发式举办不久，在县委政府的关心支持下，县上一次为县文联增加了王启平、黄照涵、王鹏、沈瑞姣、汪吉林、周玲、黄慧等 7 名文员，宣传部又给文联配备了一名正式干部谢凯。文联队伍壮大起来，姚家明便租了一套一百多平方米的单元楼作为《金丝峡》杂志的编辑部。有了经费和人员，又有了编辑刊物的场地，《金丝峡》杂志从此迈开了崭新的一步。

出于对李选良县长的尊重以及对《金丝峡》杂志的责任担当，每期杂志姚家明都反复叮咛编辑部的几个编辑，一定要认真选稿。每期杂志栏目的设定，姚家明都反复推敲，对新增设的栏目也总是斟酌再三。稿子出来后，姚家明亲自给李县长送去，请李县长审阅签字。在李县长的关心支持下，《金丝峡》杂志不断推陈出新，刊登了大量的新闻图片和文学作品，为宣传金丝峡景区，培养文学新人，繁荣商南文学，做出了重要贡献。

办杂志看似简单，其实难度很大。作为主编，姚家明不仅要考虑杂志的稿源问题、稿件的质量问题，还要考虑杂志的印刷质量、社会反响与评价等等问题。为了让《金丝峡》杂志越办越好，姚家明定期把县内文学创作骨干邀请到编辑部，鼓励他们多为《金丝峡》杂志投稿，同时设计读者建议单，发送给各单位，让全县广大读者给《金丝峡》杂志提出的建议；还让读者投票评出优秀稿件并予奖励。每年年底，姚家明都要邀请外地名作家组成评委，对一年来在《金丝峡》杂志上发表的稿件进行评审，最后评出优秀稿件，颁发荣誉证书和奖金。除此之外，姚家明还请来省市名家不定期在商南举办文学讲座，不断提高全县作者的文学创作水平。

在姚家明的苦心经营下，《金丝峡》在商南扎了根、开了花，在外界的影响也越来越大。许多外县的文联主席打电话问他，开会时也问他："你这《金丝峡》是咋办的？咋就年年都能评上省市的优秀期刊？" 是啊，《金丝峡》不仅年年被省市评为优秀期刊，还被省图书馆长期收藏。

《金丝峡》是一本文学杂志，不仅承担着繁荣商南文艺、培养商南文艺人才的责任，而且肩负着对商南重大事件宣传报道的任务，这大概就是文学的政治性、社会性和艺术性的统一吧，承担这份任务，姚家明觉得义不容辞。

2009 年 7 月，商南县在金丝峡景区举行第三届旅游茶叶节开幕式，中央电视台《艺苑风景线》栏目组也在商南塘坝新区广场举行盛大歌舞晚会。《金丝峡》杂志作为商南县委、县政府的官办媒体，采用图文并茂的形式，利用专刊全方位地反映了整个节庆活动的内容，成为一种珍贵的史料。

2009 年 9 月，首届"秦岭最美是商洛"文学大赛在商南举办。商南县文联承担了这次大赛的征稿任务。经过三个多月的紧张征稿，征集了来自全国各地的参赛作品（包括小说、散文、诗歌及楹联四组）500 多篇（首），后由省上著名作家叶广芩等八人组成的评委严格评选，评出特等奖、一、二、三等奖及优秀奖四十多名，并在商南宾馆六楼会议室举行了隆重的颁奖典礼。《金丝峡》杂志出专辑刊发了这次获奖作品，并用封三、封四的版面，刊发了颁奖典礼的盛况。

2011 年夏，商南下了一场罕见的大暴雨，县城和多数乡镇受到强烈袭击。为了真实地反映抗洪救灾的动人场面，《金丝峡》杂志再次开辟专辑，刊发了数十篇抗洪救灾的英雄事迹，极大地鼓舞了全县人民抗洪救灾的斗志。

《金丝峡》杂志同任何纸质媒体一样，要接受不同层次读者的检阅，要适应广大读者审美需求的变化。不断翻新才会吸引更多的读者，不断改革才会开辟更好的出路。2015年初，姚家明决定对《金丝峡》杂志进行改版。新改版的《金丝峡》杂志设有六个栏目，分别是旅游论坛、山水商南、文艺荟萃、翰墨画廊、红色商南、说唱商南，并采用高级铜版纸，五彩印刷，同时由双月刊变为季刊。改版后的《金丝峡》焕然一新，正如美人出浴，更加引人注目。

由于坚持了高标准严要求，姚家明创办的《金丝峡》一路风雨，一路高歌，虽然它只是一本文学杂志，但对商南的政治稳定、经济繁荣，以及全县文学艺术的发展，都产生了深远的影响。如今，《金丝峡》走进了千家万户，茶余饭后读读《金丝峡》，不仅时尚，而且舒坦。

“专集”唱响新商南

姚家明是作家，作家的社会责任使他时刻关注经济的发展；姚家明是党员，党员的政治责任使他时刻牵挂群众的疾苦。这种责任让姚家明振奋，他觉得自己有责任有义务也有能力为党和政府分忧，在旅游开发上，在扶贫攻坚上，在文化传承上，在更多更广泛的领域，以一个文联主席的责任和一个作家的担当，为当地的经济社会和文化发展摇旗呐喊，加油鼓劲。编专集，在姚家明看来便是一种有效的方式。在金丝峡景区工作六年多，姚家明对金丝峡充满感情。他要编出金丝峡的专集，这既是抒发自己感情的需要，更是发展商南旅游的需要。

第一本是《奇山异水金丝峡》。编这本的书的时候，金丝峡景区刚刚开始开发，金丝峡尚在深闺人未识，这就更需要有人把金丝峡宣传出去，推广出去。为了揭开金丝峡神秘的面纱，把她的千娇百媚展现给世人，姚家明积极发挥他担任县文联副主席和在景区管委会工作的优势，一方面鼓动大家创作赞美金丝峡的诗文，一方面他逐景点地撰写稿件。在时任宣传部部长杨桂英、副部长孔少艾的大力支持下，最后终于汇集成册。《奇山异水金丝峡》是金丝峡大开发进程中的第一本文集，共收录了赞美金丝峡的美文、图片、书法作品一百余篇（幅），于2003年8月由陕西旅游出版社公开出版发行。该书的出版得到了时任商南县委书记周树红的充分肯定，在县招待所四楼，县上特意把这部书和由县政协副主席谭学礼作词、著名作曲家赵季平作曲的歌曲《美丽的金丝峡》放在一起，举办了非常隆重的首发式。这是美好的开端，在这之后，金丝峡景区随着这本书和这首歌，仿佛插上了腾飞的翅膀，从商南飞向全省、飞向全国。

第二本是《金丝峡诗文集》。自从第一本金丝峡文集出版所带来的积极效应之后，金丝峡管委会主任胡金鑫便对文化宣传刮目向看了，他特意安排姚家明和《商洛日报》副刊部主任鱼在洋接洽，开辟专栏，联合举办了“金丝峡首届诗文大赛”；县委书记周树红也叮咛姚家明，要他注意收集全国各地写金丝峡的文章，越多越好，够一本书了告诉他，他让县财政出钱出版。这个时候，金丝峡开发如火如荼，省市县许多领导、各界文化名人，以及文化旅游爱好者纷至沓来，竞相赋诗作文，歌颂金丝峡、赞美金丝峡、宣传金丝峡。商南县委县政府也决定在2004年春季举办第一届旅游茶叶节。为了商南旅游业的蓬勃发展和首届旅游茶叶节的成功举办，姚家明和一班文友加班加点、熬夜奋战，不到半月时间就把征集到的金丝峡的诗文汇集在一起，编成了《金丝峡诗文集》。这既是一本讴歌金丝峡的书，也是一部文学大观园。这本书由陕西旅游出版社，于商南县首届旅游茶叶节前顺利出版发行。旅游节当天，《金丝峡诗文集》首发式研讨会作为节庆的一项内容，在景区内的大林度假村成功举办。著名作家京夫、雷抒雁、《陕西日报》高级记者沈庆云，还有80多位文学爱好者，及大量游客参加了首发式研讨会。会上，商洛籍作家京夫及参加人员，都给予了这本书极高的评价，称其是“一本及时的书”“一本必不可少的书”和“丰富金丝峡精神内涵的书”。这本书的出版，给商南这个盛大节日涂上了浓墨重彩的一笔，极大地提升了金丝峡的知名度。

第三本是《走进金丝峡》。前两本宣传金丝峡的文集成功出版后，姚家明的劲头更足了。在景区，只要遇见了熟悉的作家和文人，他便鼓动他们写反映金丝峡的诗文；有同学和朋友要去金丝峡，他便给他们拧一个任务，请他们写一篇金丝峡的文章，让他管饭都行。也许是这些作家和朋友被他的诚心所感动，也许金丝峡果真是太美了，那些人逛了一次金丝峡之后，大多都没有空手的，过了几天，或者半月之后，不是将他们的诗文寄给他，就是让人把稿子捎给他。靠着这种钻劲，姚家明很快又收集到一本书的文稿。他加班加点把书稿排好，让县上一班文友帮忙把稿子反复校对几遍之后，他亲自拿上书稿去找周树红书记。那天已经很晚了，当周书记接过书稿仔细浏览一遍之后，连说了三个好字。然后他问姚家明这部书什么时候出版，有什么困难？

姚家明说："想马上出版，但是没有出版经费。"

周书记说："这你放心，你打个报告，我想办法给你解决。"

在周树红书记的大力支持下，《走进金丝峡》由陈忠实题写书名、中国文联出版社于2005年7月正式出版发行，该书收录了以金丝峡为题材的诗歌、美文、纪实文章共81篇，全书以优美的文字对金丝峡做了进一步全面的介绍，对于人们走进金丝峡、认识金丝峡、推动金丝峡旅游发展，发挥了十分重要的作用。如果说商南是大秦岭的封面，那金丝大峡谷无疑是这个封面上最靓丽的一笔。如今的金丝峡，已经是享誉全国、游人如织的景区了。那靓丽的一笔，也有谭学礼、刘凤鑫、胡中华、姚家明和县上一班文人所付出的大量心血和汗水。商南自古文化底子薄弱，上千年的建县史当中，竟找不出一个有影响的商南本土文人和有影响的商南文学作品。是金丝峡揭开了商南文化史和文学史的新的篇章，自从有了金丝峡，商南文坛便新人辈出，佳作不断。

第四本书是《秦岭醉美金丝峡》。金丝峡开发一直走着一条曲折而艰难的道路。她从一个峡深水险、与世隔绝的洪荒之地，渐渐发展成为国家级森林公园、国家5A级景区、国家地质公园、生态中国先进集体，这是全县人民的共同智慧和开发建设者们知难而上、顽强拼搏、不循常理、敢为人先的信仰和精神铸造而成的，是奇迹和开拓，也是智慧和创新的结晶。在金丝峡开发10周年纪念日来临之际，金丝峡管委会原主任胡金鑫委托县文联牵头编一部有深度、有创意、有见解的金丝峡美文集。接到这一任务后，姚家明广泛发动商南文学创作骨干的积极性，让他们积极为金丝峡提供稿件，同时他大量查阅了近几年省内外重要报刊上发表的金丝峡文章。经过一年多的努力，终于编出了一本装帧精美、内容丰富的金丝峡文集。

《秦岭醉美金丝峡》一书不仅收录了著名旅游专家王晓民、董宪民的一些具有真知灼见的理论文章，还收录了谭学礼先生的重要报告文学《十年锻得一明珠》，以及孙见喜、雷抒雁、刘星元、胡中华、姚家明等大量文学名家的诗文，共20多万字。这本书为金丝峡开发十周年纪念日献了一份重重的厚礼。

第五本书是《金丝峡的传说》。金丝峡，作为商南对外宣传的一张名片，在全县旅游发展中有着不可替代的作用。金丝峡景区不仅自然景色优美，而且文化底蕴深厚，在景区内还流传着大量动人的民间故事和神话传说。为了更好地落实习近平总书记“绿水青山就是金山银山”的“两山理论”，为了把美丽的金丝峡打造得更为灿烂多姿，2019年初，姚家明计划组织县域作家，深入景区挖掘金丝峡所隐藏的民俗文化、民间故事及地方传说，编辑出版一本图文并茂，集故事性、知识性、文学性为一体的《金丝峡的传说》文化专辑。

在金丝峡管委会的大力支持下，县文联顺时而为，组织全县文学创作骨干多次深入景区，穿密林，攀悬崖，探幽涧，钻古洞，实地查看，广泛搜寻创作素材。经过大家的不懈努力，文联共收集了100多篇传说故事，后经编委会成员的多次商讨，并对作品进行了严格筛选，最后收录了45个故事，总计18万字，于2020年5月正式出版了。书中，既有流传久远的道教鼻祖张三丰的传说、苏娘娘剿匪故事、地理学家徐霞客、商圣范蠡与金丝峡的故事，也有蟒洞、黑龙洞、马刨泉、仙人石的神话传说，还有革命先烈李先念中原突围的英雄故事，以及开发建设金丝峡的艰辛、名人游奇峡的惊叹和舌尖上的金丝峡美食等等。这一个个动人的故事和传说，不仅为宣传金丝峡、推介金丝峡助了一臂之力，也为金丝峡的旅游业再上一个新台阶做出了积极的贡献。

商南地理区位独特，人文资源丰富。探寻商南文化，打捞散落在历史长河中的文化记忆，一直是姚家明作为文联主席所追求的目标。以文化溯源为方向，姚家明主编了六部历史文化方面的专著。

《商南人文荟萃》是姚家明主编的第一部地方文化专著。早在2008年，姚家明就带着一班对本土文化非常感兴趣的文化人，深入全县各乡镇广泛收集资料，开始了对商南民俗文化的研究。随后他们又到周边的西峡、卢氏、郧县、汉中等地进行考证比较，该年年底，这部专著就出版面世了。这部专著详细地介绍了商南的年时节风俗、丧葬风俗、民间风俗、酒俗及礼仪、衣食住行、民间文艺、民间工艺、民歌、宗教及古文化。在这部集子里，依稀可见赵匡胤千里送京娘、李自成屯兵金钟山、苏娘娘挥剑平叛军等精彩历史画面。读了这本书，读者对商南这个“南方的北方、北方的南方”的历史底蕴便有了更清晰的认识和了解。

《商南民间故事大全》是姚家明主编的第二部地方文化专著。商南是一个有故事的地方，传承民间故事，就是传承历史文化。2010年，县文联把历时两年挖掘、采集的商南民间故事整理出来编辑成书。这部由萧云儒题写书名、中国文史出版社出版的书籍，包罗了神话、传说、民俗、故事等多方面的内容共180篇，具有鲜明的地域特色，对研究商南历史渊源、文化脉络、民俗沿袭、道德传承，具有重要的参考价值。

2010年12月10日，《商南民间故事大全》首发式座谈会在商南宾馆举行。时任县委常委、宣传部部长郑晓燕，县人大副主任全强胜、县政协副主席黄元雍等县级领导出席会议并做了重要讲话。全体编委会成员、编辑及本书作者等60余人参加了座谈会。

此书的出版，让散落在商南民间的动人故事得到系统地归纳和整理，是对我县民间文化所进行的一项非常及时的抢救性工作，为今后研究商南历史、发展民俗风情提供了丰富的资料；并对打造“文化商南”、传承商南民间文化、进一步提升商南旅游文化内涵、建设共有精神家园具有十分重要的意义。

《范蠡在商南》是姚家明主编的第三部地方文化专著。2014年，商南县委、县政府准备在任家沟打造“范蠡园”，计划把“范蠡园”建设成为商於古道上的重要景点和独特文化之一。按照县委、县政府领导的指示，姚家明把商南数十位文学爱好者、古文化研究者组织起来，对商圣范蠡进行细致考证，证实范蠡在古商邑活动的时间长达22年。仅在商南期间，范蠡就有建立商都南苑、题诗西寺、春游柳林、热恋沭河、泛舟丹江、四聚四散、兴建范家老屋、文碧峰赋诗、经商造秤等民间流传的故事。姚家明鼓励大家，通过文学的形式进行合理地想象，将陶朱公、范蠡村传说，以及商人、冲喜、岔谷鱼等传奇故事，还有人们口口相传的红鱼口、凉鱼儿、茹翠、上苍坊、药葡萄故事，变成一篇篇脍炙人口的文章。《范蠡在商南》一书共25万字，收录了28位作者的44部作品，是一部研究商圣范蠡的重要文献。

《商南民俗文化专著》是姚家明主编的第四部地方文化专著。2016年，姚家明进一步研究了商南的历史渊源，了解了一些新的、在以前所编的书籍里没有出现过的习俗，编成了这部专著。这部专著一经大众文艺出版社出版发行，立即引起民俗文化界的广泛关注和商南广大群众的热烈追捧。商南地处秦头楚尾，集纳南北，五方杂处，历代移民汇集，各种文化相互交融，各地移民因生产、生活方式及社会心理不同，形成了诸多与外地殊异的风情民俗。把这些风情民俗挖掘出来，整理出来，无疑对于商南人了解自身的文化历史具有十分重

商南地理区位独特，人文资源丰富。探寻商南文化，打捞散落在历史长河中的文化记忆，一直是姚家明作为文联主席所追求的目标。

要的意义。这部专著共分商南方言、饮食风俗、民居风俗、礼仪风俗、民间婚俗、丧葬风俗、岁时文化、商南年俗、信仰禁忌、求雨习俗、宗教习俗以及艺术文化风俗共十二章，进一步对商南这个“十里不同风，百里不同俗”的地方文化习俗进了抢救性的挖掘、打捞、研究和传承，使古老的秦楚文化奏响出新的乐章。

《商南好家风》是姚家明主编的第五部地方文化专著。在编撰《商南人》的过程中，姚家明就比较系统地了解了商南人的人口源流——多数是明代洪武年间“山西大槐树”移民，以及清代乾隆年间的“江南人”和“下湖人”，当时姚家明心里就有个疑问，这些由不同区域的移民汇集而成的商南人，为什么能形成目前这种既相互包容、又开拓进取的性格特征？为了进一步探究，也为了更好地落实习近平总书记关于“每一位领导干部都要把家风建设摆在重要位置，廉洁修身，廉洁齐家”的要求，姚家明于 2017 年启动了挖掘商南家风家训这一文化工程，积极组织部分作家、文学爱好者翻山越岭、走村入户，深入 10 个镇办、50 多个行政村，开展大量的调研走访工作，全面挖掘商南的家风家训，经过多次座谈、整理和修改，编辑出版了《商南好家风》。这部专著对所收集到的 100 多个家风家训进行了比较，从中精选了 36 个具有代表性的姓氏，把他们如何倡导文明家风、教育子女、勤俭持家、睦邻和善等具有现实教育意义的家训进行了认真整理，同时整理出 20 多篇具有代表性和教育意义的家风故事及一些国学精粹，在全县掀起了学家训、正民风、除邪气、做善事、比贡献的良好氛围，努力起到传承、育人、教化的作用。

长安大学一位研究国学的老教授阅读了这本书后，激动不已，马上给董建莉部长写了一封信，称这本书是他所见到的十八大以来研究家风家训的最好一部书，他要亲自推荐给省委宣传部和各大院校，向全国推广学习。

《商南古山寨》是姚家明主编的第六部地方文化专著。商南这个地方，除了姚家明以长篇小说的形式曾经写过的李自成屯过兵的闯王寨，还有许许多多大大小小年代待考的古山寨，这些古山寨没有了刀光剑影，沉寂在商於古道的尘埃中，如不尽快进行抢救性挖掘考证，真会被岁月的风雨冲刷得一干二净。为了复活这些古山寨里的历史文化记忆，从 2019 年初开始，姚家明便组织发动全县文学和摄影爱好者，踏遍商南的山山水水，探寻古老山寨遗迹。他们先后登上了生龙寨、仁和寨、朱家寨、青山寨、霸王寨、玉皇寨、黄龙寨、朝阳寨、天宝寨、石砚寨、空山寨、中和寨、鸡冠寨、千丈寨等30多处古山寨，创作了大量的优美诗文，拍摄了无数精彩的照片，最后以图文并茂的形式编撰成《商南古山寨》一书。这部专著让那些藏在深山老林中的商南古山寨重见天日，款款走进人们的视野，也让那些兵荒马乱的岁月重回到人们的记忆，既保护了古文化，又使人们对美好生活倍加珍惜。

2020年7月8日，《商南古山寨》首发式座谈会在天鹿酒店举行。县委常委、宣传部部长董建莉，县政府党组成员、金丝峡管委会主任赵有群等县级领导出席了会议。在会上董建莉部长给以这本书极高的评价："《商南古山寨》印刷精美，文章朴实动人，既有文学性，又有史料性，是一本珍贵的抢救之书。《商南古山寨》这本专辑的出版发行，对于丰富商南历史文化底蕴，助推全域旅游示范县、全国文明县城、国家园林城市创建都有着极为深远的意义"。

文学潜质深厚的姚家明最看重的还是文学创作，最喜欢的还是文学作品。虽然他主编的那些地方文化专著里也不乏文学作品，而且有的还是上乘之作，但他还是觉得商南应该有自己比较纯粹的文学作品集，作为本土作家他有这个愿望，作为县文联主席他有这个责任。

于是，在《金丝峡》杂志发行的七年之后，姚家明便萌生了编辑出版《商南文学作品选》的念头，计划把商南本土作者在《金丝峡》或在外地报刊上发表的有代表性的散文、诗歌、小说结集成册，分《散文卷》《小说卷》和《诗歌卷》三卷依次出版发行，集中展现商南文学创作的整体实力和辉煌成就。

这是一项浩大的工程，说起来容易，做起来依然很难。出版费用问题，稿件质量问题，哪一项弄不好，都有可能前功尽弃。思来想去，姚家明最终还是咬咬牙开始了。他首先是找领导反复解释编《商南文学作品选》的重要性和必要性。他的诚心感动了领导，领导终于答应县财政给以一定的资金支持。随后，姚家明便召开县内重点作者座谈会，在会上他讲明了编这部书的具体要求，让大家广泛宣传，先选出自己的代表作品，然后编辑再经过二次和三次的严格筛选。

2013年11月，《商南文学作品选》(散文卷)付梓印刷，全书33万字，由大众文艺出版社出版，共收录了一百余篇精美散文。陕西省文学院原院长、著名文学评论家常智奇评价说：“《商南文学作品选·散文卷》中的这些文章，生活气息浓郁，体验独到，构思新颖，情感真挚，题材多样，表达别致，带着山间的云岚，带着山泉的清澈，带着山魂的静穆扑面而来，给人以清爽、鲜活、明亮、刚健之感。”而这集子里的每一篇文章，都凝结了姚家明的大量心血。

继散文卷之后，2015 年 10 月，《商南文学作品选》（小说卷）出版发行。小说卷几乎囊括了所有县域重点小说作者的代表性作品，共 37 万字。著名作家鱼在洋为本书作了序，高度评价了这本书的文学价值。

2016 年 12 月，《商南文学作品选》（诗歌卷）出版发行，该卷共收录全县 80 多位诗歌作者的代表性作品一百多首，全方位展示了商南诗歌创作的成绩。县委常委、宣传部部长董建莉在序中对不少作品做了极好的点评，充分肯定了商南近年来的诗歌创作成绩。

《商南文学作品选》洋洋百万言，从酝酿到完工费时四年余，工程艰巨，卷帙浩繁，囊括了商南 70 多名作者的代表性作品。这是商南文学作者的一次作品大展示，集中展现了商南文学创作的整体实力，其意义非常深远。

一个作家，在 20 多年的时间里，创作了 100 多部中短篇小说，200 多篇散文，四部长篇小说，主编了十多年在当地很有影响的《金丝峡》文学杂志，编辑了十几本商南地方文化专著和文学作品集，培养了一批又一批的文学新人，姚家明这是何等的毅力，付出的该是怎样的艰辛！

姚家明累着，但也快乐着。当他看到金丝峡如织的人流和鼎沸的农家乐，当他看到优秀的传统文化逐渐回归、人们的精神面貌在不知不觉中发生变化，当他看到那些文学苗子茁壮成长、好的作品不时涌现时，他觉得这一切付出都是值得的。

姚家明的办公室，也就是一间再普通不过的办公室，一套沙发，一张椅子，一个书柜，一台电脑而已，可这间办公室里经常有一帮文友高谈阔论，谈理想，谈人生，谈创作，满满的正能量。与其说是文联主席的职务把商南的文人们聚了起来，不如说是他以他独特的人格魅力、渊博的学识和深厚的文学修养把商南的文人们聚了起来。慢慢地，那些刚刚起步的文学爱好者也敢来敲姚家明门，向姚家明讨教，请他改稿子。

一个作家最肥沃的土壤便是他的故乡，古今中外概莫如此。姚家明的故乡在商南，商南是一个秦文化和楚文化交汇的地方，秦楚文化一经交汇，那种粗犷与缠绵，豪放与婉约，便在这块土地上生根开花，绵延了几千年。被秦风楚韵反复熏染的姚家明，既吸收了楚文化的营养，又经过了秦文化的培育，创作起来，更显得灵动飘逸又雄浑深厚，这在姚家明的已经发表出版的四部长篇小说里，都能读出这个味道。

不积跬步，无以至千里。靠着他的勤奋和执着，姚家明取得了令人欣喜的优异成绩：

2013 年，因创作成绩突出，姚家明被陕西省作协评选为第三届签约作家，成为省作协重点培养的青年作家。

2014 年，因创作成绩突出，姚家明被商南县委、县政府评为首届商南文化名人。

2017 年，姚家明被评为首届陕西省文学艺术“百人计划”优秀人才，享受政府特殊津贴资助。

2017 年 4 月，因创作成绩突出，姚家明被中国作协党组评为中国作家协会会员。

2017 年 6 月，因创作成绩突出，姚家明在商洛市作协换届选举中，被选为市作协副主席。

2019 年，因创作成绩突出，姚家明被商洛市委、市政府表彰为首届“商洛市优秀宣传文化艺术人才”。

目前，姚家明不仅在商洛文坛举足轻重，而且在全省也很有影响，喜欢看他书的人越来越多，小说的网上热销量也越来越大，因此姚家明致力于写长篇的劲头也越来越足。

在这条穿越商南的商於古道上，姚家明年复一年地打捞着沉淀在岁月长河中的文化记忆；在平凡的工作岗位上，日复一日深挖着一口井；在对文学充满激情的守望中，姚家明把自己打磨成了一颗璀璨的文学新星，在商於古道的天空中焕发出新的光彩。

姚家明累着，但也快乐着。当他看到金丝峡如织的人流和鼎沸的农家乐，当他看到优秀的传统文化逐渐回归、人们的精神面貌在不知不觉中发生变化，当他看到那些文学苗子茁壮成长、好的作品不时涌现时，他觉得这一切付出都是值得的。

玉壶冰心铸师魂

雷　勇

在巍巍秦岭的南坡有一个美丽的城市叫商南，在商南东岗凤凰山脚下有一所学校叫商南高中。商南高中北枕凤凰山，西临沐河水，南眺文碧峰窥其神韵，东望魁星楼承其文脉。一代代商南高中人“苦干实干、创新进取”，用自己的责任和担当树立起了商南高中教育品牌。80年薪火相传，商南高中犹如一只腾飞的凤凰享誉三秦，商南高中当之无愧地成为商洛山中的一块文化圣地。

名校造就名师，名师铸就名校。在这所名校优秀的教师队伍里有这样一个代表——他，瘦高个子，目光睿智，专业素质过硬，教学业绩一流。他就是陕西省特级教师、商南县高级中学副校长张志锋。

张志锋1994年毕业于宝鸡文理学院物理系，同年7月被分配至商南县初级中学任教，1996年8月调入商南县高级中学工作，连续多年担任毕业班物理教学和班主任工作，曾任物理教研组长、电教中心副主任、教研室主任，连续8年担任年级部主任。

20多年来，他先后荣获“陕西省首届中小学教学能手”“陕西省首批中小学学科带头人”“陕西省首批中小学教学名师”称号，2016年被陕西省人民政府授予“陕西省特级教师”。2018年又入选陕西省“特支计划”领军人才教学名师，由省政府给予30万元的支持经费。他先后被聘为陕西师范大学学科兼职教授、商洛学院省级学科培训专家、陕西省首批高中物理名师工作主持人，并负责商洛市高中物理学科基地建设工作。

全国大赛，一颗新星升起来

2006年4月中旬，接到省教育科学研究院的通知，张志锋老师代表陕西参加第七届全国青年物理教师教学大赛。他在杂志上看到过青教赛相关报道，梦想着有一天自己也能登上这个舞台，没想到当机会真的到来时，迎接他的除了激动，还有一项项挑战。物理教学委员会在全国开展的这项赛事，旨在为全国35岁以下青年物理教师提供展示平台，促进学科教学交流，力促青年教师教学能力与学科素养的提升。接到通知后，他就开始着手了解比赛时间、比赛规则、授课内容等参赛信息。网上报名后，经过慎重考虑，选定了“自由落体运动”这一节内容参赛。之后的半年时间里，他一有时间，就去翻阅资料，听其他教师讲课，看课堂实录，学习信息技术，自制教具，改进实验，反复备课。

半年时间里，张志锋老师几乎没睡过一个囫囵觉，晚上常常一点多睡，凌晨四点不到就醒来，脑海里总想着物理大赛的事，在兴奋与紧张中，度过了一个个不眠之夜。9月中旬比赛临近，实验的仪器还没有着落，他自己垫付了8100元，购买了一套“自由落体实验仪”。仪器快递回来，当晚他就在办公室里把仪器安装了起来。台式电脑连接仪器，仪器数据采集器连接必须用“串口”输入，一般笔记本上为“并口”，他托朋友从西安电子市场寄回来一个转换器，还是无法使用，后向商洛中学借回一台老款笔记本电脑才解决了连接问题。

国庆节前夕，省教科院梁放老师来电话询问比赛准备情况，并告知9月27日，省上将组织西安市的教研员、名师、往届选手等一行9人组成导师团，当日5点从西安出发，前往商南对此次比赛进行指导。当天下雨，加之当时312国道修路堵车，中午12点才到商州麻街，梁放老师临时通知他赶往商州。学校派车把他送至商州时已是下午2点多，3点钟导师团才到达商洛中学。简单的午饭过后，由他开始汇报课程、实验、教具准备情况，随后由各位导师强调赛课中应注意的问题，该节课的重点、难点，并就如何突破实验、怎样取得好的比赛成绩进行了指导。2 个小时，高度紧张，所有检查指导结束已是下午 5 点，送导师团乘车离开商州，不觉汗水已湿透了他的衣衫。张志锋老师说这是他一生都难以忘却的一个下午。

国庆节放假期间，别人都在休息，而张志锋老师则开启了全家总动员模式。他把孩子交给了亲戚，爱人李敏又陪同他到西安市教学器材市场购买了赛教用的“牛顿管”等实验器材。国庆收假之后，距参赛仅一周时间，出发前的两个晚自习课上，他又在多媒体教室试讲磨课，他在心里告诉自己一定要确保万无一失。

10 月 11 日早上，他和助手余传友老师带上实验仪器、教具，乘车赶往西安。当晚乘坐火车离陕，12 日一早到达北京 ,12 日晚 8 时，他们登上了北去大连的列车。由于没有买到座位票，他们把行李放到别人的座位下，两人则站在过道里，实在坚持不了了，就坐在地上打个盹。夜半时分，有位好心的大姐给他们挤出了一个座位，他俩轮换着坐。经过 14 个小时漫长颠簸，列车终于绕过渤海湾到达了海滨城市大连。

本次比赛赛点设在辽宁师大附属中学，大赛住宿点就在海边。从宾馆遥望大连滨海公园，一座蹦极塔濒海而立。张志锋老师突发奇想，要是能将一段蹦极运动录制下来，作为教学中的素材，那不是很好吗？有了这个想法后，第二天上午，他便去联系摄影师，没有演员他就自己出镜。电梯徐徐升起，将他运送到 50 多米高的蹦极塔上时，他才发现自己是一个极度恐高的人。但一想到比赛中有这 3 秒的视频素材，会使课堂更加精彩，他觉得所有的付出都是值得的。在蹦极教练的协助下，他眼睛一闭，纵身跳下。后来摄影师对 1 分钟的视频，进行了制作剪辑，形成了 3 秒钟的素材。

比赛安排在 15 号上午第二节，期待已久的赛课终于到来了。张志锋老师早早地来到师大附中，把实验器材、教具摆放好。课前，他像往常一样，把 24 名学生分成 6 组，分发好实验器材，准备就绪。在开讲前进行最后一次设备调试时，突然发现数字化实验程序无法启动，他克制住紧张，示意正准备报幕主持人稍等一分钟，后在信息技术人员的帮助下解决了问题。开讲之后，一切顺利，导课、提问、互动、交流、引导、实验、总结各教学环节齐全，当学生从三秒中的视频素材里认出他时，掌声雷动。30 分钟的授课结束了，紧张了半年的心情一下子如释重负。16 日下午 4 点闭幕式上，他赛讲的《自由落体运动》一课被评定为“第七届全国青年物理教师教学大赛一等奖”。

这次比赛，让张志锋老师的课堂从山里走向山外，更让他积累了宝贵的赛教经验，在以后各项大赛中他脱颖而出，连连获奖，成为物理教学中一颗冉冉升起的新星。

魔幻教学，沉闷课堂活起来

对于物理学科来说，张志锋老师有着自己独到的理解。“物理悟理，雾里看物理，勿理无理”是他的一句口头禅，更是他多年来对物理学科的生活化理解。高中物理是一门抽象的课程，好多学生特别是女生，惧怕学习物理。针对物理课的特点，张志锋老师在教学中通过打比方、联系生活实际、引入趣味小实验等方式，让抽象的物理公式鲜活起来，让枯燥的物理生动起来，让严肃的课堂有趣起来。

张志锋在为学生们授课

如何让学生了解电容？在讲电容器一节课时，他从口袋里拿出一部老式照相机，打开闪光灯，镜头对着同学们按下快门，瞬间闪光灯发出一道耀眼的闪光。然后他把相机里的两节五号电池取出来，再次按下快门，闪光灯仍然发出一道闪光。同学们在疑惑中急于寻求答案，充满好奇，一节电容器物理课在魔术一般的实验中开始了。

楞次定律是俄国物理学家海茵里希·楞次1834年在概括了大量实验事实基础上，总结出一条判断感应电流方向的规律。简单地说就是“来拒去留”的规律，这就是楞次定律的主要内容。如何把楞次定律讲明白？张志锋老师煞费苦心。他把一根50厘米的铜管递给一名走上讲台的同学，随手从讲台上的粉笔盒里取出一截粉笔头，让该同学把铜管竖直拿在手中。接着让学生估算粉笔头从铜管上端落到铜管下端的时间。学生异口同声“0.3秒”。待学生喊出数字，他把粉笔头从铜管的上端释放后，只见粉笔头瞬间落到了地面上。紧接着，他又取出一截精心准备的、含有磁铁的、学生并不知晓的红色粉笔头释放管中，同学们惊奇地发现红色粉笔头经过管身大约需要“7秒”钟。又是一个“魔术”，学生在疑惑、好奇与兴奋中开始急切地从课堂中寻找答案。

在讲“简谐运动”时，有“描绘单摆的振动图像”的实验。这个实验，老师们在课堂上很难现场还原，都是在理论上简单强调。张志锋老师总能想出一些浅显易懂的办法，将深奥的物理知识变得形象可感。他在乒乓球中装入细盐，用细线把乒乓球绑住，悬挂在铁架台上，让乒乓球在摆动时细盐流出，再在铁架台下方铺设可拉动的纸板。当乒乓球摆动，随即拉动纸板，盐流出后在纸板上形成振动曲线。虽然这已能直观地告诉学生单摆运动的规律，但张志锋老师仍不满足。2011年，学校建立了数字化探究实验室，他利用数字化实验系统，把传统实验与数字化实验结合起来，在课堂上很好地完成了图像的描绘。他把这个动态的图像通过多媒体大屏幕展现出来，让同学们既能理解到实验的原理，又能清晰地看到了实验的现象，从而感受到了科技的魅力。张志锋老师在日常教学中还有“隔空点灯”“光导传输”“静电除尘”“意念旋转螺丝”等“魔术”，他都能很好地精雕细琢，与教学内容实际结合起来，带进他的物理课堂。

在物理教学中，张志锋老师精益求精，通过灵活多变的教学方法，把物理知识和生活中的现象结合起来，用奇妙的实验吸引学生对物理学习的兴趣，进而阐释那些奇妙的现象所包含的物理知识。在课堂上，他注重用真实的生活实例，培养学生理论联系实际的能力，进而逐步消除他们对物理的恐惧和偏见。在张志锋的引导下，学生渐渐走进了物理殿堂，逐步掌握了分析物理问题的思维方法，进而做到“析万物之理，判天地之美”。很多学生都因为喜欢张志锋老师的物理课而深爱上了物理这门学科。

师爱如泉，荒漠沙洲绿起来

从教 26 年来，张志锋老师当了 17 年的班主任。在班主任工作中，他做到严慈相济、以爱育人，用爱的甘泉滋润着每一个学生的心田。

2012 年是他担任班主任工作的最后一年，他像 16 年前第一次当班主任一样，一点也不敢懈怠。从拿到花名册逐个了解学生到组建班集体，他总有使不完的劲。多年的班主任工作让他形成了高度自觉的职业素养，事无巨细，兢兢业业，一丝不苟。这一年里，他与江峰老师互相配合，坚持每天早上为学生烧菊花茶，让学生来到教室就可以喝一杯暖心的养生茶。高三（2）班，是四个火箭班之一，他精心设计了班徽：数字“2”变形为龙头的形状，印制在班旗上，下午跑操的时候，班长就打着这面旗，领着同学们在操场上跑步锻炼，既缓解了学习带来的压力，又形成了班级的向心力、凝聚力。他还在教室后黑板上用心制作光荣榜、通报栏、作业展示栏、学生心仪大学梦想栏、高考激励标语等，通过打造班级比学赶超氛围，让每个学生更高效地投入到高考复课中。他坚持每天在其他老师上课时，到教室外巡视，对注意力不集中的学生进行提醒谈话。春暖花开时，与其他学科老师一起带着学生爬上学校背后的凤凰山，朗诵诗词、讲故事、唱歌、宣誓。周六中午他经常会让爱人做上一桌饭菜，把离家较远的住校学生叫到家里改善一下伙食。他对学生的爱就像对自己的孩子一样用心。

张志锋老师清楚地记得，一个周四晚上，他感到头昏脑涨，浑身乏力，上完晚自习后，到校医务室一测体温，达到 39℃。他得了重感冒，一边打点滴一边坚持上班。周六晚上，他感觉缓解了一些，又像往常一样赶到学校看看学生。

进班后，发现有一名自己结对帮扶的学生不在教室里，他询问其他同学该生的去向，班长说有可能上网吧了。他抑制着恨铁不成钢的怒火，拖着沉重的脚步，从东岗的“蓝科”网吧开始，逐个网吧寻找，最后在“雅奇”网吧的一个角落里，发现了这位学生的身影。该生趴在电脑桌上，戴着耳机，眼睛专注地盯着屏幕，一手按在键盘上，一手移动着鼠标，点着头，晃动着身体，沉迷在游戏的世界里。他站在学生身后静静地看了 2 分钟，该学生浑然不知，他拍拍这名学生的肩膀，这时学生才转过头，发现是班主任在身后。

一路上，学生等待着老师的“狂风暴雨”，但等来的却是一场终生难忘的谈话。回校的那段路并不长，却足足走了 1 个多小时。张志锋老师领着学生在回忆里重走了一遍自己当年的求学之路，这名学生紧紧地跟随着，充满了懊悔自责。回宿舍前，张志锋给这名学生买了一碗馄饨让他吃下，这名学生哭了。那一夜张志锋失眠了，是为自己生命里偶然经过的一个学生。第二天张志锋又把这名叫李方森的同学叫到办公室里，耐心开导他，鼓励他立志成才。他被深深震撼，在张志锋老师的精心呵护下，当年高考该生考入了 985 大学。

放寒假的日子一天天近了，同学们都怀着喜悦的心情盼望着早日回家过年。放假的当天上午，张志锋老师像往常一样进班巡视，看到一位年逾60岁的老人，头发苍白，满脸皱纹，脸庞凹陷，两颗门牙都没了，身上穿着破旧的衣服，在学校明德楼上往返跑了几个来回。张志锋老师遇到了老人，询问后得知是他班上女生汤某某的家长，来校找女儿。经询问得知其家中唯一一床厚棉被在外晾晒时被人偷走了，想让女儿把在校盖的被子带回去过年。张志锋老师心情沉重地把这位学生家长领到办公室，然后去教室找汤某某，结果发现该同学不在教室。等了一会，汤某某悄悄地从楼下上来了，张志锋老师告诉她，你父亲来找你了。汤某某脸一红，一口回绝说那个老人她不认识。张志锋老师把汤某某叫到办公室，汤某某见到老人后低着头，一言不发，静静地站在那儿。老人亲切地叫着女儿的名字，说明来意，汤某某仍不吭声。张志锋老师没有责备批评，从口袋里掏出 500 元钱，塞到汤某某手中。汤某某执意不要，钱落到了地上。张志锋老师把钱捡起来，塞到她口袋里，然后说道：“这点钱你拿上，放假了，买点好吃的，其他的事情以后再说。你先把你父亲领到宿舍安顿一下，记着把被子带回去洗洗”。春节过后，在他的倡导下，班长和团支部书记发起了为汤某某捐款活动，师生共为她捐款1200多元。她拿着钱哭了，学习更加勤奋刻苦，当年就考入了一本院校。第二年的教师节张志锋老师收到女孩寄来的感谢信，他欣慰地笑了。

高考之前，为了调试学生们的心理，缓解学生的紧张情绪，张志锋与江峰老师一起策划娱乐活动。他们把两个班144名学生组织起来，利用下午课外时间，带到学校的桃李园里，在文昌阁旁的小广场，让学生们参加顶乒乓球比赛、猜谜语、两人协助跑、高考宣誓等活动，学生得到了笔记本、水果糖等奖励，欢快的笑声荡漾在文昌阁周边的丛林里。同学们抬着老师绕着文昌阁转着圈儿，欢呼声此起彼伏。活动结束，孩子们纷纷拥着老师，从各个角度拍下合影，留下美好的记忆。

高考前夕，张志锋听说"冰糖雪梨"可以安神定心，他特意买了两箱这种饮料，还有巧克力、桃等来到宿舍看望住校同学。他把巧克力一块一块分给学生，对他们说："巧克力的寓意即在考场上可以巧妙地克服不利因素加分发力"。他坐在床铺上，交代每一个备考的细节，开玩笑鼓励考生要做一个"吃好、睡好、考好"的"三好"学生。学生们笑一笑，就不再那么紧张了。

2012年6月25日，高考成绩揭榜，全班65人考上一本，5人二本。全校应届学生中650分以上9人，高三（2）班就有6人。这6人当中，一名同学被北大录取，三名同学录入北航，另两名同学被录入西安交大本硕博连读。辉煌的战绩是对张志锋老师的最好回报。

潜心修炼，领头凤凰飞起来

从教26年来，张志锋老师坚持把教学和教研结合起来。他认为教而不研则空，研而不教则虚。他不辍笔耕，坚持写作，把教学中的案例、教学方法、教后反思、学科思维等教学经验进行总结、探索，撰写成文。

1999年9月，他的第一篇教学论文《浅析轨道支持力做功》发表在《中学物理》杂志上。当他拿到刊载有自己文章的杂志时，小心翼翼地翻开目录，在他的名字下用直尺划了一段红线，然后翻到所写文章正面，反反复复读了好几遍。每一行文字，每一个公式，每一幅插图都深深地印在他的脑海里。这篇文章的发表大大增强了他教学研究的信心，此后几乎每年他都有教研文章在《中学物理教学参考》《物理教学探讨》《物理教学》等专业杂志上发表。

2007年，他的另一篇力作《动量守恒定律教学探索》，通过总结“动量守恒”的“一个系统、两种作用、三种守恒、四个性质、五个模型”，较系统的理清了“守恒规律”的教学思路。这篇教学与教研相结合的典范之作当年在《物理教学》《中学物理教学参考》两种核心期刊上同时发表。实践教学中，每当教学进度达此教学模块时，他都会把自己的研究成果与青年教师们进行分享交流，大大提高了教学效果，带动了一批青年教师投身教学研究。

近年来，他在课题研究中，把物理趣味实验、数字化实验融入课题教学和学术讲座中。在教研组每周一次的集体备课会上，他毫无保留地把这些实验介绍给同科目老师，进行现场演示，得到了同科老师的高度肯定；善于总结的他，用心的将这些实验撰写成论文，很多发表在核心期刊上，26年来，他在核心期刊上发表论文40多篇。这些都是他潜心教研、专业成长的缩影。

经过不懈的努力，他把自己20多年的教学经验和对物理学科思维的感悟撰写成书。2020年，他的38万字专著《慧心物理思维》一书出版。这本凝聚着他心血和汗水的著作在师生间引起了强烈反响，他再一次用实际行动诠释了师者的探索与追求！

2018年暑假，省教科院建设名师资源库，给每个名师工作室分配了20节微课，要求在暑期一个月内完成微课制作，并上传至相关负责人处，由负责人进行审核。一想到工作室其他成员教师平时都很累，难得假期休息放松一下，他就决定独自完成这项工作。初次制作微课，所有技术得自己去学习、去掌握。暑假的第三天，他便到工作室里开始了解微课制作技术，用了5天的时间，终于完成了第一节10分钟的微课视频。视频发布到物理资源库建设群里，得到了同行们的认可。群里有许多老师咨询相关问题，他也不厌其烦地一一解答。当时他的爱人刚做完手术不久，他每天泡在办公室里，竟忘记了妻子的感受。一天下午，妻子怒气冲冲地走进他的办公室说：“我来看看你整天在外面到底干啥？”当他从电脑中把自己完成的视频课程调出来，让她参谋把关时，妻子面露愧色地说：“那你也得注意身体，不要让空调对着肩膀吹……”。经过20多天的时间，他终于完成了任务。微课提交后，全部审核通过。

凤凰鸣矣，于彼高冈。梧桐生矣，于彼朝阳。

2015 年，由他牵头的陕西省首批名师工作室在商南高中挂牌成立。他以工作室为平台，积极发挥名师示范引领作用。先后参与商洛学院承办的省级一线物理教师能力提升培训讲座，商洛市教育局名师大篷车送培送教活动。通过这些活动，他逐步成长为土生土长的本地专家学者。在他的引领下，物理学科多名教师成长为省市教学能手和学科带头人。

2018 年 8 月，商洛市物理学科建设基地在商南高中挂牌成立。张志锋主动承担学科建设工作，通过与省内外学科专家合作，成功地承办了商洛市学科教师培训工作。培训工作时间紧，任务重，从设计方案到专家聘请、会议组织、授课，他亲力亲为，周全而细致里做了许多工作。培训工作顺利完成，物理学科基地建设工作得到了参训专家和市县主管局的高度肯定，物理学科基地也被评定为优秀学科基地。近年来，在他的引领下，商南高中物理学科已成为商洛市品牌学科，物理教学也得到了极大地促进和发展。

凤凰鸣矣，于彼高冈。

梧桐生矣，于彼朝阳。

在这个朝阳初升、凤凰和鸣的商南高中，张志锋老师这只领头凤凰展翅高飞、扶摇直上，从普通教师到教学名师，从初职教师到正高级教师，从班主任到副校长，一路汗水一路歌。他厚培教育情怀，冰心玉壶，涵育高尚师德；他坚守初心不改，胸有丘壑，目存绚烂山河；他用自己的坚守拼搏诠释了师者大爱，铸就了最美师魂！

妙手丹心暖杏林

雷　勇

那是一个寒风刺骨的冬夜，忙了一天手术的他疲惫地倒在床上正准备休息，突然医院来电，“有一9岁女孩遭遇车祸，生命垂危，请你速回医院。”

时间就是生命。

他火速赶到骨科，经初步诊断，女孩股骨干下段骨折，心率极快，血压测不出来，足背动脉摸不着搏动，脸色煞白。“马上手术。”他下达了手术抢救的指令。

给氧、建立两路静脉通道快速扩充血容量、导尿、备皮、配血、麻醉，不到半个小时，手术开始了，当他切口女孩左大腿深筋膜时，突然出现喷射状大出血，病人血压骤然下降到0，心率200次/分，指端氧饱和度快速下降。

作为骨科主任的他心里非常明白，骨科现有的设备还很不完善，如果采用纱布填塞压迫止血，不但止不住大出血，还会危及女孩的生命。他迅速做出判断，果断扩大切口，快速显露骨折断端，在血泊中凭那敏锐的手感摸到并迅速捏住血管损伤裂口，终止了喷射状出血，然后再用血管夹钳夹止血，一连串的快速娴熟的处置，病人的血压、心率、呼吸、氧饱和度逐渐恢复到正常。

接下来，骨折复位固定，修复血管神经等等，手术结束时已经是第二天上午的10点，看到一个垂危生命的得救和病人家属的感激泪水，他也露出了欣慰的笑容。这，只是他几十年众多手术中的一个缩影，像这样连续手术十几个小时、有时甚至是几十个小时不间断、不休息，他遇到的还有很多很多。

他是谁？他，就是妙手回春的商南县医院骨科主任郝敬旺，人们尊称他为“好主任”“好大夫”。

辛勤耕耘结硕果

古人云：“业精于勤荒于嬉，行成于思毁于随。”郝主任就是这样一个以勤求业精、以思求发展的骨科带头人。

1992年7月，他从第四军医大学毕业，被分配到商南县医院从事骨科临床医疗工作。在大学里，他是一个学习非常刻苦、学习成绩非常优秀的学生。在县医院骨科这个岗位上，他虚心向骨科老前辈、老大夫学习。同时他从没忘记勤练基本功，经常利用上大学时老师教给的学习方法，刻苦学习基本功，包括缝合、打结、切开、包扎等基本技术，每天坚持2～3小时练，自己买来丝线、秒表、血管钳等器械，严格拿质量和速度来要求练习每一个步骤。打结开始每分钟只能打30多个，经过磨炼逐渐进步到每分钟40个、50个……100个、105个。就这样连续坚持练习了十多年，手的感觉、敏捷度、灵活度、耐力、力量等基本功得到大幅度提高，手、眼、心、身协调配合能力也做到了出类拔萃。

在苦练基本功的同时，他还坚持每年至少一次参加各级医疗技术培训、学术交流，先后到第四军医大学唐都医院、北京中日友好医院进修学习，不断提高医疗技术水平。就这样日积月累，学习——引进——再学习——再引进，循环往复。他先后独立完成各类手术10000余例，开展填补医院空白的技术项目200余项，发表骨科专业论文20余篇。他主持开展的《骨创面钻孔珍珠膏外敷治疗骨外露临床研究》，于2003年荣获商洛市科技进步二等奖，《颈椎前路手术入路改良临床研究》于2012年荣获商洛市科技进步三等奖。2004年他又荣获陕西省委组织部、省人事厅、省科协颁发的第五届青年科技奖。他自行研制的《股骨近端钉棒系统》治疗股骨近端骨折技术于2012年10月被国家专利局评审通过，并荣获国家发明专利。2012 年经省人社厅、卫生厅考试、考核、评审通过批准为正高级职称，授予骨科主任医师职务。当时，全省参加晋升骨科专业正高级职称学员一共 18 人，其中 17 人是三级医院的骨科专家，仅他一人来自基层，面对巨大的压力他参加了考试，现场淘汰 5 人，而他考试一举通过。

砥砺前行创辉煌

在商南县医院骨科发展道路上，郝主任洒下了辛勤的汗水，为科室发展壮大不遗余力。他长期扎根于临床一线，工作夜以继日，几十年如一日地穿梭在病房和手术室之间，很少休过节假日。在市内各级医院骨科同仁们关心和支持下，克服困难、创造条件，在商洛市骨科中率先开展了哈氏棒手术、鲁克氏棒手术、Dick 钉手术、AF 钉手术、椎弓根钉棒系统手术、颈腰椎前路钉板系统融合器手术、带锁髓内钉手术、各种外固定架手术、VSD 手术、全髋关节置换手术、全膝关节置换手术、肘关节置换手术、上颈椎减压融合固定手术、颈椎一期前后路手术、胸椎结核一期后路固定前路病灶清除植骨融合手术、骨盆四分之三环严重毁损重建手术、PVP 技术、PKP 技术、PFNA 治疗股骨转子间骨折技术、桥接棒修复成骨不全病人反复骨折技术、断肢再植技术、游离皮瓣技术、符合组织瓣移植技术、微创椎弓根螺钉植入治疗脊柱骨折、锁定钢板 mipo 技术治疗骨折、关节镜下前交叉韧带重睑术、关节镜下半月板成形术、关节镜下半月板损伤缝合术、关节镜下髌股内侧韧带重建术、踝关节距腓前韧带断裂关节镜下修复术，肘关节骨关节炎关节镜下清理关节成形术、人工桡骨小头置换术、伴有复杂髋臼缺损人工全髋关节置换术、单侧入路减压 - 融合 - 固定术治疗腰椎退变性疾病、颈胸段脊髓肿瘤手术治疗、中草药口服治疗围手术期疑难杂症技术、中草药散剂、膏剂治疗体表组织缺损等技术累计 200 余项，大部分为 3-4 级手术，为本市骨科长足发展发挥了引领作用。

“业精于勤荒于嬉，行成于思毁于随。”

他的这种砥砺前行的精神得到了社会各界的赞赏，他创造的成就得到了各级政府的高度评价和嘉奖。2013 年 4 月，他被商南县委、县政府评为“岗位标兵”；2014 年 4 月，被商南县委、县政府评为“劳动模范”；2016 年 12 月，商洛市委、市政府授予他“商洛市有突出贡献拔尖人才”荣誉称号。

礼贤下士强团队

一个骨科好主任、好医生，不仅要有精湛的医技，更要有高超的管理水平。郝主任除了严格要求自己外，对科室下属也是高标准、严要求。他知道，要管理好一支队伍，严格的科学的管理制度是根本。靠制度管人，靠制度约束医护人员的一言一行，把遵守制度、培养团队精神贯彻到每一个人的行动之中，这是他长期担任骨科主任摸索的经验。

在发挥制度作用的同时，他还注重对科室医护人员的关怀，尽量给医护人员创造一个宽松和谐的工作环境，做到对科室职工循循善诱、和蔼可亲，晓之以理、动之以情。他这种礼贤下士的处事方法，使他带领的骨科团队几十年来始终同舟共济、精诚团结。比如对家庭有老人和小孩需要照顾的医护人员都适当调休，对家庭特别困难的人员给予特殊照顾，对于获得荣誉的个人给予鼓励，对于工作出色的班组给予奖励。

在科室业务上，他总是利用早晨上班之前的 1 小时时间带领科室医生学习医学理论知识。在每天的例行查房中，总能认真听取主管医护人员的介绍，及时了解他们的治疗方案，从每一细节处总结经验教训，不断发现问题、解决问题。在手术台上，他以老带新、言传身教，把他的手术经验及时传授给大家。他高超的医术让病人惊叹，他精益求精的精神让同事折服。

在他的带领和骨科全体医护人员的共同努力下，骨科年年工作都是县医院的先进集体，不仅受到县医院的表彰奖励，骨科护理部还被县妇联授予巾帼示范岗。由于抓管理、重业务、讲团结，十几年来县医院骨科人才辈出。其中 2 人从骨科走向县医院领导岗位，1 人担任了新成立的医院骨二科主任。就是职称，骨科也是县医院最多的，目前骨科医护人员中有正高 2 人、副高 7 人，在全省二级医院乃至大部分三级医院中业务技术能力也是佼佼者。

中西并举治杂症

骨科疾病大部分需要手术治疗，住院病人不用做手术的不到 5%。合并有内科杂症的占50%。随着社会老龄化，老年病人会越来越多，这些病人都患有一种或多种内科病，西医治疗杂病比较困难，见效慢，而中医有“抓主症”的优势，主症治好了别的病也就迎刃而解了。

道高一尺，魔高一丈。疾病的复杂性远远超过了医疗技术的发展，目前还有很多疾病没有完全研究清楚，诊断和治疗都是困难的。例如骨科感染问题，骨折不愈合问题，循环系统障碍问题，缺血再灌注损伤等问题，目前都无法很好解决。见于这些现实问题，郝主任结合传统中医临床的精华——《伤寒杂病论》来治疗骨科的疑难杂症。他凭借自己几十年所学的《伤寒》理论知识，形成用“经方”治病的习惯。“经方”价廉效宏，人所共知。在同事治疗病人围手术期出现疑难杂症处理有困难时，经常请他把脉，请他用传统中医结合西医综合施治，常常他开出的一剂中药就解决了遗留问题。

在医院骨科，每每看见郝主任的办公室门口总是有成群结队的病人在等待他给把脉开药，他会针对病人的情况开出中药方子，病人的问题往往很快就得到解决。“为病人节约了医疗费，减轻了病痛，何乐而不为。”郝主任说。他的这种中西并举的治病方法早已在周边市、县传为佳话。

争做上工治未病

《黄帝内经》中有这样一段话“病已成而后药之，乱已成而后治之，譬犹渴而穿井，斗而铸兵，不亦晚乎？”可见医生治病救人所做的治病工作都嫌晚了，应当改进。医院门庭若市、病房拥挤不堪，并非真正是医术高明，顶多是把病人的痛苦当成市场作为商业营销的资源，从商业角度来看，得病和受伤的人越多越重越好。造成这种“生意兴隆”的根源是我们防病措施没有落实到位，或者说我们还非常缺乏防病意识。

战国时医术高明的扁鹊把皇帝的病治好后，皇帝问扁鹊：“谁是当今杏林第一人？”扁鹊回答：“是我兄长，名叫扁鸦。”皇帝又问：“扁鸦的医术比你高明在何处？”扁鹊说：“我能治愈皇上已患的病症，但我兄长扁鸦能让未患病的人不生病。当年父亲临终前传给我们两本书，一本叫《医道》，是讲治病的，传给了我；另一本叫《防道》，是讲防病的，传给了我兄长扁鸦。”早在几千年以前，聪明的中国人就知道防病比治病高明，防止疾病发生，是所有人的重大责任，并非仅仅是疾病预防控制工作者的工作。唐代著名医学家孙思邈认为“上工治未病，中工治欲病，下工治已病”。目前的医生仅仅能治愈一部分疾病，顶多是个下工而已。医生在治病救人同时，更应该做好防范伤、病发生的工作，这才是医生对社会的最大贡献。唯愿世间人无病，何妨手术刀生锈。郝主任是这样想的，也是这样做的。

记得是 10 多年前的一天上午，一个县直部门领导带着一位相貌堂堂中年男士走进了郝主任的办公室，经过领导介绍才知道，他带来的是外地来商南县的开发商，已经投入了大量资金准备开发商南的钒矿，主要是采矿、矿石加工、矿产品运输出售等，可以解决商南劳工就业，助推商南工业强县战略。当天来意是解决矿区职工伤、病救治绿色通道问题。郝敬旺大夫说：“优先救治钒矿伤病员，没有问题，你是我们的贵客，为商南县经济及社会发展做了那么大的贡献，保障你们矿区伤病员优先救治顺利康复，是我们义不容辞的职责。不过我有一个办法比‘绿色通道’更管用，还能为你增收节支，提高公司管理水平。第一是为所有职工购买意外伤害保险和大病保险。第二是改善职工生活环境，

商南县医院

丰富职工业余生活，加强职工食堂科学管理，学习常见多发病的防范知识，逐步养成健康文明的生活习惯。第三是安全生产落实到位。这三条只要你能不惜金钱完全落实到位，不留死角，就给你节约了一笔很可观的财富”。开发商高兴地说：“这是从源头上解决病根子问题啊！我回去就落实，不但要落实好，还要多安排一个班次加强 24 小时安全督查。一年少发生两起伤亡事故，就算赚了不少钱。不过矿工伤病少了，你们科室生意就不景气啦！哪个骨科主任不盼望多收些伤员呢？”郝主任微笑着说：“你是不了解我这个人，我绝对不会希望多发生不安全事故、多产生伤员而为科室多创收的”。

多年以后，这位老总再次来到了郝主任的办公室，和前一次不同的是一个人单独来的，还带了特殊的礼品，老总感激地说：“你的办法给我产生了不小的财富，这么多年很少有事故发生，所以也没有找过你，今天我代表公司特意来感谢你。听说你不出去吃饭、也不收礼，不过今天我送的这份特殊的礼品你一定得收下。”只见老总轻轻打开一个小盒子，小心翼翼地取出了一个白色的小茶杯，形似人体腰椎，这时老总两脚并拢弯腰上身前倾深鞠一躬，说道：“这个茶杯不值几块钱，是我无意中看见了就买下了，一定要亲自送给你。这白色象征着纯洁，脊椎象征你从事的骨科职业……”至今那个白色的形似腰椎的茶杯还摆放在他的办公桌上。

近 30 年行医工作经历，郝主任悟出一个道理：“千方百计防止各种伤病的发生，才是人类社会快速进步的助推器”。不提高医术、采用商业营销方式占领市场，谋求局部的、短期的经济利益，不去做遏制伤病发生的工作，何异于“函人者伤人”，国家怎么能强大？全民忙于看病吃药，专家忙于申报新药，殊不知在这些“忙碌”背后有着“致伤、致病、致残的力量”在作祟。这是郝主任长期思索而在不断付诸行动的真知灼见。

29 年风霜雨雪，29 载从医生涯。郝敬旺主任凭着对医学的挚爱和强烈的事业心，穷致天人之理，精思古今之书，以淳厚的医德和精湛的医术，作出了一个医者仁术的典范注解。他勤勉朴实、敬业创新的作风赢得大家的尊敬，他的胆识和睿智折射出极强的人格魅力，精医、重德、博爱、奋进，这不仅仅是一种理念，更是一种选择、一种忠诚、一种挑战、一种宣言，也是他的真实写照。

下篇

励精图治

诗　词

我家洗砚池头树，朵朵花开淡墨痕。

不要人夸颜色好，只留清气满乾坤。

——【元】王冕《墨梅四首》其三

苏州司业诗名老，乐府皆言妙入神。

看似寻常最奇崛，成如容易却艰辛。

——【北宋】王安石《题张司业诗》

彩虹风雨后

信　言

彩虹，又称天弓、天虹、绛等，简称虹，是气象中的一种光学现象。当太阳光照射到半空中的水滴，光线被折射及反射，在天空上形成拱形的七彩光谱，由外圈至内圈里红、橙、黄、绿、蓝、靛、紫七种颜色，人称七色彩虹。

彩虹，虽是种自然的光学现象，但是因为彩虹的美和它是个难以理解的现象，古人便以神话来解释地球上有彩虹的现象，所以彩虹在神话中占有一席地位。

在我国神话中，女娲炼五色石补天，彩虹即五色石发出的彩光。虹（龙），龙的一种。在民间民俗文化里，彩虹是吉兆……

在希腊神话里，伊里斯（即彩虹）是沟通天上与人间的使者。

在北欧神话里，彩虹桥连接众神领域“亚斯格特”和人类居所“中土世界”，也就是神和人类的交通要塞，透过彩虹桥可以往来。

在我国文学作品里，彩虹是美的素材，美的向往，特别是诗词之中，不乏名人佳句。

诗仙李白曾在《焦山望寥山》诗中云：“安得五彩虹，驾天作长桥。”在《秋登宣城谢朓北楼》一诗中也有“两水夹明镜，双桥落彩虹”的名句。毛泽东同志在《菩萨蛮·大柏地》中云："赤橙黄绿青蓝紫，谁持彩练当空舞？"

"彩虹总在风雨后"是一句熟语，内涵两重意喻，一是天象，二是文化。近几年来，县委县政府一班人深入基层，同心协力，勇敢担当，使商南脱贫攻坚工作亮点纷呈。

千方百计稳就业促创业。2021 年 2 月 25 日，商南县人力资源和社会保障局被评为全国脱贫攻坚先进集体。就业是民生之本、财富之源。如何保证全县人口就业问题？脱贫攻坚工作开展以来，县人社局坚持系统思维，对历年所有返乡务工人员全面摸排核实，建立了 2 万多名返乡务工人员信息台账；发挥"商南智慧就业"平台、村级劳务合作组织作用，网上征集、电话联系、上门走访等多方式并用，建立了 5.6 万名拟务工人员信息台账；依托 8 个驻外劳务基地和 6 家签约人力资源公司，建立 252 家重点用工企业的信息台账，发布岗位需求信息、组织网上招聘、供需精准匹配，为精准就业脱贫提供坚实可靠的人才支撑。2020 年，通过建设平台、建立台账、建设载体、出台政策的"1335"就业扶贫模式，帮扶 3983 户易地搬迁贫困家庭就业增收，实现了"搬得出、稳得住、能致富"；全县共吸引外出务工人员 7076 名，成功创办企业 254 个、个体务工经商户 6922 户，带动就业 2.1 万多人，年完成产值 70.5 亿元，占当年全县经济总量的 40% 以上。商南县人社局始终围绕"就业一人、脱贫一户"目标，完善机制、创新方法，加强与劳务输入地复工企业对接，为沿海城市企业开展"点对点"培训，累计免费为 2.8 万人次贫困劳动力提供订单式、定向式、一站式就业创业技能培训，有效提升了劳务就业的技能和水平；发挥县内培训机构作用，探索实施就业技能培训考试奖励制度，激发了务工人员参与培训的主动性。

商南县人社局通过扶持创业挖掘就业岗位，拓宽就业渠道，全面落实"千企万岗"行动，多措并举稳就业。依托地理环境区位优势，重视发挥旅游景点就业容量大、带动能力强、门槛低的特点，以金丝峡 5A 级景区为核心，引导贫困劳动力开办农家乐、经营旅游商品，鼓励大学生和返乡农民工参与旅游开发，着力打造"景点 + 就业"扶贫模式，创业带动就业 2000 多人。同时，以现代工业集中区为核心，村（社区）、移民小区加工点为补充，采取"龙头 +

基地 + 农户”形式，着力打造一批竞争力强、覆盖面广、链条长、受益人口多的产业集群，吸纳 1.3 万人创业。

“四好农村公路”打通经济社会发展“主动脉”。按照建好、管好、养好、运营好的“四好”要求，坚持“创建结合、一次到位”的思路，打造了“三季有花、四季常青”的绿色长廊，按照县有路政员，镇有监管员，村有护路员的要求，健全县镇村三级管理体系；牢固树立日常化、精细化、规范化的养护理念，按照“三园五化六统一”的要求，建成标准化的道班房 13 处；按照“城乡统筹、以城带乡、城乡一体”的思路，积极探索交通 + 扶贫、+ 旅游、+ 物流的工作路径，不断提升运营服务和保障能力。全县公路总里程达 1983.5 公里，形成“一心、两纵、四横，南北两大迂回”的道路网络，畅通、便捷高效的交通运输体系，成为全县经济社会发展的主动脉。2019 年 11 月，商南县被国家交通运输部、农业农村部、国务院扶贫办命名为“四好农村路”全国示范县。

“三产联动”强化产业扶贫。县委、县政府坚持把产业就业扶贫作为脱贫致富的根本途径。按照县域经济长、中、短相结合的思路，积极构建茶、菌、果、畜、游“5+x”扶贫产业体系，探索推行了“一产借还、二产加动、三产建带”的“三产联动”精准扶贫模式，实现了产业脱贫中长期产业全覆盖。一产“借还”，采取“政府担保贴息、企业保本让利、群众赊借发展、收益免息还本”方式，探索推行的“借袋还菇”“借鸡还蛋”“借苗还果”“借鹿还茸”等“N 借 N 还”

开白路

模式，有效激发了农村经济新活力。二产“加动”，采取“政府推动 + 园区拉动 + 企业带动 + 农户联动”的方式，带动了贫困群众家门口就业。三产“建带”，按照“建精品景区带美丽乡村、建电商平台带农产品销售、建合作机制带身份转变”思路，唤醒了贫困群众手中沉睡的资源。目前，建成现代农业产业园区 12 个（其中省级现代农业园区 4 个，市级现代农业园区 8 个），产业基地 252 个，培育市级以上农业产业化企业 26 家，家庭农场 49 家，农民专业合作社 449 家，培育发展村集体股份合作组织 106 个。全县茶叶面积达 25 万亩，食用菌达 1 亿袋，发展猕猴桃 1.7 万亩，核桃 25.67 万亩，板栗 33.69 万亩，中药材 14.75 万亩，发展散养土鸡 31 万只，蜜蜂养殖 6000 箱，养鱼 70 万尾，成立电商销售网点 75 个，建成光伏扶贫电站 17 座，带动 1.5 万多户贫困户实现稳定增收、稳定扶贫。“借还 + ”模式以创新性强、可复制可推广、带贫效果快速明显等特点被国务院扶贫办编制的 2019 年第 4 期《扶贫开发》和陕西省脱贫攻坚领导小组产业脱贫办公室编制的《产业扶贫陕西模式》《陕西精准脱贫蓝皮书》选用录入，并被广泛推广学习；商南县被评为“中国茶业扶贫示范县”；产业脱贫经验被人民网、陕西电视台等主流媒体报道推广。

“五联”模式拓宽群众致富路。五联模式在于大力培育发展村集体经济，走出了一条党建引领、兴业强村的新路子。“村村联建”，打破村域行政界限，推进资源共享、产业联布、发展同步。“村企联营”，村党支部牵头，引龙头企业参与，实现村企互利双赢。“村社联促”，整合村内资源入股农民专业合作社，合作社拿产业基地、厂房等与村集体经济组织合作，保障双方收益。“村户联帮”，设立“创业带富基金”，引导贫困户参与村级集体经济组织经营，促使村集体经济组织和贫困户共同分享收益。“店户联结”，建立村级电商服务点，实现店铺与村集体经济组织、农户共增收。“五联”模式把 1.4 万户贫困户镶嵌在产业链上，通过流转土地收“租金”、务工挣“薪金”、入股分“红金”、创业赚“资金”、兑补得“现金”，实现“一地五金”稳定增收目标。“五联”模式在全市村党建“五件实事硬事”推进会上交流推广，国务院扶贫办网站以《陕西商南：“五联模式”拓宽致富路》为题予以报道，陕西日报对商南县“五联”模式进行专题报道，省政府门户网站转载。

“旅游 +”融合发展，开辟群众增收新空间。生态旅游是商南新兴的可持续发展的朝阳产业，为了使这一产业更多地惠及贫困的农民，县委、县政府以创建全域旅游示范县为契机，依托金丝峡 5A 景区，按照“休闲、康养、健体”目标，推行“旅游 + 农业”“旅游 + 电商”“旅游 + 康养”等“旅游 +”融合发展模式，拓展延伸“吃住行游购娱”旅游产业链条，推动信息、商务等生产性服务业和文化旅游、健康养老等生活性服务业高端发展，带动景区周边贫困户发展旅游脱贫产业。先后培训提升农家乐 376 户，吸纳贫困劳动力 1000 余人稳定就业。在省文化和旅游厅举办的 2019 年陕西旅游商品大赛展上，商南选送的秦岭白茶喜获铜奖；太子坪村入选第一批全国乡村旅游重点村名录乡村名单；商南两度荣获“中国天然氧吧”称号，连续两年荣登“中国最美县域榜单”。

实施“三个三”助推残疾人脱贫见实效。残疾人是脱贫攻坚的重点和难点，更是社会和谐幸福不可缺少的一部分。近几年来商南围绕残疾人脱贫攻坚、精准康复、照护托养、兜底保障等重点，健全组织领导，政策制度，服务保障三个体系；探索推行居家安养、日间照料、集中托养三种模式，深入开展精准康复、就业创业、慈善关爱三项行动，扎实做好残疾人脱贫解困工作，累计投入资金 1.3 亿元，创建国家级残疾人培训基地 1 个，建成残疾人托养中心 2 处，康复中心 2 处，社区日间照料中心 6 所，新建或改造农村敬老院、老年护理院、老年公寓、福利院等 19 处，实现了残疾人服务“有机构、有人员、有场地、有设施、有制度、有载体”的规范化建设目标，商洛市助力残疾人脱贫攻坚推进会在商南召开。在 2019 年全国扶贫日论坛上，商南“做好残疾人照护，助推残疾人脱贫”的经验，在论坛上交流推广。

中医药助力健康扶贫显成效。商南植物资源十分丰富，有各类植物 218 科 2100 余种，其中药用植物有 865 种，名贵品种近百种，有“天然药库”之美称。在脱贫攻坚中，充分发挥中医药在基层卫生院健康中的作用，创新管理，优化服务，全面建成以中医医院为主体、以综合医院等其他类别医院中医药科室为骨干，以基层医疗卫生机构为基础，以中医门诊部和诊所为补充，覆盖城乡的中医医疗服务网络。县级中医院达到二级甲等；县医院、妇幼保健院、计划生育服务中心设置中医科、中药房；10 个镇卫生院均建立了中医馆，配置了中医药专业人员，全县 75% 的村卫生室能够提供中医药服务，更优质高效地为群众提供医药服务，组建了巡回医疗义诊服务队，直接受益群众 12 万人次；严格落实签约服务制度，对 11885 人慢性病，地方病贫困人口开展签约服务，服务管理率达 100%，助力健康扶贫成效明显。2019 年 2 月，商南县被命名为县级全国基层中医药工作先进单位。

村级互助，探索资金运行新路子。脱贫攻坚需要资金，围绕“钱从哪里来，投到哪里去，如何管理，效益怎样，风险防控”等关键环节，商南创新管理模式，走出了一条“资金投向明确、运作方便快捷、产业支撑有力、民管民用受益”的村级互助资金运行新路子。目前全县已成立村级互助资金协会 74 个，实现了贫困村“全覆盖”，资金规模达 5540.9 万元，会员 9290 户（贫困户会员 7157 户），互助协会已成为群众身边的“自助银行”。全国政协副主席、九三学社中央常务副主席邵鸿对商南县互助资金助力脱贫攻坚模式给予高度评价。省委常委、统战部部长姜锋对此作出批示：“商南县的互助资金助力脱贫攻坚模式，破解了农村融资难题，其做法很有特色，值得学习和借鉴。”该经验在 2018 年《陕西脱贫攻坚》简报（113 期）上宣传推广，并在《调研与决策》(2019 年 5 月）上发表。

“小额信贷＋”丰富金融扶贫新内涵。为了解决贫困户创业资金困难，商南适时制定出台《金融支持脱贫攻坚产业发展贷款管理办法》等政策，筹措扶贫小额贷款储备金、风险补偿金 3695 万元，县内金融机构发放 10 倍以上贷款，为每户贫困户提供最长期限 3 年、最高额度 5 万元的产业发展贴息贷款；推行农村清产核资、资产确权办证，建立了“9+1”产权交易平台，让群众通过抵押宅基证、林权证等获得贷款。全县累计发放扶贫小额贷款 7255 笔 3.35 亿元，有效解决了贫困户扩大生产经营规模、创业发展方面的资金不足问题。金融助力脱贫攻坚实现贫困户与企业共同发展的双赢模式，在省级金融机构与深度贫困县区一对一结对帮扶行动现场会上进行了经验交流。

电商扶贫开拓产品流通快车道。在市场经济的大环境下，商南县委、县政府按照“政府主抓、干部主帮、企业助力、电商助推”的新思路，加快县、镇、村三级电商产业发展，建成集政策咨询、孵化培育、展示推介、仓储物流、人才培训于一体的综合性县级电子商务公共服务中心 1 个，镇级电商服务站 10 个，村级电商服务网点 65 个，探索建立了“一村建一店，一店带一村”的“电商扶贫模式”，打通了“工业品下乡，农产品进城”的双向流通渠道，实现了商南茶系列、食用菌系列、葛系列、四皓酒系列等 20 多个优势产品线上线下同步销售。2018 年 10 月，全省电商精准扶贫推进会在商南县召开；2019 年 3 月，经济日报以《陕西商南县电商“扶贫链”催生产业“服务链”》为题对商南电商扶贫经验进行宣传报道；3 月 22 日，在全省供销电子商务年度工作会上，陕西众品驿站电子商务有限公司荣获“年度贡献奖”，商南县供销社荣获“年度合作奖”。

多措并举夯实生态脱贫硬保障。“生态立县”是商南可持续发展的战略举措，在脱贫攻坚实践中，将森林生态效益补偿基金兑付作为增加贫困户收入的重要途径，严格落实《森林生态效益补偿基金管理办法》和相关政策要求，仅 2018 年，全县累计投入资金 4000 余万元推进生态扶贫工作，其中直接补助贫困户的资金达 1151.7 万元，惠及贫困户 9320 户 30621 人。2019 年 1 月，《中国绿色时报》以《商南 2018 年生态扶贫惠及 3 万余贫困人口》为题作了宣传报道。同时，将矢量化小班数据库系统全面应用于全县新一轮退耕还林内外业规划设计中，提高了工作效率和规划的精准度。严格退耕还林工程规划、面积分解到户、施工、检查验收、兑付、档案管理等关键环节，精准高效完成了 7.5 万亩退耕还林任务，惠及贫困户 8000 余户，为全县打赢脱贫攻坚战和全面建成小康社会提供了良好的生态保障。2019 年 6 月，《陕西日报》以《商南让退耕还林工程更加精准高效》为题进行了宣传报道，《中国退耕还林网》《中国林业网》同步进行了刊发推广。

扶贫扶志，提振脱贫攻坚精气神。始终把调动贫困群众内生动力贯穿脱贫攻坚全过程。强化思想引导铸魂育人，组织驻村四支队伍、脱贫包扶干部、“五老人员”、乡贤能人、先进典型深入“农村庭院”“小区楼栋”“田间地头”等，宣讲习近平新时代中国特色社会主义思想、脱贫攻坚和乡村振兴政策 1900 余场次；依托 126 个村（社区）、46 个移民小区应急大广播，每天播放中央和省市县《新闻联播》、解读党在农村强农惠农富农政策，同时开办《商南榜样·时代楷模》栏目，每天早晚定期巡播道德模范和各类身边好人好事，积极引导贫困户想方设法脱贫、千方百计致富。强化典型引领示范带动。县委文明委每两年表彰一批“道德模范”、每年命名一批文明镇村，每半年评选一批“商南好人”，各镇村每季度开展一次“身边好人、脱贫标兵、十星级文明户、五美庭院和好公婆、好儿媳”等评选活动，用身边鲜活的事例影响身边人。全县创建县级以上文明镇村67个，评选“五美庭院”1812户、十星级文明户1.8万余户，涌现中国好人2人、陕西好人12人、商洛好人97人、省市县道德模范202人。丰富活动载体激发活力。大力开展“五美庭院”创建活动、“评讲兑做”主题活动、“扶贫扶志村村行、惠民政策户户到”宣讲活动、“明道理、崇感恩、比诚信、重自强”教育活动和文明实践“六进庭院”活动等，坚持从形式到内容，从行动到实践，从塑形到铸魂，从外化到内化，全力推进基层农村精神文明建设提档升级。

主题教育聚人心

乔 飞 春 娟

2016年，新一届县委班子组成后就深入基层，走村串户，调查研究脱贫攻坚工作的重点、难点、寻找突破点；在走访干部的过程中，他深深地感到一种相互戒备，言不由衷、相互推诿之气，随着全面从严治党不断深入，正风肃纪要求越来越严、力度越来越大、措施越来越硬，一些干部在纪律作风建设上已经不太够格，在一些方面不严格，不适应的问题逐渐暴露出来，特别是2017年一季度考核，商南综合排名全市倒数第一，政治生态出了问题，社会风气感觉也不好了，上级不满意，群众有意见，干部无所适从，怎么办？虽说脱贫攻坚关键时刻在即，但磨刀不误砍柴工。县委果断决定开展“严纪律，明规矩，提士气，聚合力”主题教育活动，就是着眼于思想建党和制度建党，以加强干部教育为抓手，切实解决上上下下一些党员干部在思想、工作、作风上存在的突出问题，解决一些干部思想包袱沉重的问题，有包袱的放下包袱轻装上阵，没包袱的振奋精神，勇敢担当，积极作为……以优良的作风强核心，促中心，聚民心，助发展。

主题教育　清风正气

2017年6月23日，商南县召开“严纪律、明规矩、提士气、聚合力”百日主题教育活动动员大会，全面落实从严治党的要求，努力营造出实力、干实事、善作为，有担当的政治生态，凝聚追赶超越的正能量。

大约1800年前，汉末文学家王粲在《仿连珠》一文中提出：“观于明镜，则疵瑕不滞于躯；听于直言，则过行不累于乎身”。意思是：经常对照镜子检查自己，就会及时克服缺点；能听耳直率的批评，就可以及时改正错误。“出出汗、红红脸，才能清淤排毒、强身健体。”怎么出汗红脸？这就需要拿出我党一直以来“防身治病”的武器——批评与自我批评。现在，社会发展了，利益关系和人际关系更复杂了，更考验我党开展批评与自我批评的勇气和党性。

“严纪律、明规矩，提士气、聚合力”这12个字，言简意赅又内涵丰富，它是县委、县政府对于作风建设问题，对症下药开出的一剂良方，是加强干部队伍建设而做出的又一重大创新举措，是动员各级党组织和广大党员干部提高政治站位，严明纪律规矩，进一步提振敢于担当、勇于创新、争创一流的士气，汇聚万众一心、攻坚克难的强大合力，为加快追赶超越提供坚强的思想保障、组织保障和作风保障。

在全县开展“严纪律、明规矩，提士气、聚合力”主题教育活动，主要着力解决一些党组织和党员干部中存在的执行纪律不严、规矩意识不强、干部士气不高、发展合力不足等突出问题，通过开展一批学教活动、树立一批先进典型、查处一批典型案件、完善一批制度机制等“四个一批”活动，为加快追赶超越、打赢“六大攻坚战”，构建“一心三带五协同”发展布局，实现追赶超越的发展战略目标。

开展“严纪律、明规矩，提士气、聚合力”主题教育活动，就是通过批评与自我批评，落实从严治党、优化政治生态的需要；是加快追赶超越，推进商南发展，重塑社会美誉的需要。许水兆指出：批评与自我批评，只要处以公心、态度诚恳、讲方法，无论是批评还是自我批评都是一剂良药，是对同志，对自己的真正爱护。忠言逆耳，良药苦口。对批评和自我批评，不能持有偏见，也不能心有余悸，而要本着对自己、对同志、对班子、对党高度负责的精神，大胆使用，经常使用落实从严治党、优化政治生态关系党的形象，关系人心向背，是经济社会发展的基础。政治生态是一个地方政治生活现状及政治发展环境的集中反映，是党风、政风、社会风气的综合体现。荀子有言：“蓬生麻中，不扶而直；白沙在涅，与之俱黑”。一个地方的政治生态不仅事关干部健康成长，更事关当地经济长远发展。实践表明，政治生态不良，干部作风不正，发展环境不优，振兴发展则失去保障，这是一系列的恶性连锁反应，要不得，碰不得。

落实主体责任、加强干部队伍建设是县委、县政府十分重视的、始终不渝地坚持抓好的首要工作，并以此作为各项工作推进和突破的重要抓手。而今，在商南发展的关键时期，如何进一步推进干部队伍建设，促使干部队伍更好地适应新形势，以完成新任务，无疑是摆在县委、县政府面前的一个急需解决的重大课题。干部队伍作为带领广大人民群众前进的“火车头”“主心骨”“领头雁”，责无旁贷地要成为一面旗帜，走在人民群众的前面，成为当之无愧的带头人。县委、县政府深刻把握干部队伍建设的大局，毅然决然地从抓干部队伍建设入手，致力于在实践中不断锤炼和铸就一支过得硬、有本事、能发展的干部队伍，无疑抓到了发展的根本和问题的所在。

加快追赶超越，力推商南发展步伐。追赶超越是习总书记对陕西发展的科学定位和殷切期望，已成为响彻三秦大地的主旋律和最强音。落实“追赶超越”，是县委、县政府的重托，是民心所向、发展之基、前进之力、脱贫之本、平安之根、昌盛之源。全县上下要拿出敢闯的勇气、实干的劲头、担当的境界，踏实干事、不搞花架子，切实在推进“追赶超越”上做具体、做实在、做到位，真正确保“严纪律、明规矩，提士气、聚合力”主题教育活动踏石留印、抓铁有痕。

明规严律　共克时艰

人不依规矩则废，党不依规矩则乱。对于一个党员，纪律是高压线；对于一个政党，纪律是生命线。

2017年6月23日，许水兆在全县开展“严纪律、明规矩、提士气、聚合力”主题教育活动动员大会上说：“当前，有的党组织缺乏核心意识，缺乏责任担当，没有发挥出核心领导作用；有的部门和干部对县委决策部署歪曲执行，上有政策，下有对策，有的附加执行，有的加塞搭车，增设条件，有的选择执行，断章取义，为我所用……”这种种现象令人痛心又发人深省，从一个侧面证明作风问题根本上是党性问题，它与党性要求格格不入，与人民的期望相去甚远，与岗位职责背道而驰，严重影响了全县的整体工作。

“举头三尺有纲纪”。领导干部“严纪律”才能有权不“任性”，始终对党纪国法心存敬畏。古人云：“凡善怕者，必身有所正、言有所规、行有所止”，领导干部唯有敬畏法纪，恪守“三严三实”，才能慎初、慎微、慎行，确保忠诚、干净、担当。开展主题教育活动就是要把问题彻底查摆出来，把纪律真正挺在前面，执纪从严，要让领导干部时刻保持清醒的头脑，知道认识到我们的高线、底线、红线是什么？尤其是坚决不能触碰法律底线。要把“严纪律”当作是一种责任，准确把握自己的角色和位置，始终以模范行动取信于党和广大人民群众；同时要把“严纪律”当作是一种精神上“高端大气上档次”的追求，始终把人民放在心上、把使命扛在肩上、把法纪悬在头上，形成正确的价值取向。

“明规矩”，即国有国法，家有家规。“矩不正，不可为方；规不正，不可为圆。”习总书记强调党员领导干部要守纪律讲规矩，并且把守纪律讲规矩作为对党员、干部党性的重要考验，对党员、干部对党忠诚度的重要检验。领导干部明规矩，就是要知道规矩、认同规矩、遵守规矩、维护规矩。必须熟知、遵守制定的每一个规矩才行，它就像标尺一般对领导干部规行矩步。如果领导干部不遵守规矩，“自觉”地将自己置身于规矩之外，习惯于搞特殊、耍霸道，随心所欲、无所禁忌，这种现象不制止，长此以往，党的威信在群众心中不仅会大打折扣，甚至会恶化政治生态，危害党的肌体，动摇党的根基。

“严纪律、明规矩”既是“紧箍咒”，也是“护身符”，是党员干部成长路上的“安全带”，是党员干部的修身之本、为政之道、成事之要。“基础不牢，地动山摇”，只有在遵章守纪上做到循规蹈矩，牢固树立纪律和规矩意识，才能时刻保持清醒头脑，依章而行，不闯“红灯”，才能以身作则，坚定践行群众路线，保持良好形象，才能更好地为民，务实的服务，建设高效的服务型政府，更快地促进社会和谐的发展！

“严纪律、明规矩”的核心是要对党忠诚。党的纪律是刚性约束，政治纪律更是党员干部在政治方向、政治立场、政治言论、政治行动方面必须遵守的刚性要求，全县领导干部要用党的纪律、党的要求来规范自己的一言一行，决不能乱说乱评，在编不在岗，出工不出力，决不能自行其是、阳奉阴违，断章取义，决不能自由散漫、目无组织，有令不行。在任何时候、任何情况下，对党的路线、方针、政策都不能有丝毫的怀疑和动摇，必须思想上坚信不疑，行动上坚定不移，对县委的决策部署，坚决贯彻执行，决不能打折扣、讲价钱、叫困难。要时刻保持清醒头脑，做到理论上成熟，思想上清醒，政治上坚定，行动上自觉，与党同心同德，步调一致，共克时艰，共谋发展。

破除本位　万众合力

在全县“严纪律、明规矩，提士气、聚合力”主题教育活动动员大会上，许水兆强调指出：“从一季度市对县考核结果可以看出，有的部门与部门之间，对一些综合性的工作，沟通不畅，配合不力；有的部门负责起草的工作汇报、讲话，粗制滥造、应付差事，相关领导在审核把关时，只签字、不把关；有的干部私心较重，干工作推诿扯皮，有好处的事抢着干，没好处的事推着干、拖着干等等。”这些问题的出现，虽然有这样或那样的原因，但根本原因是本位主义在作祟。

本位主义是一种非常有害的思想作风，在我们的干部队伍中，本位主义思想不同程度地存在。个别染上本位主义作风的干部缺乏全局观念，做事情，想问题，只考虑自己的“一亩三分地”；遇到事情推诿，怕负责任，在实际工作中，碰上难事、麻烦事，能躲就躲，能推就推；高高筑起本位主义的“土围子”，修起部门利益的“硬藩篱”，“为官一任，造福一方”被堂而皇之地作为一种说辞，本位主义作风严重破坏党内集体主义和协作精神，制造管理上的漏洞、缺陷和不足，形成“孤岛”和“短板”，滋生极端个人主义倾向，长此以往，销蚀斗志，涣散人心，破坏团结，成为事业发展的软阻力，极大地削弱了党的凝聚力，严重地损害了党和人民的事业，所以必须坚决地反对，铲除本位主义毒瘤，为齐心合力做好各项事业扫清障碍。

目前，脱贫攻坚、精准帮扶工作是摆在全县广大党员干部和人民群众面前的一项十分紧迫而艰巨的任务，这项任务能不能完成，完成得好不好，关键在于我们能否凝聚起发展合力，在于全县上下能否拧成一股绳、聚成一股劲。要

“矩不正，不可为方；规不正，不可为圆。”

想形成万众一心，攻坚克难的强大合力，扫清本位主义这个“拦路虎”势在必行。

破除本位主义思想聚合力，树立服务大局意识是基础。胸有成竹者，方能妙笔生花；胸怀全局者，方能稳操胜券。大局就是全局，树立大局意识就是要认识大局，把握大局，服从大局，自觉在大局下行动，树立全局观念和维护大局利益的思想。正确处理好个人与集体、小局与大局、眼前与长远、重点与一般的关系，牢固树立全国、全省、全市、全县一盘棋的思想，使一切工作及言行都服从大局，努力营造心齐气顺、团结奋进、干事创业的良好氛围和宽松环境，“不谋全局者不足谋一域，不谋万世者不足谋一时。”古人都明白不谋全局之害，我们党的各级领导干部更要在各自的工作岗位上，善于谋全局、抓大事，努力养成从全局上思考、处理问题的习惯，为干事创业凝聚合力打好坚实基础。

破除本位主义思想聚合力，树立团队协作意识是根本。汉·刘安《淮南子》有言：“故积力之所举，则无不胜也；众智之所为，则无不成也。”这正所谓是积聚集体力量，就无往不胜，集思广益做事，就能无所不成。“积薄而为厚，聚少而为多”，团结的力量如此惊人。“不积小流，无以成江海”，协力的结果如此非凡。当前，脱贫攻坚已经到了啃硬骨头，攻坚拔寨的关键阶段，全县每一名党员干部都必须站在党和人民立场上，坚持个人服从组织、少数服从多数、下级服从上级，更要干部群众撸起袖子合力干。各级领导班子要大力提倡掏心见胆、并肩奋斗的真团结，领导班子成员要坚持大事讲原则、小事讲风格，多沟通、勤补台，相互配合，正确处理权力行使、利益分配、沟通协调上的分歧，共同为我县发展凝心聚力。

凝心聚力谋发展，倒海移山斗志昂。通过这次主题教育活动，就是要破除本位主义，增强各级各部门和广大党员干部的团结协作意识，凝聚合力攻坚的思想共识，最终形成全县上下同心同德、共谋发展、团结奋斗的强大合力，为我县营造出风正气顺、心齐劲足的良好发展局面。以踏石有印、抓铁有痕的精神，驰而不息加强作风建设，久久为功营造健康的政治生态，以上率下、履职尽责，勇于担当、务实重行，不辱历史使命，不负人民重托，为奋力追赶超越、决胜全面小康奠定坚实基础。

提振士气　众志成城

县委书记许水兆在全县“严纪律、明规矩、提士气、聚合力”主题教育活动动员大会上指出：“要进一步提振敢于担当、勇于创新、争创一流的士气，为加快追赶超越提供坚强的思想保障、组织保障和作风保障。”这为广大党员干部从精神层面审视我县各项工作带来了启示，使广大干部进一步做好当前和今后工作的方向更明、职责更清、底气更足、劲头更大。

一个没有士气的军队鼓馁旗靡，一触即溃，不可能打胜仗；一个没有士气的组织一盘散沙，死气沉沉，难以很好地履行职责为民服务。士气，就像一面旗帜，指明航向，凝聚力量，引领发展。一个地方的干部队伍士气，既关乎这个地方党员干部的形象，也关联着广大群众的福祉，更关系着党的事业兴衰成败。

实践证明，良好的士气，能充分凝聚上上下下、方方面面的力量，这种力量与客观条件相结合，就能形成改造自然和社会的强大动力，就能敏锐地抓住和用好机遇，有效地解决和克服前进中的困难，化压力为动力，变挑战为机遇，工作和事业就充满希望。反之，如果精神萎靡不振、士气低落，工作就不可能取得大的成绩、好的起色，甚至会形成一种无形的阻力，再好的条件、再强的实力，也只会与机遇失之交臂，与成功擦肩而过。

发现问题是前提，直面问题是必然，解决问题是根本。在当前世情、国情、党情发生深刻变化和思想观念多变、价值取向多元、生活方式多样化的新形势下，如何提振干部士气，是摆在我们面前非常严峻的问题。

首先，提振士气，干部个人内修是关键。要牢固树立马克思主义的世界观、人生观、价值观和正确的权力观、地位观、利益观、政绩观，不断锤炼党性、磨炼心性，坚持敢于担当的工作作风，强化问题意识、勇于直面矛盾，发扬敢为人先的创新精神。面对工作，就应该拿出“明知山有虎、偏向虎山行”的勇气，哪里困难大就到哪里去，哪里情况复杂就到哪里去，决不能有了困难就逃避、遇到挑战就退缩，要敢于亮剑、敢于思考、敢于做出决策，做工作中的“勇士”。经得起组织的考察，经得起困难的冲击，经得起人民的考验，在曲折而光明的道路上不断成长、进步。

其次，健全的机制和完善的制度，是培养良好精神状态，提振士气的必要保证。工作偏松、管理偏软，监督机制不健全、激励制度不完善，必然导致各种“懈怠症”。要充分利用好“三项机制”这把利剑，激励实干者、包容失误者、惩治懈怠者，为想干事、会干事的干部保驾护航，极大地提振干部士气，激发党员干部创新担当、干事创业的热情。为各级干部干事创业释放“空间”、划出“范围”、亮明“底线”，真正做到既保护好干部工作的积极性，又坚持把纪律和规矩挺在前面。真正在全县上下形成蓬勃向上的氛围。

我们的哲学先驱老子李聃有言：“积力之所举，则无不胜也；众智之所为，则无不成也。”团结就是力量，这是颠扑不破的道理。小到家庭，大到单位、国家的发展进步，都离不开团结，离不开和合。回首“甲午战争”之后百余年，我们中华民族就是因为缺失了团结，成一盘散沙而积弱难立，积重难返。如今的时代，单打独斗可能获得一时的成功，但绝不可能基业长青。没有合作就没有进步，没有共赢就没有未来。

在商南进入转型发展、追赶超越、加快发展的关键时期，最需要一支敢于担当、奋勇向前的干部队伍，一支士气昂扬、气势如虹的干部队伍。一支能打硬仗、啃硬骨头的干部队伍。通过此次主题教育活动，广大党员干部要保持“作风建设永远在路上”的韧劲，着力锤炼党性、治理惰性，切实改变状态、改善服务、改进作风，重振精气神，凝聚正能量，始终保持奋发有为，干事创业的激情，保持知难而进，永不懈怠的精神士气，为脱贫攻坚攻城拔寨，实现追赶超越提供强大动力。

成事之要　重在落实

一分部署九分落实。再漂亮的口号喊上千遍，不兑现，只会是空洞无物；再美好的蓝图勾勒无数次，不落地，只能是空中楼阁。习近平总书记强调，“必须把抓落实摆上重要位置，做到落实、落实、再落实。”

许水兆在全县“严纪律、明规矩、提士气、聚合力”主题教育活动动员大会上强调：“这次主题教育活动，能不能取得实效，关键在组织领导，重点在狠抓落实。请大家以铁的决心、铁的措施、铁的纪律推进主题教育活动取得实实在在的效果。”制定一个好的规定不容易，把规定落到实处更不容易。一项制度是否发挥效用，关键在于落实。全县各级各部门要不折不扣地执行相关制度规定，把要求落实到每一项工作、每一个环节之中，正所谓“言必行、行必果”。

狠抓落实，需要实干精神。无论是改作风还是干事业，要取得实效，赢得胜利，绝非一朝一夕之功，需要持之以恒地干在实处。“空谈误国，实干兴邦”，要把宏伟蓝图变成美好现实，除了实打实地干，没有捷径可走。实干是抓落实的前提，没有实干精神，抓落实就成为一句空话。当前，在商南脱贫攻坚的关键时刻，各项任务十分艰巨，全县各级各部门必须努力践行实干精神，以坚决有力的态度、切实管用的举措、十分过硬的作风，抓好各项工作落实，确保政令畅通，决策落地生根。

狠抓落实，需要突出重点。突出工作重点，是实施正确领导，推进全面工作的必然要求，是狠抓落实的一个重要方法，没有重点，就没有突破，也就不可能有工作上的全面推进。目前，商南发展面临的困难和问题，特别是干部作风建设方面的问题，最突出的有规矩意识不强、执行纪律不严、责任担当缺失、精神士气不振、发展合力不足等问题，面对这些突出问题，全县领导干部尤其是党政一把手，务必要拿在手上，放在心上，亲自管，亲手抓，抓出成效。

狠抓落实，需要强化责任。习近平总书记强调，“干部就要有担当，有多大担当才能干多大事业，尽多大责任才会有多大成就”。商南正处在深化改革开放、加快经济社会转型升级的关键阶段，是干部抒发理想抱负，施展才华的黄金时期，一定要树立担当的勇气，培养担当的智慧，凡事敢负责，敢担当，在其位、有作为，这就需要全县各级党委主要负责人在工作中要切实履行“第一责任人”的职责，亲自研究谋划、亲自安排部署、亲自指导推动、切实抓出成效。

狠抓落实，需要制度保障。制度的生命力在于执行。制度一旦建立就必须要不折不扣地执行，维护制度的权威性，否则再好的制度也形同虚设。在纷繁复杂的工作中，突发事件、不可预见的情况时有发生，这就更需要全县各级各部门要按照主题教育活动中“明规矩”的要求认真抓好制度建设，抓好制度落实，提高制度执行力，要将“明规矩、守制度”篆刻在脑海中，落实到行动上，时时处处做到明规矩，守制度，为全县脱贫攻坚、追赶超越奠定坚实的思想基础，提供科学可行的制度保障。

成事之要，重在落实。工作不落实、落不实，再好的目标、思路、措施都无法实现。我们不仅要有科学决策的能力，更要有狠抓落实的本领。部署了的工作就要敢于动真碰硬，雷厉风行，抓紧实施。各级领导干部要把落实当作一种责任，真正靠落实干出新成绩、闯出新局面。要拿出“一万年太久、只争朝夕”的精气神，拿出“踏石留印、抓铁有痕”的工作作风，拿出“咬定青山不放松、千磨万击还坚劲”的恒心和毅力，围绕既定目标和任务，精准发力，让狠抓落实成为一种工作新常态。

勇挑重担　走在前面

人不率，则不从；身不先，则不信。领导干部如何带好头？如何树立好榜样的作用？关键是要增强“走在前面”的意识。领导干部“走在前面”就是要学在前面，思在前面，干在前面，严在前面。

许水兆在主题教育活动上强调，“党员干部要始终坚持领导带头。主题教育活动能否顺利深入推进，能否取得实效，关键在领导带头。我们要把领导带头作为一个基本要求，各级党员领导干部在活动中要切实把自己摆进去，用严格的尺子衡量自己，用更高的标准要求自己，为广大党员干部参与活动提供示范、做出表率。”“教者，效也，上为之，下效之”。群众看党员、党员看干部，领导干部以身作则、率先垂范，大家就会跟着学、照着做。

领导干部要学在前面。人非生而知之，不知就要学习，学而后知不足。明末清初学风的一个显著特点，就是倡导经世致用，反对空谈性命，王夫之提出一整套知行观。他说：“诚明相资以为体，知行相资以为用。唯其各有致功，而亦各有奇效，故相资互用。”意思是：知与行都有自己的功效，两种功效互相凭借才能发挥作用。以知促行，以行促知，知行合一。道出了知与行相互依赖、相互支持的辩证统一关系。在认识和实践的辩证关系中，实践是认识的基础，对认识起决定作用；认识指导实践，对实践具有能动的反作用。与马克思主义哲学强调实践与认识的统一，二者紧密结合，相互促进。对于领导干部来说，学习不仅是一个增长知识的问题，首先还是一个政治问题。学不学习，学得好坏，直接关系到各级党政领导干部能否用科学的理论、丰富的知识武装头脑，关系到判断形势、驾驭全局、统领各项工作的能力，关系到执政意识的强弱和执政水平的高低。面对日新月异的新时代、不断变化的新形势、层出不穷的新问题，全县领导干部要始终坚持学做结合、知行合一这个主题教育活动的总基调，突出学习重点，以“四讲四有”和“四个合格”为标尺，用榜样示范鼓舞干劲、提振士气，着力形成比学赶超的浓厚氛围，汇聚起追赶超越的强大正能量。

领导干部要思在前面。一次深思熟虑，胜过百次草率行动。党员干部在工作中要学会通过思考来推动工作，通过思考来促进履职尽责，要学会思责任、思办法、思素质等等，正所谓“学而不思则罔，思而不学则殆”，学习是这样，工作亦是这样。当前，商南正处在冲刺阶段，是深化改革开放、加快经济社会转型升级的关键阶段，党员干部只有勤于思考并且善于思考，才会激发智慧、才能提升能力，才有可能使工作得到创新。

领导干部要干在前面。“干部干部，干是当头的，既要想干愿干积极干，又要能干会干善于干。”坐而论道达不到理想的彼岸，只有起而行道，才是干事创业的正途。“干”的本质是在实践中发现问题、解决问题。“干”字当头、苦干实干，各项事业才会蓬勃发展；为官不为、得过且过，再好的蓝图也不会变成现实。全县领导干部要当好落实新发展理念的指挥员，更要当好实现新目标任务的战斗员；既要有带头想大事、谋大事、干大事的意识，更要把心沉下去，把身子伏下去，与基层群众同甘共苦，为党和人民的事业尽心尽力、鞠躬尽瘁。

领导干部要严在前面。“严是爱，松是害。”让纪律和规矩挺在法律前面，既是防病于未发、治病于初起，也是对干部的爱护和保护。领导干部唯有以身作则、带头守纪律讲规矩，方能以上率下，以正率下，赢得尊敬，带出好风气，干成大事业。开展主题教育活动，就是要把这些问题彻底查摆出来，把纪律真正挺在前面，执纪从严，进一步明确主体责任和监督责任，增强外在的推动力，使全县上下统一意志、统一行动，以铁的纪律保障各项工作任务有效落实，以良好党风带动政风民风，真正赢得群众信任和拥护。

许水兆以“增强四个意识 凝聚工作合力 奋力追赶超越”为主题，为全县党员干部讲了一堂生动而深刻的党课，全县上下在深入学习许书记“6·23”重要讲话精神的基础上，要牢固树立“四个意识”，把“走在前面”作为一个基本要求，自觉做到“七个带头”，带头提高政治站位，忠诚于党；带头学习锤炼党性，严守规矩；带头发扬民主作风，科学决策；带头勇于担当负责，善谋实干；带头树牢宗旨意识，心系群众；带头维护班子团结，顾全大局；带头做到廉洁自律，公道正派。

新的起点，新的征程，党员干部要不忘初心，在全县脱贫攻坚、“六大攻坚战”、追赶超越等重点工作中勇挑重担，砥砺奋进，锐意进取，共建大美商南。

求真务实　收效显著

6 月 23 日启动主题教育活动以来，全县各级各部门高度重视，组织广大党员干部积极参与，并把精准扶贫脱贫、“六大攻坚战”、重大项目建设、党的建设等重点工作作为主题活动的主战场、竞技场，真抓实干，真赶实超，不断把主题教育活动引向深入、推向高潮，以追赶超越的生动实践检验了主题教育活动的实际成效。

活动中，各级各部门坚持把学习教育贯穿始终，把党性教育摆在首要位置，持续深入推进“两学一做”学习教育，认真组织学习党章党规、系列讲话、省十三次党代会报告、精准扶贫脱贫新精神、追赶超越新要求等重点必学篇目，领导干部围绕规定专题，讲党课 1350 余场次。通过深入学习，广大党员干部进一步树牢“四个意识”，理想信念更加坚定，遵守纪律规矩的自觉性明显增强，会风会纪有了明显好转；党委（党组）管党治党的责任意识明显增强，党组织的核心作用进一步充分发挥；县委各项决策部署在基层得到有效落实，讲条件、选择执行的少了，各项工作推进快了，今年确定的重大项目全部开工，主要经济指标稳中有升，党的建设全面推进，发展大局稳中向好。

通过严肃的纪律作风整顿，干部纪律作风明显好转。各级各部门聚焦作风问题，突出问题导向，深入走访调研、征求意见建议，全方位、多层面查摆问题，组织召开专题民主生活会和组织生活会严肃认真地开展批评与自我批评，广大党员干部普遍受到了一次心灵洗礼，接受了一次组织检阅，认清了问题，看到了差距。县四套班子领导带头作出廉洁承诺践诺，广大党员干部结合自身实际，积极履职践诺，自觉接受监督。集中开展了吃“空饷”、干部借调、“退二线”干部、在编不在岗和违规在企业（社团）兼任职问题专项整治活动，干部监督管理工作进一步规范。县纪委聚焦主责主业，落实“三个助力”要求，以精准扶贫脱贫为重点，从严监督执纪问责，严肃查处了一批违纪违规问题，通报曝光了一批典型案例，在全县形成了警示震慑。一些群众反映最集中、最强烈的问题得到有效解决，干部纪律意识和自律能力明显增强。

坚持把提振干部士气作为活动的主要目的， 积极引导广大党员干部把活动激发出的工作热情和进取精神转化为理清思路、狠抓落实、推动发展的强大动力。全县上下深入开展“大调研大讨论”活动，县四套班子主要领导和其他县级领导带头深入镇办部门调研，广大党员干部围绕“商南要发展，我该怎么办”主题，深入开展交流研讨，进一步统一了思想，坚定了信心，进一步明晰了发展思路、凝聚了发展合力。“七·一”前后，县委表彰了一批各行各业涌现出来的先进典型，利用报刊、网站、新媒体等平台，大力弘扬先进精神，在全县营造了学先进、比先进、争当先进的浓厚氛围。认真落实党政干部鼓励激励等“三项机制”，完善了科级领导干部后备库，选拔任用了一批政治过硬、品行端正、实绩突出的干部到重要岗位担任领导职务，树立了鲜明的选人用人导向，极大地激发了广大干部的工作热情，提振了干部士气。在全县干部的共同努力下，数据清洗等多项工作走在省市前列，打赢了二季度、三季度追赶超越翻身仗，市对县考核取得较好位次。

汇聚了追赶超越的强大合力，各项工作推进有力有序。县委宣传部牵头，围绕省第十三次党代会和市第四次党代会精神，围绕精准扶贫脱贫、追赶超越的新形势新任务，组织开展了形势政策宣讲活动。各级各部门和广大党员干部对当前的形势任务尤其对全面从严治党、脱贫攻坚、追赶超越季度考核点评工作有了更深的认识，责任感、使命感、紧迫感进一步增强，围绕全县大局合力攻坚的意识基本形成，领导苦抓、干部苦帮、群众苦干的氛围更加浓厚。近期，成功举办了商南县首届客商大会，全市城市基层党建工作现场观摩会在我县召开，“四化五联”工作法引领社会治理创新和“三产联动”模式创新精准扶贫

新的起点，新的征程，党员干部要不忘初心，在全县脱贫攻坚、“六大攻坚战”、追赶超越等重点工作中勇挑重担，砥砺奋进，锐意进取，共建大美商南。

工作，受到市上充分肯定并组织全市观摩学习，信息扶贫经验在全国交流，全市纪检监察工作“五个五”长效机制建设现场观摩会上商南以“5+3”工作法为重点交流了经验，这些都再次展示了商南的实力和工作水平。

完善了一 批制度机制，干部管理进一步规范。坚持破立并举，围绕权力运行、干部监督管理、选人用人等方面，各设各部门建立完善了一批制度机制。比如，在选人用人方面，县委组织部牵头制定了《商南县“四推三看三考”识人选人用人实施办法》《运用“三项机制”选拔任用干部操作办法》等5项制度，着力在树立导向、扩大民主、聚焦党建、严把民意等方面进行大胆探索实践，力求把干部识得更准、选得更优、用得更好。建立干部监督工作联席会议制度，出台《提醒、函询和诫勉县管领导干部操作办法》，印发《从严监督管理干部的意见》，全面推行县直机关事业单位干部公开遴选制度，进一步加强和规范了干部管理工作。

这次主题教育活动是商南县委根据实际情况创新开展的一项教育活动，主题鲜明，形式新颖，内容丰富，重点突出，针对性强，为新形势下加强全县干部作风建设奠定了坚实的基础。行文至此，北宋政治家诗人王安石的《题张司业诗》跃然笔端，与读者共勉。

苏州司业诗名老，乐府皆言妙入神。

看似寻常最奇崛，成如容易却艰辛。

克难纾困促发展

信 言 何 昕

经济社会发展，就好比爬山越岭："莫言下岭便无难，赚得行人空喜欢。正入万山圈子里，一山放过一山拦。"在区域经济开发展道路上，上了一定的高度就过了一个坎，然后又要面对另一个高度，过更高的坎。习近平总书记多次强调，坚持底线思维，不回避矛盾，不掩盖问题，凡事从坏处准备，努力争取最好的结果。商南是土石山区贫困县，贫困是一直很难甩掉的帽子。然而进入21世纪之初，成功认识和开发生态旅游并使其成为首家5A级生态旅游景区，开启了新型城镇化建设，使古老弱小的县城迎来了千年大开发，千年大发展的时期，并使其成为"中国最美县域"。

在经济高速发展，基础设施超常推进，使商南的发展上了一个新高度，但高速发展也留下了债务遗产，如何在负债的情况下，发展经济普惠民生，战胜贫困，迈步小康。县委县政府以滚石上坡的毅力与担当，推动商南经济、社会向前发展。

"滚石上坡"需要巨大的推力、拉力、合力，非一己之力所能。自2017年以来，商南人民在县委强有力的领导下，在县人民政府的强力推动下，万众一心，砥砺奋进，有效遏制经济下行的巨大压力，凝集了一往无前的推力，取得了一系列的民生改善、社会发展、生态良好的业绩，特别是取得了脱贫攻坚的完美胜利。

攻坚拔寨，脱贫摘帽。几年来，县委县政府坚持把决胜脱贫摘帽作为头等政治任务，紧盯“两不愁三保障”，倾注最大的精力，给予最大的保障，累计投入资金 39.22 亿元。其中 2017 年：投资 10.8 亿元用于脱贫攻坚，当年选派 510 多名干部奔赴扶贫一线，实现 13 个村、2599 户、 1.01 万人顺利脱贫；整合最大的力量，涉农资金投入达到历史新高，采取最硬的措施，严格兑现脱贫攻坚考核奖惩办法；配套最优的政策，先后出台优惠扶持政策 8 大类 32 项。抓产业、促增收、补短板，新建标准化卫生室 13 个、便民广场 9 个、便民桥 39 座，新修各类道路 670 公里，完善提升人饮工程 24 处，铺设饮水管道 19.49 公里，硬化庭院 4362 户，改造危房 2070 户，搬迁群众 1984 户，实现溧商对口协作产业项目 9 个，培育了富水龙窝、试马红庙等一批脱贫产业基地，建立了海鑫、沁园春等扶贫龙头企业。

“三产联动”“先借后还”等产业精准扶贫模式，得到了群众的高度认可和积极响应，群众满意度由原来的 86% 上升到 98% 以上。2018 年，整合资金 13.52 亿元，争取溧商协作项目 35 个，新建扶贫产业基地 189 个，推动扶贫产业迅猛发展，催生了消费式扶贫，带动 1.2 万户群众依托产业实现了脱贫致富；奋力补齐基础设施短板，1150 户群众圆了安居梦，2055 户群众喜迁新居，新修通村水泥路 173.4 公里、通组水泥路 166.8 公里，治理“油返砂”道路 186.5 公里，实施农村安全饮水工程 79 处、电网改造项目 17 个，农村公路通达率、动力电通村率、电力入户率均达 100%，贫困群众住院费用报销比例达 87%；深入开展扶志扶智活动，农村环境面貌和群众精神状态焕然一新，脱贫质量不断提升。全县 34 个贫困村 17637 人顺利脱贫退出，贫困发生率降至6.61%，是脱贫人口最多、攻坚成效最大的一年。2019 年，倾注最大的精力、给予最大的保障，全年投入扶贫资金 14.9 亿元，其中县本级财政投入 3000 万元，连续四年以 20% 的增幅增长。全县规模化扶贫产业基地达 252 个、农民专业合作社达449个，贫困户基本实现了长中短产业全覆盖，提前完成“十三五”期间 3937 户 15919 人易地扶贫搬迁任务，打造“双示范”社区 13 个。组建村级劳务合作组织 120 个，新建社区工厂和扶贫基地 24 家，带动 2.39 万名贫困劳动力实现转移就业或家门口就业，全市就业扶贫工作现场会在我县召开，“创业园区 + 贫困劳动力”扶贫模式在全国交流经验。整合涉农资金 3.43 亿元，支持深度贫困村新建安全饮水工程 28 处，彻底解决了 2.2 万人饮水安全问题，改建县镇公路 71.4 公里，整治“油返砂”道路 102.7 公里，建成深度贫困村通组路 99.8 公里，我县被评为“四好农村路”全国示范县。中央定点扶贫、两联一包、溧商协作高效推进。超额完成了年度 3643 户 7394 人减贫任务，贫困发生率降至 1.1%，2020 年 2 月顺利实现脱贫摘帽。

创新驱动，产业富县。2017 年 10 月商南确立了“生态立县，产业富县，城乡统筹，赶超发展”的十六字发展战略，将产业作为经济发展的基石，明晰了思路，产业得到了健康发展。2017 年坚持做强主导产业、培育特色产业，流转土地 5.5 万亩，打造了规模化产业基地 132 个，茶叶、猕猴桃、中药材和食用菌等产业发展势头迅猛，“一镇一业”产业体系初步形成。商南被命名为全国重点产茶县，商南白茶被农业部认证为地理标志产品，猕猴桃远销意大利，秦骏牌食用菌被评为省级名牌产品，中药材深加工实现了商品化销售，成立了全市首家茶叶研究所，启动了小食品加工产业园建设，培育了 24 家农业企业、116 家农民专业合作社、39 个家庭农场，延伸了产业链条，提高了农业综合效益。商南被命名为全国电子商务进农村综合示范县。工业经济稳中趋优。持续优化对企服务，帮助中剑公司争取了每度 0.39 元的工业用电，推动企业降本增效，硅科技产业园实现年产值 3.4 亿元。国漆产业园完成一期建设，漆蜡生产线建成投产，同步启动了科技研发中心、专家工作站、创新孵化平台建设。支持泰科泵阀建成了省级阀门检测中心和万达铸件生产线，填补了制造业和西北地区大口径、高温高压阀门标准化检测的空白，增强了企业市场竞争力。大力开展地产品促销活动，强光手电远销欧美，新增迦南服饰、丰联集团两家外贸进出口备案企业，全县具有自营进出口权的企业达到 26 家，虎之翼成为我县首家国家级高新技术企业。实施园区扩容提质行动，新建标准化厂房 2.8 万平方米，启动了“双创”基地建设，完善了园区路网、金融网点等配套设施。全年新增入园企业 10 户、园区企业总数达到 81 户，海鑫农业、环球科技、金丝茶叶等 3 户企业在成长板块挂牌。

旅游三产日益繁荣。金丝峡景区灾后重建及智慧旅游建设顺利推进，以王家坡高端民宿为代表的七大农庄实现了市场化运营，金丝峡特色旅游小镇建设初具规模，成为商於古道上重要的文化节点。启动了闯王寨基础设施和景区演绎“双提升”工程，全域旅游格局逐步形成。举办了阳城驿·梦幻灯光节、金丝峡红叶文化节等“十大营销”活动，我县位列 2017 中国全城旅游魅力指数排行榜第 12 名，并荣获全省十佳旅游县。全年接待游客 719.8 万人次，实现旅游综合收入 39.23 亿元，分别增长 26.15% 和 28.51%。商贸服务、健康养老等新型业态蓬勃发展，新增市场经营主体 1042 户。

招商争资效果明显。成功举办了首届客商大会等“十大招商活动”，修订出台了《招商引资优惠暂行办法》和《优化营商环境十条规定》，吸引省能源集团、水务集团等 100 多家知名企业来商考察投资，在上海等地设立了招商服务中心，与秦商联合会等 12 家商会握手合作，引进项目 35 个，到位资金 94.88 亿元，位居全市第二。积极争取省市支持，增加转移支付 1.57 亿元，争取财政专项资金 4.7 亿元、陕南循环发展资金 2760 万元、苏陕扶贫协作资金 1120 万元，化解债务近 3 亿元，协调农商银行等金融机构发放贷款 9.8 亿元，有力支撑了县域经济发展。2018 年投入科研资金 3940 多万元，完成专利授权 126 件，支持虎之翼、丰联工贸、秦乔农林等批企业成功申报国家国家高新技术企业、省级民营转型升级示范企业、“三星”企业，帮助神州实业等 4 家企业在陕西股权交易中心“成长板”挂牌，推动福盛、金润等一批企业完成技改和新产品“中试”，硅科技产业园硅泥、硅细粉生产技术取得突破；万达智造研发的新能源汽车转子、电机铸件、电机壳和高强度、轻量化排气歧管、支架，处于国内领先水平，生产的汽车制动盘获得了 TS16949 质量管理体系认证，目前已具备了独立研发 52 种汽车零部件能力，为我县发展先进制造业奠定了基础。县域工业集中区创建为省级创新转型示范区，并入选《中国开发区审核公告目录》，挤进了国家级开发区建设盘子，县域工业科技含量明显提升。以优化农业供给侧改革为主线，建成了西北最大的“双阴性”种猪繁育基地，引进培育了陕果集团、佳亿德果业等一批农业产业化龙头企业，培育农民专业合作社 36 个、家庭农场 33 家，新增优质茶园 1.5 万亩、中药材 4.8 万亩、冷水鱼 70 万尾，实现了产业规模扩张、结构优化。商南茶在第五届“国饮杯”

评比中，获得 3 个特等奖、6 个一等奖。新认证无公害农产品 6 个，成功举办了首届农特产品展销推介会，积极推进农产品进城市、进超市、进高校、进网店，商南猕猴桃、丰联肉制品、十里坪高山蔬菜、湘河巴戒猪肉等一批优质农产品走俏市场。

以全域旅游创建为抓手，启动了县游客服务中心等一批旅游服务设施建设，七大农庄、官渡码头、丹水驿等项目建成试运营，西街古城基本竣工，成熟业态相继进驻。商南入选“中国最美县域榜单”，金丝峡跻身省级旅游度假区，中国北茶小镇晋升 3A 级景区，太子坪入选中国美丽休闲乡村，太吉河、二郎庙荣膺省级乡村旅游示范村。成立了鄂豫陕 5A 级景区旅游联盟，成功举办了旅游十大营销活动，游客接待量和旅游综合收入分别增长 29.33% 和 32.89%。现代服务业发展迅速，大润发、居然之家、老凤祥等品牌企业进驻商南，电商销售额增幅达 30%，社会消费品零售总额增长 11%，高于全省 0.8 个百分点。2019 年聚力发展最有基础的矿产开发和最具潜力的装备制造及轻工电子产业，推动葫草坪钒矿等矿业企业通过技改实现提质增效，引进瑞尔耐火材料、中钒科技数字化制造等新材料项目落地建设。新增入园企业 8 家，福盛钒业等 4 家工业企业纳规入统，工业品产销率达 91% 以上。秦岭泉茗等 2 家企业成为进出口备案企业，外贸出口同比增长 47%。强光手电二期建成投产，宏昌建材等 5 家企业成功申报为省级民营转型升级示范企业，延伸了产业链。

西街古城吸引了佳百汇、居然之家、国美电器等知名品牌入驻运营，新培育 5 家线上商贸企业。推动王家坡等特色农庄与陕旅集团合作，策划打造了红 74 师等一批文旅、农旅融合产品，全年游客接待量和旅游综合收入分别增长 13.54% 和 17.58%，再次荣登中国最美县域榜单，富水镇获评全国“一村一品”示范镇，太子坪村荣膺全国乡村旅游重点村，试马镇荣膺全省旅游特色名镇。

民生保障，稳步提升。2017 年完成投资 21.38 亿元，建成民生项目 124 个，县文化艺术中心、协和医院、残疾人康复中心等十大民生工程顺利推进，省级“四好农村路”的创建通过验收。全面落实住院报销“一站式”即时结算服务和分级诊疗制度，患者县内就诊率达 91%，城乡居民住院合规费用报销比例分别达到 75% 和 81.8% 以上，其中贫困群众达到 92% 以上，全年减免、报销各类医疗费用 1.85 亿元。全国基层中医药工作先进单位、省计生幸福家庭示范县创建通过验收。投入资金 1.56 亿元，资助贫困学生 2.99 万人次，建成了第七小学、幼儿园等一批教育项目，城区新增学位 1800 个。赵川镇刘青山荣登“陕西好人榜”，《闯王寨传奇》走进长安大学、远赴安庆展演，并荣获省第八届艺术节文华剧目奖。发放城乡低保、高龄补贴及困难群众救助金 3900 多万元，民生支出达 19.6 亿元，占财政支出的 87.12%，群众获得感明显增强。2018 年民生支出 21.3 亿元，占财政支出的 85.3%，增长 12.5%。教育均衡发展工作走在全市前列，公办普惠性幼儿园占比居全市第一，科技投入持续增加，体育事业协调发展。全部药品实行网上采购和零差价销售，减轻群众用药负担 1400 万元，医疗“四重保障”报销费用达 6400 万元，分级诊疗制度逐步落实，基层诊疗比例提升到 44.7%。县文化艺术中心建成投用，文化馆被评为国家三级馆，花灯戏《一家亲》荣获省第七届小戏小品大赛优秀剧目奖。发放创业贷款 9560 万元，创新创业活力增强。兜底保障提标扩面，惠及大众，是民生投入最多、群众获得感最强的一年。2019 年坚持新增财力和财政支出的“两个 80%”用于保障和改善民生。积极落实义务教育优质均衡“五项措施”，恒大小学建成投用，县高中北拓进展顺利，中考位居全市前列，高考勇夺六个全市第一，荣获全国农村义务教育学生营养改善计划 2019 年“阳光校餐”示范县。大力实施“健康南南 2030”行动，国卫复审通过省级验收，持续深化公立医院综合改革，引进临床新技术 12 项，县内就诊率达 92%，减轻群众用药负担 1000 多万元，建成县镇村三级文明实践网络，县融媒体中心正式挂牌，“爱商南”APP 上线运营，非遗《花棍舞》在全省群众文化节上荣获二等奖，地坪村入选省级传统村落名录。新增城镇就业 2370 人，转移农村劳动力 5.6 万人次，民生兜底政策全面落实，我县被确定为残疾人辅具科研试点县，残疾人照护工作在全国脱贫攻坚论坛上交流经验。强化食品、药品安全监管，粮食安全省长责任制一。扎实推进扫黑除恶专项斗争，“七五”普法工作荣获全国中期先进集体，“五个五”信访工作经验在全市推广，荣获全国信访工作“三无”县、全省平安建设先进县，全年未发生重大安全事故。2020 年，出台了促进经济发展若干措施，实施重大项目 82 个，完成固定资产投资 90.1 亿元，引进高科农业产业园等 38 个产业项目落地建设，推动莲花台水电站等 49 个项目建成投产。在全市率先成立融资担保公司，设立企业转贷互助基金，发放企业贷款 19.22 亿元、增长 27.8%，为企业节约融资成本 2817 万元，落实减税降费 8127 万元，清欠民营企业中小企业账款 1.7 亿元，看展地产工业品市域协作配套对接活动，帮助企业签订销售订单 1.53 亿元，保住了市场主体。大力发展服务业消费新业态，线上消费增长 24.2%。阳城驿成功创建为 4A 级景区，我县荣获省级全域旅游示范县称号，入选 2020 中国旅游潜力百强县。

生态立县，持续发展。商南地处我国中纬度偏南地带，跨两域，越两带，有南方的北方，北方的南方的美誉。但是，由于山多地少，千百年来，农民靠山吃山，抢种撂荒积习很深……进入 21 世纪以来，特别是脱贫攻坚，移民建镇以来，山水生态恢复迅速。但是另一种的乱开滥建，乱排滥放的工业污染，严重地伤害生态环境，“生态立县”的战略确立之后，大力整治，保护绿水青山。2017 年商南县委、县政府主动回应化解群众环保诉求，依法划定禁养区，推动部门联合执法，强制关停养殖污染企业 15 家、采石场 7 家，拆除燃煤锅炉 10 台、黏土砖窑 15 个、非法钒窑 1 个，形成了环保执法高压态势。大力实施绿色商南建设，完成造林 6.91 万亩，商南绿色版图不断扩大。持续开展农村环境综合整治，累计投资 6400 多万元，建成了 10 个镇办垃圾堆放场、15 个人工湿地和全省首家垃圾热解气化站，完成城区污水管网铺设 1.2 公里：投资 720 万元，完成县城污水处理厂提标改造，日处理能力提升到 1.2 万吨，丹江

莲花台水电站

出境断面水质稳定达标。2018 年采取最强硬的措施整治生态环境。狠抓中央环保督察问题整改和秦岭地区生态环境突出问题整治，出台了秦岭保护实施方案，规范砂石资源开发管理，依法拆除违建 1.3 万平方米、关停污染企业 69 家，完成了城区污水主管网铺设及县污水处理厂一级 A 提标改造，修复土壤 650 亩，营造林 8.9 万亩，森林覆盖率达 66.6%，丹江出境断面水质稳定达标，空气质量优良天数同比增加 18 天。2019 年，以秦岭违建和生态环境突出问题整改为切入点，持续推进“四大保卫战”，PM10、 PM2.5 等影响空气质量主要指标持续下降，取缔“散乱污”企业 5 家，燃气锅炉低氮改造完成率位居全市第一，丹江等河流出境断面水质、饮用水水源地水质连续多年稳定达标，全县森林覆盖率达到 69.9%。商南县“中国天然氧吧”通过复审，被命名为省级县域节水型社会达标建设县、全省生态环境质量基本稳定县、省级森林城市。投入资金 6.98 亿元，持续推进城建项目建设，麓城首府建成开盘，移民路全线贯通，试马、捉马沟及县河三个水库实现了联通供水。完成了县污水处理厂二期、餐厨垃圾处理厂等项目前期工作。推行城市主干道停车收费服务，有效缓解了城区交通拥堵压力。在全市率先开通 5G 通信网络，建成了 8 个镇级物流中转站、78 个村级电商网点，城市功能日臻完善，城镇化率达到 59%，商南荣获全省县城建设先进县。

丹江漂流

三城联创织锦绣

程继勇　李春娟

晨曦初露，在一片清白的朦胧之中，人们踏着滴露；开始晨练；孩子们书声琅琅；声乐、戏曲爱好者大声音地吊嗓音……

旭日初升，在热烈而又和煦的阳光下，大街小巷，车水马龙，熙来攘往，摩肩接踵，宽敞的马路商场显得狭窄拥挤……

夜幕降临，在星星还没来得及眨眼之时，华灯齐放，霓虹闪烁，五彩缤纷，与星月相映，与银河争辉……

这是鹿城吗？是那座城不像城、村不像村的鹿城吗？

是的，是鹿城，是商南县城的别称。鹿城作为吏治之所始于明成化十三年（1477），其前身龙泉镇可追溯到公元前 221~206 年的秦代。

悠久的历史，是沉淀，是财富，但不等同于昌盛与繁荣。2000 多年来，由于远离都市，交通不便，居住星散，资源匮乏，经济落后，县城一直处于半城半村半农半商状态。新中国成立之后，将一座面积仅有 0.4 平方公里破烂不堪的县城开发建设到 10 余平方公里的崭新的县城，2017 年以来，县委、县政府抓住发展机遇，制定了“生态立县，产业富县，城乡统筹，赶超发展”的理念，坚持抓住城市这个政治、经济、文化、社会、生态的龙头，以创建国家卫生县城（已创建成功并获得命名）国家园林县城、全国文明城市为抓手，让城市这个龙头更加强有力的带动县域经济发展，更好地脱贫致富奔小康。

如今的商南，从城市社区到美丽乡村，从机关单位到企业厂矿，从田间地头到街头巷尾，只要有广场、公园和空地，都能见到广大党员干部、农民群众的全民健身运动、舞动幸福生活、传播文明风尚身影，他们用接地气、冒热气的文明实践方式，更好地引导群众、凝聚群众参与“三城联创”，用“群众动力”提速创建步伐，用“群众活力”激发创建热情，用“群众自觉”树立美好形象。

在鹿城的每一个角落，你随时随地都能发现最可爱人、最文明的事。环卫工人们起早贪黑、顶风冒雪，保持着城市环境卫生干净整洁；城管队员坚守岗位、文明执法，维护着城市公共秩序；公安交警和交通劝导志愿者风雨无阻、任劳任怨，保障着城市交通秩序；中小学生通过“小手拉大手”带动千家万户参与创建、影响社会各界支持创建；新时代文明实践广大志愿组织和志愿者默默奉献，以实际行动诠释大爱无疆，引领文明新风尚……

历届县委、县政府始终坚持“不为创建而创建，创建只为惠民生”的目标，全力以赴推进全国文明城市、国家园林县城、全域旅游示范县“三城联创”工作。城市形象发生了翻天覆地的变化，迎宾大道、世纪大道、北环大道改造，拉大了城市框架；西街4A级古城文化景区、鹿城公园、文化广场等一批地标建筑增强了城市承载功能，鹿城中学、县医院、第八小学、第八幼儿园等重大民生工程提升了市民的幸福指数，碧桂园、金福湾、东兴精品移民社区提升了城市品位，精美县城已成为展示商南形象的靓丽名片。“美丽乡村·文明家园”建设亮点纷呈，推出了后湾、任家沟、太子坪等一批具有地域特色的高端民宿和具有陕南风情的美丽乡村、生态农庄，“美丽乡村游”已成为商南县域经济新的增长极。

各级各部门在齐心协力推进“三城联创”过程中，始终坚持从广大市民群众愿意参与、能够受益的事情抓起，尽心竭力为市民群众做实事、办好事、解难事，推动一大批民生问题得到有效解决，让市民群众看到了变化、得到了实惠，极大地激发了全民共创、积极参与的高涨热情。

从创成“国家卫生县城、中国最美宜居宜业宜游城市”到创建“全国文明城市、国家园林县城、全域旅游示范县”，变化的是目标名称，不变的是民本情怀，如今“蝶变”中的商南县越发地灵秀、俊美。持续国字号的创建历程，汇聚民智、积聚民力、克难攻坚、屡创佳绩，不仅赢得了一块块奖牌，而且实现了经济的更大发展、居住环境的更大改善、市民素质的更大提高、群众幸福指数的更大提升。

文明城市，幸福商南

全国文明城市是含金量最高、综合性最强、影响力最大的城市品牌。创建全国文明城市是一项顺民意、得民心的利民工程，实事工程，是县委、县政府落实中央“五位一体”和“四个全面”战略布局的重要平台和抓手，涵盖经济、政治、社会、文化、生态文明和党的建设等方方面面。

近年来，县委、县政府始终把全国文明城市创建作为决战脱贫攻坚、决胜全面小康的有力抓手，围绕建设崇德向善、和谐宜居、文化厚重的城市目标，全面发动干部群众积极参与，大力开展创建活动，取得了显著成效。

成立了以县委书记任第一组长，县长任组长，各位县委常委、政府副县长和人大、政协分管领导任副组长的创文领导小组，在领导小组下增设了市民文明素质提升、城市环境卫生整治、交通秩序整治、市场秩序整治、城区社区建设、未成年人思想道德建设、诚信建设、创文氛围营造、督导问责等九个专项工作推进组。实行四套班子领导包抓重点部位制度，将城区划分为道路街面、公共场所、商住小区、城乡接合部、背街小巷、窗口单位、学校等七类重点部位，分别由县四套班子成员具体包点，合力督导推进工作落实。各镇办、各部门均成立了创建工作机构，凝聚了强大的创建工作合力。

建立了工作推进机制，每半年召开一次创建全国文明城市推进会，印发《实施方案》《目标责任书》，把创建指标分解到每个镇办和部门，层层签订目标责任书，夯实各方工作责任。建立了周检查、月点评、季测评、年考核的工作机制，包片县级领导每周随机抽查一个点位，现场解决难题，县创文领导小组两个月听取一次汇报、部署一次工作，年底考核问效，扎实推进各项工作落实。同时，把创文工作纳入全县中心工作进行考核和常态化督办，并赋予20分分值。县创文办与县委督查办联合督办，定期下发《五色督办单》，对不能按时完成任务的，全县通报和媒体曝光。坚持把“三项机制”运用到创文中，工作经费和干部年度考核单列，抽调优秀年轻干部充实到创文队伍，优先提拔在创文工作中表现突出的干部，激励了创文干部队伍的精气神。每年召开一次全县未成年人思想道德建设工作推进会，印发《全国未成年人思想道德建设工作测评体系责任分工》，签订目标责任书，坚持一季度一考评一通报制度，保证了未成年人思想道德建设各项工作高标准推进。扎实推动社会主义核心价值观进教材、进课堂、进师生头脑“三进”活动，教育广大师生树立文明行为的“标杆”，当好文明形象的“大使”；深入开展文明校园、绿色校园、平安校园“三园”创建，师生文明素质和学校文明程度得到大幅提高；全面加强公共体育活动场所、校外活动场所、学校少年宫（心理咨询室）“三大”建设，推动形成未成年人健康成长的“第二课堂”；建立了生活帮扶、学业帮扶、心理帮扶“三大”帮扶机制，加大困难学生、留守儿童、特殊儿童关爱力度，营造了良好的社会环境。

营造了浓厚的宣传氛围，按照“多层面、全方位、多形式、立体化、有特色”的工作思路，印发《关于进一步营造创建全国文明城市宣传氛围的实施方案》，广泛动员机关单位、学校医院、厂矿企业等社会各方面力量，深入推进公益广告宣传，营造了铺天盖地的宣传声势。沿着312国道、商郧路、郭山路等中省主干道和迎宾大道、北环大道、世纪大道等城区主干道路制作多处大型立柱公益广告牌，利用主干道路灯杆、城区建筑围挡、LED屏、车站车体等设施载体包装刊播公益广告，建成文化广场、鹿城公园等11处主题广场公园，让文明元素沁入城市的每一个角落。充分利用融媒体中心和“网、端、屏、刊、微、视”等新媒体，通过微视频、图文、综述、评论等形式，大力宣传创文经验亮点，结合文明商南微信、微博及手机短信等媒体，定期推送旅游出行路线、天气预报等温馨提示，更好的服务市民生产生活，切实提升了市民的知晓率和参与率。

形成了理论政策宣讲机制，树立“一个支部就是一个标杆、一名党员就是一面旗帜”的理念，高频率开展学习宣传活动。县委常委会每月开展一次脱贫攻坚、生态环境整治等专题学习交流会，县委中心组邀请专家教授开办“文明实践大讲堂”“廉政大讲堂”知识讲座4场次，各镇办各部门中心组采取外出学习、书记讲党课、专题培训等形式强化学习培训，打造了一支思想政治坚定、业务素质精良、工作作风过硬的党员干部队伍。我们依托新时代文明实践平台，围绕学习习近平中国特色社会主义思想、文明城市创建、脱贫攻坚等内容，常态化开展县宣讲团讲理论、镇村“四支队伍”讲政策、干部群众讲典型故事活动，切实把脱贫攻坚惠民政策和创建全国文明城市标准要求传播到“田间地头”和群众心里，凝聚起合力攻坚的强大正能量。今年以来，驻村四支队伍举办“文明实践大学堂”252期，开办创建文明城市、未成年人思想道德教育、交通法等法律讲座21期，农民群众创建文明城市知晓率明显提升。疫情防控期间，实践所站利用流动宣传车、手提“小喇叭”、LED大屏等多角度、全天候宣传防疫知识措施和农村精神文明建设政策要求，做到了“两手抓、两不误”。

开展了“明道理、崇感恩、比诚信、重自强”教育活动，常态化开展“身边好人”“道德模范”“好公婆好媳”“脱贫标兵”等各类先进典型评选表彰活动，让身边人学身边事，用身边事教育身边人；规范开展道德评议活动，“五美庭院”、十星级文明户等都采取家庭自评、邻里互评、道德评议会评议、村委会审核公示的方式评选表彰。涌现中国好人2人、陕西好人12人、商洛好人97人、省市县道德模范202人。表彰疫情防控先进集体26个、先进个人82人。充分发挥先进典型引领示范作用，编印了《商南县脱贫攻坚基层工作经验读本》《先进基层党组织优秀干部事迹读本》《先进典型事迹读本》系列丛书，各类典型以组（中心户）为单位通过拉家常的方式广泛开展讲故事活动，还把身边典型转化为可读可视可学的文字故事、摄影图片、微电影、微视频等形式广泛宣传，强化典型的感染力、影响力、带动力。持续深化“评讲兑做”主题活动，将群众参与移风易俗、环境整治纳入积分管理，为获得“五美庭院”等各类先进典型予以加分；对家居环境卫生差、不赡养老人、红白事大操大办等反面行为实行减分，营造了“积分改变习惯，勤劳改变生活，环境提振士气”

的生产生活环境。疫情防控期间，各村（社区）义务监督志愿者随手抓拍不带口罩、聚众聊天等行为上“黑榜”通报，红事延办、白事简办、配合防疫的群众“红榜”表扬，共劝导群众延办婚宴67起、简办白事41场。通过正向激励和反向约束,促成了广大市民群众积极向上、睦邻友善、互帮互助的文明乡风。

扎实推进新时代文明实践中心建设全国试点工作，建成了县级文明实践中心、10个镇（办）文明实践所、126个村（社区）实践站，县镇村三级阵地建设实现了全覆盖；成立了县志愿服务总队，20支特色志愿服务队和235支县直部门、镇村、社会团体志愿者服务组织，形成了三级联动、覆盖全面、横向到边、纵向到底的志愿服务网络。建立了理论宣讲、文化服务、教育服务、体育服务和科技科普服务“五大平台”，打造了爱国主义教育、文化服务、党员培训、党建教育、健身体育实践、科技科普、全民卫生健康服务、未成年人校外活动等“八大实践基地”，创新实施了“讲、评、兑、帮、践、乐”文明实践载体，进村入户组织开展文明实践活动6000余场次，参与群众15万余人次，广大农村文明实践阵地得到巩固拓展，群众精神文化生活更加丰富，农村精神文明建设得到加强，全县广大市民群众文明素质显著提升。

推行了“车让人、人守规”文明交通实践行动，组建了驾校学员和记满12分的驾驶人志愿劝导服务队、家·校·警联动志愿劝导服务队，劝导活动形成了常态；设立“文明交通教育室”，对轻微交通违法行为人，以答一套交通法规考题、写一份遵守交规保证书、参加一次文明交通劝导等形式，大力推行“人守规”，收到了良好社会效果。分别在机关开展了“文明出行·干部先行”活动，干部职工成了文明出行的倡导者、实践者、推动者；在学校开展了“小手拉大手·文明一起走”宣传教育活动，实现了“一个学生带动一个家庭”的社会效应；在公交车、出租车司乘人员中开展了“文明服务我争先”活动，形成了文明行车遵法规、文明停车上下客、文明服务不宰客行业风气；在镇村（社区）居民群众中开展了“交通法律”宣讲活动，培养了市民群众文明出行习惯。

在党政机关、企事业单位、学校、养老福利机构等单实位食堂率先开展“文明餐桌”实践行动，当好表率、做好示范。推动市民形成简约适度、绿色环保、健康文明的饮食方式，使“拒食野味”形成自觉，“分餐分食”“公筷公勺”成为习惯，“光盘行动”融入日常，“餐饮安全”全面到位，“文明用餐”习惯逐步养成，引导广大群众树立“舌尖”上的文明新风尚。指导行业协会建立公约、发出倡议，加强行业自律。推动农村移风易俗深入开展，发挥餐饮类协会、农村红白理事会等社会组织作用，引导农村集体聚餐承办者按照“文明餐桌”实践要求提供餐饮服务。推动家庭自觉践行“文明餐桌”，倡导养成碗筷专用、分餐分食的文明健康饮食习惯。注重中小学生习惯养成，推动“文明餐桌”实践行动进课堂，将文明种子深植学生心中，教育引导他们树立文明健康用餐理念。动员道德模范、身边好人、新时代好少年等精神文明建设先进典型带头倡导和践行“文明餐桌”行动，融入“身边好人”“文明家庭”等评选活动，以一个个可感可触可学的鲜活典型，带动“文明餐桌”蔚然成风。

提升了城乡建管水平，围绕“一心三带五协同”规划布局，加快推进“智慧城市”“海绵城市”建设，实施了门头牌匾规范、道路亮化美化、人行道改造、公厕改造、电力电讯地下综合管廊等配套工程，城市功能日趋完善。加快了重点镇建设，金丝峡、过风楼等 10 个特色小镇建设稳步推进，太子坪村入选“全国乡村旅游重点村”城市能级、整体形象、承载功能不断提升。开展了“六小行业整顿”“文明餐桌”“全民禁烟”“清除牛皮癣”等综合整治活动，严格落实“门前四包”责任，实行划片包干、责任到人，背街小巷、城乡接合部等环境卫生得到彻底整治；积极盘活城市资源，吸纳民间资本，参与城市管理运营，城市综合管理水平不断提升。围绕乡村振兴“20 字”要求，以“美丽乡村·文明家园”示范村建设为抓手，自 2016 年起采取镇（办）书记、镇长各抓一个示范村的模式，每年建设 20 个示范村，达标村均补贴 10 万元，今年实现全覆盖，2019 年底已经建成 90 个示范村，今年完成剩余 36 个示范村建设任务。严格按照“十个一”的标准，加强“一约四会两榜”建设，精品打造“一墙（文化墙）”“一堂（道德讲堂）”“一会（道德评议会）”和“一喇叭（广播室）”“四个一”工程；创新开展了“庭院美”美化家园、“居室美”卫生清洁、“志愿美”文明实践、“身心美”家风传承、“致富美”脱贫光荣行动等五大行动的“五美庭院”创建活动，建立“五星级创建”工作评定流程，实行优上劣下的动态管理机制，切实把扶贫扶志政策措施和新时代文明实践工作落实到千家万户。目前，全县创建县级以上文明镇村 67 个，评选“五美庭院”931 户、十星级文明户 1.6 万户。

全域旅游，魅力商南

旅游业是资源消耗低，带动系数大，关联度高，综合效益好的战略性产业，也是覆盖一二三产的综合性产业。在大众旅游正在兴起的时代，大力发展全域旅游，开展“国家全域旅游示范县”创建工作，具有十分重要的战略意义。

县委、县政府按照“理念围绕旅游变、产业围绕旅游办、城镇围绕旅游建、各业围绕旅游干”的思路，以生态、生产、生活为引领，依景城、景村、城乡抓联动，持续提升“秦岭封面·灵秀商南”旅游品牌，全域旅游惠及千家万户、支撑经济发展，树立了“弱县强旅、小县大游”的样板。

自 2000 年提出“生态立县、旅游强县”战略后，坚持 20 年不动摇，四套班子四届领导接力干。2016 年以来，市县两级党委政府把创建国家全域旅游示范县作为生态旅游的核心抓手，纳入《“十三五”规划》和《“一心三带五协同”规划布局》。成立了书记县长任组长、四套班子分管领导挂帅的领导小组，并与“全国文明城市”“国家园林县城”创建统筹推进，建立了“三城联创”联席会议制度，与各部门、各镇办签订了目标责任书，三个创建统筹实施、三套人马同步推进、一个专班跟踪督办，有效推动了工作落实。

坚持旅游事业优先支持、优先保障，一方面，引导交通、林业、资源、水利、住建等部门发挥职能向旅游领域投资，按旅游标准推进项目建设，把金丝峡从人迹罕至的荒芜之地建成国家 5A 级旅游景区、国家生态旅游示范区和省级旅游度假区。另一方面，优先保障旅游投入，在财力非常困难的情况下县财政每年列支 2000 万元旅游发展专项资金，年均用在旅游及配套产业上的资金超过地方财政收入的 15%。先后投入 2900 多万元新建和改建 A 级旅游厕所 82 座，投资 7.6 亿元建成金丝峡 18 公里旅游专线、开白路 30 公里旅游环线，所有旅游道路安装了旅游交通导示牌，实现了县城、景区、美丽乡村的无缝对接，被评为全国四好农村公路示范县。

坚持“旅游 + 、+ 旅游”发展理念，按照“建精品景区带美丽乡村、建特色小镇带产业融合、建电商平台带农产销售、建合作机制带身份转变”的“四建四带”思路，抓景区、园区、特色小镇、美丽乡村等全域旅游示范项目建设，推动三次产业融合发展。建成后湾等美丽乡村 37 个，金丝峡等省级旅游特色名镇3个，太子坪等省级乡村旅游示范村7个；培育万亩观光茶园5个、省级以上现代农业园区3个，“商南茶”获得国家农产品地理标志保护产品认证；培育国家产业化龙头企业1家，中国驰名商标2个，形成了农旅融合、工旅融合、城乡融合的产业全链循环发展新格局，“四建四带”融合发展经验被国务院扶贫办推广。

围绕“处处都是旅游环境、人人都是旅游形象”的理念，将政府层面的依法治旅和群众层面的自治自律充分结合，全方位优化旅游市场环境。一方面，构建公安、市监、交通、应急等部门多位一体的旅游市场联防联控机制，组合出拳、常态治理。另一方面，组建了兰花协会、农家乐协会等7个群众自治组织，将景区周边群众变为旅游从业者、受益者、维护者，凝聚了不断优化旅游市场环境的社会力量。2019年，先后打造精品旅游门店100家，关停取缔违规农家乐17家，旅游市场投诉率全省最低，游客满意度达98.5%。

历届县委、县政府“二十年如一日”，念生态经、唱旅游戏，把绿水青山变为金山银山。县委书记做客央视《中国推介》栏目向世界推介商南，县长通过报刊电视、网络直播等形式推介商南旅游。以获得游客为目的，发起了陕豫鄂3省5A景区“金三角”旅游联盟，举办国际茶乡兰花节、中国地质年会、秦岭生态旅游节、商南花灯艺术节等品牌活动，激励新媒体、自媒体及游客资源构建立体化营销矩阵，游客市场半径扩展到千里之外，旅游业成为商南经济社会发展的核心引擎。

园林县城，灵秀商南

创建国家园林县城是商南落实习近平总书记“绿水青山就是金山银山”发展理念的具体体现，着力改善民生的重要举措；是进一步提升城市品位和文明程度，改善商南环境质量而做出的一项重大决策；是各级党委、政府履行职责、服务群众，提高居民生活品质的重要手段。它对于构建和谐社会、推动我县现代化进程、促进可持续发展有着非常重要的意义。

创园，不是搞政绩工程、形象工程，最终目的是改善生态环境，使绿色成为商南的主色调，让天空更蓝、地面更净、树木更绿、花朵更艳，让居民的生活环境更健康、更舒适，满足广大居民日益增长的物质文化需求。同时创建国家园林城市是一项造福当代、惠及子孙的民心工程，不仅为当代居民创造了宜居、宜游、宜商、宜学、宜业的环境，也为后世子孙积累了巨大的财富和资源。

为了积极推进国家园林县城创建活动，商南县成立了创建国家园林县城工作领导小组，由县委书记任第一组长，县长任组长，县委、县人大、县政府、县政协分管领导任副组长，住建局、城管局、林业局、财政局、交通局、水利局等20多个部门负责人为成员，领导小组下设办公室，具体负责国家园林县城创建工作的组织协调工作。为确保创园工作顺利实施，县政府多次派员赴省内外学习园林绿化经验，先后召开国家园林县城创建工作动员会、推进会和冲刺会，部署、研究、推动城市建设和园林绿化工作，制定了《商南县创建国家园林县城实施方案》《关于明确创建国家园林县城工作任务的通知》等相关文件，细化、分解目标任务，签订责任书，各部门各单位也成立了相应的组织机构，明确了工作人员，落实了工作责任，形成了上下有组织、纵横有联系、层层有人抓、事事有人管的国家园林县城创建工作联动机制。

近年来，县委、县政府坚持"生态立县"的发展理念，按照"增加绿量、提升品位、彰显特色"的工作思路，深入开展国家园林县城创建工作。县委、县政府把国家园林县城创建工作与经济工作同部署、同检查、同考核，全县干部群众万众一心、众志成城，县城园林绿化水平不断提高，生活环境显著改善。一个蓝天、碧水、景美的园林县城正在形成，一个生态、文明、宜居的灵秀商南正在崛起。

按照"拆墙透绿、见缝插绿、立体绿化"的思路，以道路绿化为骨架，以公园绿化为基础，以单位、居住区绿化为依托，大力推行节约型绿地建设，先后建成了鹿城公园、滨河公园、环岛公园、金泉公园等多处绿地公园和人民广场、和瑞广场、火车站广场、水晶广场、文化广场等多个绿化广场。为了全面展现商南县对外崭新形象，2018年以来投资4.234亿元对迎宾大道的路面、绿化、亮化等进行改造升级，现已改造到位并投入使用。同时对滨河路、文化广场等地绿化进行改造升级，铺设、修补草坪近7000平方米。目前，城区公园绿地面积71.27公顷，人均公园绿地面积10.5平方米，公园绿地服务半径在500米以内，公众对县城园林绿化满意率达90.65%。

"人的一生中，有两样东西是永远不能忘怀的，一个是母亲的面孔，一个是城市的面貌。"

选用香樟、国槐、广玉兰等乡土适生树种对县城 36 条主次街道进行高品质、高标准绿化，道路绿化普及率 97.06%，道路绿地达标率 88.76%，林荫路推广率 68.23%。公园和道路绿化带内高大乔木和花团锦簇的灌木丛错落有致，形成了一街一树、一路一景、人从花丛走、车在林中行的宜居画面；同时全民齐动员开展园林式单位、园林式居住区创建活动，县城园林式单位、园林式居住区数量分别达到单位、居住区总数的 50% 以上；新建、改建居住区达标率 96.7%；以县河两岸、城周山体水系的自然风貌保护为重点，大力开展植树造林、生态景观绿地建设，形成了一道道环绕县城的绿色生态屏障。目前，县城各种植物面积达 342.49 公顷，绿地率 34.95%；植物覆盖面积 390.92 公顷，绿化覆盖率 39.89%，防护绿地实施率 82.17%；完成县内湿地资源普查，制定了湿地保护规划，河道绿化普及率达 86.2%，水体岸线自然化率达 84.77%，地表水Ⅳ类及以上水体比率 100%，公共用水普及率 97%，管网水检验项目合格率 100%；大力推广节能墙材应用，节能建筑比例达 43.22%；严格控制污染物超标排放，生态环境得到持续改善，全年空气质量优良天数达 311 天。

按照“一心三带五协同”的战略布局，加大资金投入力度，大力推进城市建设，近年来，整合资金 20 多亿元，完成了迎宾大道、西街棚户区等重点项目开发建设；在全省率先建成高标准现代化的县级城市规划展览馆；文化艺术活动中心、老年公寓、天鹿酒店等一批公共服务项目相继建成并投入使用；西

鹿城公园

街古城建设项目投入运营，金福湾、东畈、火车站等20余个安居小区相继建成，10000余套保障房让住房困难家庭喜迁新居；坚持“城市智慧化、城管数字化、环卫市场化、路灯智能化、管理规范化”的“五化”标准，提升园林县城管理水平，城区主干道机扫率逐年提升，县城污水处理率94.72%，生活垃圾无害化处理率94%，基础设施建设日臻完善，高效的服务水平、便利的生活设施、优美的生活环境，使广大市民幸福指数大幅攀升，处处展现着人与自然和谐共处的美好景象。

按照“突出特色、彰显山水、注重休闲、服务旅游”的原则，先后编制了《县城绿地系统规划》，划定了绿地控制范围，出台了《商南县城市绿线管理实施办法》《商南县建设项目绿色图章管理制度》《商南县城市园林养护实施细则》《商南县古树名木保护管理办法》等一系列规范性文件，严格城市建设工程审批和验收工作，加强绿化配套建设。对城区园林绿化实行市场化运作，推行适生树种选植行为，坚持培植、养护和监管并重，严格控制大树移植，加大古树保护力度；大力发展任家沟等多家苗木培育基地，积极推广乡土、适生植物资源的保护与运用；建立园林绿化信息数据、信息发布与社会服务信息共享平台，实现园林绿化管理的制度化、科学化、信息化、规范化。

为把商南建设成山环水绕、绿树成荫、鲜花掩映的宜居宜业宜游宜商的现代化城市，商南人民正用满腔热忱谱写着一曲曲和谐优美的交响乐曲。如今的商南天更蓝、水更清、景更美、情更浓，人们在这四季如春、绿意盎然的园林城市里，享受着舒适、惬意的美好生活。

一言一行彰显文明风范，一点一滴凝聚创城真情！现在，我们可以真切地感受到“三城联创”为我们带来生活环境的崭新变化：路边的小商小贩进户，社区的小花园焕然一新，道路两旁的花圃种植，公共厕所以崭新的面貌呈现在我们面前……这一切的一切都是大家共同努力的结果。

记得有位诗人曾经说过：“人的一生中，有两样东西是永远不能忘怀的，一个是母亲的面孔，一个是城市的面貌。”母亲的面孔之所以令人难忘，是因为她给我们带来了亲切和慰藉。而城市的面貌与我们的生活密切相关，从某种意义上说，它所给予我们的，犹如母亲的奉献。

平安建设保平安

何　昕

夜幕降临，鹿城的街头巷尾，人们在茶余饭后谈笑风生；滨河路旁，纳凉散步的人群络绎不绝；文化广场，人们伴着音乐翩翩起舞；各地的乡村广场，远远听见欢快的广场舞此起彼伏……

北环大道、世纪大道、迎宾大道、火车站、金福湾等处处洋溢着人们幸福的笑脸……这是商南人习以为常的安乐太平景象，这是平安商南带给人们的福利。祥和、安宁、幸福的生活，折射出群众对治安环境的放心与满意。

在我国民间有这样的习俗：每年农历腊月二十三都要烧香纸、摆供品、祭灶神，说是灶神这天要回到天宫去，向玉皇大帝汇报一年来人间的情况。人们祭他，就是希望他上天说好话，让玉皇大帝保佑下界百姓平安幸福。这折射出人们对平安和幸福是多么祈求与渴望，当然，这与当时人们对大自然的认知水平有关。人类文明的不断进步，人们知识文化的不断丰富，使人们逐渐认识到平安幸福其实并非灶神和玉皇大帝所赐，而是人类自身奋斗得来的，它取决于人类文明程度和社会综合治理水平。一个国家，一个民族，一个地域，社会综合治理水平越高，社会治安就越好，社会秩序越平安，人们就会越幸福，因此，平安幸福离不开国家治理。

平安，就是没有事故，没有危险；平稳安全。平安，作为基础与保障，直接关系着你我他，关系着人民群众的幸福感。商南人享受着平安建设的成果：2009年和2013年商南县分别被中央综治委命名为全国平安建设先进县。2019年度全省安全感抽样调查中，商南县平安创建知晓率、社会治安满意率分别为94.87%、96.71%，均位居全市第二；扫黑除恶成效认可率93.37%，位居全市第一；连续多年先后获得全国信访工作“三无”县、全省“平安县”、全市“平安建设和维护稳定工作考核先进县”等荣誉称号。2021年4月获得全省首批“平安铜鼎”。这是党和国家依法治国战略和平安中国建设在商南大地结出的累累硕果，是商南社会综合治理和平安商南建设的缩影。县委、县政府和各级各部门、各行业，同频共振，特别是广大的政法战线工作者用自己的辛苦指数换来了广大群众的幸福指数。

总揽全局绘蓝图　各方联动保平安

平安商南建设工作开展以来，县委、县政府成立领导小组，书记、县长亲自挂帅，定期召开常委会专题研究部署平安建设工作，使平安商南建设工作成为一把手工程、民生工程、民心工程。政法委书记任平安办主任，主抓日常工

平安商南，建设幸福生活

作，制定出台了关于建设更高水平平安商南的《实施意见》和《具体措施》，层层签订工作目标责任书，明确目标任务，细化单位职责，形成了县委统一领导、政法委组织协调、成员单位密切协作的工作格局。同时，健全包抓机制，建立县级领导包抓 10 个镇（办）、80 个领导小组成员单位联系村（社区）平安建设工作制度，推动成员单位与镇村形成问题联治、工作联动、平安联创的良好局面，绘就了平安商南建设的美好蓝图。多年来，全县没有发生造成重大影响的群死群伤重特大交通事故、火灾事故和生产安全事故，没有发生严重产品质量事故和食品安全事故，没有发生造成重大影响的敌对势力分裂破坏活动，没有发生影响国家安全的事件，没有发生敏感时期、重大活动、重要目标和重要部位安全保卫工作重大事故，没有发生造成严重影响的法轮功反对宣传煽动或其他严重影响社会治安的案件和问题，刑事案件、治安案件总量得到有效控制，平安建设知晓率和社会治安满意率连续位居省市前列，平安建设的有益探索得到了省市的充分肯定，也吸引了江苏丰县以及陕西汉中、榆林等兄弟市前来参观学习。

兜牢网底强基础　消除隐患保平安

基础不牢，地动山摇。社会治理，基础在乡镇，根基在社区、在村组。为了织牢网底，强本固基，公安派出所、人民法庭、司法所等基层政法单位，作为平安建设的排头兵和前沿阵地，在城区和农村都建立起群防群治队伍，构筑基层治安防控网。形成政法专责机关一条线、党政企事业单位内部防范网络一条线和民间群防群治一条线的防控体系格局；在小区组建治安队、巡逻队、护楼护院队的“一区三队”；在村组组建两会一户即治保会、调委会和中心户长的“两会一户”和“红袖章”平安建设志愿者，夯实县、镇、村（社区）社会治理现代化基础，多元化化解矛盾，零距离服务群众。近年以来，全县选配网格员 199 名、治安中心户长 1770 名、“红袖章”平安志愿者 3000 名，聘任 300 名城管协管员和环卫工人为“治安联防员”。2019 年，富水派出所获得全市唯一的“陕西省枫桥式派出所”，该所群防群治、联防联控工作是我县社会治安综合治理、平安建设的一个缩影。富水派出所辖富水、青山两镇，

34470人，是出秦入豫咽喉要道，辖区总面积286平方公里。在平安建设、社会治安综合治理工作中，他们针对辖区实际，建立“一村一警”“一警多能”机制，警员当好“六大员”（即治安防范的组织员、矛盾纠纷的调解员、情报信息的采集员、法律政策的宣传员、警务下沉的联络员、便民利民的服务员），提升了立体化治安防控水平。民有所呼，警有所应，小创意连着大民心，微警务见真情。2016年他们全面改造了户籍室、值班室、备勤室、信访室，精心打造成集四室功能于一体的“接报警为民服务中心”暨户籍服务窗口，共接出警1200余起，接待群众10000余人次。之后又陆续开通“网上服务厅”、QQ警务室、公安微博、“E信通”线上为民服务平台，2017年2月又在全县率先开通阳城微警公众号，打造指尖上的微警务，截至目前，推送微信息1000余条，及时服务群众1500余人次，网上接警12起，固定证据6起，现场调解5起，让为民服务“零距离”由一句口号变成了现实。此外，富水派出所还探索建立了“社会治安跨区域防控联动联防联调联治”协作机制，2018年以来，富水派出所与邻省的兄弟派出所联手查获摩托车团伙盗窃案5起，抓获逃犯3名，捣毁赌博窝点4处，设卡开展查缉危险物品、堵截逃窜的违法犯罪分子和交通肇事逃逸的嫌疑人等勤务活动40余次，调解涉及两省边界之间矛盾纠纷33起，有效遏制了边际区域违法犯罪的上升势头。富水派出所将联防联控、群防群治为核心内容的“枫桥经验”，在为民服务、平安创建工作中赋予了新时代的新内涵，先后被评为“全国优秀公安基层单位”“全市社会治安综合治理先进集体”等15次，荣立集体三等功2次，连续9年被评为“全国一级公安派出所”。

监管特殊人群，共帮共扶消除安全隐患，建设平安镇村、平安社区。2019年，县政府实施以奖代补，财政拨付专款40.92万元，全面落实210名严重精神障碍患者“五位一体”（患者家属或监护人、精防医生、社区民警、网格员、村组干部）监管责任，实现了严重精神障碍患者肇事肇祸“零”发案目标。在社区矫正方面，建立政府、社会、家庭三位一体的关怀帮扶体系，实行镇、村干部、公安派出所、司法助理员“四对一”帮教措施，全县530名安置帮教对象和124名矫正人员，没有出现一例脱管、漏管和重新违法犯罪。

强化生产安全管理，防范安全事故。坚持日排查与专项整治相结合，持续推进公共卫生、食品药品、校园及周边、道路交通、非煤矿山、消防和危险化学品等公共安全领域治理，全面提升重大安全生产事故和群体性事件的应急处置水平，不断完善安全隐患滚动排查、风险评估、监测预警机制。商南秦枫科技有限公司十里坪钒矿项目稳评报告被省委政法委评为优秀案例。

打防结合促和谐　化解矛盾保平安

黑社会作为和谐社会的一个巨大毒瘤，它不仅给人民的生命财产安全带来了极大的危害，而且也影响到了整个社会的繁荣稳定，人们无不对它咬牙切齿、恨之入骨。2018 年，党中央、国务院作出开展新一轮扫黑除恶专项斗争的战略部署，商南县按照中央决策部署和省委、市委要求，精心组织，周密安排，聚焦重点地区、重点行业和重点领域，对准群众反映最强烈、最深恶痛绝的各类黑恶势力违法犯罪活动发起凌厉攻势，坚持有黑扫黑、无黑除恶、无恶治乱，取得了良好的社会效果。全县各级公安机关均建立了“首接责任制、集体会商制、核查回访制、交账销号制、终身负责制”五个机制和派出所所长、刑警中队长、刑警大队长、主管局长、局长“五长”责任共担制度，摸排结果实行“三长”签字背书，线索问题一件一档，保证群众举报线索件件有着落。坚持扫黑、除恶、打伞、破网、断财、治乱、反腐和基层建设“八位一体”统筹推进，深入开展“无黑无恶”创建活动，打掉恶势力犯罪集团 1 个，破获九类涉恶刑事案件 26 起，查处涉恶类治安案件 41 起，判决 11 案 26 人；整顿软弱涣散党组织 18 个，清理村干部 15 人，追究履职不到位工作人员 9 人，冻结资金 49.22 万元。2018 年以来，商南公安共规范排查核查各类涉黑涉恶线索 123 条，打掉恶势力犯罪集团 1 个共 5 人，付鸿博涉恶犯罪集团案件已经商南县人民法院开庭判决 5 年至 7 年徒刑，破获九类涉恶刑事案件 27 起，刑拘 34 人、逮捕 27 人、起诉 30 人、判决 18 人，查封扣押黑财 50 万元，实现中央、省市交办线索阶段性“清零”目标。同时，持续开展打击电子游戏机赌博、黑彩赌博和网络赌博专项行动，取缔捣毁赌博窝点 36 个，收缴赌博工具 563 副（台），砸毁游戏机 68 台；侦破赌博刑事案件 28 起 46 人（黑彩赌博 7 起 11 人，龙虎斗网络赌博 4 起 8 人，微信网络赌博 1 起 2 人，涉案金额 2000 余万元），介绍容留妇女卖淫刑事案件 2 起 4 人，查处黄赌治安案件 223 起 528 人。2019 年 5 月 16 日，经过一月的扩线侦查，刑侦大队捣毁王某（男）和张某某（女）微信网络赌博窝点，刑拘 2 人，治安处罚 8 人，收缴赌资 12 万余元，涉案金额 1000 余万元（此案被省市挂牌督办），有力地消除了社会隐患，扫黑除恶工作的开展，稳定了社会治安，净化了社会环境。

专项行动战果丰。为了给商南百姓营造良好治安环境，还群众一方净土。针对近年来电信网络诈骗、盗抢骗、涉毒、破坏秦岭野生动物资源等违法犯罪行为抬头现象，县政法机关和业务部门密切协作，取得显著战果。2019 年破获盗抢骗及电信网络刑事案件 171 起，追回赃款赃物 190 余万元；侦破毒品案件 12 起，强制隔离戒毒 16 人，行政拘留 28 人，禁毒工作综合排名全市第二；破获非法狩猎案件 10 起、捕捞水产品案件 1 起、滥伐林木案件 4 起，秦岭生态环境治理效果良好。全县连续 3 年没有发生一起重大命案和 3 人以上死亡的重特大交通事故，社会治安形势持续稳定。

化解矛盾促和谐。县级领导包镇办包部门、部门领导包行业包系统、镇办科级领导包村包社区、村组干部包户的四级领导包抓矛盾纠纷调解工作机制的建立，使得矛盾排查纵向到底、横向到边，不留死角，编织了一张涵盖全县各村组农户的安全防范人防网。在此基础上，在各镇（办）和矛盾纠纷较多的

扫黑除恶专项斗争宣传

村（社区）建立“群众说事、干部说理、法官说法、有理大家评”工作平台，最大限度把矛盾纠纷化解在基层，有效预防民转刑案件发生。2019 年，全年共排查矛盾纠纷 954 件，调处 950 件，调处成功 944 件；矛盾纠纷调处率为 99.58%，调处成功率为 99.4%，协议履行率为 100%。实现“小事不出村，矛盾不上交，平安不出事”的工作目标，为广大人民群众营造了和谐的生产生活环境。

科技织就智慧眼　安防技防保平安

随着现代信息技术的发展，我县在城乡逐步实施了雪亮工程（天网工程、天翼看家）、智慧城市、智慧信访等智能视频监控系统为重点的“群众性治安防控工程”建设，以县、乡、村三级综治中心为网点，以综治信息化为支撑，以网格化管理为基础，以公共安全视频监控联网应用为载体，在县公安局统一设置指挥中心调度平台，这一系列举措将治安防范措施延伸到了群众身边，延伸到了群众家门口，为强化治安综合管理、预防打击犯罪和突发性治安灾害事故的提供了可靠的影像资料，使平安商南建设逐步迈上了全天候、无盲区、信息化、智能化轨道，真正实现了全域覆盖、全网共享、全时可用、全程监控，实现社会治理能力现代化。人民群众的幸福感、获得感、安全感空前增强。

“平安镇村”雪亮工程提升公众安全感。前期建设的“天网工程”视频监控系统，主要在城区街道路口、重点部位、重要场所以及镇村的主要路口、村部、学校等人员聚集场所，监控探头的数量不能完全满足人民群众对安全感追求不断提高的实际期望。2019 年 11 月，平安镇村“雪亮工程”迅速启动，采取“党政主导、电信建设、公安监管、群众受益、社会共享”的运作模式，充分发挥民间群众宽带接入资源，在镇村、组布点，扩大延伸监控的密度和覆盖面，提高治安监控的震慑、防范、打击、保卫效果，群众出门也有“智慧眼”，随时了解查看庭院、门口、家里的安全状况。这是前期“天网工程”“圈、块、格、线、点”的布建原则在“点”上的延伸和补充，对盲点、死角进行布点补建，织密织牢立体化社会治安防控网，并接入县公安局指挥大厅，实现了真正意义上的“全域覆盖、全网共享、全时可用、全程监控”平安建设工作目标。通过多年平安创建为人民，创建平安靠人民，平安成果惠人民。

建设，全县共接入指挥大厅视频监控3832路。其中，公共视频联网监控1126路，平安镇村“雪亮工程”“天翼看家”2215路（村、镇、派出所、公安局四级上屏）；整合“平安校园”视频监控299路，校园一键报警82路；迎宾大道视频监控90路，一键报警20路。同时，积极探索平安店铺、平安街道“雪亮工程”，结合智慧城市建设，整合“平安单位”“平安小区”“平安楼宇”等视频资源，实现村、派出所、镇、县公安局四级监控上屏，目前共上传视频信息3.25亿条，使我县平安镇村“雪亮工程”成为全省样板。2019年中国电信陕西分公司平安镇村“雪亮工程（天翼看家）”现场推进会在商南召开。章秀峰是县公安局110指挥中心民警，从警15年，受理群众报警求助15余万起，2018年获全省“十佳接警员”称号，被群众称为身边的110和贴心人，平安商南正是由一个个章秀峰这样的政法干警共同铸就而成。到2020年底，全县上屏运行3000个监控点，同时，接入天翼看家摄像头2697个、校园及高速路引线社会探头资源492个，使公共高清视频监控探头总数达到4315个，上传信息4.1亿条，支撑破案524起，服务群众求助953人次，继续走在全市前列。全面实现全覆盖、无盲区的立体化社会治安防控网络。切实提高了社会治理能力社会化、法制化、智能化和专业化水平，深化更高水平的平安商南建设，进一步提升城乡公众安全感。2020年9月8日，上午11时，一盗贼潜入育才路某家园小区一栋4楼民居作案，被发现后跳窗而逃，可他不曾想到，自己早已插翅难逃。110接警后，指挥中心迅速启动重大案件协同作战机制，指令城关派出所、刑侦大队、巡特警大队、交警大队同步开展案件侦办及现场处置工作。110指挥大厅同步开展视频追踪研判，同步将视频及图片推送至微信工作群，11时58分，犯罪嫌疑人被二十余警力合力成功围捕。天网恢恢疏而不漏，他被商南“天眼”步步追踪，视频追踪过程中，对该嫌疑人从作案逃跑地至被抓获地的36个视频监控点位进行循线追踪，不到30分钟即被多路警力合围抓获，这是商南平安建设雪亮工程“天眼”威力的生动实践。

“智慧城市”建设增强群众幸福感。2019年，县委、县政府启动智慧城市建设，将社会治安防控体系建设纳入其中，同步实施、一体推进。在县公安局设立建设智慧城市管理指挥中心，由公安局统一调度管理，按行业需要分设指挥窗口，实现110报警服务中心、县非紧急救助中心和社会管理中心

“共用一个大屏、共享一个系统、分块操作实施”的目标。目前，已建成投用1000个监控探头（城区544个，其中球机20个，枪机340个微卡182个，高空瞭望2个，外加补光灯104个；乡镇456个，其中球机300个，微卡156个，外加50个补光灯）、升级改造93个（球机）和33个人像识别点位，1126路视频资源已接入视频联网共享平台，除城关外接入9个派出所监控分室，实现了城区各路口、主要路段、重要部位、公园广场、镇村主要路口等公共场所全覆盖，切实发挥视频监控在维护稳定、打击犯罪、平安建设、服务民生等方面的重大作用。同时对城区17个新建住宅小区、30个老旧小区安装智慧门禁系统和视频监控系统，大大提升了社区防范和抵御安全风险的能力，使得小区居民居家舒心、上班放心、出门安心。

“智慧信访”平台及时解决群众诉求。商南县坚持信息化引领，探索“互联网＋信访”模式，2020年，投入300多万元建立了群众信访电话及网络求助、信访事项便民查询、视频接访、案件办理查询“四大系统”，全部接入县信访接待大厅，并和政法部门、镇办实现互联互通；在县信访局建立“网络投诉平台”，24小时接听和整理群众投诉信息，实现群众来访网上登记、交办、转办、督办和回复；开通微信公众服务号，实现网上信访、咨询、答复、办理，信访人通过手机终端可查询问题办理情况，提高了信访办理实效。

“稳定百业兴，平安万家福。”健健康康才是金，平平安安就是福。没有什么比平安幸福更重要，没有什么比安定团结更能牵动24.6万商南群众的心。目前，全县已创建10个平安镇（办）、108个平安村、18个平安社区，平安建设覆盖面达到100%；验收挂牌的“平安家庭”“平安单位”“平安校园”覆盖面达到95%以上。

平安创建为人民，创建平安靠人民，平安成果惠人民。平安商南事关你我他，我们都是当事人。商南平安我平安，我为平安做贡献。平安商南，不仅是全县百姓的渴望期盼，更赋予了“大秦岭封面”一张更具活力和磁力的名片，24万商南人正在奋力谱写“平安商南、和谐商南、幸福商南、美丽商南”的新时代篇章。

序曲启幕新商南

李春娟

岁月不居，天道酬勤。公元2018年1月20日，农历节逢大寒。

时序虽在隆冬，但春的脚步早已走进上商南县委大院，中共商南县委十八届九次全会，在一片春的气息中召开。会议着眼落实党的十九大精神，谋划新时代商南发展大局，审议通过“一心三带五协同”规划布局。

以习近平新时代中国特色社会主义思想为指引，坚持“生态立县、产业富县、城乡统筹、赶超发展”战略，按照“一心三带五协同”规划布局（以下简称《规划》），实施大项目，发展大产业，做强大旅游，奋力追赶超越，决胜全面小康，推进撤县设市，在全市领先发展，在全省贫困县中率先崛起，努力打造“旅游之都、创业新城、灵秀商南”。给入境游客无处不在的生态美感，给商南人满满的幸福感、获得感。

顶层设计　生态立业

“仁者乐山，智者乐水”。自然万物历来都是和谐共生，相得益彰。

县委副书记刘华在关于《规划》起草情况说明中指出，注重《规划》与“十三五”规划、城镇建设、全域旅游、土地利用和生态环境保护等规划的衔接，在总体上保持各类规划的统筹协调性，实现“多规合一”，有规必依。明确了各个领域与“生态环境保护”的协调统筹性，强调了“生态”的重要性，注重生态引领发展，这一提法贴近实际，立意深远，切中要义。

习近平总书记指出，“规划科学是最大的效益，规划失误是最大的浪费，规划折腾是最大的忌讳。”规划发展在过去是走一步看一步，现在是总体设计、顶层设计。顶层设计不同于改革开放初期的自下而上的“摸着石头过河”，而是自上而下的“系统谋划”，是县委、县政府立足于破解发展不平衡不充分难题、推动高质量发展、实现追赶超越目标而作出的一项重大决策；是商南县委十八届九次全会提出的，旨在发挥统筹导向、刚性约束作用，加快追赶超越、全面建成小康社会，奋力建设富裕美丽幸福新商南。提出后，经深入调研、反复讨论、多方征求意见，最终制定了《规划》。

“一心”：就是以县城为中心，建设县城核心区，推进城富一体化。通过加快片区棚改，创建西街古城 4A 级景区，强力推动东部新城开发，启动实施城富大道项目。推进“城（县城）富（富水）一体化”发展，构建“三产”融合发展总部，实现商南撤县设市。“三带”：即 312 国道经济带、丹江经济带、滔河经济带。根据全县自然特征和发展基础，进行产业合理布局，打造产业集聚功能区。其中 312 国道经济带，就是在 312 国道沿线 4 个镇办，加快新型城镇化建设，大力发展枢纽经济、门户经济、流动经济和园区经济，重点建设硅科技产业园、国漆科技产业园、“双创”基地，创建省级示范县域工业集中区；提升试马省级现代农业示范园综合品位，实施城关生态农业园区、富水田园综合体、清油河流域美丽乡村建设，打造城乡一体、“三产”高度融合发展经济带。丹江经济带，就是在丹江沿线 4 个镇，推进丹江资源开发，建设丹江百里生态画廊，重点抓好金丝峡 5A 景区产业园建设和文碧峰景区、丹江莲花台水电站、莲花湖水利风景区开发建设，做好钒、石墨等矿产品全产业链开发工作，形成以生态旅游、水能、矿产为重点的“三产”整体融合发展经济带。滔河经济带，就是在滔河流域 2 个镇，挖掘山水资源，做好山水文章，打通金丝峡与武当山、虎啸滩等周边景区的旅游通道，打造一批特色旅游综合体，开发一批高山特产、水产养殖等绿色产品，大力发展红色旅游、生态旅游、边贸经济，建成一产、三产融合发展经济带。“五协同”：即做到丹南丹北协同发展、城镇乡村协同发展、一二三产协同发展、物质文明精神文明和生态文明协同发展、经济社会协同发展。一是在丹南丹北协同发展上，推进三大经济带同步建设，引导丹南、丹北两个区域产业优化布局、分工协作，实现全县整体发展。二是在城乡协同发展上，将试马、金丝峡、湘河、赵川作为区域中心镇，发挥辐射带动作用，促进县城和集镇、乡村协同发展。三是在一二三产协同发展上，对三条经济带产业发展进行科学规划、合理布局，调整优化产业结构，发挥区域比较优势，做特一产、做强二产、做优三产，提升“三产”融合发展实效。四是在物质文明、精神文明和生态文明协同发展上，牢固树立生产、生活、生态“三生融合”理念，有机统一社会效益、经济效益和生态效益，使全县人民满载“三个文明”硕果步入小康社会。五是在经济社会协同发展上，在集中精力抓好经济发展的同时，统筹推进民生事业，扎实做好社会事业，确保经济社会协同发展，努力让 24 万商南人民生活得更加幸福、更有尊严！

这个《规划》是许水兆履新商南之后，在深入调研，精心思考之后提出的治理商南的重要举措之一。商南在之前的 10 多年间，制定许许多多的规划，有城市、工业、农业、乡村等多种多样《规划》，其中不乏“高大上”的天价规划，在落地实施的过程中，总有这样那样的问题，有点《规划》制作完成，就被束之高阁，难以落地实施，特别是行业与区块之间如何协调，相互支撑的问题长期解决不好。因此，他日思夜想，要制定一部立足资源优势，把握经济基础，囊括整治、经济、社会、文化、生态五位一体的重点突出，操作性极强中长期发展《规划》。这个《规划》最大的创新之处在“五协同”，细细琢磨，真可谓“审大小而图之，酌缓急而布之，连上下而通之，衡内外而施之。”

品牌文化　行稳致远

大协同，大发展；

大品牌，恒久远……

《规划》提出“五个协同发展”是一个大品牌，在这个大品牌的孵化园里，将产生许许多多的大品牌，例如商南茶、金丝峡、四好公路……

品牌的背后是文化。

文化是明天的经济。

不同的品牌附着不同的特定文化，散发着不同的品牌魅力。

品牌是一个民族素质的重要特征，是一个国家和地区经济、科技和文化等综合实力的重要象征，它这不仅仅是品牌效应，更是品牌经济、品牌战略，推动着一个区域经济社会、文化生态和政治的全面进步。

只有独具特色、个性化的品牌定位，才会有别于同类产品，才能引起消费者的好奇心。英特尔前总裁格罗夫曾说过："整个世界将会展开争夺'眼球'的战役，谁能吸引更多的注意力，谁就能成为 21 世纪的主宰。"吸引不了注意力的产品将经不起市场的惊涛骇浪，注定要在竞争中败下阵来。

是的，品牌是一项系统工程，包含了品牌的主题、风格、核心；需要与产品，与市场，与管理，与营销建设整合，要通过游客的可信度、一致性、接触点、回应度、热忱心、亲和力、喜爱度等方面体现和展示。一个优秀的产品要准确可以使品牌形象独具特色。传达文化价值观、道德修养、文学艺术、科技含量等，获得精神享受，启发联想，引导愿景，建立心智模式，平衡美感等形成一定的品位，成为某一层次消费者文化品位的象征，从而得到消费者认可，使他们获得情感和理性的满足。如劳斯莱斯定位"皇家贵族间的坐骑"；金利来代表着"充满魅力的男人"；索尼"永不步人后尘，披荆斩棘创无人问津的新领域"，成为世界闻名的"创新先锋"。

"旅游名镇、特色古镇、电商小镇、康养小镇、产业镇、水利重镇……"在总体规划布局中，商南注重各镇特色，注重个性化的品牌定位，品牌效应，通过提升品牌文化内蕴，使消费者对品牌"情有独钟"，增强品牌的人性创意和审美特性，占据消费者的心智，激起消费者的联想和情感共鸣。因为文化是城市的灵魂，一座城市因为文化才会活色生香、魅力恒久、广为传诵。

那么，说起品牌文化，不能不提金丝峡，她的成功在于为消费者提供了一个有丰富文化内涵的品牌而不是冷冰冰的景区。商南，曾经是一个知名度很低的土石山区贫困县。2002 年以来，积极实施旅游带动，以金丝峡景区为载体，高点起步，顶层设计，精品建设，科学管理，金丝峡、商南茶使商南县的知名度，美誉度迅速提高，这即是一种品牌效应。

大概在 2005 年初冬的一个夜晚，在西安古城大酒店的一个房间里，有陕西旅游业界的两位专家，一位省旅游局的领导先练，有位专家对笔者说，你们金丝峡做成了而且做得很好，你知道是为什么吗？是品牌，是文化。若论资源，充其量是三流资源，秦巴山区与金丝峡同等的资源找不到 100 处，也能找到 80 处，你们做成了，是文化的成功，是品牌的成功。

对于旅游产业来说，一个景区就是一个产品，景点、设施、服务都是旅游产品的组成部分。游客通过购买门票，进入景区消费，来实现产品的价值。20 世纪的企业文化热在全球范围内的兴起，可以看作是传统经济向知识经济过程中市场的种自觉需求的体现。 工业化大生产以其庞大的生产规模、超快的生产速度、极低的生产成本和先进生产工艺生产出大量的物质产品，极大地满足了人们对商品的需求。但是，大工业生产同时暴露出了它的很多弱点，即同行业之间的生产者面貌趋同，个性差异性小，提供的服务高度雷同化，同行业之间的竞争空间由于细分和文化差异的伸展性，导致市场竞争尖锐化、白热化，企业的生存空间、发展空间渐趋狭隘。企业家逐渐认识到，市场空间和企业生存空间的拓展必须依赖科技和文化的结合。知识经济条件下创造出来的品牌，不但要求突破传统品牌单纯以质量高和使用价值高满足社会的文化意识，更要注重品牌中的知识品味，以及现代知识所彰显的具有时代特色的文化品位。

有人说，情感是维系品牌忠诚度的纽带，如果一个品牌不能深度引起消费者的情感共鸣，品牌将难以获得消费者的信任；通过提升品牌文化内蕴，以情营销，培养消费者对品牌的情感，使消费者对企业品牌“情有独钟”，增强品牌的人性创意和审美特性，占据消费者的心智，激起消费者的联想和情感共鸣，从而引起兴趣，促进购买。这也是金丝峡成功之路的奠基石。

近年来，商南县紧紧围绕“一心两翼三带”的全域旅游发展思路，按照“全域规划、全景建设、全业融合、全民共享”的理念，突出精品景区、特色小镇、美丽乡村、智慧旅游及管理服务为重点，积极构建“精品带动、多点支撑、产业融合、行业跟进”的全域旅游发展格局，全县旅游业发展呈现出喜人态势。体制机制创新有了实质性进展，县文化旅游局和旅游警察大队，旅游巡回法庭，旅游市场监管大队等“1+3”旅游管理机制和综合执法机构健全，运转有序，营造了安全、稳定、文明、人性化的旅游市场秩序；金丝峡成功创建国家 5A 景区，闯王寨、金丝峡漂流、后湾、鹿城公园先后创建为国家 3A 级旅游景区，任家沟村、核桃坪村、后湾村、太子坪社区被命名为省级乡村旅游示范村；“厕所革命”、智慧景区和旅游配套设施建设取得新进展，文化、农业，城镇、体育等行业与旅游广泛融合，旅游新业态、新模式增强了核心吸引力和市场竞争力。商南县先后被授予“中国天然氧吧”“中国最美宜居、宜业、宜游城市”等称号。2019 年全县共接待游客 74.3935 万人次，旅游综合收入 4.3148 亿元，同比增长 26.89 % 和 29.99%，旅游市场实现平稳有序增长，为县域经济发展和脱贫攻坚做出了积极贡献。

可以说，金丝峡已成为商南的品牌，是一种文化，也是商南明天的经济。如果一个品牌成为某种文化的象征或者在生活中形成习惯的时候，那么它的传播力、影响力和销售力是无法估量的，并且这个品牌就将与它所代表的文化共浮沉，可见品牌文化的魅力是多么吸引人。

品牌文化，指通过赋予品牌深刻而丰富的文化内涵，建立鲜明的品牌定位，并充分利用各种强有效的内外部传播途径形成消费者对品牌在精神上的高度认同，创造品牌信仰，最终形成强烈的品牌忠诚。拥有品牌忠诚就可以赢得顾客忠诚，赢得稳定的市场，大大增强竞争能力，为品牌战略的成功实施提供强有力的保障；是品牌在经营中逐步形成的文化积淀，代表了消费者的利益认知、情感归属，是品牌与传统文化等总和。

品牌文化的核心是文化内涵，具体而言是其蕴涵的深刻的价值内涵和情感内涵，也就是品牌所凝练的价值观念、生活态度、审美情趣、个性修养、时尚品位、情感诉求等精神象征。品牌文化的塑造通过创造产品的物质效用与品牌精神高度统一的完美境界，能超越时空的限制带给消费者更多的高层次的满足、心灵的慰藉和精神的寄托，在消费者心灵深处形成潜在的文化认同和情感眷恋。在消费者心目中，他们所钟情的品牌作为一种商品的标志，除了代表商品的质量、性能及独特的市场定位以外，更代表他们自己的价值观、个性、品位、格调、生活方式和消费模式；他们所购买的产品也不只是一个简单的物品，而是一种与众不同的体验和特定的表现自我、实现自我价值的道具；他们认牌购买某种商品也不是单纯的购买行为，而是对品牌所能够带来的文化价值的心理利益的追逐和个人情感的释放。因此， 他们对自己喜爱的品牌形成强烈的信赖感和依赖感，融合许多美好联想和隽永记忆，他们对品牌的选择和忠诚不是建立在直接的产品利益上，而是建立在品牌深刻的文化内涵和精神内涵上，维系他们与品牌长期联系的是独特的品牌形象和情感因素。可见，品牌就像一面高高飘扬的旗帜，品牌文化代表着一种价值观、一种品位、一种格调、一种时尚，一种生活方式，它的独特魅力就在于它不仅仅提供给顾客某种效用，而且帮助顾客去寻找心灵的归属，放飞人生的梦想，实现他们的追求。县委十八届九次全会提出的《规划》是贯彻落实习近平新时代中国特色社会主义思想和党的十九大精神的生动实践，也是解决商南发展不平衡不充分、实现经济社会高质量发展的重要途径。制定和实施好《规划》对于加快追赶超越、建成全面小康，具有十分重要的指导引领作用。《规划》坚持科学规划、合理布局，分别从一个中心、三条经济带、五个协同发展等方面进行了阐述，注重城市风貌，凸显了城市品牌魅力和品质。

品牌文化，是经济社会可持续发展的原动力和加速器。持续发展就是既要当前又要未来，决不容忍以牺牲后代人的利益为代价来满足当代人的利益。它是建立在社会、经济、人口、资源、环境相互协调和共同发展的基础上科学发展。其内容主要涵盖：可持续经济、可持续生态和可持续社会三个方面的协调统一。要求人类在发展中讲究经济效率，关注生态安全，追求社会公平，最终达到全面发展。

《规划》的核心是可持续发展。它的现实意义和深远的历史意义同样是可持续发展。

在经济可持续发展方面，《规划》鼓励经济增长而不是以环境保护为名淡化或取消经济增长，因经济发展是国家实力、社会财富、民生福祉的基础。

《规划》结合县情实际，明确各个经济的主攻方向和产业载体，拓展“互联网 +”创意经济、数字服务等发展模式，大力发展物联网、大数据、云计算等新技术。把招商引资作为发展“四个经济”的有力抓手，认真筹备参加 8 月底市上在杭州召开的数字经济座谈会招商推介活动，通过招引大企业、大项目，促进人流、物流、能量流、信息流、资金流在商南汇聚融合，让更多企业投资商南、更多项目落地商南，努力把商南打造成发展“四个经济”的先行区和示范区。

围绕商南枢纽地位优势，打造“工业新高地”，依托泰科、万达等企业，向北跟进西安千亿级汽车产业集群战略部署，努力打造陕西最大的汽车零配件制造基地；依托集装箱业务，向东对接西峡、南阳市场，打造西北仓储物流集散中心；向南承接十堰汽车配件制造业，建立合作、互动共赢；向西联通安康，打造环秦岭生态旅游圈，真正把区位优势转化为发展优势。以312国道为轴线，以现代农业为重点，以城镇一体化为抓手，大力发展门户经济。打造以现代农业、观光农业、健康养老等为重点的三产融合示范园，建立三省八县农产品交易中心、陕西对外开放交流中心。着力构建枢纽偏好型产业体系，大力发展汽车零配件生产加工、二手车交易、商贸物流、电子商务等公路偏好型产业；大力发展集装箱运输、大宗产品托运、冷链仓储等铁路偏好型产业，推动产业链条化、集群化发展，实现产城融合、共建共享。

在生态可持续发展方面，要求经济建设和社会发展要与自然承载能力相协调。发展的同时必须保护和改善地球生态环境，保证以可持续发展的方式使用自然资源和环境成本，使人类的发展控制在地球承载能力之内。因此，《规划》强调了发展是有限制的，没有限制就没有发展的持续，生态可持续发展同样强调环境保护，要求通过转变发展模式，从人类发展的源头，从根本上解决环境问题。近年来，商南围绕“生态”核心，加快发展流动经济，推动全域旅游。充分发挥县内A级景区、地质公园、森林公园、水利风景区等品牌价值，发展休闲度假游，开发研学游、科普游，推动旅游业与体育、健康、养老、农业、工业、文化等多种业态深度融合，实行全区域、全产业链发展。加大闯王寨、莲花湖、上苍坊等资源开发力度，再造一批风格迥异的精品景点，形成“陆游金丝峡、水游莲花湖、漂流赏画廊”的旅游大环线，与鄂豫陕5A级景区联盟，在宣传上、政策上、客源上互推共享，不断提升旅游产业化水平，助推312国道、丹江流域、滔河沿线“三大经济带”建设。

在社会可持续发展方面，《规划》强调社会公平是环境保护得以实现的机制和目标。可持续发展指出世界各国的发展阶段可以不同，发展的具体目标也各不相同，但发展的本质应包括改善人类生活质量，提高人类健康水平，创造一个保障人们平等、自由、教育、人权和免受暴力的社会环境。

商南不断推动传统行业与互联网深度融合，大力加快发展数字经济。编制

“宽带商南、无线商南、云端南南”建设规划方案，不断提升全县宽带网络、无线网络、物联网络的覆盖面、普及率，推动农村电商快速发展，助推农产品顺畅进城、工业品快速下乡，架起一座城市联通贫困地区的桥梁，促进城乡均衡发展。主动拥抱互联网，实现信息共享，努力破解信息不对称、人才不优、技术不新、渠道不畅等问题，大力发展远程医疗、在线教育、疾病防控、数字城管、数字农业、智慧旅游等数字经济，缩短时空距离，推动协同发展。

在人类可持续发展系统中，经济可持续发展是基础，生态可持续是条件，社会可持续才是目的，可持续发展旨在通过建立一个以人为本的自然－经济－社会复合系统，来带动社会、经济、人口、环境、资源相互协调和共同发展。

人类的生存和发展，需要以自然生态环境、资源为其绝对永恒的自然基础。只有将环境、生态保护意识融汇到城市规划建设全过程，并积极采取措施加以保证，付诸实施，才能为城市的经济、社会可持续发展奠定基础和创造条件。

“天人合一”一直是中国传统文化的核心内容之一。道家讲“人法地，地法天，天法道，道法自然”。儒家讲“观乎天文以察时变，观乎人文以化成天下”。所有这些，都表达了我们祖先追求人与自然和谐统一的朴素思想。从最终意义上讲，保护环境，保护自然就是保护人类自身。规划是指导城市合理发展、建设和管理的依据和手段，是“龙头”。

把握经济新方位，必须谋划经济社会的协调发展，增强发展的半衡性，不让今天的“短板”变成明天的“陷阱”。因此，商南的可持续发展，首先必须从规划开始。

丹南丹北协同发展。《规划》指出，要按照“巩固提升丹北、倾斜支持丹南”的思路，谋划商郧高速项目，实施国道 345、商郧路“三改二”等项目，建成丹南丹北一体化的交通环线网络。每年向丹南倾斜支持资金增加 20% 以上，补齐丹南基础设施短板。加大资金、项目对丹南的倾斜力度，丹南建设矿业园区、现代农业园区、旅游景区，丹北壮大工业园区、商贸物流园区，实现产业互动、协同发展。

城镇乡村协同发展。《规划》指出，要按照工业化、信息化、城镇化、农业现代化“四化并举”的思路，构建新型城镇体系，建好试马、金丝峡、湘河、赵川等区域中心镇，培育清油河、过风楼、青山、十里坪等示范镇，打造一批

“美丽乡村，文明家园”样板。大力实施乡村振兴战略，深化“三变”改革，加快新村建设和旧村改造，改善人居环境，提升村集体经济实力。加快城镇体制机制改革，促进城乡对接、信息共享，城乡经济同步发展。

一二三产协同发展。《规划》指出，要科学布局三条经济带产业，发展“四个经济”，到 2020 年，三产结构调整为 15∶40∶45。发展壮大茶、菌、果等主导产业，推进农工、农旅、农商融合，推动特色农业提质增效。坚持传统产业改造升级、循环产业链条延伸、战略性新兴产业培育“三位一体”，打造一批支柱产业集群，构建现代化工业经济体系。坚持“旅游 +”战略，抓好丹江百里生态画廊、金丝峡提质扩景、闯王寨 4A 级景区创建，推进旅游业与农业、康养、文化、体育等产业深度融合，做大做活第三产业。

三个文明协同发展。《规划》指出，要在丰富提升物质文明的基础上，突出精神文明、生态文明建设，实现社会、经济和生态效益有机统一。建设精神文明，开展“厚德陕西”“爱.敬诚善，文明商南”“四扶五风六化”行动和精神文化脱贫“九大行动”。构建生态文明体系，实施“治污碧水、降尘护蓝、生态修复、农村清洁”工程，提高干部群众生态文明素养，有力促进“五个文明”全面提升.

经济社会协同发展。《规划》指出，要坚持以脱贫攻坚统揽经济社会发展全局，统筹推进社会事业，强化民生保障，健全社会保障体系。优先发展教育事业，实施“健康商南”战略，加强文化体育设施建设，创建国家信访“三无县”、省级平安建设先进县。加大公共财政投入，逐步实现“五保合一”，加强社保服务基础设施建设，不断提高社会保障水平。站在新的历史起点上，“一心三带五协同”规划布局中的协同发展为商南的发展吹响了新的动员令，瞩目未来，一个崭新的、富有生机和活力的商南将呈现在人们面前。

整体恒动　相辅相成

人类的生存和发展，需要以自然生态环境、资源为其绝对永恒的自然基础。

整体恒动。是中医学的一个著名描述。中医学认为：天地之四时、六气，人体之五脏、六腑以及万事万物，既是一个完整统一、相互联系、息息相关的整体，又无时不在运动变化和相互影响之中。中医学的“整体恒动观”，主要体现在：天地一体、人与天地相应，五脏一体、人与社会相应四个方面。它是中医理论的一大重要特点，它强调自然本身、人与自然、人体本身及人与社会的完整性、统一性。

整体推进，才能协调发展。《规划》的创新之处，就在于"五协同"。它将商南的优势资源，人力技术资源，经济基础，社会需求，民风民俗特别是城市与农村，各行与各业，又看作一个整体中的细胞和元素，相生相行，相辅相成。进入21世纪以来，商南人没少做《规划》，城市规划、行业规划、乡村规划、旅游规划，规划团队一个比一个高端，当然价格也水涨船高，动辄百万，真正落地实施的寥寥无几，究其原因，不是各自为政，无法协调，便是云里雾里，不接地气，无法落地。而本次《规划》宏观目标宏伟可期，措施得力可行，微观条分类析，事名理顺。既有战略目标又有具体举措，相互之间密切联系、有机统一，具有紧密的内在逻辑，是一个整体规划布局的有序开展，共同支撑起商南未来发展的全局。《规划》与县委十八届九次全会指导思想一致，明确提出了建设"旅游之都、创业新城、灵秀商南"，打造富裕美丽幸福新商南的奋斗目标。围绕建设"旅游之都、创业新城、灵秀商南"的总目标，对重点内容分别进行了概述。

三年来，商南县委、县政府团结带领各级各部门和广大干部群众，坚持一张蓝图绘到底、一仗接着一仗打，千方百计克服困难、创造条件，逐年推动规划布局的实施，奋力破解发展不平衡不充分问题，积极探索高质量发展的"商南之路"。

2020年以来，商南采取多项举措，力推全县"一心三带五协同"《规划》实施增速提质。将今年定为"一心三带五协同"规划布局推进提升年，组织10个镇办和相关部门开展实地调研，在县城核心区、十里坪镇、金丝峡镇、试马镇分别召开规划布局推进提升座谈会，现场研究部署今年的工作重点。制定县城核心区、3条经济带专项发展规划和实施方案，结合地域、资源、产业特点做优做实乡村规划，确保多规合一、"一张蓝图"干到底。

2020年初，商南县将今年定为"一心三带五协同"规划布局"推进提升年"，把规划布局的推进提升作为统揽全县经济社会发展大局的重要引擎，县委十八届十八次全会提出了"1346"工作思路，即围绕全面建成小康社会"一个目标"，紧扣巩固脱贫摘帽成果、促进经济稳定增长、保护生态环境“三个重点”，强化党的建设、深化改革、民生改善、社会治理“四个保障”，深入实施“一心三带五协同”规划布局提升、重大项目突破、“三城联创”命名、营商环境优化、人居环境改善、基层党组织标准化建设攻坚“六大行动”，推动新时代追赶超越取得新成效。

县城核心区坚持以人为本，聚集发展要素，强化项目支撑，强推县城核心区和“城富一体化”推进提升工作，打造宜居宜业宜游的综合核心区和带动全县发展的“主引擎”。通过完善城市功能和业态，形成产业集群和园区支撑，让辐射带动作用最大化，实现就业充分、功能齐全、环境舒适、治理有效、群众幸福的全国文明城市、国家园林县城、国家全域旅游示范县的创建目标。

312 国道经济带主打“生态绿色牌”，做足“茶菌果”文章，在一二三产融合发展上寻求新突破，聚力打造三产融合的投资洼地和引领发展的巨大引擎。通过打造农文旅融合的样板，建设规模化、全链化、智能化、品牌化“四化产业”聚集区，推进城乡一体化先行发展，逐步形成试马打造样板、清油河奋力追赶、城关快速突破、富水高端发展的竞相发展格局，进一步辐射带动全县产业升级、城乡融合发展。

丹江经济带通过开发 5A 级景区的配套功能性项目，抓好丹江金丝峡段、过风楼段、青山段、湘河段的河堤治理工程，推进莲花湖风景区的开发，走以游为主、以游促产、以业兴农的旅游发展之路，建设“上游带下游、中间莲花湖”的丹江“山水画廊”。

滔河经济带以“生态 +”融合发展为主要模式，通过统筹推进集镇与乡村基础设施、产业发展与环境综合治理等，做大做强特色农业、红色旅游、休闲农庄、矿产加工，弥补丹南地区基础设施和公共服务短板，实现南北协同发展，打造聚集人气、财气、商气的新洼地。

同时，在推进提升“五个协同”发展上，着眼协同性、增强针对性，逐一开展专项行动，落实得力措施，确保每个方面在年内迈出更快步伐、实现更大进展。

为确保“推进提升”取得群众看得见、感受得到的实效，商南县以精心谋划确定的 10 件大事、42 项重点任务为支撑。其中，10 件大事包括决战决胜脱贫攻坚、“三城联创”命名、农村人居环境整治、莲花台水电站蓄水成景、“双创”基地基本建成、县体育中心建设成型等；42 项重点任务包括东部新城建设、北茶小镇和阳城驿 2 个 4A 级景区创建、启动赵川红色旅游开发前期工作等。

梳理 10 件大事、42 项重点任务，里面的每一件大事、每一项任务都包含有长远的战略布局和近期的突破重点，或新兴产业、或基础设施、或社会事业、或环境保护、或城乡治理等丰富的建设内涵，都需要镇办、部门下大力气去抓、去做、去办，这些“大事”“重点任务”犹如一根根坚实的“顶梁柱”，有力支撑“一心三带五协同”规划布局稳步推进。

通过抓好 10 件大事、42 项重点任务，商南县将实现“三个全面三个明显提升”目标，即县城核心区和城富一体化全面推进，新型城镇化明显提升；三条经济带全面崛起，县域经济综合实力明显提升；“五个协同”发展全面跟进，城乡居民获得感、幸福感、安全感明显提升。随着该规划布局的推进提升，商南县高质量发展的动能更加强劲，脱贫摘帽的成果更加牢固，幸福民生的答卷更加精彩，担当实干的氛围更加浓厚，全县群众同步迈入小康社会的步伐更加矫健。

虎之翼电子科技产业园、富水茶海公园等 9 件大事（重点任务）超额完成了节点任务；“三城联创”、城富大道前期等 33 件大事（重点任务）达到计划进度。今年以来，商南县积极克服新冠肺炎疫情产生的不利影响，瞄准更高目标、期盼更大成效，紧紧扣住 10 件大事和 42 项重点任务，下大力气抓、聚集要素做、拿出拼劲干，“一心三带五协同”规划布局推进提升工作呈现出顶层设计、城乡齐动、合力追赶、竞相超越的喜人新局面。

商南聚焦“三产”融合打造 312 国道经济带。商南县 312 国道经济带以 312 国道为轴线，串联沿线的城关、富水、试马、清油河 4 个镇办，以“产业 +”融合发展为主要模式，以特色化、集群化、绿色化、品牌化为主攻方向，建设集现代农业、乡村旅游、特色产业、产品加工等融合发展的产业示范园区，打造产业强劲、山清水秀、生态宜居的新型城镇化示范经济带。商南县 312 国道经济带自然条件优越、产业类别丰富、人文历史厚重、生产力水平相对较高。伴随着“一心三带五协同”规划布局的实施，这一区域产业优势更加明显、基础设施逐步完善。

2020年，积极捕捉中央与省市的利好政策，抢抓机遇，聚焦融合发展，突出五个重点，加快312国道经济带提质增效。分别是，坚持规划引领，在城乡发展总规下，做好专项规划，精准定位、丰富业态、做活市场，实现多规合一、可持续发展，努力建设更高质量的基础设施、打造宜居宜业宜游的城市和“村美、民富、人和”的美丽乡村。保护生态环境，严管丹江以北生态环境，保护好水源地，做到山体无裸露、交通达“四好”，确保河道有水、山青业旺、处处美景，筑牢生态底色。发展富民产业，持续推广“五联模式”，实施“十百千”工程，每个镇至少有一个现代农业产业园，大力发展“茶菌果”等主导产业，延长产业链，推动“三产”融合、乡村游升级；狠抓招商引资，优化营商环境，力促工业经济门类增多、规模提升、税收增加。强化项目支撑，尽快启动312国道过境南线、345国道、郭山路、试过路、北环路等建设，提升道路设施水平；积极创建试马北茶小镇、西街古城、阳城驿等4个4A景区，培育若干个3A景区，形成试马打造样板、清油河尽力追赶、城关快速突破、富水高端发展的新格局。推进乡村治理，着力做好便民服务、矛盾纠纷调处、新时代文明实践、移风易俗等工作，加快乡村全面振兴。

许水兆在我县“一心三带五协同”规划布局访谈节目中表示，2018年，商南县委、县政府在认真总结历届班子工作的基础上，广泛凝聚各方智慧，深入分析研判外部形势和自身优势，理清短板、明晰思路，县委十八届九次全会谋划提出了实施“一心三带五协同”规划布局的发展战略。这一战略思路，就是以县城为中心，建设312国道、丹江、滔河三条经济带，实现丹南丹北、城镇乡村、一二三产、物质文明、精神文明和生态文明、经济社会五方面协同发展，是引领商南经济社会发展的战略性、纲领性规划，对于全县加快追赶超越、全面建成小康社会、奋力建设富裕美丽幸福新商南，具有重要的现实意义。三年多来，县委、县政府团结带领全县各级各部门和广大干部群众，坚持一张蓝图绘到底、一仗接着一仗打，把准全局、主动作为，在继承中创新，在创新中发展，奋力走好高质量发展的“商南之路”。

后　记

《彩虹桥》撰稿成书，经历近700个日日夜夜，筚路蓝缕，历尽艰辛，终于玉汝于成，辍笔付梓。

2016年9月，新一届县委班子履新之后，深深觉得商南需要“严纪律、明规矩、提士气、聚合力”，增加“正能量”，需要凝心聚力、万众一心、再创辉煌。经过一段时间的酝酿与构思，拟创作一部以脱贫攻坚为背景，以产业兴县富民为主线，以创业模范人物为榜样，以干部作风建设为保障的全景记录扶贫开发与脱贫攻坚的大纵深、宽视角的纪实文学作品，以弘扬“爱岗敬业，争创一流，艰苦奋斗，甘于奉献”的劳模精神。

目标既定，2020年4月上旬启动采访写作，同年11月上旬，一审稿成册送审。在嗣后的5个多月里，文稿历经3次严谨的补正、修改、校核、提炼、升华，终于2021年5月21日由县委领导同志审定出版。

在艰辛严谨的创作过程中，得到了《金丝峡周报》编辑部工作人员的鼎力支持，诸位受邀作者利用业余时间积极撰稿。他们都以饱满的激情、热切的文字，以诗一般的语言，画一般的意境，记录了商南产业开发、产业兴县富民的过程，描绘了“千年碧水窗含月，万里青山影倒云”的生态美景，昭示着“绿水青山就是金山银山”理念，激励着志士仁人投资建设商南。在此，对编写创作本书提供帮助的各单位和各方人士，以表谢忱。

本书定名《彩虹桥》。彩虹原是天象，喻物抒情最是美的憧憬。党的十八大以来，一场旷世伟业——脱贫攻坚，以磅礴之势席卷中华大地，美丽但欠发达的商南县，在这场攻坚战中如期实现了全县整体越线。是恩难忘，是爱永存，本书记录的就是在党的领导下，商南人走过这段艰辛而又幸福的印迹。

经风历雨，彩虹飞渡，商南的明天更加美好……

编　者

2021 年 8 月

图书在版编目（CIP）数据

彩虹桥 / 中共商南县委宣传部编 . —西安：世界图书出版西安有限公司，2021.9
ISBN 978-7-5192-8933-1

Ⅰ . ①彩… Ⅱ . ①中… Ⅲ . ①区域发展—概况—商南县
Ⅳ . ① F127.414

中国版本图书馆 CIP 数据核字（2021）第 172915 号

彩虹桥
CAIHONGQIAO

编　　者　中共商南县委宣传部
主　　编　董建莉
副 主 编　谭学礼　韩仁水　孙传卿　何　昕
责任编辑　李江彬
视觉设计　诗风文化
出版发行　**世界图书出版西安有限公司**
地　　址　西安市锦业路都市之门 C 座
邮　　编　710065
电　　话　029-87233647（市场部）　029-87234767（总编室）
网　　址　http://www.wpcxa.com
邮　　箱　xast@wpcxa.com
经　　销　新华书店
印　　刷　陕西龙山海天艺术印务有限公司
开　　本　787mm×1092mm　1/16
印　　张　23.25
字　　数　400 千字
版　　次　2021 年 9 月第 1 版
印　　次　2021 年 9 月第 1 次印刷
国际书号　ISBN 978-7-5192-8933-1
定　　价　98.00 元